Schriften zum Strafvollzug, Jugendstrafrecht und zur Kriminologie

Herausgegeben von Prof. Dr. Frieder Dünkel
Lehrstuhl für Kriminologie an der
Ernst-Moritz-Arndt-Universität Greifswald

Band 66

AF208586

Jan-Carl Janssen

Entwicklung, Praxis und kriminalpolitische Hintergründe des Strafvollzugs in England, Wales und Schottland im nationalen und internationalen Vergleich

MG 2018
Forum Verlag Godesberg

Bibliographische Information der Deutschen Nationalbibliothek

Die Deutsche Nationalbibliothek verzeichnet diese Publikation
in der Deutschen Nationalbibliografie; detaillierte bibliografische
Daten sind im Internet über http://dnb.d-nb.de abrufbar.

© Forum Verlag Godesberg GmbH, Mönchengladbach
Alle Rechte vorbehalten.
Mönchengladbach 2018
DTP-Satz, Layout, Tabellen: Kornelia Hohn
Institutslogo: Bernd Geng, M.A., Lehrstuhl für Kriminologie
Gesamtherstellung: Books on Demand GmbH, Norderstedt
Printed in Germany

ISBN 978-3-942865-89-0
ISSN 0949-8354

Inhaltsübersicht

Vorwort

Die vorliegende Arbeit befasst sich mit der Entwicklung des Strafvollzugs in England und Wales sowie Schottland im nationalen und internationalen Vergleich. Obwohl beide Rechtssysteme unter dem Dach des *United Kingdom* angesiedelt sind, gibt es dennoch historisch und aktuell bedeutende Unterschiede, die der Verf. aufgrund seiner Studienerfahrungen eines an der University of Strathclyde in Schottland absolvierten Master-Programms aus nächster Nähe untersuchen konnte.

Trotz der historischen Unterschiede gehören England/Wales und Schottland gemeinsam zu den westeuropäischen Ländern mit den höchsten Gefangenenraten im europäischen Vergleich. Den Ursachen und Ausprägungen der Kriminalpolitik und Sanktionspraxis nachzugehen, die zu dieser punitiven Grundstruktur beigetragen haben, ist das große Verdienst der Dissertation von *Jan-Carl Janssen*. Hinzu kommt, dass es sich – soweit ersichtlich – um die erste vertiefende Analyse des englischen und schottischen Strafvollzugsrechts im deutschsprachigen Raum handelt, die noch dazu in der weit ausgreifenden historischen Dimension einzigartig erscheint.

In der Einleitung gibt der Verf. einen Überblick über die neueren Tendenzen der britischen Kriminalpolitik, die trotz unterschiedlicher Orientierungen des englischen/walisischen und schottischen Teils von Großbritannien zu einer jeweils überdurchschnittlichen Gefangenenrate im gesamteuropäischen Vergleich geführt hat, wobei als Besonderheiten die teilweise Privatisierung des Strafvollzugs und eine insgesamt neo-liberale Orientierung mit zahlreichen Merkmalen, die von *Garland* (2001) als „*culture of control*" beschrieben wurde, hinzu kommen. Der bis heute ungebrochene Anstieg der Gefängnispopulation in England/Wales und Schottland trifft bemerkenswerterweise mit einem Rückgang der registrierten Kriminalität zusammen, was ein weiteres Indiz für die punitive Ausrichtung der Sanktionspolitik und -praxis ist. Dabei scheint sich in Schottland ein Interesse der Politik an einer Reduzierung der Gefangenenraten zu entwickeln, indem man die zahlreichen verhängten kurzen Freiheitsstrafen von unter 3 bzw. 6 Monaten durch Alternativen zu ersetzen versucht. In England und Wales ist eine vergleichbare kriminalpolitische Wende nicht erkennbar. Wenn überhaupt, gibt es hier nur aus Kostengründen Überlegungen, den Strafvollzug in seiner Expansion zu begrenzen. Zu Recht geht der Verf. demgemäß von einer „*penal crisis*" in Großbritannien aus, deren historische Entwicklung und aktuelle Ausprägungen er nachfolgend detailliert analysiert.

Im *2. Kapitel* stellt der Verf. die historische Entwicklung des Strafvollzugs in Großbritannien dar. Zum Ausgangspunkt nimmt er die desolaten Unterbringungsbedingungen im 18. Jahrhundert, wie sie insbesondere von *John Howard* empirisch analysiert wurden. Detailliert geht der Verf. auf die Besonderheiten des Vollzugs im 18. Jahrhundert ein, der durch ein im heutigen Verständnis korruptes Verhalten der Vollzugsbediensteten gekennzeichnet war, die mangels staatlicher Bezahlung sich über diverse kommerzielle Machenschaften finanzierten und die Gefangenen mehr oder weniger ausbeuteten. Ende des 18. Jh. wurden diese Zustände nicht zuletzt aufgrund der Reformvorschläge *Howards* beendet. Seit 1844 entwickelte sich das bis heute relevante System von Gefängnisinspektionen durch unabhängige Personen des zivilen Lebens. Ein weiteres Kernstück des Strafvollzugs im 17./18. Jh. waren die Deportationen nach Australien und Nordamerika, sowie nach Beendigung der Deportationen Ende des 19. Jh. die Unterbringung in ausgedienten Schiffsrümpfen, die als Gefängnis umfunktioniert wurden. Auch diese Bedingungen würde man im heutigen Sprachgebrauch als erniedrigende und unmenschliche Behandlung bzw. als Folter ansehen. Die Recherchen des Verf., der u. a. Statistiken zur Deportationspraxis ausgewertet hat, sind beeindruckend. Meilensteine der Gefängnisreform in England und Wales waren der Penitentiary Act von 1779 (unmittelbar nach der Veröffentlichung von *Howards* „The state of the prisons in England und Wales …" und der Forderungen anderer Reformer wie *Blackstone* und *Eden*) und der auch für Schottland geltende Prison Act von 1877. Mit letzterem Gesetz wurde der Strafvollzug unter die Organisationsgewalt und Kontrolle des Staats gestellt und damit auch das Personal entsprechend finanziert. Der Durchbruch zu einer neuen Orientierung an der Resozialisierung anstatt Sühne und Vergeltung wurde mit dem Gladstone-Bericht von 1895 eingeleitet und im Prison Act von 1898 umgesetzt. Vielfach wird dieses Gesetz als der Grundstein des sog. *penal welfarism* gesehen (vgl. *Kapitel 2.1.6*). Erneut gelingt es dem Verf. durch Auswertung von Inspektionsberichten und statistischem Material Innenansichten des Strafvollzugs (z. B. zur Disziplinierung von Gefangenen) interessant darzustellen. Auch zur Sanktionspraxis finden sich bemerkenswerte Erkenntnisse, indem deutlich wird, dass Schottland schon im 19. Jh. eine ausgedehnte Praxis der Verhängung sehr kurzer Freiheitsstrafen von bis zu 14 Tagen aufwies (vgl. *Tabelle 6*), die bis heute ein besonderes Problem darstellt (s. u.). Auch in England und Wales betrugen die durchschnittlichen Haftstrafen nur ca. 33 Tage. In der Folge behandelt der Verf. unter der Überschrift „Die Entwicklung des Strafvollzugs in England, Wales und Schottland im 20. Jahrhundert" die Entwicklung der Gefangenenraten in England/Wales einerseits und Schottland andererseits im Zeitraum 1878-1917 (vgl. *Abbildung 1*). Das „Auf und Ab" der Gefangenenraten wird zum Teil mit äußeren Ereignissen wie dem kriegsbedingten Rückgang, teilweise aber auch mit dezidierten kriminalpolitischen Reformen des weniger repressiven Umgangs mit Bagatelldelinquenz oder der Einführung alternativer Sanktionen in Zusammenhang gebracht. Der Kriminalitätsanstieg nach dem zweiten Weltkrieg wurde zwar einerseits mit einem immensen Gefängnisneubauprogramm aufzufangen versucht, jedoch auch mit Reformen, die auf eine Reduzierung der Gefangenenzahlen ausgerichtet waren, wie etwa die Einführung der bedingten Entlassung im Criminal Justice Act von 1967 bzw. der Gemeinnützigen Arbeit 1972. Dennoch kam es angesichts starker Überbelegung und untragbarer Haftbedingungen zu Ausschreitungen und Meutereien, die 1990 in der Anstalt Strangeways kulminierten, die vollständig zerstört wurde. Dieses für den Strafvollzug und die weitere Strafvollzugspolitik bedeutsame Ereignis bildet auch die Zäsur für den Verf., der die Zeit danach in *Kapitel 3* als „aktuelle Entwicklungen des Strafvollzugs" bezeichnet.

Im *3. Kapitel* geht der Verf. unter *3.1* auf die kriminalpolitische Entwicklung seit den 1980er Jahren ein. Die konservative Regierung von *Margaret Thatcher* kündigte einen kriminalpolitischen Paradigmenwechsel an, der einen Anstieg der Gefängnispopulation erwarten ließ. Zu Recht verweist der Verf. in Fn. 223 kurz auf die gemäßigt konservative Linie unter Innenminister *Douglas Hurd* in den 1980er Jahren. Mit Blick auf die am Gedanken des „*Truth in Sentencing*" erfolgte Zurückdrängung der automatischen bedingten Entlassung Anfang der 1990er Jahre (vgl. Fn. 234) sollte man allerdings gerechtigkeitshalber erwähnen, dass bei Freiheitsstrafen von bis zu 4 Jahren auch heute noch die bedingte Entlassung nach wie vor automatisch erfolgt (vgl. NK-StGB/*Dünkel* 2017, § 57 Rn. 91 ff.). Die fast schon tragische Wende der englischen Kriminalpolitik war, dass *Tony Blair* die Wahlen 1997 mit dem Slogan „*Tough on crime*" gewann, eine auch europaweit (zum Beispiel in der deutschen Sozialdemokratie) spürbare Neuorientierung „linker" Regierungen, die die Konservativen sozusagen „rechts" überholten. Der verbreitete, aber wie sich zeigte, empirisch widerlegte Slogan war „*prison works*", womit die weitere Ausdehnung des Gefängniskomplexes legitimiert werden sollte. Die Folge war ein drastischer weiterer Anstieg der Gefangenenraten. Zugleich stiegen die Rückfallraten an und nahmen die Probleme mit Gewalt, Selbstmord und Selbstverletzungen im Strafvollzug zu. Angesichts der Einsparungen beim Vollzugspersonal verschlechterten sich die Haftbedingungen drastisch.

Paradoxerweise waren es die 2010 an die Regierung gelangten Konservativen unter *David Cameron*, die die Einsperrungspolitik in Frage stellten, allerdings nicht aus humanitären oder rechtspolitischen, sondern rein fiskalischen Gründen. Eine besondere Variante der Sparpolitik war das sog. *Reinvestment*-Programm, mittels dessen Gelder an die Regionen und Städte entsprechend des Erfolgs bei der Senkung der Kriminalitätsraten verteilt werden. Damit verbunden ist eine Regionalisierung bzw. Dezentralisierung der Strafrechtspflege, indem beispielsweise die zentralen Einrichtungen wie der *National Offender Management Service* (in Teilen vergleichbar der Bewährungshilfe in Deutschland) oder der *Youth Justice Board* schwerpunktmäßig in lokalen und regionalen Strukturen aufgehen. Bemerkenswert ist weiter, dass es unter der konservativen Regierung nach 2010 zu einer kriminalpolitischen Wende unter dem Schlagwort der „*Rehabilitation Revolution*" kam, mit der ein resozialisierungsorientierter Vollzug propagiert wurde. Dieser Kurs wurde auch von der 2016 an die Regierung gelangten Nachfolgeregierung fortgesetzt. Insbesondere sollen den Anstalten mehr eigene Kompetenzen der Vollzugsgestaltung und auch der Gewährung von weitgehenden Vollzugslockerungen (*Release on Temporary Licence*, vergleichbar dem Freigang) gegeben werden. Zugleich setzt auch die neue Regierung auf den Neubau von Anstalten und zugleich eine Verbesserung des Personalschlüssels, um der massiv gestiegenen Gewaltproblematik im Vollzug entgegenzuwirken.

Die Entwicklung in Schottland weist bedeutsame Unterschiede und Besonderheiten auf (vgl. *Kapitel 3.1.2*). Schottland verfügt erst seit 1999 über ein eigenes Parlament. Die Kriminalpolitik war aber auch bereits zuvor relativ eigenständig und entwickelte mit dem *Children's Hearing System* und anderen Gesetzen eine spezifisch wohlfahrtsorientierte Ausrichtung, die allerdings in der zweiten Parlamentsperiode (2003-2007) punitive Orientierungen der englischen Kriminalpolitik übernahm. Gleichwohl hat Schottland im Gegensatz zu England die Reduzierung von Gefangenenraten als herausragendes Ziel der Kriminalpolitik deklariert und entsprechende reformpolitische Initiativen (z. B. die vermehrte vorzeitige Entlassung) gefördert. Seit 2012 scheinen diese Maßnahmen zu greifen, wenngleich die Gefangenenrate von 138 pro 100.000 der Wohnbevölkerung (2016) immer noch deutlich über dem westeuropäischen Durchschnitt liegt. Die unzulänglichen Verhältnisse im Strafvollzug wurden insbesondere im Bericht der *Scottish Prison Commission* von 2008 aufgeführt und daraus Schlussfolgerungen für die Kriminalpolitik gezogen (u. a. die Abschaffung der kurzen Freiheitsstrafe). Die seit 2007 im Amt befindliche linksliberale Regierung setzt auf weitere Reformen, neben gesamtgesellschaftlichen der Armutsbekämpfung auch auf spezifisch strafrechtliche mit der Ausweitung der elektronischen Überwachung (auch bei U-Häftlingen).

In *Kapitel 3.2* geht der Verf. auf die Entwicklung der Kriminalitätsbelastung im Hell- und Dunkelfeld ein. Interessant ist, dass in England/Wales im Zeitraum 1993-97 und nach einem erneuten Anstieg seit 2003/04 ein deutlicher Rückgang der polizeilich registrierten Kriminalität zu beobachten war. Noch eindeutiger und eindrucksvoller sind die Daten des sog. *Crime Survey for England and Wales*, nach denen seit 1995 (19 Mio. Straftaten) ein eindrucksvoller und kontinuierlicher Rückgang auf 6,3 Mio. im Jahr 2016 stattfand (vgl. *Abbildung 3*). Bei den Gewaltdelikten ist ein Vergleich der Hell- und Dunkelfelddaten möglich, der aufzeigt, dass im Zeitraum 2009-2016 der in den letzten zwei Jahren registrierte Zuwachs der polizeilich registrierten Zahlen im Dunkelfeld keine Entsprechung findet. Gewaltkriminalität ist demnach weiter rückläufig, nur die polizeiliche Entdeckung bzw. Anzeigerate ist angestiegen (vgl. *Abbildung 4*).

Auch in Schottland ist die registrierte Kriminalität seit 1991 stark rückläufig. Der besonders deutliche Rückgang bei Wohnungseinbruch (seit 1991: -73%) ist nach Einschätzung des Verf. auf eine intensivierte polizeiliche Ermittlungsarbeit und damit ein erhöhtes Entdeckungs- und Verfolgungsrisiko in Großstädten wie *Edinburgh* und *Glasgow* zurückzuführen. Auch die Dunkelfeldstudien des *Scottisch Crime and Justice Survey* ermittelten einen starken Rückgang der Kriminalität (2008/09-2014/15: -34%).

In *Kapitel 3.3* analysiert der Verf. die Entwicklung der Sanktionspraxis und gelangt zu dem Befund, dass der Anstieg der Gefängnispopulation in England und Wales (trotz Rückgangs der Kriminalitätsbelastung und der Verurteiltenzahlen) auf der seit 1993 zunehmenden Zahl von Verurteilten mit lebenslangen oder zeitlich unbestimmten Freiheitsstrafen beruht. Ca. jeder fünfte Insasse verbüßt eine derartige Freiheitsstrafe, auch nachdem 2012 eine spezielle Form der unbestimmten Freiheitsstrafe, das *Imprisonment for Public Protection* (vergleichbar einer Art Sicherungsverwahrung) abgeschafft wurde. Die Straflänge hat insbesondere bei Sexualdelikten (seit 1999), Raub (seit 2007) und anderen Gewaltdelikten (seit 2005) deutlich zugenommen. Der Anstieg der Gefängnispopulation in England/Wales ist aber auch durch eine Zunahme der absoluten Zahl der verurteilten Gewalt- und Sexualtäter in den letzten 10 Jahren bedingt. Eine Ausnahme stellen wegen Raubdelikten Verurteilte dar, die Zahl von zu unbedingter Freiheitsstrafe Verurteilten ist insoweit seit 2012 rückläufig.

Auch der prozentuale Anteil von zu unbedingter Freiheitsstrafe Verurteilten (sog. *custody rate*) ist bei Sexual- und Gewaltstraftätern (einschl. Raub) in den letzten Jahren gestiegen. In sehr differenzierter Weise stellt der Verf. die Sanktionspraxis auch deliktsspezifisch für den Zeitraum 2006-2016 dar und zeigt auf, dass es neben dem Anstieg unbedingter Freiheitsstrafen einen Rückgang der *community sentences* und der Geldstrafe gab, während die Bewährungsstrafen (*probation*) gleichfalls zunahmen (*Abbildung 8*). Angestiegen ist auch die Verurteilungsrate im Vergleich zu den polizeilich erfassten Delikten, d. h. die polizeiliche Ermittlungsarbeit wurde insbesondere bei Sexualdelikten gezielt verbessert.

Zutreffend führt der Verf. die punitive Sanktionspraxis in Teilbereichen auf Vorgaben der *Sentencing Guidelines* zurück und fordert insoweit entsprechende kriminalpolitische Korrekturen. Die zunehmende Punitivität in England und Wales ist ein schon in den 1990er Jahren festzustellendes Phänomen, worauf der Verf. zutreffend an anderer Stelle bereits hinweist (vgl. S. 76), von daher ist es legitim, sich in den dargestellten Abbildungen und Tabellen auf den Zeitraum der letzten 10 Jahre zu konzentrieren.

In Schottland hat sich die Sanktionspraxis moderater entwickelt, zumal sich die offizielle Politik stark am Wohlfahrtsmodell und der Einbeziehung von Sozialarbeitern in den verschiedenen Phasen des Verfahrens orientiert. Ideen eines *just desert*, also der gerechten, sühnenden Strafe oder der besonderen Strafschärfungen für Rückfalltäter (*Three-strikes*-Gesetzgebungen) hatten in Schottland trotz der geographischen Nähe und politischen Verflechtungen mit England/Wales nur in einem deutlich geringeren Maß eine Chance der Umsetzung.

In Schottland sind die Verurteiltenzahlen absolut bei gleichbleibenden Anteilen unbedingter Freiheitsstrafen seit 2006 stark zurückgegangen, im Gegensatz zu England und Wales erhöhte sich die durchschnittliche Länge verhängter Strafen nur moderat, so dass man eigentlich einen Rückgang der Gefangenenraten erwarten müsste, den es aber bislang nicht gab, weil der „Input" in das Strafvollzugssystem vor allem durch kurze Freiheitsstrafen von bis zu 3 bzw. bis zu 6 Monaten geprägt ist, die weit mehr als die Hälfte aller verhängten Freiheitsstrafen ausmachen (vgl. *Tabelle 11*). Der Anteil der sehr kurzen Freiheitsstrafen von bis zu 3 Monaten sinkt, derjenigen von einem bis zu 2 Jahren steigt, was durch die Gesetzesreform von 2010 bewirkt wurde, wonach Freiheitsstrafen bis zu 3 Monaten besonders begründet werden müssen. Ob und inwieweit damit zugleich eine härtere Sanktionspraxis und ein Austausch mit Freiheitsstrafen von mehr als 3 bzw. 6 Monaten befördert wurde, lässt sich anhand der vorhandenen Daten nicht eindeutig entscheiden. In jedem Fall erklärt sich die relativ stabile Gefangenenrate auf hohem Niveau trotz verringerter Zugangszahlen durch die leichte Tendenz zu längeren Strafen.

In den *Tabellen 12-14* wird die Sanktionspraxis in Schottland differenziert betrachtet. In *Tabelle 12* werden zunächst die deliktspezifischen absoluten Verurteiltenzahlen 2006/07 bis 2015/16 aufgeführt, wobei sich ein deutlicher Rückgang der Verurteiltenzahlen bei allen Delikten außer bei den Sexualdelikten ergibt. In *Tabelle 13* wird die Entwicklung der Sanktionen für den gleichen Zeitraum in absoluten Zahlen angegeben, in *Tabelle 14* entsprechende Prozentanteile für 2015/16. Deutlich wird, dass bei einem Anteil von 14% unbedingter Freiheitsstrafen die Sanktionspraxis insgesamt gesehen nicht besonders repressiv zu sein scheint, und dass der Freiheitsstrafenanteil nur bei den schweren Gewaltverbrechen und beim Einbruchsdiebstahl über 50% liegt, ansonsten jedoch die *community sentences* und die Geldstrafe dominieren.

In *Kapitel 3.4* werden Daten zur Gefängnispopulation in England/Wales dargestellt. Im längeren historischen Längsschnitt betrachtet gab es einen kontinuierlichen Anstieg der Gefangenenzahlen 1940-1995, der eine besonders drastische Zunahme seit 1995 folgte. Die Geschlechts- und Altersstruktur entspricht in etwa derjenigen in Deutschland. Die Religion wird differenzierter erfasst als in Deutschland, Christen, Religionslose sowie Muslime stellen die größten Gruppen dar. Auch Daten zum Herkunftsland bei Ausländern und zur ethnischen Zugehörigkeit werden in England/Wales detaillierter erfasst.

Die *Tabelle 20* zur Deliktsstruktur der Insassen verdeutlicht, dass die größte Gruppe der Gefangenen wegen eines Gewaltdelikts inhaftiert sind. Aus *Tabelle 21* wird ersichtlich, dass im Zeitraum 2007-2017 (frühere Daten waren insoweit nicht verfügbar) die Anteile von Gefangenen mit Freiheitsstrafen von bis zu 4 Jahren ab-, diejenigen von Gefangenen mit längeren Freiheitstrafen zunahmen. Dies erklärt, warum trotz sinkender Verurteilungszahlen zu unbedingten Freiheitsstrafen (vgl. dazu oben *Tabellen 9* und *10*) die Gefangenenrate in England und Wales auf hohem Niveau stabil blieb.

In *Kapitel 3.5* folgt die parallele Darstellung der Insassenstruktur bzgl. Schottland. Die Längsschnittbetrachtung zeigt, dass es im Zeitraum 1900-2017 zwei wesentliche Perioden des Anstiegs der Gefängnispopulation gab, zum einen die unmittelbare Nachkriegszeit 1950-1970 und zum anderen den Zeitraum 2000-2015.

Die Insassenstruktur zum 28. April 2017 (*Tabelle 22*) verdeutlicht, dass 13,9% der Gefängnispopulation U-Häftlinge waren, hinzu kamen 3,9% Gefangene, die zwar verurteilt waren, aber noch auf die Strafzumessungsentscheidung warteten (die in anderen Ländern als U-Häftlinge gezählt würden). 315 Gefangene verbüßten ihre Freiheitsstrafe im elektronisch überwachten Hausarrest (= 4,1%). Damit wird deutlich, dass die elektronische Überwachung einen gewissen Stellenwert hat, auch wenn sie zu einer substantiellen Reduzierung der Gefangenenraten nicht beitragen kann.

Der Anstieg der Gefangenenpopulation erklärt sich teilweise aus der Verurteilungspraxis, indem Freiheitsstrafen von 6 Monaten bis zu 2 Jahren zu-, kürzere Freiheitsstrafen dagegen abnahmen, ebenso ist die Zahl von zu lebenslangen Freiheitsstrafen Verurteilten zwischen 2003/04 und 2013/14 absolut um 48% gestiegen (berechnet nach *Tabelle 23*).

Interessanterweise gibt es offensichtlich keine Überrepräsentation von „Nichtweißen" bzw. ethnischen Minderheiten unter den Gefangenen (vgl. *Tabelle 27*).

In *Kapitel 3.6* stellt der Verf. die Entwicklung der Gefangenenraten in den westeuropäischen Kontext und verdeutlicht nochmals die Ausnahmestellung von England/Wales und Schottland, die seit dem Jahr 2000 insbesondere im Vergleich zu Deutschland (vgl. *Abbildung 18*) mit einer drastischen Zunahme der Belegung inzwischen die „Spitzenposition" im westeuropäischen Vergleich einnehmen (vgl. *Abbildung 17*). Das Strafvollzugssystem in England und Wales hat mit erheblichen Problemen der Überbelegung zu kämpfen, was allerdings nicht auf erhöhten Zahlen von U-Häftlingen beruht (vgl. *Abbildung 20*).

In *Kapitel 3.7* analysiert der Verf. die Ursachen der beschriebenen Entwicklung der Gefangenenraten in Großbritannien. England und Wales sind eines der guten Beispiele dafür, dass Gefangenenraten nicht oder nur unwesentlich durch die Kriminalitätsentwicklung, sondern vielmehr wesentlich durch Veränderungen der Sanktionspolitik und -praxis geprägt sind. Die weitere Anhebung von Mindeststrafen im *Criminal Justice Act* von *2015* lässt die Prognosen auch der englischen Regierung in düsterem Licht erscheinen, man geht davon aus, dass bis 2021 die Gefangenenzahlen von derzeit absolut ca. 86.000 auf 90.000 weiter ansteigen werden (vgl. *Abbildung 22*).

Die Analyse für Schottland ergibt ebenfalls ein komplexes Ursachengefüge von kriminalpolitischen Strafschärfungen (erhöhte Mindeststrafen bei bestimmten Gewalt- und Sexualdelikten) und damit zusammenhängend punitiven Veränderungen der Sanktionspraxis (zunehmend längere Freiheitsstrafen), aber auch anderen sozialstrukturellen Rahmenbedingungen. Anders als in England/Wales machen trotz des Rückgangs kurze unbedingte Freiheitsstrafen immer noch den überwiegenden Anteil der zu Freiheitsstrafen Verurteilten aus (2014/15: 67%). Darin liegt zugleich eine Chance, weil eine Reduktion der Gefängnispopulation damit eine realistische Perspektive in der weitergehenden Vermeidung kurzer Freiheitsstrafen haben könnte, was ja offensichtlich auch ein Anliegen der schot-

tischen Regierung ist. Ebenso wie in England/Wales nehmen die Entwicklungslinien der Kriminalitätsbelastung und der Gefangenenraten einen gegensätzli-
chen Verlauf: Die Kriminalitätszahlen gehen seit 1990 deutlich zurück, die Gefangenenraten sind im gleichen Zeitraum drastisch gestiegen, in Schottland um
61% (vgl. *Abbildung 23*).

In *Kapitel 4* beschreibt der Verf. die rechtlichen Regelungen zum Strafvollzug. Dabei ist erneut zu beachten, dass für England und Wales einerseits und
Schottland andererseits wegen der seit 1998 in Schottland existierenden eigen-
ständigen Gesetzgebungskompetenz eine jeweils selbständige Entwicklung zu
analysieren war.

Zunächst werden nochmals historische Entwicklungslinien aufgezeigt,
wobei die Rückständigkeit des Strafvollzugs mit dem in England erst 1996, in
Schottland 2007 abgeschafften sog. Kübelsystem (d. h. es gab bis dato keine
sanitären Einrichtungen in den Zellen, was u. a. vom CPT heftig kritisiert
worden war) überdeutlich wird (vgl. *Kapitel 4.1*). Die erste und bis heute gültige
Rechtsgrundlage für den Strafvollzug in der Nachkriegszeit war der *Prison Act*
von *1952*, der auch in Schottland als *Prisons (Scotland) Act* im gleichen Jahr
erlassen wurde (vgl. *Kapitel 4.2*). 1964 wurden aufgrund einer Ermächtigungs-
grundlage im *Prison Act* die sog. *Prison Rules* durch den Innenminister erlassen,
die als Verwaltungsvorschriften den Strafvollzug im Detail regeln. Diese Rules
wurden aber nicht als verbindliche Regeln mit einklagbaren Rechten verstanden,
sondern als Richtlinien, deren Einhaltung im Fall einer Kontrolle durch die
Gerichte die Disziplin im Strafvollzug unterminieren würde. Erst 1983 wurde in
einer Gerichtsentscheidung festgestellt, dass auch Gefangene im Prinzip über die
gleichen Rechte wie Bürger außerhalb des Vollzugs verfügen sollten, es sei denn
diese sind konkret aufgehoben worden. In der strafvollzugsrechtlichen Dog-
matik wurden die *Prison Rules* nach unterschiedlichen Kriterien in ihrem
Verbindlichkeits- und Außenwirkungsgrad differenziert, und inzwischen auch
durch eine Vielzahl von verwaltungsrechtlichen Gerichtsentscheidungen weiter-
entwickelt. Obwohl es nicht die Intention des Gesetzgebers war, kann man
heutzutage davon ausgehen, dass die weitgehenden Ermessensregelungen des
Prison Act und der *Prison Rules* in begrenztem Umfang justiziabel sind und,
dass die Rspr. in vielen Fällen Aufgaben übernommen hat, die im kontinentaleuropäischen Recht als Aufgabe des Gesetzgebers angesehen würde, z. B.
bei der Frage, wie viele Briefe Gefangene versenden und empfangen dürfen.

Im nachfolgenden *Kapitel 4.3* geht der Verf. auf die rechtliche Entwicklung
in Schottland ein. Geradezu bedrückend ist der Befund, dass Gefangene aus der
Gesetzgebung 1952 keinerlei Rechte bzw. Beschwerdemöglichkeiten ableiten
konnten. Erst mit der nachfolgenden Gesetzgebung im Jahr 1994 und der Verabschiedung des *Human Rights Acts* 1998 setzte sich eine neue Sicht der Rechtstellung von Gefangenen durch, nicht zuletzt auch aufgrund von erfolgreichen
Beschwerden zum Europäischen Gerichtshof für Menschenrechte (EGMR).

Nach dem Übergang der Gesetzgebungskompetenz auf das schottische Parlament sind die *Prisons and Young Offenders Institutions (Scotland) Rules* aus dem Jahr 2011 die derzeit geltende Gesetzgebung, in der zahlreiche Rechte der Gefangenen und Beschwerdeverfahren explizit aufgeführt werden. Allerdings erscheint das vom Verf. genannte Beispiel des Rechts, einmal pro Woche auf Kosten der Anstalt einen Brief schreiben zu dürfen, aus deutscher Sicht doch bemerkenswert restriktiv.

Der Verwaltungsaufbau hinsichtlich des Strafvollzugs wird in *Kapitel 4.4* behandelt. Während in England und Wales der dem Justizministerium unterstehende *National Offender Management Service* (*NOMS*) für den Strafvollzug und die ambulante Betreuung von Straffälligen zuständig ist, wird in Schottland der *Scottish Prison Service* tätig, der zugleich ebenfalls für die Durchführung ambulanter Resozialisierungsprogramme zuständig ist. Beide öffentlichen Dienste sind in erster Linie für die staatlichen Anstalten zuständig, haben allerdings auch gewisse Koordinierungsfunktionen hinsichtlich der privatisierten Anstalten. NOMS steht in jüngster Zeit unter einem Spardiktat der Regierung, die mehr Effizienz mit sinkenden Budgets zu erreichen versucht. Diese „Quadratur des Kreises" dürfte mit Absenkungen des Lebensstandards und Einschränkungen bei Resozialisierungsprogrammen verbunden sein, wofür beispielhaft die Reform der Bewährungshilfe genannt wird (vgl. *Kapitel 4.4.1*).

Kapitel 4.5 widmet sich dem Rechtsschutz im Strafvollzug. In der Einleitung (*4.5.1*) erläutert der Verf. die zahlreichen Grundsatzentscheidungen des EMGR, die zu einem substantiellen Rechtsschutz auch für Gefangene im englischen Strafvollzug führten. Wesentlich war dabei, die Unterscheidung nach *Rights* und sog. *Privileges* aufzulösen. Für den Entzug von *Privileges* wie z. B. Haftzeitreduzierungen für Wohlverhalten („*good time*") gab es traditionell keinen Rechtsschutz, was erst durch die Intervention des EGMR beseitigt wurde. Allerdings war es nicht nur der EGMR, der die Anerkennung subjektiver Rechte der Gefangenen auf der Basis der EMRK durchsetzte, zunehmend wurden in der englischen Rspr. Rechte der Gefangenen direkt aus den *Prison Rules* abgeleitet, wenngleich es sich hierbei lediglich um eine beschränkte Kontrolle der Ermessensausübung unter Verhältnismäßigkeitsgesichtspunkten handelt und die Frage zivilrechtlicher Schadensersatzansprüche im Fall der Verletzung der *Rules* weiterhin kompliziert zu sein scheint.

Das Beschwerderecht (vgl. *Kapitel 4.5.2*) betrifft in England und Wales die Beschwerde zum Anstaltsleiter, und im Falle eines negativen Bescheids die Beschwerde zu einem unabhängigen Gremium, dem sog. *Independent Monitoring Board*. Das Verfahren als solches ist in Verwaltungsvorschriften (*orders*) bzw. Richtlinien (*instructions*) geregelt. Die *Independent Monitoring Boards* haben keine eigenständige Entscheidungsbefugnis, sie können nur Anregungen gegenüber der Anstaltsleitung geben, ggf. auch dem Innenminister berichten. Unabhängig von Individualbeschwerden legen die Boards jährliche Berichte über den Zustand der Gefängnisse vor, teilweise – wie vom Verf. beschrieben – mit erheblicher Kritik an erkannten Missständen. Als weitere Beschwerdestelle fungiert der *Prisons and Probation Ombudsman*, der ebenfalls eine unabhängige Instanz darstellt. Dieses Beschwerdesystem scheint recht erfolgreich zu sein, denn in mehr als der Hälfte der abgeschlossenen Verfahren wurde den Gefangenen Recht gegeben. Auch hier sollte nochmals klargestellt werden, dass eine „Entscheidung" zugunsten des Gefangenen keine Rechtsverbindlichkeit hat, sondern lediglich Empfehlungen an die Anstalt oder das Ministerium gemacht werden.

In Schottland gibt es auf der Basis der *Prisons and Young Offenders Institutions (Scotland) Rules 2011* ein ähnliches zweistufiges internes Beschwerdesystem mit der weiteren Beschwerde zum Ombudsmann als letzter Instanz.

In *Kapitel 4.6* geht der Verf. auf eine weitere Kontrollinstanz des Strafvollzugs ein, den *Chief Inspector of Prisons*, der in England/Wales alle 5, in Schottland alle 3 Jahre umfassende Berichte seiner Inspektionstätigkeit vorlegt. Zusätzlich werden jährliche Berichte der *HM Chief Inspectorates* veröffentlicht. Rechtliche Grundlage deren Tätigkeit ist das Fakultativprotokoll zur Antifolterkonvention der Vereinten Nationen (OPCAT). Der Verf. berichtet sehr anschaulich die zugrunde gelegten Kriterien und Standards der Inspektionen sowie einige interessante Bewertungen der Berichte der *Chief Inspectors*, die erneut ein differenziertes Bild des englischen/walisischen und schottischen Strafvollzugs vermitteln.

In *Kapitel 4.7* werden die internationalen Regeln und Standards zusammengefasst, insbesondere die Bedeutung der EMRK, der Rspr. des EGMR und der EPR. In einem gesonderten Abschnitt (*4.7.2*) geht der Verf. auf die Folgen des Brexit ein. Zutreffend stellt er klar, dass der Austritt aus der EU nichts an der Verbindlichkeit der EMRK und der Rspr. des EGMR ändert, und dass das Vereinigte Königreich sicherlich nicht ohne weiteres auch aus dem Europarat austreten kann und wird.

In *Kapitel 4.7.3* werden die jüngeren Berichte des Antifolterkomitees des Europarats (CPT) dargestellt, die auf vielfältige Missstände des Strafvollzugs in England und Wales sowie Schottland hinweisen. Immer wieder wurden die aufgrund der Überbelegung beengten Haftbedingungen kritisiert und Empfehlungen zur Reduzierung der Überbelegung gemacht, ferner wurde auf die weit verbreitete Gewalt unter Gefangenen, aber auch inakzeptables Verhalten der Bediensteten gegenüber Gefangenen kritisiert.

Kapitel 4.7.4 widmet sich der Beschwerde beim Europäischen Gerichtshof für Menschenrechte (EGMR) und *Kapitel 4.7.5* behandelt einige der wesentlichen jüngeren Entscheidungen des EGMR bzgl. des Vereinigten Königreichs. Diese Auswahl von besonders wichtigen Entscheidungen verdeutlicht einige rechtsstaatliche Probleme des englischen Strafvollzugs, z. B. bzgl. der Nichtgewährleistung des Wahlrechts für Gefangene. Nicht umsonst fügt der Verf. unter 4.7.6 einen Abschnitt zur Umsetzung von EGMR-Entscheidungen durch das Vereinigte Königreich an, denn nach wie vor ist die vom EGMR gerügte Vorenthaltung des Wahlrechts in der nationalen Gesetzgebung nicht umgesetzt worden. Der Guardian v. 2.11.2017 berichtet, dass eine Änderung der Prison Rules beschlossen wurde, wonach ca. 100 Gefangenen „on temporary release licence" (d. h. Freigängern) das Wahlrecht gewährt wird, was eine völlig unzulängliche, ja fast schon lächerliche Umsetzung des EGMR-Urteils darstellt. Auch bzgl. anderer Entscheidungen, z. B. hinsichtlich der als Menschenrechtsverstoß angesehenen Vorenthaltung von entlassungsvorbereitenden Resozialisierungsmaßnahmen bei Gefangenen, die eine zeitlich unbestimmte Freiheitsstrafe *for the Protection of the Public* verbüßen, gibt es Belege dafür, dass sich die englische Regierung dem grundlegenden europäischen Wertekonsens widersetzt (was man zu Recht deutlich kritisieren muss, ein Problem, dem das UK durch den Brexit, s. o., nicht entgehen kann).

Im letzten Abschnitt des *4. Kapitels* (*4.7.7*) werden die EPR behandelt, die als Modell für Änderungen der *UK Prison Rules* gesehen werden. Der Verf. verdeutlicht die Defizite der *Prison Rules* anschaulich anhand einiger Beispiele.

Im *5. Kapitel* behandelt der Verf. den Vollzugsablauf vom Strafantritt bzw. dem Aufnahmev erfahren bis hin zur (bedingten) Entlassung. In rechtlicher Hinsicht greift der Verf. dabei im Wesentlichen auf die *Prison Rules* und Detailregelungen in verschiedenen Verwaltungsvorschriften (*Instructions*) zurück.

Bemerkenswert hinsichtlich der Aufnahmephase ist das besondere Augenmerk, das in den *Instructions* hinsichtlich der Selbstmord- und Selbstgefährdungsprophylaxe zum Ausdruck gelangt. Dies ist vor dem Hintergrund einer besonders ausgeprägten Selbstmordrate im Vollzug zu sehen (vgl. *The Guardian* v. 22.1.2015; in historischer Perspektive bereits *Liebling* 1992). Das Aufnahmeverfahren ist in Form einer *Reception and First-Night-Checklist* formalisiert, die der Verf. im Originaltext aufführt.

In Schottland ist das Aufnahmeverfahren in den entsprechenden Prison Rules ähnlich geregelt, wobei hier unmittelbar eine erste Klassifizierung der Gefangenen nach Alter, Delikt, Vorstrafenbelastung und Straflänge erfolgt.

Sowohl in England/Wales wie in Schottland erfolgt eine Klassifizierung der gefangenen nach Sicherheitskategorien, in England/Wales in den Stufen A bis D für Gefangene mit der höchsten Stufe A (Hochsicherheitseinrichtungen) bis zur niedrigsten Stufe D (geeignet für den offenen Vollzug), in Schottland nach drei Stufen, der High, Medium und Low Supervision.

Die Einstufung in die höchsten Sicherheitskategorien hat erhebliche Konsequenzen für den Vollzugsalltag und die nur sehr eingeschränkten Möglichkeiten an Resozialisierungsprogrammen teilzunehmen (vgl. *Kapitel 5.1.3.1*). Eine Neubewertung der Einstufung in Kategorie A erfolgt frühestens nach 2 Jahren. Dies und die Tatsache, dass die Kategorisierung nur sehr eingeschränkt rechtlich überprüfbar ist und auch der EGMR diesbezüglich Zurückhaltung hat walten lassen, erscheint aus rechtsstaatlicher Hinsicht defizitär.

In Schottland erfolgen Überprüfungen der Sicherheitsklassifizierung in erheblich kürzeren Abständen von 6 bzw. 12 Monaten. Auch scheint der Rechtsschutz besser zu sein. Die Konsequenzen einer Höherstufung bzgl. des Sicherheitsrisikos sind auch in Schottland gravierend (Verlust von Vollzugslockerungen, geringe Aussichten auf vorzeitige Entlassung etc., vgl. *Kapitel 5.1.3.2*).

Die Vollzugsplanung (*Kapitel 5.1.4*) folgt in England/Wales und Schottland den gängigen Vorgaben, wie sie auch in den EPR aufgeführt sind. Der Verf. beschreibt detailliert die große Bandbreite möglicher Behandlungsmaßnahmen. Die regelmäßige Fortschreibung des Vollzugsplans scheint ebenfalls zum Standard zu gehören. Über die Realität im Vollzugsalltag angesichts der starken Überbelegung (England/Wales) bzw. dem hohen Anteil sehr kurzer Freiheitsstrafen (Schottland) gibt es allerdings wohl keine empirischen Befunde. Bemerkenswert für Schottland ist das *Integrated Case Management*, das eine durchgehende Betreuung (*through care*) beinhaltet und damit modernen Ansprüchen an ein systematisches Übergangsmanagement entspricht. Gleichfalls positiv zu sehen ist, dass der Vollzugsplan als Eingliederungsplan (*Community Integration Plan*) bezeichnet wird.

Gefangene sind in England/Wales und Schottland zur Arbeit verpflichtet (vgl. *Kapitel 5.2*). Der Mindestarbeitslohn ist minimal, und liegt noch deutlich unter den deutschen Sätzen. Ein Skandal ist, dass in England/Wales seit 2002 keine Anpassung der Mindestsätze erfolgte. Die tatsächliche Entlohnung kann vor allem im offenen Vollzug höher sein. Nach einem 1996 verabschiedeten, aber erst 2011 in Kraft getretenen Gesetz (das auch in Schottland gilt) kann ein 20 £ pro Woche übersteigender Betrag zu 40% an Opferhilfeorganisationen abgeführt werden (vgl. *Kapitel 5.2.1*). Die realen Verdienstmöglichkeiten in Schottland scheinen deutlich über dem ebenfalls marginalen Mindestlohn zu liegen.

Die Gesundheitsfürsorge war im englischen und schottischen Strafvollzug besonders problematisch und wurde auch vom CPT wiederholt kritisiert (u. a. Übermedikalisierung, fehlendes ausgebildetes Personal etc.). 2011 (Schottland) bzw. 2013 (England/Wales) erfolgte eine Übertragung der Gesundheitsfürsorge auf den *National Health Service*, was zu einer Verbesserung der Versorgung führte. Besondere Probleme bestehen hinsichtlich des Nichtraucherschutzes. Während in England/Wales die Benachteiligung von Nichtrauchern durch passives Mitrauchen offenbar noch nicht in Schutzmaßnahmen mündete, hat Schottland entsprechende Schutzmaßnahmen umgesetzt und Raucherzonen eingerichtet bzw. Rauchverbote in Zellen mit gemischter Belegung von Rauchern und Nichtrauchern etabliert. Weitergehend wird derzeit ein generelles Rauchverbot in Anstalten erwogen (vgl. *Kapitel 5.3.2*).

Bildungsangebote wurden in England/Wales jüngst (2016) deutlich ausgeweitet mit dem Ziel, dass bis 2020 alle Gefangenen bei ihrer Entlassung über grundlegende Rechtschreib- und Rechenkenntnisse verfügen sollen (*Kapitel*

5.4.1). Ein in die gleiche Richtung gehendes Strategiepapier wurde 2016 auch in Schottland vorgelegt.

Die Besuchsregelungen (*Kapitel 5.5*) sind in England/Wales mit 2 Stunden pro Monat etwas weniger restriktiv als die früheren deutschen Regelungen des StVollzG, allerdings restriktiver als die meisten neuen Ländergesetze in Deutschland (s. dazu *Thiele* 2016). Für den Langstrafenvollzug zeigte die Studie von *Drenkhahn/Dudeck/Dünkel* (2014), dass es im englischen Strafvollzug eine restriktivere Praxis als in den meisten anderen in die Studie einbezogenen europäischen Ländern und z. B. keinerlei Langzeitbesuche für Ehegatten u. ä. gab (vgl. hierzu S. 222 mit zutreffenden vergleichenden Hinweisen i. V. zu Deutschland, vgl. *Thiele* 2016, S. 146 ff., 338 ff.).

Die Besuchsregelungen in Schottland sind eher noch restriktiver, insbesondere kommt i. d. R. ein Ansparen der monatlich 2 Stunden Besuchszeit nicht in Betracht (vgl. *Kapitel 5.5.2*).

Was die Kommunikation mit der Außenwelt über Briefverkehr und Telefonate anbelangt (*Kapitel 5.6*), so darf der Briefverkehr mit Rechtsanwälten nur aufgrund der Intervention des EGMR nicht mehr kontrolliert werden (Entscheidungen bzgl. England/Wales und Schottland, zuletzt 1992). Grundsätzlich können Gefangene unbegrenzt schreiben (und Briefe empfangen), jedoch nur einmal pro Woche auf Kosten der Anstalt. Großzügiger ist die Telefonie gestaltet, indem Gefangene mit bis zu 20 (registrierten und überprüften) Nummern in Kontakt treten können. Die Kosten haben sie selbst zu tragen. Beides gilt auch für Schottland. Internetkontakte sind in England/Wales eingeschränkt möglich, allerdings werden für jede E-Mail Gebühren erhoben. Zu Beschwerden über hohe Kosten angesichts der privaten Telefonanbieter – wie in Deutschland der Fall – gibt es keine Informationen.

Der Komplex „Sicherheit und Ordnung" (*Kapitel 5.7*) ist in England/Wales speziell und anders als in Deutschland geregelt. Seit 1995 gibt es das sog. *Incentives and Earned Privileges Scheme*, das im Fall von Wohlverhalten, seit 2003 mit der zusätzlichen Bedingung der aktiven Mitarbeit an der Resozialisierung gewisse Privilegien (zusätzliche Besuche, eigenes TV-Gerät in der Zelle u. ä.) ermöglicht. Zu Recht sieht der Verf. die kritischen Aspekte eines solchen Vergünstigungssystems, zumal Privilegien (u. U. tendenziell willkürlich) von den Strafvollzugsbeamten entzogen werden können und die Praxis offenbar je nach Anstalt stark variiert. Auch scheint es vielfach an Angeboten zu fehlen, mittels derer Gefangene Fortschritte der Resozialisierung „beweisen" können.

Seit 2014 ist die Zahl von Tätlichkeiten unter Gefangenen stark angestiegen (vgl. *Abbildung 26*).

Verstöße gegen die Anstaltsordnung sind in England/Wales enumerativ in den Prison Rules (Rule 51) sowie den Instructions aufgeführt, womit schon vor den EPR deren späterem Anliegen entsprochen wurde, sich nicht einfach auf generalklauselartige Eingriffsermächtigungen zu beschränken (was in Deutschland erst nach 2006 in den meisten Ländergesetzen erreicht wurde, vgl. *Faber* 2014 zum Jugendstrafvollzug). Dass Gefangene im Disziplinarverfahren angehört werden müssen, wurde erst nach wiederholter Intervention des EGMR, zuletzt 2003, durchgesetzt (ein Verstoß gegen Art. 6 EMRK wurde bejaht). Besonderheiten der Disziplinarmaßnahmen im Vergleich zu Deutschland sind einmal die Sanktion des Entzugs von Privilegien, zum anderen die Anordnung zusätzlicher Hafttage (maximal 42), wofür allerdings der *District Judge* hinzugezogen werden muss. Letztere Sanktionsmöglichkeit kritisiert der Verf. mit Recht, weil hierdurch Verstöße gegen die Anstaltsordnung zu Straftatbeständen mit der Folge eines verlängerten Freiheitsentzugs aufgewertet werden. Hinzu dürfte kommen, dass derart sanktionierte Gefangene kaum Chancen auf eine bedingte Entlassung haben und somit doppelt „bestraft" werden. Der Rechtsweg gegen Disziplinarmaßnahem führt über die Beschwerde zum Anstaltsleiter und ggf. zum *Prison and Probation Ombudsman* (der allerdings nur Empfehlungen aussprechen kann) zu einem gerichtlichen Überprüfungsverfahren (vgl. dazu auch *Kapitel 4.5.1*).

Besonders gefährliche oder gefährdete Gefangene können mittels besonderer Sicherungsmaßnahmen abgesondert werden, zunächst für bis zu 72 Stunden, aufgrund einer schriftlichen Anordnung bis zu 14 Tage. Der sog. *Segregation Review Board* (bestehend aus Vollzugsmitarbeitern einschl. dem medizinischen Dienst) prüft die Fortdauer der Absonderung alle 14 Tage, eine rechtliche Überprüfung ist nur mit Einschränkungen möglich. Eine weitere Form der Absonderung ist die Unterbringung in sog. *close supervision centres* für bis zu einen Monat, die aber beliebig häufig verlängert werden kann. Die Anordnung durch den *Secretary of State* betrifft Hochrisikogefangene, die häufig über Jahre von anderen Gefangenen isoliert werden. Schließlich ist noch die Unterbringung in einer *special cell* für bis zu 24 Stunden bei renitenten Gefangenen möglich, die sich in einer akuten Ausnahmesituation befinden, was der deutschen Sicherungsmaßnahme der Unterbringung in einem besonders gesicherten Haftraum entsprechen dürfte.

Auch in Schottland werden Disziplinarverstöße enumerativ in den *Prison Rules* aufgeführt. Die disziplinarischen Sanktionen sind ähnlich wie in England/Wales, jedoch scheint es die Verlängerung der Haftzeit als Disziplinarsanktion nicht zu geben (vgl. *Kapitel 5.7.2.1* am Ende). Beschwerdemöglichkeiten sind zwar wie in England/Wales gegeben, eine gerichtliche Überprüfung findet allerdings in den Prison Rules bzw. Verwaltungsvorschriften keine Erwähnung.

Auch in Schottland können Gefangene abgesondert werden, womit die Teilnahme an Arbeit, Freizeit o. ä. gemeint sein kann. Auch hier gilt die 72-Stundenregel mit jeweils auf einen Monat (beliebig) verlängerbaren Anordnungen durch den *Scottish Minister*. Die Anordnung von mechanischen Sicherheitsmaßnahmen („*Body belt*") ist auf 12 Stunden, die Unterbringung in einer Special cell („Beruhigungszelle") auf 24 Stunden begrenzt.

Kapitel 5.8 behandelt die soziale Integration und Entlassung und dabei insbesondere die Gewährung von Vollzugslockerungen (*Kapitel 5.8.1*). In England und Wales wurde in den letzten Jahren, insbesondere seit 2013, versucht das Übergangsmanagement zu verbessern, allerdings wird die Umsetzung im letzten Bericht des *Chief Inspector of Prisons* von 2016 sehr kritisch beurteilt. Die Prison Rules sehen Ausgang (*temporary release*) vor, jedoch scheint das Verfahren mit der Entscheidungskompetenz des *Secretary of State* (faktisch aber die Anstaltsleitung) kompliziert. Auch Freigang und Langzeitausgänge (vor allem zur Familie, i. d. R. bis zu 4 Nächte) sind vorgesehen, allerdings nur für Gefangene der Kategorien D und C (s. o.). Die Praxis erscheint bei 2016 lediglich ca. 7.000 Lockerungen sehr restriktiv (in Deutschland wurden 2015 jährlich ca. 200.000 Langzeitausgänge und mehr als 800.000 tage- bzw. stundenweiseweise Ausgänge bei einer absolut gesehen ca. 9 mal so großen Vollzugspopulation registriert, d. h. ca. 15 mal so viele Lockerungen i. V. zu Schottland). Die Versagerquoten sind ebenso wie in Deutschland marginal und könnten eine großzügigere Lockerungspraxis legitimieren.

In Schottland sind gleichermaßen wie in England/Wales Ausgänge, Langzeitausgänge und Freigang vorgesehen, jedoch nur für Gefangene der untersten Sicherheitskategorie (*low supervision level*). Über die Praxis werden keine Daten mitgeteilt, sie dürfte angesichts der Einschränkungen auf *low-risk-offenders* allerdings mindestens ebenso restriktiv wie in England/Wales sein.

Die bedingte Entlassung erfolgt in England/Wales bei Freiheitsstrafen bis zu 4 Jahren nach der Hälfte der Strafe quasi-automatisch (allerdings nicht bei einem disziplinarischen Entzug von Privilegien, s. o.), bei Freiheitsstrafen von mehr als 4 Jahren ist sie von einer prognosebasierten Entscheidung des *Parole Board* abhängig.

Auch in Schottland gilt die 4-Jahresgrenze für regelmäßige Entlassungen nach der Hälfte der Strafe und der Entlassung durch Entscheidung des *Parole Board*. Im ersten Fall erfolgt die Entlassung regelmäßig ohne Bewährungsauflagen.

In beiden Rechtsordnungen ist die Anordnung elektronischer Überwachung (als zusätzliches Strafübel) möglich, großenteils ohne Betreuung durch die Bewährungshilfe, was man zu Recht als wenig resozialisierungsförderlich kritisieren muss (vgl. *Dünkel/Thiele/Treig* 2017), worauf der Verf. entsprechend hinweist.

Im *6. Kapitel* behandelt der Verf. Fragen des Anstaltspersonals. Rechte und Pflichten des Anstaltspersonals sind in England/Wales in den *Prison Rules* von 1999 geregelt. Gemeint ist hierbei die Gruppe der Allgemeinen Vollzugsbeamten (*prison officer*), die man in Deutschland als Allgemeinen Vollzugsdienst bezeichnet. Geradezu frappierend ist der Unterschied der Ausbildung im Vergleich zu Deutschland, denn im Gegensatz zur zweijährigen Ausbildung hierzulande besteht die Ausbildung in England/Wales aus einer achtwöchigen Kurzeinweisung. So nimmt es kein Wunder, dass die englischen Vollzugsbeamten den vielfältigen Aufgaben kaum gewachsen sind und über sich verschlechternde Bedingungen (Überbelegung, zunehmende Gewalt etc.) heftig klagen und gelegentlich auch streiken. 2014-2016 verdoppelte sich die Zahl gewalttätiger Angriffe gegen Vollzugsbeamte. Aus Kostengründen hat man in den letzten 6 Jahren erheblich an Vollzugspersonal einschl. der Bewährungshilfe eingespart, wodurch sich bei gleichbleibenden Gefangenenraten die Betreuungsrelation verschlechtert hat. Allerdings hat 2016 ein Umdenken eingesetzt, es sollen 2.500 neue Stellen geschaffen und eine Qualifizierungsoffensive begonnen werden. Gerne hätte man noch etwas zum Personalbestand bzgl. Fachdiensten gelesen, aber dazu gibt es leider keine offiziellen Daten. Zudem sind Mitarbeiter der Bewährungshilfe bei der Entlassungsvorbereitung involviert, sie zählen aber nicht zum Vollzugspersonal.

Die rechtliche Situation und Ausbildung des Anstaltspersonals in Schottland ist ähnlich wie in England. Die einführende Ausbildung dauert nur 7 Wochen. Im Gegensatz zu England hat man seit 2010 trotz sinkender Belegungszahlen die Zahl der Vollzugsbeamten um ca. 600 Stellen (+14%) erhöht, wodurch sich die Betreuungsrelation und Arbeitsbedingungen verbessert haben.

In *Kapitel 7* geht der Verf. zu Recht auf die Problematik der *Privatisierung* gesondert ein. Dies erscheint berechtigt, weil England und Wales wie kein anderes europäisches Land die Privatisierung von Anstalten schon in den 1980er Jahren vorangetrieben hat. Unerträgliche Haftbedingungen angesichts rasant steigender Belegungszahlen waren der Motor für die Privatisierung, zumal sich der öffentliche Vollzug mit seinen überalterten Gebäuden und Strukturen als sehr schwerfällig gegenüber Reformen erwies. Nicht zuletzt spielten auch Überlegungen eine Rolle, wie man die starken Gewerkschaften der Bediensteten schwächen konnte (vgl. *Kapitel 7.1* am Ende). 1991 bzw. 1994 wurden die rechtlichen Grundlagen für den Bau und den Betrieb von privaten Anstalten geschaffen, 1992 die erste privat errichtete Anstalt einem privaten Betreiber übergeben. Inzwischen (2016) werden 14 von 117 Anstalten in England/Wales und 2 von 15 Anstalten in Schottland von Privaten betrieben. Die privaten Betreiber sind vertraglich zu bestimmten Angeboten bzw. Resozialisierungsprogrammen verpflichtet, im Falle von Vertragsverletzungen gibt es nicht selten Strafzahlungen an den Staat. Die älteste private Anstalt wurde 2013 wieder verstaatlicht, weil die Betreiberfirma die erheblichen Drogen- und sonstige Probleme nicht in den Griff bekam.

Die Rechtstellung von Gefangenen in privaten ist die gleiche wie in staatlichen Gefängnissen. Gefangene haben die gleichen Beschwerderechte und Zugang zum Ombudsmann bzw. zu den Gerichten.

2016 verbüßten knapp 19% der Gefangenen in England und Wales ihre Strafe in privaten Gefängnissen, ein Prozentsatz, der deutlich über den Anteilen in den USA (die als Vorbild dienten) lag (2013: knapp 9%).

Die privatisierten Anstalten waren in England/Wales sogar noch leicht stärker überbelegt als die staatlichen Anstalten. Die Personalausstattung, Bezahlung der Bediensteten und deren berufliche Qualifikation ist in den privaten Anstalten geringer. Im Ranking der englischen Anstalten liegen die meisten privaten Anstalten im zufriedenstellenden Bereich, allerdings gibt es auch einige sehr schlecht bewertete Anstalten. Auch liegen Berichte vor, die eine Verbesserung des Anstaltsklimas in einzelnen privaten Anstalten hinweisen. Allerdings ist – aus methodologischen Gründen – mit aller Vorsicht festzustellen, dass sich die Hoffnungen, dass private Anstalten letztlich kostengünstiger arbeiten, nicht erfüllt haben. Im Gegenteil sind die privaten Anstalten durchschnittlich teurer als die staatlichen Anstalten. Erstaunlich ist die große Variationsbreite der Kostensätze pro Gefangener, wie sie aus *Tabelle 36* deutlich wird. Sehr schön zeigt der Verf. anhand empirischer Studien die Vorzüge und Nachteile privater im Vergleich zu öffentlichen Anstalten auf, sodass das Fazit gemischt ausfällt. Einerseits fühlen sich Gefangene in privaten Anstalten im Durchschnitt mit mehr Respekt behandelt, andererseits fühlen sie sich unsicherer und erleben ein erhöhtes Gewaltpotenzial.

In Schottland sind die zwei privat betriebenen Anstalten unterschiedlich bewertet worden. Die eine Anstalt wurde vom CPT besucht und heftig kritisiert (zu wenig und schlecht ausgebildetes Personal etc.), die zweite Anstalt wurde in verschiedenen Inspektionsberichten des *HM Inspectorate of Prisons* positiv bewertet. Auch in Schottland gilt, dass private Anstalten nicht billiger sind als staatliche. Interessant ist, dass die derzeitige linksliberale Regierung keine weiteren Privatisierungspläne verfolgt.

Im *8. Kapitel* fasst der Verf. nochmals die wesentlichen Ergebnisse seiner Arbeit prägnant zusammen. Ausgehend von den historischen Grundlagen (*8.1*) gelangt er zu den wesentlichen kriminalpolitischen Entwicklungen der Nachkriegszeit (*8.2*), die zunächst noch vom Grundsatz der Resozialisierung, seit Anfang der 1990er Jahre allerdings von einer punitiven Rhetorik geprägt waren („*tough on crime*", „*Three-strikes-and you're-out*"-Gesetzgebungen etc.). In jüngster Zeit herrschen pragmatische Aspekte vor, die einerseits Kosteneinsparungen, andererseits auch Qualitätsverbesserungen (mehr Personal, Abbau der Überbelegung durch neue Anstalten etc.) beinhalten.

Schottland ist der punitiven Wende zwar auch gefolgt, jedoch in gemäßigter Form und auch hier werden neuerdings Stimmen in der Regierung laut, die den Weg zu einem stärker wiedereingliederungsorientierten Vollzug suchen.

In England/Wales wie in Schottland sind die Kriminalitätsbelastungszahlen seit Anfang der 1990er Jahre rückläufig, die Gefangenenraten jedoch weiter gestiegen (*8.3*).

Dazu hat vor allem eine Sanktionspraxis beigetragen, die insbesondere in England/Wales eine vermehrte Verurteilung zu langen einschl. lebenslanger Freiheitsstrafen beinhaltete. In Schottland fiel die „punitive Wende" moderater aus, nach wie vor machen sehr kurze Freiheitsstrafen einen wesentlichen Teil der Vollzugspopulation aus (*8.4*). Die Regierung hat den klaren kriminalpoliti-

schen Willen ausgedrückt, gerade in diesem Bereich Alternativen zur Freiheitstrafe auszubauen.

Die Gefangenenraten sind in England/Wales und Schottland seit Anfang der
2000er Jahre bis vor kurzem beständig angestiegen. Die Ursachen sind in einem
komplexen Bedingungsgefüge veränderter kriminalpolitischer Orientierungen,
der verschärften Sanktionspraxis und sozialstruktureller Rahmenbedingungen zu
finden, während die Kriminalitätsentwicklung insoweit keine Rolle spielt *(8.5)*.

Die Rechtsstellung von Gefangenen basiert zwar auch auf Gesetzen wie den
Prison Rules von 1952, jedoch wurde die Entwicklung einklagbarer Rechte von
Gefangenen in einem langen Weg vor allem über die Rspr. des EGMR erkämpft.
Auch andere internationale Kontrollmechanismen wie z. B. das CPT haben dazu
beigetragen. Die Beschwerderechte sind in erster Linie vollzugsintern gegeben,
ferner über Ombudsleute, deren Entscheidungen allerdings nur Empfehlungs-
charakter haben. Der nationale gerichtliche Rechtsschutz bleibt dagegen eher
von untergeordneter Bedeutung.

Einen differenzierten Blick wirft der Verfasser auf die in England und Wales
besonders ausgeprägte Tendenz zur Privatisierung von Anstalten. Weder die Hoffnung, dadurch qualitative Verbesserungen der Haftbedingungen für Gefangene zu
erreichen, noch mit der Privatisierung Kosten zu sparen, haben sich erfüllt.

In seinem Ausblick *(8.9)* gelangt der Verfasser zu dem Schluss, dass England und Wales ebenso wie Schottland sich angesichts fortdauernder Strafver-
schärfungen und entsprechender Sanktionspraktiken in einer „*Penal Crisis*" befinden mit den verheerenden Folgen der im westeuropäischen Vergleich
höchsten Gefangenenraten. Eine Verbesserung der nach wie vor vielfach men-
schenrechtlich unbefriedigenden Lebensverhältnisse im Strafvollzug wird zwei-
fellos nur durch eine Reduzierung der Gefangenenraten möglich sein. Dafür
scheint es in Schottland eine gewisse Bereitschaft in der Politik zu geben, nicht
allerdings in England und Wales.

Mit der vorliegenden hat der Verf. hat die relevanten Fragen des Strafvollzugsrechts in England und Wales sowie Schottland differenziert und material-
reich behandelt. Es handelt sich im deutschsprachigen, aber vermutlich selbst im
englischsprachigen Raum um eine einzigartige Zusammenstellung von historischen, rechtlichen, kriminalpolitischen und kriminologischen Befunden des an-
gelsächsischen Vollzugs.

Die Arbeit wurde im Wintersemester 2017/18 als Dissertation an der
Rechts- und Staatswissenschaftlichen Fakultät angenommen. Dem Kollegen
Prof. Dr. Dr. h. c. *Dirk van Zyl Smit* von der Universität Nottingham, England,
gilt der Dank für die zügige Anfertigung des Zweitgutachtens.

Greifswald, im Januar 2018

Frieder Dünkel

Danksagung

Der Drucklegung dieser Arbeit geht eine wunderbare Zeit in Greifswald voraus, die wesentlich durch den Lehrstuhl von Prof. em. Dr. *Frieder Dünkel* geprägt wurde. Zahlreiche Studenten- und Doktorandenseminare auf der Insel Hiddensee, Lehrstuhlfeiern und Besuche von Konferenzen und Strafvollzugsanstalten haben einen bleibenden Eindruck hinterlassen. Das außerordentlich freundschaftliche (und an einer juristischen Fakultät sicher nicht übliche) Klima am Lehrstuhl war gleichzeitig durch eine fachliche Betreuung auf höchstem Niveau geprägt. Dafür danke ich *Frieder Dünkel* ganz besonders.

Mein Dank gilt ferner Prof. Dr. Dr. h. c. *Dirk van Zyl Smit* von der University of Nottingham für seine wertvollen und sehr hilfreichen Hinweise sowie der zügigen Anfertigung des Zweitgutachtens.

Mit dem Thema Strafvollzug in Großbritannien habe ich mich erstmals im Rahmen meines Masterstudiums in Glasgow in den Seminaren von Prof. Dr. *Mike Nellis* befasst, dem ich für seine großartige Unterstützung und die fortdauernden inspirierenden Diskussionen danken möchte. Ohne diese Diskussionen und seine Motivation mich mit dem Thema Strafvollzug rechtsvergleichend zu befassen, wäre es sicherlich nicht zu dieser Arbeit gekommen.

Zu den Greifswalder Institutionen zählt für mich ferner *Bernd Geng*, mit dem ich nicht nur das wahrscheinlich größte Osterfeuer in Greifswald entfacht habe, sondern der mir auch fachlich mit zahlreichen wertvollen Hinweisen zur Seite gestanden hat. Meinen Kolleginnen und Kollegen Dr. *Joanna Grzywa-Holten*, LL.M und *Nicholas Mohr* danke ich für die schöne gemeinsame Zeit am Lehrstuhl. Frau *Kornelia Hohn* danke ich für die netten Kaffeerunden in ihrem Büro und ihre ausdauernde Unterstützung bei jeglichen Formatierungsfragen. Der Deutsch-Britischen Juristenvereinigung danke ich für die freundliche Bewilligung eines Druckkostenzuschusses.

Ganz besonders möchte ich auch meiner Freundin *Judith* für die zahlreichen Diskussionen, Anmerkungen, den Rückhalt und vor allem für alles Sonstige danken.

Abschließend danke ich meinen Eltern *Doris* und *Jens* für deren kontinuierliche Unterstützung in jeglichen Lebenslagen, denen diese Arbeit gewidmet ist.

Freiburg i. Br., im Januar 2018

Jan-Carl Janssen, LL.M (Glasgow)

Abkürzungsverzeichnis

Abs.	Absatz
Anm.	Anmerkung
Art.	Artikel
BREXIT	Austritt des Vereinigten Königreichs aus der Europäischen Union
bspw.	Beispielsweise
BverfG	Bundesverfassungsgericht
BverfGE	Entscheidungen des Bundesverfassungsgerichts
bzgl.	Bezüglich
bzw.	Beziehungsweise
ca.	Circa
CALM	Controlling Anger and Learning to Manage it
CCTV	Closed Circuit Television
CPT	European Committee for the Prevention of Torture and Inhuman or Degrading Treatment or Punishment/Antifolterkomitee
CSEW	Crime Survey for England and Wales
ebd.	Ebenda
Einl.	Einleitung
EGMR	Europäischer Gerichtshof für Menschenrechte
EMRK	Europäische Menschenrechtskonvention
EPR	European Prison Rules (Europäische Strafvollzugsgrundsätze)
etc.	et cetera
EU	Europäische Union

f./ff.	folgende
FS	Freiheitsstrafe
ggf./ggfs.	gegebenenfalls
HCSP	Health Care Service for Prisoners
h. M.	herrschende Meinung
HM	Her Majesty
HMP	Her Majesty's Prison
Hrsg.	Herausgeber
ICM	Integrated Case Management
i. e. S.	im engeren Sinne
IPP	Imprisonment for Public Protection
i. S. d.	im Sinne der/des
i. V. m.	in Verbindung mit
i. w. S.	im weitesten Sinne
JASP	Juvenile Staff Awareness Programme
JVA(en)	Justizvollzugsanstalt(en)
Kap.	Kapitel
LASPO	Legal Aid, Sentencing and Punishment of Offenders Act 2012
Ltd.	Limited (Kapitalgesellschaft)
MoJ	Ministry of Justice
Mon.	Monate
m. w. N.	mit weiteren Nachweisen
NHS	National Health Service
NDPB	Executive non-departmental Public Body

NOMS	National Offender Management Service
Nr.	Nummer(n)
o. Ä.	oder Ähnliches
o. g.	oben genannte
OPCAT	Optional Protocol to the Convention against Torture and other Cruel, Inhuman or Degrading Treatment or Punishment
POA	Prison Officers' Association
POELT	Prison Officer Entry Level Training
PSI	Prison Service Instruction
PSO	Prison Service Order
S.	Seite(n)
SCJS	Scottish Crime and Justice Survey
SMART	specific, measurable, achievable, realistic, and time-bound
sog.	sogenannte(r/s)
u. a.	und andere; unter anderem/n
UK	United Kingdom
UN	United Nations
v/vs	versus
v. a.	vor allem
vgl.	vergleiche
z. B.	zum Beispiel
zit.	zitiert
Zhg.	Zusammenhang
z. T.	zum Teil

Entwicklung, Praxis und kriminalpolitische Hintergründe des Strafvollzugs in England, Wales und Schottland im nationalen und internationalen Vergleich

1. Einleitung

1.1 Zielsetzung: Untersuchung des Strafvollzugs in Großbritannien[1]

Ziel der vorliegenden Untersuchung ist es, Entwicklung, Praxis und kriminalpolitische Hintergründe des Strafvollzugs in England, Wales und Schottland zu beleuchten. Dabei soll das englische und schottische Gefängniswesen in national und international vergleichender Darstellung betrachtet sowie Parallelen und

---

[1] Zum Vereinigten Königreich gehören England, Wales, Schottland und Nordirland. Die Landesteile Schottland und Nordirland haben jeweils eine eigene Rechtsordnung (und ein eigenes Strafvollzugssystem). Das Vereinigte Königreich von Großbritannien und Nordirland besteht seit dem 01. Januar 1801, nachdem das irische Parlament dem *Act of Union* 1800 zugestimmt hatte und sich selbst auflöste. Großbritannien bezeichnet hingegen nur England, Wales und Schottland. Die Bezeichnung Großbritannien geht auf die Vereinigung der Königreiche England und Schottland durch den *Act of Union* 1707 zurück. Dabei wurden Kernbereiche des schottischen Staatswesens besonders geschützt: Das schottische Rechtssystem, das Bildungswesen und das presbyterianische Kirchenrecht; vgl. insoweit auch *Croall/Mooney/Munro* 2010, S. 7. Wales hatte sich bereits 1535 durch den *Laws in Wales Acts 1535-1542* dem Königreich England angeschlossen, erhielt jedoch durch den *Government of Wales Act* 1998 zahlreiche Verwaltungsbefugnisse zurück.

Unterschiede aufgezeigt werden.[2] Bereits auf nationaler Ebene unterscheidet sich das Strafvollzugssystem in England und Wales von dem in Schottland. Während sich die (Kriminal)-Politik in England und Wales traditionell an den Vereinigten Staaten von Amerika orientiert und Effektivitätsgesichtspunkte im Vordergrund stehen, tendiert die schottische (Kriminal-)Politik in Richtung der skandinavischen und anderer europäischen Staaten und verfolgt sog. *Welfare-based penal values*.[3] Es sollen die konkreten Auswirkungen der unterschiedlichen kriminalpolitischen Ausrichtungen auf den britischen Strafvollzug untersucht werden.

Seit den 1990er Jahren ist die polizeilich registrierte Kriminalität in England, Wales und Schottland stark rückläufig, während die Gefangenenraten exponentiell angestiegen sind. Was waren die Ursachen für diesen Anstieg?

Zunächst soll auf die historische Entwicklung des Gefängniswesens in Großbritannien eingegangen werden. Gefängnisstrafen waren nur eine mögliche Sanktionsform, jedoch keineswegs die bedeutendste. Die Geschichte der Inhaftierung in England und Wales unterlag in der Praxis der Durchführung sowie der Entwicklung und Organisation des Strafvollzugs einem fundamentalen Wandel.[4] Im 18. Jahrhundert waren Verwahrlosung und Chaos Kernmerkmale englischer Strafvollzugsanstalten. Erst im 20. Jahrhundert wurde damit begonnen, unterschiedliche Strafvollzugsanstalten für Jugendliche, psychisch Kranke, Frauen und Männer zu schaffen. Die historische Betrachtung soll dem besseren Verständnis der aktuellen Entwicklungen im britischen Gefängniswesen dienen.

Was kennzeichnet den britischen Strafvollzug? Zunächst soll untersucht werden, wie sich der englische vom schottischen Strafvollzug unterscheidet. Welche Unterschiede gibt es zwischen dem britischen Strafvollzug und dem in Kontinentaleuropa?

Ein besonderes Merkmal britischer Haftanstalten sind fortwirkende Privatisierungstendenzen. In welchem Umfang und aus welchen Motiven werden Haftanstalten in England und Schottland privatisiert? Wie wirkt sich das auf die Vollzugspraxis aus? Gibt es Belege dafür, dass der private Sektor effizienter ist? Sind Rückfallquoten von Häftlingen, die ihre Strafe in einer privaten Institution verbüßt haben, geringer als in staatlichen Anstalten?

---

2   Dabei liegt das Hauptaugenmerk auf dem Erwachsenenstrafvollzug, während der Jugendstrafvollzug weitgehend außer Betracht bleibt, vgl. hierzu ausführlich *Barry* 2011, S. 153 ff.; *Burman u. a.* 2011, S. 1149 ff.; *Dignan* 2011, S. 357 ff.; *Dünkel/Stańdo-Kawecka* 2011, S. 1789 ff.; *Horsfield* 2015, S. 264 ff. Der Frauenstrafvollzug wird jeweils bei einzelnen Problembereichen erwähnt, der Schwerpunkt der vorliegenden Untersuchung liegt jedoch beim Männerstrafvollzug, vgl. insoweit auch *Dünkel* 2009, S. 145 ff.; *Dünkel/Kestermann/Zolondek* 2005; *Laubenthal* 2015, S. 499 ff.

3   *Jones/Newburn* 2007, S. 1; *Croall/Mooney/Munro* 2010, S. 9; *Tata* 2010, S. 195 ff.

4   *Morris/Rothman*, 1995, S. VII.

Im Folgenden soll die Stellung der Gefangenen in englischen, walisischen und schottischen Strafvollzugsanstalten untersucht werden.[5] Welche rechtlichen Regelungen gelten im englischen und schottischen Strafvollzug? Gibt es Mindeststandards? Werden die Europäischen Strafvollzugsgrundsätze beachtet? Welchen Einfluss haben die Europäische Menschenrechtskonvention sowie die Rechtsprechung des Europäischen Gerichtshofs für Menschenrechte auf den britischen Strafvollzug? Wie wird Sicherheit und Ordnung in britischen Gefängnissen gewährleistet? Wie ist das Anstaltspersonal ausgebildet? Abschließend sollen Alternativen zum Strafvollzug in Großbritannien skizziert sowie mögliche Reformen des Strafvollzugs aufgezeigt werden.

1.2 Problemstellung und Kernmerkmale des englischen, walisischen und schottischen Strafvollzugs

Der englische und walisische Strafvollzug unterscheidet sich in vielerlei Hinsicht von dem seiner europäischen Nachbarn und erlebte insbesondere seit den 1990er Jahren eine außergewöhnliche Entwicklung. Das *Ministry of Justice* gibt für den 24.06.2016 insgesamt 85.130 Strafgefangene in Institutionen in England und Wales an (146 pro 100.000 der nationalen Bevölkerung).[6] Die Gefängnispopulation in England hat sich seit 1993 (44.246 Strafgefangene) nahezu verdoppelt. Konsequenzen dieser Entwicklung sind u. a. Kostensteigerungen und eine dramatische Überbelegung in zahlreichen Haftanstalten. So weist etwa die Strafvollzugsanstalt in Leeds eine Belegung von 169% auf (derzeit 1.129 statt 669 Häftlinge). 2016 waren 60% der Strafvollzugsanstalten in England und Wales überbelegt, was in absoluten Zahlen einer Überbelegung von 9.700 Häftlingen entspricht.[7] Die durchschnittliche Belegung in englischen und walisischen Strafvollzugsanstalten betrug im Dezember 2016 rund 113% – 75 der insgesamt 117 Haftanstalten waren offiziell überbelegt.[8] 2015/16 wurden 24,5% aller Gefangenen in

---

5 Aus Gründen der besseren Lesbarkeit wird auf die gleichzeitige Verwendung männlicher und weiblicher Sprachformen verzichtet. Eine Diskriminierung des weiblichen Geschlechts ist selbstverständlich nicht beabsichtigt.

6 *Ministry of Justice/National Offender Management Service/HM Prison Service* 2016a.

7 *Allen/Dempsey* 2016, S. 14; die Überbelegung des englischen und walisischen Strafvollzugssystems wurde auch immer wieder in den Berichten des Europäischen Komitees zur Verhütung von Folter und unmenschlicher oder erniedrigender Behandlung oder Strafe (CPT/Antifolterkomitee) kritisiert, vgl. etwa *CPT* 2017, S. 36.

8 *Ministry of Justice/National Offender Management Service/HM Prison Service* 2016b.

England und Wales in überbelegten Anstalten untergebracht.[9] Die Haftplatzkosten in englischen und walisischen Anstalten beliefen sich 2015/16 durchschnittlich auf £ 35.182 (£ 96 pro Tag).[10] Die durchschnittlichen Haftplatzkosten in Europa wurden in den *Space I – Council of Europe Annual Penal Statistics 2016* mit 101 € pro Tag angegeben.[11] Entgegen der Entwicklung im Strafvollzug sind die durch das offizielle englische Statistikamt erfassten Straftaten für 2015 auf einem Allzeittief seit 1981 und lagen 2015 bei 4,4 Millionen pro Jahr.[12] Im Vergleich zum Vorjahr ist die Hellfeldkriminalität in England um 7% zurückgegangen. Großbritannien ist stark urbanisiert (80%), was ein Grund für die hohe Kriminalitätsbelastung in Großstädten – sog. *Crime hotspots* – wie London, Manchester oder Glasgow sein mag. Die Bevölkerung Großbritanniens ist schneller als in jedem anderen europäischen Staat gewachsen, seit 2001 um 5 Millionen. Sie betrug 2016 rund 65,1 Millionen: England 54,8 Millionen (84% der Gesamtbevölkerung), Wales 3,1 (5%) Millionen, Schottland 5,4 (8%) und Nordirland 1,8 Millionen(3%).[13] Die Wirtschaft von Großbritannien gehört zu den stärksten in Europa und ist von neoliberalen Grundzügen geprägt. Der freie Markt führt zu wachsenden Einkommensunterschieden und sozialer Exklusion und hat auch Auswirkungen auf den Strafvollzug, wie *Dignan* und *Cavadino* beschreiben – etwa in Form weitgehender Privatisierungsmaßnahmen im Gefängniswesen.[14] In England und Wales verbüßten am Stichtag 30. Dezember 2016 15.643 Gefangene von insgesamt 84.069 Gefangenen ihre Haftstrafe in einer Strafvollzugsanstalt, die von einem privaten Anbieter geführt wurde.[15] Das entspricht 18,6% der englischen und walisischen Gefängnispopulation.

Von der aktuellen Wirtschaftskrise, mit ihrem Ausgangspunkt 2008 haben sich andere europäische Staaten – etwa Deutschland – besser erholt als Großbritannien. In der Folge dieser Wirtschaftskrise sind Kosteneinsparungen allgegenwärtig, auch im Strafvollzug. Die Zahl der Justizvollzugsbeamten in den öffentlichen Strafvollzugsanstalten ist in den letzten fünf Jahren um 30% gesunken, während die Zahl der Häftlinge weiter ansteigt.[16] Das beeinträchtigt auch das

---

9   *National Offender Management Service* 2016b, S. 27.

10   *Ministry of Justice* 2016e, Table 2a.

11   *Aebi/Tiago/Burkhardt* 2016, S. 2.

12   *Office for National Statistics* 2016a.

13   *Office for National Statistics* 2016b.

14   *Cavadino/Dignan* 2006, S. 15.

15   *Ministry of Justice/National Offender Management Service/HM Prison Service* 2016b.

16   *Ministry of Justice* 2016a, Table 2.

soziale Verhältnis zwischen Justizvollzugsbeamten und Strafgefangenen, wie es *Alison Liebling* eindrücklich beschreibt.[17]

Wie steht es um den schottischen Strafvollzug im nationalen und europäischen Vergleich?[18] Schottlands Strafvollzugsanstalten wiesen 2016 eine marginal niedrigere Gefangenenrate (142 pro 100.000) auf als die in England. Auffallend ist jedoch, dass schottische Gefängnisse 2016 nur zu 94,2% belegt waren und somit offiziell nicht von Überbelegung gesprochen wurde.[19] Am 10. März 2017 waren laut *Scottish Prison Service* (SPS) 7.471 Personen in Haft (inkl. Untersuchungshäftlinge), daneben verbüßten 288 Personen eine sog. *Home Detention Curfew* (Hausarrest, überwacht durch elektronische Fußfessel[20]).[21] Der Höchststand der Gefangenenzahl wurde 2011/12 erreicht und betrug damals 8.179.[22] Die Strafvollzugspopulation verzeichnet – ebenso wie in England – einen Aufwärtstrend und ist zwischen 2002 und 2016 um 23% angestiegen. Dabei variieren die Gefangenenraten regional erheblich (etwa 313 pro 100.000 der Einwohner in Glasgow und 49 pro 100.000 der Einwohner in Aberdeenshire.[23] Im Gegensatz zu England und Wales geht die schottische Regierung davon aus, dass die Gefängnispopulation in Schottland bis 2022-23 stabil bei 7.800 Gefangenen bleiben wird.[24] Schottland hat lediglich 2 der 15 Gefängnisse privatisiert, darunter jedoch eines der zahlenmäßig größten, so dass 2016 rund 16% der schottischen Häftlinge in privaten Anstalten einsaßen.

---

17 *Liebling* 2011.

18 Bei nationalen und internationalen Vergleichen im strafjustiziellen Bereich gilt zu berücksichtigen, dass sich die Methoden der Erfassung von Kriminalität in verschiedenen Ländern unterscheiden können. Zu beachten sind ferner nationale Gesetzesänderungen, Änderungen von Bezugsgrößen, verschiedene Kategorien von Straftaten oder unterschiedliche zeitliche Bemessungsgrenzen, vgl. insoweit auch *Ministry of Justice* 2012, S. 10; *Crawford* 2011, S. 8; *Lacey* 2008; vgl. auch *Dünkel u. a.* 2010a; zur empirischen Analyse legislativer Punitivität in Deutschland vgl. *Schlepper* 2014, S. 25 ff.

19 *International Centre for Prison Studies* 2016.

20 Zur elektronischen Überwachung von Straftätern mittels Fußfessel im europäischen Vergleich siehe *Dünkel/Thiele/Treig* 2017a; *Dünkel/Thiele/Treig* 2017c.

21 *Scottish Prison Service* 2017a.

22 *Allen/Watson* 2017, Table 10a.

23 *Scottish Government* 2015b, S. 30.

24 *Scottish Government* 2015b, S. 14.

Auffällig ist, dass die Anzahl der Untersuchungshäftlinge in Schottland von 19 pro 100.00 im Jahr 2000 auf 26 pro 100.000 in 2016 angestiegen ist, was einem Anteil von 18,4% der gesamten Vollzugspopulation entspricht.[25] Betrachtet man die schottische Sanktionspraxis, so fällt auf, dass die Gerichte in einem hohen Maß sehr kurze Freiheitsstrafen verhängen. 2015/16 wurden 4.066 Haftstrafen von weniger als drei Monaten verhängt und 4.850 Haftstrafen von drei bis sechs Monaten (von insgesamt 13.724 verhängten Haftstrafen).[26] Die kurzen und sehr kurzen Freiheitsstrafen sollen nach dem Willen der schottischen Regierung reduziert werden. 2016 kam es zu einer „Consultation on Proposals to Strengthen The Presumption Against Short Periods of Imprisonment".[27]

2015/16 betrug das Budget des *Scottish Prison Services* £ 379.248.000, was das gesamte Gefängniswesen inkl. privater Haftanstalten sowie den Transport von Gefangenen von und zu Gericht umfasst.[28] Kennzeichnend für den englischen und den schottischen Strafvollzug ist im Übrigen, dass Gefangene mit ihrer Inhaftierung ihr Wahlrecht verlieren, was bereits Gegenstand zahlreicher Verfahren vor dem Europäischen Gerichtshof für Menschenrechte war.[29]

Auch im europäischen Vergleich fällt das englische, walisische und schottische Strafvollzugssystem durch überdurchschnittlich hohe Gefangenenraten auf. Der Europarat gibt den Median der europäischen Gefangenenrate 2016 mit 115,7 pro 100.000 der nationalen Bevölkerung an.[30] Dies stellt gegenüber 2014 einen Rückgang um fast 7% dar. Im europäischen Durchschnitt liegt der Anteil der Untersuchungshäftlinge bei rund 17% der gesamten Gefängnispopulation.[31] In England und Wales sind es lediglich 13,3%, in Schottland liegt der Anteil von Untersuchungshäftlingen bei überdurchschnittlichen 18,4%. Die durchschnittliche europäische Auslastung von Strafvollzugsanstalten liegt bei 94 pro 100 Haftplätze. Auch hier hat England eine Sonderrolle. Betrachtet man die durchschnittliche Verbüßungsdauer von Freiheitsstrafen, so zeigt sich, dass auf europäischer Ebene im Median durchschnittlich 7 Monate Freiheitsstrafe verbüßt werden, in England/Wales und Schottland war dieser Wert deutlich höher.[32]

---

25   *International Centre for Prison Studies* 2016.

26   *Scottish Government* 2017a, Table 10d.

27   *Scottish Government* 2016c.

28   *Scottish Prison Service* 2015, S. 17.

29   Vgl. etwa McHugh and Others v. the UK (Urteil vom 10.02.2015); Firth and Others v. the UK (Urteil vom 12.08.2014).

30   *Aebi/Tiago/Burkhardt* 2016, S. 2.

31   *Aebi/Tiago/Burkhardt* 2016, S. 2.

32   *Aebi/Tiago/Burkhardt* 2016, S. 2.

Was führte zu dieser, aus europäischer Sicht außergewöhnlichen Entwicklung des Strafvollzugs in England, Wales und Schottland? Weshalb hat sich die Gefängnispopulation in Großbritannien in den letzten 20 Jahren nahezu verdoppelt, während etwa in Deutschland oder Italien die Gefangenenraten relativ stabil geblieben sind?[33] In den 1970er Jahren erlebte das Vereinigte Königreich einen erheblichen Kriminalitätsanstieg. *David Garland* beschreibt, dass Kriminalität ein „normaler sozialer Umstand" wurde.[34] Dies führte zu einer Politisierung von Kriminalität und einer durch die Medien gesteigerten Kriminalitätsfurcht in der Bevölkerung.[35] In den 1980er Jahren hat der sog. *Nothing works*-Slogan viel Beachtung gefunden, der jedoch in den 1990er Jahren durch einen Umschwung der Kriminalpolitik verdrängt wurde. *„Law and order"* wurden eines der Hauptmerkmale der Kriminalpolitik, was zu einem insgesamt punitiven Klima führte.[36] Die *„Law-and-order"*-Politik wurde wohl nicht zufällig in einer Zeit wirtschaftlicher Rezession („Black Wednesday" am 16. September 1992) durch den damaligen Premierminister *John Major* ausgerufen.[37] Ein Umschwung in der Kriminalpolitik erfolgte etwa nach der Entführung und Ermordung des 2-jährigen *James Bulger* durch zwei andere Kinder. Die Videoaufnahmen der Entführung in einem Einkaufszentrum in Liverpool wurden in den Medien rasch verbreitet. Die Politik reagierte mit einer Verschärfung der Gesetze und weitgehenden „Community Safety"-Programmen, etwa dem Ausbau der Videoüberwachung.

„Tough on crime" und *„Truth in sentencing"* sind auch gegenwärtig Kennzeichen der englischen Kriminalpolitik. *Dirk van Zyl Smit* und *Fabienne Emmerich* beschreiben, dass empirische Untersuchungen, die die Ineffektivität dieser Politik belegten, von politischen Entscheidungsträgern schlicht missachtet wurden.[38] Anstatt Präventionsprogramme zu entwickeln, wurde in den 1980er Jahren die umfangreiche Erweiterung der Gefängnisbauten vorangetrieben, eine Entwicklung, die bis heute andauert, mit dem Anstieg der Gefängnispopulation jedoch nicht mithalten kann.

Eine Möglichkeit, die enormen Kostensteigerungen in den Griff zu bekommen, sah die Regierung von *Margaret Thatcher* in umfassenden Privatisierungsmaßnahmen. 1992 wurde die erste englische Strafvollzugsanstalt (HMP Wolds) privatisiert. 2017 wurden 14 der 117 Gefängnisse in England und Wales von drei

---

33 Vgl. auch *Dünkel u. a.* 2010b, S. 997 ff.

34 *Garland* 1996, S. 446, *Garland,* 2002, S. 106.

35 *Garland* 1996, S. 446.

36 *Morgan* 2001, S. 211.

37 *Loader* 2016, S. 5; *Cavadino/Dignan* 2006, S. 67.

38 *Emmerich/van Zyl Smit* 2014, S. 120.

privaten Anbietern betrieben (G4S-Justice-Services, Serco-Custodial-Services und Sodexo-Custodial-Services). Somit waren 2014 rund 17% der englischen und walisischen Gefängnispopulation in privaten Strafvollzugsanstalten unterge- bracht.[39] Bezeichnenderweise kehrte das Gefängnis in Wolds aufgrund erhebli- cher Probleme mit dem privaten Anbieter *G4S-Justice-Services* 2013 in staatliche Hände zurück. Gewalt- und Drogenprobleme konnte *G4S* in Wolds nicht in den Griff bekommen. Privatisierungsmaßnahmen im britischen Strafvollzug werden gegenwärtig zunehmend kontrovers diskutiert. Teilweise wird positiv hervorge- hoben, dass durch den Einfluss von privaten Anbietern im Bereich des Strafvoll- zugs der Wettbewerb zu Kostensenkungen und Effizienzsteigerungen geführt habe, während andererseits betont wird, dass der Strafvollzug zum Kernbereich des Staates gehört und somit schlichtweg nicht privatisiert werden sollte.[40] Auch unter moralischen Gesichtspunkten ist es fraglich, ob mit der Inhaftierung von Gefangenen Gewinne erzielt werden sollten.

Neben Privatisierungstendenzen spielen sog. *Responsibilisation strategies* – eine neue Form im Umgang mit Kriminalität – sowie Risiko- und Effizienzge- sichtspunkte[41] eine wichtige Rolle in der englischen und walisischen Kriminal- politik. Dabei soll Kriminalität zunehmend indirekt mittels privater Maßnahmen und Organisationen bekämpft werden. Dazu zählen etwa Nachbarschaftswachen, private Sicherheitsdienste sowie die Einführung einer umfassenden Video- überwachung. Kriminalitätsbekämpfung hat sich zu einem wichtigen Wirtschafts- zweig entwickelt mit einem Fokus auf Effektivität und Wirtschaftlichkeit.[42] Kri- minalität und Kriminalitätsbekämpfung nehmen in Großbritannien weit mehr Raum ein als etwa in Deutschland[43] und werden durch die Medien und insbesondere die Boulevardpresse stark thematisiert.
Was sind die Ursachen des massiven Anstiegs der Gefängnispopulation? Einerseits weist die Kriminalpolitik zunehmend punitive Züge auf, was sich durch die Schaffung neuer Straftatbestände, die Einführung oder Anhebung von

---

39   *Grimwood* 2014, S. 1.

40   Dafür: *Young* 1987; dagegen: *Cavadino/Dignan/Mair* 2013, S. 180, *Brown* 1992, S. 105; *Prison Reform Trust* 2005; neutral: *Le Vay* 2016; *Liebling/Ludlow* 2016; *Ludlow* 2015; *National Audit Office* 2003; *National Offender Management Service* 2015b; *Helyar- Cardwell* 2012; *Shefer/Liebling* 2008.

41   *Whitty* 2011, S. 123 ff.

42   *Garland* 1996, S. 455.

43   Zur empirischen Analyse legislativer Punitivität in Deutschland vgl. *Schlepper* 2014, S. 25 ff.

Mindeststrafen oder die sog. *Three-strikes*[44]-Gesetzgebung auf die Gefängnis-population auswirkt. Dies wird gestützt durch den in England und Wales für die Kriminalpolitik zentralen Bericht *Lord Carter's Review of Prisons*, der die Einstellung von Politikern und sonstigen für den Strafvollzug relevanten Ent-scheidungsträgern als dadurch gekennzeichnet beschreibt, dass es vermieden wird, als *soft* zu gelten und in den letzten Jahren besonders viele neue Straftat-bestände geschaffen wurden sowie das Strafmaß bestehender Straftaten eher an-gehoben als gesenkt wurde.[45] *Emma Bell* weist darauf hin, dass neben dem Anstieg der durchschnittlichen Länge von Haftstrafen in England und Wales von 11,5 Monaten (1999) auf 13,7 Monaten (2009) auch die Zahl der Gefangenen, die eine Strafe von über vier Jahren verbüßen, erheblich zugenommen hat.[46] Diese Gruppe macht somit bereits ein Drittel der Gefängnispopulation aus, während ein Fünftel der Häftlinge Strafen von unbestimmter Dauer verbüßt. Zunehmend werden neue Straftatbestände geschaffen, die hohe Mindeststrafen vorsehen. Beispielhaft dafür kann die Einführung der „Two strikes and you're out minimum six months prison sentence for carrying a knife" genannt werden, die noch 2014 von der Partei der Liberalen verhindert und am 17. Juli 2015 schließlich doch eingeführt wurde, wie *The Guardian* berichtete.[47] Das *Ministry of Justice* geht davon aus, dass etwa 1.000 erwachsene Straftäter und 350 junge Straftäter pro Jahr eine Haftstrafe für das Beisichführen von Messern erhalten werden, was weitere 350 Gefängnisplätze notwendig macht und jährlich zusätzliche Kosten von etwa £ 10 Millionen verursacht. Diese Mindeststrafe wurde eingeführt, ob-wohl den politischen Entscheidungsträgern bekannt war, dass seit 2008 die Zahl der für das Beisichführen von Messern oder anderen gefährlichen Werkzeugen Verurteilten um 60% gefallen ist. Der offizielle Untersuchungsbericht zur Einfüh-rung dieser Maßnahme erwähnt auch, dass die Verschärfung der Gesetze nur minimale Abschreckungswirkung hatte und die Schaffung eines erhöhten Entde-ckungsrisikos weitaus effektiver wäre.

Des Weiteren hat sich die Praxis der vorzeitigen Entlassung seit 1990 stark verändert: Bis dato war es bereits nach Verbüßung von einem Drittel der Haft-strafe möglich, vorzeitige Entlassung zu beantragen, während gegenwärtig

---

44 Der Begriff der „*Three strikes*"-Gesetze entstammt dem Baseball und bezeichnet den Vorgang, bei dem der Schlagmann nach dem dritten Fehlschlag *(strike)* ausscheidet und erst wieder in der nächsten Runde am Spiel teilnehmen darf. In der Kriminalpolitik wird er als Synonym für Gesetze verwendet, die besonders harte, oft lebenslange Strafen für Wiederholungstaten vorsehen.

45 *Lord Carter's Review of Prisons* 2007.

46 *Bell* 2013, S. 62.

47 *Travis* 2015.

mindestens die Hälfte der Strafe verbüßt sein muss.[48] Generell spielen, nach amerikanischem Vorbild, „ *Two or three strikes and you're out* " -Doktrinen sowie die Einführung von höheren Mindeststrafen eine erhebliche Rolle im englischen und schottischen Sanktionssystem und müssen im Lichte des sog. *Punitive Turn* gesehen werden, der die englische Kriminalpolitik seit den 1990er Jahren kennzeichnet.[49] Die stark angestiegene Gefängnispopulation führt zu immensen praktischen Problemen: Personalengpässe, Kostensteigerungen, Überbelegung, Ineffektivität, Verzögerungen bei der Aufnahme von Gefangenen, der Gesundheitsfürsorge sowie eine Zunahme von Gewaltdelikten[50] in den Strafvollzugsanstalten.[51] Das englische, walisische und schottische Strafvollzugssystem befindet sich in der Krise, die als sog. *Penal crisis* bezeichnet wird.[52]

---

48   *Bell* 2013, S. 63.

49   *Dünkel/Thiele/Treig* 2017b, S. 487.

50   *House of Commons Justice Committee* 2016.

51   *Cavadino/Dignan/Mair* 2013, S. 168.

52   *Garland* 2001, S. 53 ff.; *Cavadino/Dignan/Mair* 2013, S. 168.

2. Historische Entwicklung

2.1 Die Entwicklung des Strafvollzugs in Großbritannien bis zum 19. Jahrhundert

Die Geschichte des englischen[53] Gefängniswesens hat eine fundamentale Wandlung durchlaufen.[54] Bis zum 18. Jahrhundert war das Gefängnis lediglich eine mögliche Sanktionsform, jedoch keineswegs die bedeutendste.[55] Körperliche Strafen, Verbannung oder Schuldkompensation durch Zahlung eines Geldbetrages stellten alternative Sanktionsformen dar. Verwahrlosung und Chaos waren Kernmerkmale englischer Strafvollzugsanstalten.[56] Einheitliche normative Regelungen fehlten, was zu erheblichen Unterschieden in der Vollzugspraxis führte. Ab den 1830er Jahren waren Sicherheit und Ordnung zentrale Organisationsprinzipien des Strafvollzugs, was oft Einzelhaft in Kombination mit der sog. *Rule of Total Silence* zur Folge hatte.[57] Die Insassen mussten die ihnen übertragene Arbeit gemeinsam, aber schweigend verrichten. Sprechen war ihnen nur nach Aufforderung durch die Justizvollzugsbediensteten erlaubt. Verstöße gegen diese Regelung wurden mit körperlichen Strafen geahndet.

Nach dem 1863 eingeführten sog. *Separate System* wurden Gefangene strikt voneinander getrennt.[58] Ziel dieser Maßnahme war es, ein auf Abschreckung gerichtetes Vollzugssystem zu etablieren, das durch *hard labour, hard fare and hard bed* gekennzeichnet war.[59] Der Zweck des Gefängnisses bestand weniger im Verwahrungsvollzug als der Vorbereitung etwa der Verbannung, der Deportation nach Übersee, der Verstümmelung oder der Unschädlichmachung des Insassen.[60] Nur ein kleiner Anteil der Gefangenen verbüßte eine Gefängnisstrafe im eigentlichen Sinne. Das Ziel der Strafvollzugsanstalten war es, den Gefangenen schnellstmöglich wieder loszuwerden, um Kosten zu sparen, was in Schottland

---

53 Zur historischen Entwicklung des Strafvollzugs in Deutschland vgl. *Dünkel* 1983, S. 25 ff.; *Kett-Straub/Streng* 2016, S. 4 ff.; *Laubenthal* 2015, S. 61 ff.

54 Verschiedene Erklärungsmodelle zur historischen Entwicklung des Strafvollzugs vgl. *Ignatieff* 1978; *Ignatieff* 1981, S. 153 ff.

55 *Morris/Rothman* 1995, S. VII.

56 *Morris/Rothman* 1995, S. VII.

57 *Brown* 2003, S. 25; *Morris/Rothman*, 1995, S. VII.

58 *Southerton* 1975, S. 5.

59 *Southerton* 1975, S. 5.

60 *Hubert* 1983, S. 5; *Wilson* 2014, S. 13; *Feeley* 2014, S. 1 ff.

durch das Sprichwort „clenzit or conviktt" (frei oder erhängt) beschrieben wurde.[61] Ordnungswidrigkeiten wurden mit Geldstrafe oder öffentlicher und symbo-
lischer Strafe durch den Pranger oder Galgen geahndet.[62] Wobei es auch hier keine allgemeinen und absoluten Regeln für die Ahndung von abweichendem
Verhalten gab, sondern Recht im Namen der Majestät gesprochen wurde.

In frühen Untersuchungen zum britischen Gefängniswesen wurde zwischen
zwei Arten von Haftanstalten unterschieden: Das sog. *Jail* war für Schwerstver-
brecher und Schuldner vorgesehen, während das sog. *House of Corrections* für
Täter leichter Kriminalität, die zu kurzen Freiheitsstrafen verurteilt worden waren,
gedacht war.[63] Praktisch wurde diese Unterscheidung nicht stringent eingehalten,
so dass die unterschiedlichen Kategorien auch oft austauschbar verwandt wurden.[64] Zudem gab es keine getrennte Unterbringung von Untersuchungshäftlingen, Verurteilten und Häftlingen unterschiedlichen Geschlechts.[65] Der Zustand
der Haftanstalten war katastrophal – in den Haftäumen gab es meist kein Tageslicht, an Frischluft mangelte es ebenso wie an ausreichender Nahrung. Sanitäre
Anlagen waren zu dieser Zeit – auch außerhalb des Vollzugs – völlig unbekannt,
so dass es bei den Häftlingen häufig zu Erkrankungen wie Typhus oder Fieber
kam. Teil des Gefängniswesens waren auch sog. *Lockups* in Polizeistationen, die
weit verbreitet waren, jedoch nur wenige Gefangene für eine kurze Zeit unter
erbärmlichen Zuständen verwahrten.[66] Ganz allgemein waren die *Houses of
Corrections* der Ursprung der veränderten Funktionsbestimmung des Gefängnisses, wie sie von *Dünkel* beschrieben wurde.[67]

Die Vollzugspopulation wies neben Verbrechern auch einen großen Anteil an
Schuldnern auf, so dass der Freiheitsentzug nicht zwangsläufig mit Strafe assozi-
iert wurde.[68] Das Einsperren von Schuldnern wurde als probates Mittel zur
Eintreibung des geschuldeten Betrages gesehen. Überwiegend mussten die
Schuldner die Haftkosten selbst tragen, so dass sich ihre finanzielle Situation
weiter verschlechterte. Bemerkenswert ist auch, dass bereits Ende des 18. Jahrhunderts viele Haftanstalten von Privaten mit Gewinnerzielungsabsicht betrieben

61   *Wilson* 2014, S. 14.

62   *McGowen* 1995, S. 80.

63   *McGowen* 1995, S. 80.

64   *McGowen* 1995, S. 81.

65   *Southerton* 1975, S. 2.

66   *Von Würth* 1844, S. 84.

67   *Dünkel* 1983, S. 26.

68   *McGowen* 1995, S. 81.

wurden.[69] Zwischen Justizvollzugsbediensteten und Insassen, die zwecks Schuld-
begleichung eingesperrt waren, bestand ein besonderes Verhältnis. Die
Befugnisse gegenüber dieser Gruppe waren stark eingeschränkt, da Schuldner
ihre Rechte als *Englishmen* – im Gegensatz zu Strafgefangenen – behielten. Ihnen
war es beispielsweise gestattet, Frau und Kinder in die Gefängnisse zu bringen,
was in der Gestaltung des Vollzugsalltags teilweise zu erheblichen Problemen
führte.[70] Des Weiteren musste diese Gruppe ihren Haftraum mieten und für die
Verpflegung im Vollzug selbst aufkommen. Sie hatten jedoch die Möglichkeit,
Waren und Dienstleistungen an andere Gefangene zu verkaufen.[71]

2.1.1 Die Studien von John Howard

John Howard, ein bekannter englischer Philanthrop und Gefängnisreformer,
unternahm im 18. Jahrhundert zahlreiche Gefängnisbesuche im In- und Ausland
und verfasste anschließend das bahnbrechende Werk „The State of the Prisons in
England and Wales" (Erstauflage 1777). Zu dieser Zeit hatte sich in Kontinentaleuropa bereits die Idee eines humaneren Strafrechts und Strafvollzugs durchgesetzt.[72] Auf seiner Tour durch England zählte *Howard* insgesamt 4.084 Gefangene, wovon 2.437 inhaftierte Schuldner waren.[73] Bezüglich der Inhaftierung von
Schuldnern und gewöhnlichen Verbrechern konstatierte er, dass diese strikt
getrennt zu inhaftieren seien, da ansonsten der Friede, die Sauberkeit, die Gesundheit und die Moral der Schuldner nicht gesichert seien.[74] Als Beispiel für negative
Einflüsse von gewöhnlichen Verbrechern auf Schuldner führte *Howard* das von
Verbrechern verwandte Vokabular an, das von profanen Ausdrücken und Flüchen
geprägt sei und vor dem Schuldner geschützt werden müssten. Zu den zahlreichen
Reformvorschlägen *Howards* zählte es, dass in den Abteilungen für Schuldner
auch Aufenthaltsräume, eine Küche und ein Arbeitsbereich zur Verfügung gestellt
werden sollten, so dass arbeitswillige Schuldner einer Tätigkeit nachgehen konnten.[75] Die besondere Stellung von Schuldnern im Vollzug bedeutete aber auch,
dass sich diese selbst versorgen mussten. Etwa die Hälfte der inhaftierten Schuld-

---

69   *Turner* 2016, S. 65.

70   *McGowen* 1995, S. 81.

71   *McGowen* 1995, S. 81.

72   *Huber* 1983, S. 8.

73   *Howard* 1792, S. 35.

74   *Howard* 1792, S. 46.

75   *Howard* 1792, S. 47.

ner verfügte nicht über die finanziellen Möglichkeiten sich grundlegende Nahrungsmittel wie Brot zu beschaffen, während dies verurteilten Verbrechern gewährt wurde.[76] Nach seiner Besichtigung diverser Haftanstalten berichtete *Howard* von rund 600 inhaftierten Schuldnern, die nicht mehr als vier Pfund schuldeten. Die Ausgaben für Nahrung und die Inhaftierung deckten sich häufig mit den zu tragenden Haftplatzkosten oder überstiegen diese. Die Verhältnismäßigkeit der Inhaftierung von Häftlingen, die einen derart geringen Betrag schuldig waren, stellte er zu Recht in Frage.

John Howard forderte im Übrigen ein einheitliches, von staatlicher Seite gezahltes Gehalt für Gefängniswärter, die sich zu dieser Zeit überwiegend aus Gebühren, die von Gefangenen zu tragen waren, finanzierten.[77] Einheitliche Standards fehlten. Die Höhe des Gehalts sollte sich an der übernommenen Verantwortung orientieren. Bemängelt wurde zudem die gängige Praxis, dass Gefängniswärter einen regen Alkoholhandel betrieben.[78] Durch diesen Handel erzielten Gefängniswärter ein erhebliches Zusatzeinkommen – der Alkoholverkauf erfolgte zu Wucherpreisen. Neu war auch die Forderung nach einer einheitlichen, verbindlichen und täglichen Kontrolle der Haftäume durch die Gefängniswärter, wie sie bereits von den *Magistrates of Glasgow* angeordnet worden war. Damit sollte die Ordnung und Sauberkeit der Haftäume sichergestellt werden. Häftlinge sollten zudem tagsüber die Zellen verlassen.

Die Stellung des Häftlings sollte auch durch die Möglichkeit einer Rechtsbeschwerde verbessert werden. Das bereits am Ende des 18. Jahrhundert geforderte Beschwerdesystem entspricht im weitesten Sinne der heutigen Praxis in englischen Haftanstalten: Zunächst sind Beschwerden an das Gefängnis bzw. den zuständigen Gefängniswärter zu richten. Wird der Beschwerde nicht abgeholfen oder betrifft die Beschwerde eine schwerwiegende Rechtsverletzung, sollten die *Magistrates* zuständig sein.[79]

Die von *John Howard* durchgeführten Besuche führten ihn im Übrigen auch in deutsche Gefängnisse. Die Berichte über Gefängnisbesuche in Hannover, Celle, Hamburg, Bremen, Köln und Mainz fanden Einzug in sein Werk. Die Anstalten beschrieb er als außerordentlich sauber und vernünftig geplant.[80] Positiv wurde hervorgehoben, dass keines der neueren Gefängnisse über unterirdische Kerker verfügte, die Zellen meist mit einem Ofen ausgestattet waren und den Gefangenen einmal wöchentlich frische Bettwäsche zur Verfügung gestellt

---

76   *Howard* 1792, S. 5.

77   *Howard* 1792, S. 51 f.

78   *Southerton* 1975, S. 3.

79   *Howard* 1792, S. 63.

80   *Howard* 1792, S. 105.

wurde.[81] Die Anstalten wurden häufig in der Nähe von Flüssen erbaut, was unter hygienischen Gesichtspunkten vorteilhaft war. Im Gegensatz zu englischen Haftanstalten, umfasste die Nahrung nicht lediglich Brot und Wasser, sondern häufig auch frisches Gemüse. Der Verkauf von Alkohol war den Gefängniswärtern untersagt. Gängige Praxis war es auch, dass zum Tode verurteilte Häftlinge binnen 48 Stunden öffentlich hingerichtet wurden. Zuvor wurde ihnen eine Henkersmahlzeit nach Wahl gewährt, zu der Familie und Freunde geladen werden durften. Die letzten Stunden wurde der Häftling durch einen Pfarrer begleitet.[82] Über die Haftanstalt in Mannheim berichtete *Howard*, dass Häftlinge, die zu einer Strafe in dieser Anstalt verurteilt wurden, zunächst mit einem *„Bien-Venu" (Willkommen)* empfangen wurden. Hierzu wurden sie entkleidet, mit Hilfe einer Maschine am Hals, Händen und Füßen fixiert und gestreckt.[83] Je nach Anweisung des Richters erhielten Häftlinge auch das *„Grand-Venu"*, bei dem sie 20-30 Mal gestreckt wurden.

Bezüglich der Inhaftierung von Schuldnern in Deutschland stellte *Howard* fest, dass diese in separaten Anstalten untergebracht waren.[84] Im Gegensatz zu englischen Anstalten, war es deutschen inhaftierten Schuldnern jedoch nicht gestattet mit ihren Ehefrauen und Kindern in den Anstalten zu leben. Das von *Howard* besuchte Gefängnis in Hannover wurde 1739 von *Johann Paul Heumann* erbaut. Es war ursprünglich für 63 Männer und 39 Frauen ausgelegt, die über drei Etagen verteilt waren. Die Inhaftierten wurden angekettet, verfügten jedoch über beheizte Kerker, die mit Stroh ausgelegt waren. Zur Zeit des Gefängnisbesuchs von *Howard* waren lediglich sieben Verbrecher und ein Schuldner in Hannover inhaftiert. Das Gefängnis verfügte über eine Folterkammer, die jedoch nicht mehr genutzt wurde.[85] *Howard* betonte an mehreren Stellen den vergleichsweise guten Zustand der deutschen Haftanstalten sowie den Umgang mit den Gefangenen. Ebenfalls positiv im Vergleich zu England bewertete *Howard* die von ihm besuchten Anstalten in den Niederlanden.

2.1.2 Die Vollzugspraxis im 18. Jahrhundert

Die Besonderheit englischer Haftanstalten im 18. Jahrhundert bestand darin, dass sich diese überwiegend selbst finanzierten. Wie bereits erwähnt, erhoben die Gefängniswärter Gebühren für diverse juristische Dienstleistungen, Besuche,

---

81 *Howard* 1792, S. 106.
82 *Howard* 1792, S. 107.
83 *Howard* 1792, S. 112.
84 *Howard* 1792, S. 108.
85 *Howard* 1792, S. 114.

Bettwäsche sowie ihre vielseitigen kommerziellen Angebote wie bspw. den Verkauf von Bier.[86] Dies hatte teilweise absurde Konsequenzen: Es konnte vorkommen, dass ein Häftling, obwohl ein Richter seine Unschuld festgestellt hatte, weiter eingesperrt blieb, wenn er seine Haftkosten noch nicht beglichen hatte.[87] Diese Praxis wurde bereits 1669 gerichtlich bestätigt.[88] Andererseits wurden Gefangene von Gefängniswärtern als Kunden betrachtet und meist entsprechend behandelt, soweit sie ihre Haftkosten nicht schuldig blieben.[89] Dies hatte Auswirkungen auf den Vollzugsalltag. Das Interesse der Gefängniswärter lag gerade nicht darin, ein besonders strenges Regime zu führen. Geringere Sicherheitsmaßnahmen führten zu einem besseren Vollzugsklima und geringeren Vollzugskosten.[90] Teil dieser Praxis waren auch relativ weitreichende Möglichkeiten für Gefangene mit der Außenwelt in Kontakt zu treten. Das Vollzugsregime im 18. Jahrhundert gewährte Händlern und Prostituierten häufig Zugang zu den Haftanstalten.[91] Gefangene, die über ausreichende Mittel verfügten, konnten zudem Besuch in ihren Haftträumen empfangen.[92] Diese Praxis endete jedoch mit Ende des 18. Jahrhunderts, als die Isolation des Gefangenen und harte Strafen in den Mittelpunkt des Strafvollzugs rückten.

Teil der Vollzugspraxis im 18. Jahrhundert war es auch, den Gefangenen ein großes Maß an Autonomie zuzugestehen. Gefangene entwickelten selbstständig Regeln für das geordnete Zusammenleben, was in größeren Gefängnissen in Tribunalen gipfelte, die von den Gefangenen eingerichtet wurden. Sie nahmen Beschwerden an, legten Geldstrafen fest und schlichteten Streitigkeiten untereinander.[93] Häufig waren Beschwerden über Glücksspiel, Trunkenheit und sonstige Spiele Gegenstand dieser Prozesse. Die Kehrseite dieser Vollzugsorganisation war jedoch, dass der Vollzugsalltag stark von den finanziellen Mitteln des Gefangenen abhängig war. Wirtschaftlich schwächere Gefangene waren häufig unter schrecklichen Bedingungen inhaftiert. Die Untersuchungsergebnisse von *John Howard* führten zu zwei Parlamentsbeschlüssen, die das Gefängnissystem

---

86 *McGowen* 1995, S. 82.

87 *Southerton* 1975, S. 3.

88 *McGowen* 1995, S. 82.

89 *McGowen* 1995, S. 82.

90 *McGowen* 1995, S. 82.

91 *Livingstone/Owen/Macdonald* 2015, S. 322.

92 *Livingstone/Owen/Macdonald* 2015, S. 322.

93 *McGowen* 1995, S. 82.

weitgehend reformierten.[94] Die Vollzugsgebühren wurden abgeschafft. Der Vollzugsalltag in Gefängnissen des 18. Jahrhunderts konnte turbulent sein, wobei es ein Fehler wäre, das Durcheinander mit Anarchie zu verwechseln.[95]

Von Würth beschrieb bereits 1844, dass ein Mindestmaß an externer Kontrolle des Gefängniswesens durch ein 1835 erlassenen Gesetz (5 et 6 Will. IV. cap 38) erreicht wurde, das Geltung für England und Schottland entfaltete.[96] Bestandteil dieses Gesetzes war die Ernennung von vier Gefängnisinspektoren für England und eines Inspektors für Schottland, die einen jährlichen Bericht über den Zustand der Haftanstalten für das Parlament verfassten, der anschließend veröffentlicht wurde.

Ein weiterer einflussreicher Gefängnisreformer war *Jeremy Bentham*, der sich zwar für ein strenges Strafvollzugsregime einsetzte, jedoch Rücksicht auf die Gesundheit der Gefangenen nahm und die Notwendigkeit des Schutzes des Individuums im Vollzug erkannte. Er setzt sich etwa für die getrennte Unterbringung von Männern und Frauen sowie die Verbesserung der sanitären Zustände in den Anstalten ein.[97] 1791 entwarf er das „Panopticon" – ein Gefängnismodell, das es erlaubte, von einem zentralen Ort in der Mitte der Anstalt Einblick in alle Flügel des Gefängnisses zu nehmen.[98] *Bentham* war es, der dem sternförmigen Anstaltsbau bis zur Mitte des 18. Jahrhunderts zum Durchbruch verhalf. Dies geschah über nationale Grenzen hinweg, so wurde etwa die Justizvollzugsanstalt in Freiburg 1878 nach dem sternförmigen Panopticon-Prinzip erbaut.

2.1.3 Deportation von Häftlingen nach Übersee

Ein weiteres Kernmerkmal des englischen Gefängniswesens war die Deportation von Häftlingen nach Übersee sowie nach dem Ende der Ära der Deportation, die Inhaftierung von Häftlingen in ausgedienten Schiffsrümpfen. Die Deportation von Häftlingen nach Übersee begann mit der Gründung der amerikanischen Kolonien und ging auf den *Transportation Act 1718* zurück.[99] Ziel war es, sich der Häftlinge zu entledigen, für die der Tod durch den Galgen aufgrund von

---

94 *Evans/Hughes* 2014, S. 121.

95 *McGowen* 1995, S. 83.

96 *Von Würth* 1844, S. 85.

97 *Bentham* 1791b, S. 1 ff.

98 *Bentham* 1791a, S. 1 ff.; *Foucault* 1977, S. 256 ff.

99 *Rawlings* 1999, S. 55; *Feeley* 2014, S. 1 ff.

geringfügiger Kriminalität wie Diebstahl als unverhältnismäßig angesehen wurde.[100] Ein weiterer Grund für die Deportation von Häftlingen nach Übersee war der Bedarf an Arbeitskräften in den neuen Kolonien. Infolgedessen wurden bis 1775 etwa 30.000 Personen in amerikanische Kolonien transportiert.[101] Man ging davon aus, mit dieser Praxis einen starken Abschreckungseffekt zu erzielen. Dennoch kam es 1750 zu einem erheblichen Anstieg der Kriminalität und es zeichnete sich ab, dass die Deportation nach Übersee keine wesentlich abschreckende Wirkung hatte. Das dürfte auch daran gelegen haben, dass Häftlinge die nordamerikanischen Kolonien attraktiv fanden oder es verhältnismäßig leicht war, von dort nach England zurückzukehren.[102] Die Praxis der Deportation nach Nordamerika endete mit der Unabhängigkeitserklärung der Vereinigten Staaten im Jahr 1776. Folglich kam es wieder häufiger zur Inhaftierung von Straftätern. Dies muss auch vor dem Hintergrund des vordringenden Konzepts der individuellen Freiheit gesehen werden, das in der Französischen Revolution eine zentrale Rolle spielte.[103] Freiheitsentzug als eigenständige Strafe wurde zunehmend populärer.

Bereits 1770 hatte sich das englische Gefängniswesen in einer Krise befunden. Die Anzahl der verurteilten Straftäter war rapide angestiegen, was zu Überbelegung der Gefängnisse geführt hatte. Gleichzeitig war die Anzahl der verurteilten Schuldner gewachsen. Folglich entschied die englische Regierung 1776, die Schiffsrümpfe, die für die Deportation nach Übersee genutzt wurden zu provisorischen Haftanstalten umzufunktionieren.[104] Die Inhaftierung in ausgedienten Schiffsrümpfen stellte eine weitere Episode englischer Strafvollzugsgeschichte dar. Vertäut wurden die Schiffe etwa in den Häfen von London auf der Themse, in Portsmouth oder in Plymouth. Die Haftbedingungen in den Schiffsrümpfen waren katastrophal. Es war feucht, stickig und kalt. Die Häftlinge mussten hart arbeiten und zeitgleich wurde ihnen eine strenge Diät verordnet. Nachts wurden sie in Ketten gelegt. Das Zusammenspiel dieser Faktoren führte zu einer deutlich erhöhten Sterblichkeitsrate im Vollzug. Innerhalb der Schiffsrümpfe gab es kaum staatliche Kontrolle, die Häftlinge wurden weitgehend sich selbst überlassen. Diese Form der Unterbringung führte auch innerhalb der Bevölkerung zu Protesten. Das Leid der Inhaftierung war nun sichtbar und vollzog sich nicht mehr in

---

100 *Rawlings* 1999, S. 55; *Feeley* 2014, S. 1 ff.

101 *McGowen* 1995, S. 84.

102 *Rawlings* 1999, S. 55.

103 *Thomson* 2013, S. 3.

104 *McGowen* 1995, S. 84.

fernen Kolonien. Zahlreiche Berichte über das Vollzugsklima in den Schiffs-rümpfen und dort grassierende Krankheiten ließen Kritik laut werden. Dennoch wurde kurzfristig keine bessere Lösung gefunden.

Die 1776 zunächst beendete Praxis der Deportation von Häftlingen in Kolonien wurde 1787 wieder aufgenommen. Häftlinge wurden nun aber in die neuen Kolonien nach Australien und Tasmanien transportiert.[105] Die Deportation von Gefangen als Sanktion wurde in England und Wales häufig eingesetzt, war in Schottland jedoch wenig populär. Weniger als 4% aller Personen die im Jahr 1823 nach Australien transportiert wurden, kamen aus Schottland.[106] Ziel der Deporta-tion war primär, sich unbeliebter Häftlinge endgültig zu entledigen. Die Häftlings-transporte wurden jedoch sowohl in Großbritannien als auch in Australien zuneh-mend unpopulär.[107] Der Abtransport von Häftlingen wurde als verschwendete Arbeitskraft gesehen, die besser im öffentlichen Sektor hätte eingesetzt werden können.[108] Zudem wurde – wie schon früher bzgl. des Transportes von Häftlingen nach Nordamerika – bemängelt, dass diese Praxis wenig abschreckend wirkte und somit das Ziel der Senkung der Kriminalität nicht zu erreichen sei. Der Transport von Gefangenen endete 1868 endgültig, nachdem sich auch die neuen Kolonien weigerten, weitere Häftlinge aufzunehmen. Es hatte sich eindeutig gezeigt, dass die Deportationsstrafe nach Übersee weder eine abschreckende Wirkung noch einen resozialisierenden Effekt hatte.

---

105 *Southerton* 1975, S. 4.

106 *Thomson* 2013, S. 3.

107 *Cameron* 1983, S. 119.

108 *Huber* 1983, S. 4; *Cameron* 1983, S. 119.

Tabelle 1: **Bevölkerung in England und Wales, Haftstrafen und Deportation von Gefangenen 1836-1891**

| Jahr | Bevölke-rung | Haftstrafen | | Verurteilungen zur Deportation oder *Penal Servitude* | | Anzahl der nach Australien Deportier-ten | Anzahl der nach Bermuda Deportier-ten |
		For Offen-ces tried on In-dictment	Summary Convictions and Want of Sureties from 1857	By Ordi-nary Courts	By Courts-Martial from 1866		
1836	14.928.477	10.125	0	3.611	0	4.273	0
1841	15.911.757	15.747	0	3.800	0	2.926	0
1846	16.944.092	14.902	0	3.157	0	1.708	0
1851	17.927.609	18.418	0	3.338	0	2.440	230
1856	19.042.412	11.885	0	2.715	0	498	0
1861	20.066.224	11.233	81.754	2.678	0	306	0
1866	21.409.684	11.582	95.114	2.016	13	410	0
1871	22.712.266	10.083	122.716	1.627	5	0	0
1876	24.367.247	10.020	140.415	1.753	19	0	0
1881	25.974.439	9.266	141.913	1.525	9	0	0
1886	27.521.780	9.199	147.068	910	2	0	0
1891	29.002.525	7.548	130.803	751	0	0	0

Quelle: *RCP* 1895, Appendix No. 12, Eighteenth Report of the Commissioners of Prisons, with Appendices. For the Year ended 31st March 1895, C.7880, S. 34 f.

Kernbestandteil des *Penal Servitude Act 1857* war es, dass anstelle der Depor-tation nach Übersee eine Haftstrafe treten sollte, die von der Dauer der Deporta-tion nach Übersee entsprechen sollte. Folglich wurde die Freiheitsstrafe auch als Sanktion für mittlere und schwere Kriminalität ausgestaltet.[109] Bis dato wurden Todesstrafen inflationär verhängt und vollstreckt. Dies war bei einer Vielzahl von Delikten, darunter staatsgefährdenden Handlungen, Tötungen, aber auch Ein-bruch, Straßenraub, leichter Diebstahl, Fälschungsdelikte oder Brandstiftung

---

109 *Huber* 1983, S. 15.

möglich.[110] Ein weiteres zentrales Reformvorhaben dieser Zeit war die Abschaffung der Todesstrafe für praktisch alle Delikte außer Mord und Hochverrat, sodass von nun an Häftlinge früher oder später in die Gesellschaft zurückkehrten.[111] Es wurde erkannt, dass Häftlinge auf ein Leben in Freiheit vorzubereiten waren.

Häftlinge, die aufgrund von Tötungsdelikten zum Tode verurteilt worden waren, wurden seit Inkrafttreten des *Capital Punishment Amendment Act 1868* nicht mehr vor einem breiten Publikum exekutiert, sondern innerhalb der Gefängnismauern. Dies wird als Trendwende von öffentlichen Strafen als Schauspiel hin zum notwendigen Prozess im abgeschlossenen Bereich des Gefängnisses gewertet.[112] Dort wurden Gefangene häufig in Kerkern ohne Licht, Belüftung und Heizung zusammen an die Wand gekettet.[113]

2.1.4 Der Penitentiary Act von 1779

Der *Penitentiary Act of 1779* führte zu einer tiefgreifenden Reform des Strafvollzugs. Beeinflusst wurden diese Reformbestrebungen von den Überlegungen von *Sir William Blackstone* und *William Eden* sowie *von John Howards* Thesen, die zuvor in „The State of the Prisons in England and Wales" veröffentlicht worden waren.[114] Kernbestand der Reform war etwa, dass jedem Häftling eine einzelne Zelle zur Verfügung stehen sollte sowie die Einführung von Arbeit im Vollzug, die im Rahmen des *Silent Systems* stattfinden sollte. Zentral war auch die Umsetzung von *Howards* Reformbestreben, die auf seinen Eindrücken aus nationalen und ausländischen Haftanstalten beruhten. Dazu gehörte etwa die Einzelunterbringung von Gefangenen, religiöser Beistand im Vollzug sowie normative Vorgaben bzgl. der Arbeit im Vollzug.[115] Desweitern sollten Strafvollzugsbeamte erstmals ein Gehalt aus staatlichen Mitteln erhalten, wenngleich erwartet wurde, dass die Einnahmen aus der Arbeit im Vollzug zur Deckung der Vollzugskosten ausreichen würden. Im Zuge dieser Reform wurde Gefangenen auch erstmals eine vorzeitige Haftentlassung bei guter Führung in Aussicht gestellt.[116] Außerdem war vorgesehen, den Strafvollzug nach Geschlechtern zu trennen. Die Kriminalpolitik zu Beginn des 19. Jahrhundert war geprägt von dem Gedanken des freien

---

110   *Huber* 1983, S. 3.

111   *Southerton* 1975, S. 4.

112   *Turner* 2016, S. 69.

113   *Thomson* 2013, S. 4.

114   Vgl. hierzu kritisch *Devereaux* 1999, S. 405-433.

115   *McGowen* 1995, S. 89.

116   *McGowen* 1995, S. 89.

Willens – Straftäter hätten sich bewusst dazu entschieden Straftäter zu werden.[117] Folglich wurde davon ausgegangen, dass sich das Individuum auch bewusst gegen die Begehung von Straftaten entscheiden könne, sofern ihm im Strafvollzug die notwendige Anleitung gegeben würde.

2.1.5 Der Prison Act von 1877 in England, Wales und Schottland

Die Ursprünge des modernen Gefängniswesens in *England und Wales* gehen auf den *Prison Act of 1877* zurück, der Gefängnisse von nun an unter staatliche Verantwortung und Kontrolle stellte.[118] Damit wurde die Praxis unterschiedlicher lokaler und voneinander unabhängiger Strafvollzugsanstalten beendet. Das Gefängniswesen wurde dem Innenministerium unterstellt. Zudem wurde die sog. *Prison Commission* geschaffen, die seither einen jährlichen Bericht über den Zustand der Gefängnisse herausgibt. Jede Haftanstalt musste von nun an über das eingesetzte *Visiting Committee* einen Bericht über den Zustand der Haftanstalt sowie eingegangene Beschwerden veröffentlichen.[119] Dies ermöglichte einen Einblick in das ansonsten abgeschottete Gefängnissystem. Schließlich wurden auch Mittel durch das Parlament bereitgestellt, um den Bediensteten der Gefängnisse, sowie den Gefängnisinspektoren ein Gehalt aus öffentlichen Mitteln zu bezahlen.[120]

Im selben Jahr wurde der *Prison Act 1877 (Scotland)* erlassen, mit dem auch der schottische Vollzug tiefgreifend reformiert wurde. Die schottischen Gefängnisse wurden von nun an ausschließlich aus staatlichen Mitteln finanziert und unterstanden nicht mehr der Lokalverwaltung, sondern der Kontrolle durch das Parlament. Die Gefängnisverwaltung wurde dem *Secretary for Scotland* übertragen. Allerdings hatte bereits der *Prisons (Scotland) Act 1839* dazu geführt, dass Gefängnisse generell staatlich kontrolliert wurden – zu dieser Zeit gab es in Schottland 178 Gefängnisse.[121] Im Gegensatz zu England wurden die in Schottland eingeführten Regeln als logische Fortsetzung der schottischen Kriminalpolitik gesehen, die schon früher Wert auf Zentralisierung und Rationalisierung des Strafvollzugs gelegt hatte.[122] Auch in Schottland war bis zum Erlass des *Prison Act 1877* Abschreckung das zentrale Merkmal des Strafvollzugs. Ein zentrales

---

117 *Rawlings* 1999, S. 101.

118 *Wilkinson* 1878, S. VIII; *Wilson* 2014, S. 63; *Harding u. a.* 1985, S. 199.

119 *Cameron* 1983, S. 128; *Tibber* 1980, S. 9.

120 *Wilkinson* 1878, S. 155.

121 *Thomson* 2013, S. 5.

122 *Wilson* 2014, S. 64.

Organisationsprinzip des Vollzugs war es, Gefangene zunächst unter sehr harten und unmenschlichen Bedingungen zu inhaftieren und ihnen dann – bei guter Führung und Verrichtung der Arbeit – Besserungen in Aussicht zu stellen.[123] Hierzu wurde ein System eingeführt, das Gefangene in vier Klassen einteilte und die Grundsätze der sog. *Penal Servitude* bildete. Gefangene der ersten Stufe mussten ohne Lohn täglich 10 Stunden sog. *First-class-hard-labour* verrichten, von denen 6-8 Stunden auf dem Tretrad absolviert werden mussten – zum Schlafen stand ihnen lediglich eine einfache Holzplanke zur Verfügung.[124] Häftlinge der zweiten Stufe verrichteten für einen Monat dieselbe Arbeit, wurden dann jedoch in die sog. *Second-class-hard-labour* eingestuft, was mit einer geringen Entlohnung verbunden war und an fünf Tagen der Woche ein Bett mit Matratze beinhaltete.[125] Am Sonntag durften sie an Bildungs-, sowie Freizeitangeboten teilnehmen. Häftlinge der dritten Stufe waren zwar ebenfalls zu sog. *Second-class-hard-labour* verpflichtet, wurden jedoch besser entlohnt und mussten nur eine Nacht auf einer Holzplanke schlafen, sie durften Bücher aus der Bibliothek in der Zelle nutzen und Bildungsangebote am Sonntag wahrnehmen.[126] Gefangenen der vierten Stufe standen weitere Privilegien zu – sie wurden am besten entlohnt, hatten dauerhaft eine Matratze, durften Briefe erhalten und senden und 20-minütige Besuche empfangen.[127] Vergeltung und Sühne waren Teil des religiös motivierten Klimas im 19. Jahrhundert – was sich unmittelbar auf den Vollzug auswirkte.[128] Im Zentrum dieser Überlegungen standen frühe Überlegungen zur Resozialisierung von Straftätern, wie sie häufig von religiösen Gruppierungen wie den Quäkern gefordert wurden. Die Wiedergutmachung von entstandenem Unrecht spielte hier eine besondere Rolle. Dennoch herrschte ein sehr strenges Vollzugsklima.

Auch in Schottland galt zunächst das *Separate-System*, das etwa in Glasgow-Bridewell bereits 1825 eingeführt worden war sowie später auch das *Silent-System*, das für gemeinsame, jedoch stille Arbeit im Vollzug stand.[129] Das Glasgow Bridewell Prison kann stellvertretend für den Übergang von kleinen Gefängnissen mit wenigen Insassen hin zu größeren Anstalten in Schottland gesehen

---

123 *Cameron* 1983, S. 130.

124 *Cameron* 1983, S. 130.

125 *Cameron* 1983, S. 130.

126 *Cameron* 1983, S. 130.

127 *Cameron* 1983, S. 130.

128 *Cameron* 1983, S. 92.

129 *Tombs/Piacentini* 2010, S. 241; *Cameron* 1983, S. 94.

werden, die auch erstmals Beschäftigungsverhältnisse im Vollzug einführten.[130] Das Gefängnissystem im Bridewell Prison wurde stark vom damaligen Gefängnisdirektor *William Brebner* und dessen Reformbestrebungen geprägt, der den Gefangenen tägliche Besuche durch Geistliche, Lehrer und andere Personen ermöglichte.[131] Das war insofern revolutionär, als es als erste Resozialisierungsmaßnahme im Vollzug gewertet werden konnte. *Brebner* war überzeugt, dass die Wiedereingliederung von Gefangenen nur gelingen konnte, wenn ihnen der Kontakt zu Familie und Freunden ermöglicht wurde und sie Zugang zu Bildungs- und sonstige Angeboten hatten.

2.1.6 Der Gladstone Report von 1895

Großen Einfluss auf die Entwicklung des Gefängniswesens hatte der *Gladstone Report* (1895), der unter der Schirmherrschaft von *Sir Herbert Gladstone* entstand. Die *Gladstone* Kommission, die sich überwiegend aus Parlamentsangehörigen zusammensetzte, darunter viele Rechtsanwälte und Laienrichter, befasste sich mit den Zuständen innerhalb der Strafvollzugsanstalten.[132] Kernbestand des Untersuchungsberichts waren radikale Vorschläge in Bezug auf das Gefängniswesen, die zu einer Abkehr von Bestrafung und Abschreckung im Vollzug hin zu Resozialisierung – mit dem Ziel der Verminderung von Rückfällen – führen sollten.[133]

Der Bericht wurde zu einer Zeit verfasst, in der Kriminalitätsraten – trotz wachsender Bevölkerung – rückläufig waren. Das *Gladstone Commitee* kam zu dem Ergebnis, dass dies nicht auf das gegenwärtige Gefängnissystem zurückzuführen sei, sondern vielmehr auf Umweltveränderungen, Verbesserungen im Bildungswesen, der Gesundheitsfürsorge[134] und dem Wohnungsbau beruhte.[135] Kritisiert wurden etwa die sehr hohen Rückfallraten, die das bestehende Strafsystem zu verzeichnen hatte. Kern der Reformbestrebungen war es, Rückfallraten zu senken und die Effizienz des Gefängniswesens zu steigern.

Die im 19. Jahrhundert vorherrschende Auffassung, dass Einzelhaft (sog. *Separate System)* den Gefangenen dazu bewegen würde seine begangenen Straftaten zu reflektieren sowie das *Silent System*, das es den Gefangenen untersagte sich

---

130 *Cameron* 1983, S. 100f.

131 *Coyle* 1986, S. 19; *Thomson* 2013, S. 5; *Tombs/Piacentini* 2010, S. 241.

132 *Huber* 1983, S. 19.

133 *Wilson* 2014, S. 64.

134 Zur Entwicklung der Gesundheitsfürge im Vollzug vgl. *Sim* 1990, S. 41 ff.

135 *Rawlings* 1999, S. 107.

zu unterhalten, wurde vom *Gladstone Commitee* als überholt angesehen.[136] Es wurde empfohlen, die Haftbedingungen insgesamt zu verbessern. Dies umfasste bspw. die Abschaffung unsinniger Arbeit, bessere Verpflegung der Gefangenen sowie die Einführung bzw. Erweiterung von Bildungsangeboten.[137] In der Bevölkerung wuchs der Unmut bezüglich des Zustandes der Haftanstalten. Viele Gefangene erkrankten an Tuberkulose. Die Rückfallquoten nach der Haftentlassung waren außerordentlich hoch, was auch daran lag, dass Häftlinge durch die Zeit im Vollzug derart verschuldet waren, dass es ihnen häufig nahezu unmöglich war, auf ehrlichem Wege den Lebensunterhalt zu bestreiten.[138] Der Bericht brach mit der gängigen Vorstellung von Gefangenen als wertlose und hoffnungslose Wesen. Vielmehr wurde empfohlen, Gefangene individuell zu behandeln und die Grundsätze des Strafvollzugs an die Bedürfnisse der Gefangenen anzupassen.[139]

Der *Gladstone Report* empfahl, die Gefangenen in den Fokus der Reformbestrebungen zu stellen.[140] Hierdurch wurde als Vollzugsziel die Resozialisierung des Gefangenen in den Mittelpunkt des Strafvollzugs gestellt. Außerdem sollte die Praxis der gemeinsamen Unterbringung verschiedener Häftlingsgruppen beendet werden. Bis dato wurden Jugendliche, die erstmals strafrechtlich in Erscheinung getreten waren, gemeinsam mit erwachsenen Wiederholungstätern untergebracht.[141] Jeder Gefangene sollte als Individuum gesehen und individuell behandelt werden. Unproduktive Arbeit wie das Tretrad sollte abgeschafft und durch sinnvolle Arbeit ersetzt werden. Es wurde beschrieben, dass Häftlinge häufig das Äquivalent zu 6.000 Fuß an Höhe in einem Tretrad laufen mussten.[142] Gleichzeitig erfuhr die durch den *Gladstone Report* geschaffene Vereinheitlichung des Strafvollzugs Kritik. Durch das zentralisierte Gefängnissystem – so wurde argumentiert – würden Gefangene häufig als wertlose Mitglieder der Gesellschaft behandelt.[143] Hohe Rückfallquoten gaben Anlass zum Zweifel bezüglich der Wirksamkeit der Maßnahmen, die aufgrund des *Gladstone Reports* erlassen wurden. Dennoch hatte der *Gladstone*-Bericht – wie schon das Werk von *John Howard* – signifikante Auswirkungen auf das Gefängniswesen.

---

136 *Rawlings* 1999, S. 108.

137 *Cameron* 1983, S. 131.

138 *Southerton* 1975, S. 7.

139 *Southerton* 1975, S. 7.

140 *Cameron* 1983, S. 131.

141 *Wilson* 2014, S. 64; *Huber* 1983, S. 19.

142 *Bailey* 1997, S. 289.

143 *Cameron* 1983, S. 131.

Im *Prison Act of 1898* wurden zahlreiche Reformvorschläge des *Gladstone-Berichts* umgesetzt.[144] In diesem Act wird häufig der Ursprung des modernen *penal-welfare*-Ansatzes gesehen. So wurde etwa ein Strafverlass bei guter Führung für alle Haftstrafen von über einem Monat eingeführt sowie die Arbeit im Vollzug reformiert. Zentral war außerdem die Einführung unterschiedlicher Konzepte für die Vollzugspopulation. Es wurden verschiedene Abteilungen für Häftlinge geschaffen, die zu einer Haftstrafe ohne Zwangsarbeit verurteilt worden waren.[145] Das strenge *Separate System* sowie *Hard labour* sollten nach und nach abgeschafft und die Möglichkeit, individuelle Ursachen von Kriminalität gezielter bekämpfen zu können, verbessert werden. Zentral war außerdem die Begrenzung der Anordnung von körperlichen Strafen bei schweren Verstößen gegen die Anstaltsordnung, die jedoch bis zum *Criminal Justice Act 1967* möglich blieb.[146]

Tabelle 2: **Disziplinarmaßnahmen und Verstöße gegen die Anstaltsordnung in englischen und walisischen Haftanstalten in den 12 Monaten bis zum 31. März 1895**

Art der Disziplinarmaßnahme	Anzahl der Disziplinarmaßnahmen	
	Männer	**Frauen**
Beschränkungen (Ketten oder Handschellen)	35	22
Disziplinarmaßnahmen		
Körperliche Strafen	83	0
Arrestzelle (*Punishment Cell*)	439	109
Essensrationierung (*Dietary Punishment*)	14.694	1.516
Entzug von Privilegien	7.957	885
Anzahl der Gefangenen die bestraft wurden	17.367	2.304
Anzahl der Gef., die nicht bestraft wurden	134.044	44.703
Anzahl der Gef. während des Jahres insg.	151.411	47.007
Art des Verstoßes gegen die Anstaltsordnung	Anzahl der Verstöße	
	Männer	**Frauen**
Gewaltstraftaten	441	206

---

144 *Southerton* 1975, S. 8.

145 *Bailey* 1997, S. 294.

146 *Cameron* 1983, S. 132.

Art der Disziplinarmaßnahme	Anzahl der Disziplinarmaßnahmen	
	Männer	Frauen
Flucht(versuche)	2	0
Untätigkeit (Idleness)	10.482	651
Sonstige Verstöße gegen die Anstaltsordnung	16.411	2.144
Verstöße gesamt	27.366	3.001

Quelle: *RCP* 1895, Appendix No. 13, Eighteenth report of the commissioners of prisons, with appendices. For the year ended 31st March 1895, C.7880, S. 36 f.

Tabelle 3: **Disziplinarmaßnahmen in schottischen Haftanstalten in den 12 Monaten bis zum 31. März 1895**

Art der Disziplinarmaßnahme	Disziplinarmaßnahmen insgesamt			
	Männer		Frauen	
Ausschluss von Arbeitsmaßnahmen	0	0%	0	0%
Absonderung während der Arbeit	225	3,0%	42	5,5%
Absonderung während des Gottesdienstes	71	0,9%	5	0,7%
Essensrationierung (*Reduction of Diet*)	4.188	55,3%	492	64,0%
Verdunkelte Arrestzelle (*Confinement in Darkened Punishment Cell*)	63	0,8%	42	5,5%
Schlafen auf gesichertem hölzernen Bett (*Sleeping on Wooden Guard Bed*)	1.045	13,8%	0	0,0%
Harte Arbeit (*Setting to hard labour for a period*)	18	0,2%	0	0%
Entzug von Privileg sich mit anderen zu treffen (*Forfeiture of Privilege of Association*)	1	0%	7	0,9%
Forfeiture of Marks	1.414	18,7%	66	8,6%
Reduction of Class	320	4,2%	4	0,5%
Entzug von Zuwendungen (*Forfeiture of Gratuity*)	178	2,4%	71	9,2%
Fesselung der Gliedmaßen	41	0,5%	40	5,2%
Körperliche Strafen	2	0%	0	0%

Art der Disziplinarmaßnahme	Disziplinarmaßnahmen insgesamt			
	Männer		Frauen	
Besondere Anstaltskleidung (*Parti-coloured Dress*)	1	0%	0	0,0%
Isolationshaft	10	0,1%	0	0%
Disziplinarmaßnahmen gesamt	7.577	100%	769	100%

Quelle: *PCS* 1894-95, Seventeenth annual report of the Prison Commissioners for Scotland, being the fifty-sixth annual report on prisons in Scotland 1894-95, C.7838, S. 20.

Tabelle 4: **Verstöße gegen die Anstaltsordnung in schottischen Haftanstalten in den 12 Monaten bis zum 31. März 1895**

Art des Verstoßes gegen die Anstaltsordnung	Anzahl der Verstöße	
	Männer	Frauen
Verstoß gegen eine Anordnung der Anstaltsleitung	257	37
Respektlosigkeit gegenüber einem Strafvollzugsbeamten/Besucher	57	26
Untätigkeit oder Unachtsamkeit während der Arbeit oder Verweigerung der Arbeit (*Idleness or negligence at work, or refusal to work*)	1.384	88
Ehrfurchtloses Verhalten während des Gottesdienstes (*Irreverent behaviour during Divine Service*)	60	2
Fluchen oder Gebrauch von anmaßender oder bedrohender Sprache	170	50
Unanständige Sprache oder unanständige(s) Verhalten bzw. Gesten	8	7
Angriff einer Person (*Assaulting any person*)	27	28
Verbotener Umgang mit anderen Gefangenen (*Conversing or holding intercourse with another prisoner without authority*)	1.412	84
Singen, Pfeifen oder unnötige Laute von sich geben oder Verursachen von Unruhe	125	64
Verlassen der Zelle oder eines anderen Ortes ohne Genehmigung	33	1
Sachbeschädigung der Anstalt oder eines Gegenstandes	1.218	200
Belästigungen (*Committing any nuisance*)	38	0
Besitz verbotener Gegenstände	182	38

Art des Verstoßes gegen die Anstaltsordnung	Anzahl der Verstöße	
	Männer	Frauen
Erhalt oder Weitergabe eines Gegenstandes von einem Gefangenen ohne Erlaubnis	15	10
Verweigerung die Anstaltsordnung oder Anordnungen zu akzeptieren (*Refusing or neglecting to conform to rules and orders laid down*)	64	8
Verstöße gegen die Anstaltsordnung (*Offending against good order and discipline*)	699	58
Versuch gegen eine der vorstehenden Regeln zu verstoßen	20	5
Fluchtversuche	1	0

Quelle: *PCS* 1894-95, Seventeenth annual report of the Prison Commissioners for Scotland, being the fifty-sixth annual report on prisons in Scotland 1894-95, C.7838, S. 21.

2.2 Der Strafvollzug im Viktorianischen Zeitalter

Im Viktorianischen Zeitalter[147] (1837-1901) gab es im Wesentlichen zwei Grundtypen von Haftanstalten: Das sog. *Local prison* war für Straftäter vorgesehen, die eine Freiheitsstrafe von bis zu zwei Jahren verbüßten, während Täter mit einer höheren Haftstrafe im sog. *Convict prison* untergebracht wurden, das nach der Einstellung der Deportation von Häftlingen nach Australien ins Leben gerufen worden war.[148]

Das *Local prison* war im Wesentlichen eine Zusammenfassung des früheren *Jail*, sowie des *House of Corrections*.[149] Das frühere *Jail* war vorwiegend für die Unterbringung von Häftlingen vorgesehen, die auf ihre Strafe oder ihre Hinrichtung warteten bzw. bis zur Begleichung von Schulden inhaftiert wurden. Die *Houses of Corrections* blicken auf eine wesentlich kürzere Geschichte zurück (zuerst Bridewell, City of London 1556) und hatten eine eher sozial- als kriminalpolitische Intention: Hier waren etwa solche Personen inhaftiert, die durch Landstreicherei und Nichtstun aufgefallen waren.[150] Die im *Local prison* verbüßten Haftstrafen waren kurz, die Fluktuation entsprechend hoch.[151] Im *Second report of the commissioners of prisons* aus dem Jahr 1879, dessen jährliche Veröffentlichung auf den *Prison Act 1877* zurückgeht, wurde das Gefängniswesen umfassend untersucht.[152] Die Belegung, sowie die Kosten des Strafvollzugswesens haben sich zwischen 1868 und 1878 in England und Wales wie folgt entwickelt:

---

147 Der Begriff des Viktorianischen Zeitalters geht auf den Zeitabschnitt der Herrschaft von *Königin Viktoria* (1837-1901) zurück.

148 *Johnstone* 2014, S. 195.

149 *McConville* 1995a, S. 132.

150 *McConville* 1995a, S. 133.

151 *Johnstone* 2014, S. 195.

152 *RCP* 1879, S. 3 f.

Tabelle 5: **Belegung und Kosten des Strafvollzugswesen in England und Wales 1868-1878**

Jahr	Belegung Tagesdurchschnitt	Gesamtausgaben Strafvollzugswesen inkl. Inspektionskosten
1868	18.677	£ 618.982
1869	20.080	£ 574.386
1870	19.830	£ 601.168
1871	18.465	£ 626.931
1872	17.605	£ 554.859
1873	17.680	£ 518.972
1874	17.890	£ 518.946
1875	18.487	£ 512.718
1876	18.986	£ 513.163
1877	20.361	£ 526.837
1878	19.733	£ 477.456

Quelle: *RCP* 1879: Second Report of the Commissioners of Prisons with appendix (Part I.), Parliamentary Papers, C.2442, S. 5.

Die Anzahl der Gefangenen in den jeweiligen *Local prisons* war gering. In einem Drittel der Anstalten verbüßten weniger als 25 Häftlinge Haftstrafen – andere Anstalten waren überhaupt nicht belegt.[153] Dennoch mussten die Haftanstalten weiter in Stand gehalten werden, was Kosten verursachte. Infolgedessen wurden einige Haftanstalten zusammengelegt. Damit ging jedoch für die betreffende Ortschaft das Recht verloren, ein *Local prison* zu betreiben. Sofern die Schließung einer Anstalt beschlossen wurde, musste der Steuerzahler für die Unterbringung der Gefangenen in anderen Anstalten zahlen. Die Zahl der Gefängnisse war stark rückläufig. 1878 verzeichneten England und Wales noch 113 Haftanstalten, während 1879 die Zahl bereits auf 68 gesunken war.[154] Grund hierfür war auch, dass mit der beginnenden Industrialisierung eine starke Urbanisierung einherging. Mit der sinkenden Bevölkerung in kleineren Bezirken und Ortschaften ging die Belegungsdichte der *Local prisons* stark zurück.[155] Die

---

153   *McConville* 1995a, S. 138 f.

154   *RCP* 1879, S. 3.

155   *McConville* 1995a, S. 139.

Reduktion der Vollzugspopulation führte zu einer Verringerung der benötigten Vollzugsbeamten, wodurch etwa zwei Fünftel des Gesamtbudgets des Strafvollzugswesens eingespart werden konnten.[156] Einige Haftanstalten in den stark industrialisierten Städten wiesen eine enorme Überbelegung auf. Um dieser Entwicklung entgegenzuwirken, wurden Kooperationen mit ländlichen Anstalten geschlossen, die rückläufige Belegungszahlen aufwiesen. Um dies kosteneffizient zu gestalten, wurden lediglich Langstrafer in ländliche Anstalten verlegt (zu dieser Zeit zählten bereits Häftlinge mit mehrmonatigen Strafen dazu, da Gefangene oft nur für einige Tage oder Wochen inhaftiert wurden).[157] Bezüglich der Verbüßungsdauer ist auch zu beachten, dass für Straftäter, die ihre Haftstrafe im *Local prison* verbüßten, eine vorzeitige Haftentlassung ausgeschlossen war. Die Vollverbüßung war hier der Regelfall.

Häftlinge wurden durch sog. *Discharged Prisoners' Aid Societies* auf die Haftentlassung vorbereitet. Die Notwendigkeit von Einrichtungen, die sich mit dem Übergangsmanagement befassten, wurde bereits im 19. Jahrhunderts erkannt und nach und nach flächendeckend in England, Wales und Schottland eingeführt.[158] Im 18. Bericht des *Prison Commissioners of England and Wales* über den Zustand der Haftanstalten für das Jahr 1895 findet sich eine Übersicht über die Arbeit der *Discharged Prisoners' Aid Societies*. Daraus geht hervor, dass an fast allen englischen und walisischen Haftanstalten eine *Discharged Prisoners' Aid Societies* angekoppelt war.[159] Beispielsweise wurden in der Haftanstalt in Cardiff während des Jahres 1895 durch die *East Glamorgan Discharged Prisoners' Aid Society* insgesamt 104 männliche sowie 7 weibliche Gefangene unterstützt. In Pentonville betreute die *Metropolitan Discharged Prisoners' Aid Society* insgesamt 859 Gefangene und die *St. Giles' Christian Mission* 621 Gefangene. Sinn und Zweck dieser Einrichtungen war es, die Gefangenen auf die Haftentlassung vorzubereiten und dabei zu unterstützen zukünftig ein Leben ohne Straftaten zu führen. In Schottland wurden die ersten *Discharged Prisoners' Aid Societies* Mitte des 19. Jahrhunderts gegründet. Sie beruhten auf ehrenamtlicher Arbeit, halfen den Gefangenen etwa nach Haftentlassung bei der Arbeitssuche und gewährten Darlehen.[160]

---

156 *RCP* 1879, S. 4.

157 *McConville* 1995a, S. 139.

158 *RCP and DCP* 1904, S. 28; *McConville* 1995b, S. 319 ff.

159 *RCP* 1895, S. 124.

160 *Fox* 1952, S. 258.

Die durchschnittliche Dauer der verhängten Haftstrafen in England und Wales betrug am Stichtag 31. März 1903 35,7 Tage für männliche Gefangene und 23,7 Tage für weibliche Gefangene.[161] Sehr kurze Haftstrafen waren somit der Regelfall. 36% der männlichen und 40% der weiblichen Häftlinge wurden zu einer Haftstrafe von einer Woche oder weniger verurteilt.[162] Die Vollzugspopulation in England und Wales verzeichnete zwischen 1900 und dem Stichtag 31. März 1903 einen signifikanten Anstieg von 13.766 auf 16.614 Gefangene im *Local prison*, während die Vollzugspopulation im *Convict prison* nahezu gleich bei 2.799 Häftlingen blieb.[163] Für diesen Anstieg wurden im Wesentlichen vier Ursachen ausgemacht: (1) Erhöhte Polizeiaktivität, (2) Anstieg der Landstreicherei und Verstöße gegen Regeln der Armenhäuser, (3) Auswirkungen des Krieges in Südafrika (hier vor allem Trunkenheitsdelikte und Körperverletzung von zurückgekehrten Soldaten) sowie (4) Zunahme von Schuldnern.[164] Im Einzelnen bestand die erhöhte Polizeiaktivität in einer erhöhten Wachsamkeit und konsequenteren Durchsetzung der Gesetze etwa im Bereich Trunkenheit und „Unsittlichkeit". Dies stand im Zusammenhang mit der Einführung des *Licensing Act 1902* in England und Wales, der Trunkenheit in der Öffentlichkeit unter bestimmten Voraussetzungen unter Strafe stellte. Zudem galt es, die sich ausbreitende Pocken-Erkrankung einzudämmen. Es wurde insbesondere gegen Landstreicher vorgegangen, die im öffentlichen Raum nächtigten.[165]

Schottland verzeichnete im Zeitraum 1868-1888 einen leichten Rückgang der Gefängnispopulation. Im *Annual Report on Prisons in Scotland 1887-1888* wurde die Vollzugspopulation für das Jahr 1868 mit 2.636 angegeben – bei einer Bevölkerung von 3.275.350 entspricht dies einer Gefangenenrate von 80 Gefangenen pro 100.000 der nationalen Bevölkerung.[166] Zwar stieg die Vollzugspopulation bis zum Jahr 1878 auf 3.137 Häftlinge an, fiel jedoch bis 1887 auf 2.235. Verschiedene Faktoren haben diese Entwicklung beeinflusst. Verantwortlich für den Rückgang der Vollzugspopulation waren laut offiziellen Angaben u. a. kürzere Strafen und eine geringere Kriminalitätsbelastung.[167] Fast die Hälfte der Gefangenen verbüßte eine Haftstrafe von einem Monat oder weniger, was als Beleg

---

161 *RCP and DCP* 1904, S. 8.

162 *RCP and DCP* 1904, S. 8.

163 *RCP and DCP* 1900, S. 60; *RCP and DCP* 1904, S. 9.

164 *RCP and DCP* 1904, S. 10.

165 *RCP and DCP* 1904, S. 12.

166 *PCS* 1888, S. 8.

167 *PCS* 1888, S. 2.

dafür galt, dass weniger schwere Straftaten begangen wurden. Die Häftlinge wurden als ordentlich und folgsam beschrieben. Das wurde zurückgeführt auf die effektive Trennung von Häftlingen und die konsequente Durchsetzung und Einhaltung von Disziplin im Vollzug.[168] Im Jahr 1887-1888 wurde auch erstmals kein Suizid im schottischen Vollzug gemeldet. Der Bericht weist auf den Resozialisierungsgedanken hin und empfiehlt, Gefangenen einen *fresh start in life* zu ermöglichen, wenngleich konstatiert wird, dass dies in vielen Fällen mangels geeigneter Betreuung nicht gewährleistet werden konnte.[169] In diesem Fall wurde auch von offizieller Seite davon ausgegangen, dass nach Haftentlassung eine baldige Rückkehr des nicht betreuten Gefangenen in den Vollzug als wahrscheinlich anzusehen sei. Wiederholungstäter stellten das Gefängniswesen vor erhebliche Probleme. Im Jahr 1877-88 betrug die Gesamtanzahl der Gefangenen 2.235, wovon 840 Häftlinge bereits mindestens 50 Mal inhaftiert waren.[170] 1.999 Häftlinge waren bereits 20-50 Mal inhaftiert. Im Vergleich zu England wies Schottland einen mehr als doppelt so hohen Anteil an Haftstrafen bei den Gesamtverurteilungen auf. Im Jahr 1902 wurden 1.486 Haftstrafen pro 100.000 der nationalen Bevölkerung verhängt, während es in England lediglich 615 Haftstrafen pro 100.000 der nationalen Bevölkerung waren.[171] Die Zahl relativiert sich jedoch, wenn man dies in Relation zur Zahl der verfolgten geringfügigen Kriminalität setzt, die in Schottland bei 3.562 Taten pro 100.000 der nationalen Bevölkerung lag und in England lediglich 2.025 betrug.[172] Betrachtet man die Anzahl derer, gegen die eine Geldstrafe verhängt wurde und die somit zunächst einer Haftstrafe entgingen, ergibt sich für England und Schottland ein abweichendes Bild: In Schottland zahlten im Jahr 1903 etwa 50% der Verurteilten ihre Geldstrafe nicht und wurden folglich inhaftiert, während in England lediglich 16% die verhängte Geldstrafe schuldig blieben.[173] Es wurde erkannt, dass hier Reformbedarf bestand und die Höhe der Geldstrafen bei geringfügiger Kriminalität angepasst werden mussten, so dass für die zu einer Geldstrafe verurteilten Täter auch faktisch die Möglichkeit bestand, die Geldstrafe zu zahlen.[174] Die Anzahl von stigmatisierenden, kurzen Haftstrafen ließe sich so verringern. Während in England

---

168 *PCS* 1888, S. 2.

169 *PCS* 1888, S. 2.

170 *PCS* 1888, S. 3.

171 *PCS* 1903, S. 6.

172 *PCS* 1903, S. 6.

173 *PCS* 1903, S. 6.

174 *PCS* 1903, S. 6.

die durchschnittliche Haftlänge 1903 noch 35.65 Tage betrug, lag diese in Schottland bei nur 16 Tagen.[175]

Welche Angebote wurden Häftlingen in Schottland im 19. Jahrhundert gemacht? Die im Jahr 1888 veröffentliche Statistik zu Bildungsangeboten im schottischen Vollzug differenziert zwischen Lesen, Schreiben und Rechnen.[176] Von den im Jahr 1888 inhaftierten 2.285 Gefangenen nahmen am Stichtag 31. März 1.251 Häftlinge an Bildungsangeboten teil. Die Fähigkeiten der Häftlinge wurden in vier Stufen von *Ignorant and could not read / write / ignorant of arithmetic* bis *could read royal reader No. 1 – III / could write from a printed book* und *could work easy money sums* eingeteilt. Der Nutzen von Bildungsangeboten wurde im schottischen Vollzug frühzeitig erkannt und ausgebaut. Die Bildungsangebote wurden von einem Geistlichen durchgeführt. Neben Lesen, Schreiben und Rechnen wurden moralische Werte vermittelt. Die Bildungsangebote sollten möglichst gemeinsam in Klassen und nicht in den Zellen stattfinden.[177] Im offiziellen Bericht über den Zustand des Gefängniswesens von 1903 wurden die Vorteile von Arbeit im Vollzug für den Staat und die Gefangenen hervorgehoben. Gleichzeitig wurde kritisiert, dass bis dato maschinelle Tätigkeiten keinen Einzug im Vollzug gehalten hatten.[178]

2.3 Die Entwicklung des Strafvollzugs in England, Wales und Schottland im 20. Jahrhundert

Das Ende des 19. Jahrhunderts war gekennzeichnet durch den Übergang von öffentlichen, auf den Körper einwirkenden Strafen, hin zu Haftstrafen.[179] In der Zeit zwischen 1890 und 1940 fand außerdem ein Paradigmenwechsel von abschreckender Bestrafung hin zu Resozialisierung statt, mit dem sich der Fokus von der Straftat auf das Individuum verlagerte.[180] Die Philosophie des 19. Jahrhunderts, nach der der Strafvollzug derart unangenehm zu gestalten sei, dass dies potentielle Straftäter abschrecken sollte, hatte sich als unwirksam

---

175 *PCS* 1903, S. 6.

176 *PCS* 1888, S. 18.

177 *PCS* 1903, S. 9.

178 *PCS* 1903, S. 8.

179 *Bailey* 1997, S. 285.

180 *Rawlings* 1999, S. 132; zur parallelen Entwicklung in Deutschland unter dem maßgeblichen Einfluss von *Franz von Liszts* und dem europäischen Paradigmenwechsel vgl. etwa *Dünkel* 1983, S. 25 ff.; *Vormbaum* 2016, S. 105 ff.; *Schmidt* 1965.

erwiesen.[181] Die Kriminalpolitik des 20. Jahrhunderts rückte den Straftäter und dessen Resozialisierung stärker in den Mittelpunkt. Viel Beachtung fand auch der Slogan „Men come to prison *as* a punishment, not *for* punishment".[182]

Besonders schwerwiegend war in England, aber auch in Schottland, die Inhaftierung von Kindern und Jugendlichen, die erst durch den *Children's Act 1908* beendet wurde. Zugleich wurde die gängige Praxis der gemeinsamen Inhaftierung von Jugendlichen und Erwachsenen durch den *Prevention of Crime Act 1908* reformiert. Es wurden spezielle Jugendgerichte für Täter unter 16 Jahren eingerichtet. Zudem wurden sog. *Borstal Institutions* (Jugendstrafanstalten) für Jugendliche zwischen 16 und 21 Jahren geschaffen, die besonders auf die Bedürfnisse von Jugendlichen zugeschnitten waren.[183] Von nun an war die Inhaftierung von Minderjährigen unter 14 Jahren verboten sowie die Inhaftierung von 14-16 Jährigen nur bei besonderer gerichtlicher Anordnung möglich.[184] Im *Prevention of Crime Act 1908* wurde auch erstmals die Möglichkeit der Sicherungsverwahrung (sog. *Preventive detention*) vorgesehen. Dieses Gesetz bestimmte die Kriminalpolitik gegen Widerholungstäter für die nächsten Jahrzehnte und stellte den Schutz der Allgemeinheit in den Mittelpunkt.[185] Massive Bedenken gegen die Doppelbestrafung des Straftäters durch Haftstrafe und anschließender Sicherungsverwahrung führten dazu, dass dieses Institut nur in sehr geringem Umfang angewandt wurde.[186]

Im 20. Jahrhundert entwickelte sich der Strafvollzug zur primären Sanktionsform. Dies manifestierte sich auch in der Wahrnehmung der Bevölkerung und spiegelte sich in der Strafvollzugspopulation wider, die vor Ausbruch des Zweiten Weltkrieges rund 10-11.000 betrug und im Jahr 1947 auf 19.700 Häftlinge angestiegen war.[187] Kernmerkmal des schottischen Vollzugs waren bereits zu Beginn des 20. Jahrhunderts sehr kurze Haftstrafen. Aus dem offiziellen Bericht des schottischen *Prison Commissioners* aus dem Jahr 1908 geht hervor, dass drei Viertel der Haftstrafen eine Dauer von 14 Tage nicht überstiegen.[188] Die durch-

---

181 *Cameron* 1983, S. 184.

182 *Cameron* 1983, S. 185.

183 *Huber* 1983, S. 22.

184 *Horsfield* 2015, S. 9 f; *Cameron* 1983, S. 133.

185 *Huber* 1983, S. 23.

186 *Huber* 1983, S. 23.

187 *Rawlings* 1999, S. 139.

188 *PCS* 1908, S. 6.

schnittliche Verbüßungsdauer lag im Jahr 1907 bei 16,5 Tagen. Im Vergleich mit der durchschnittlichen Verbüßungsdauer aus dem *Prison Report of 1877* ist gegenüber 1907 ein deutlicher Rückgang der Länge der verhängten Strafen erkennbar. Maßgeblich für die Reduzierung der durchschnittlichen Haftdauer war die Einführung des *Fine or Imprisonment Act of 1899* (Scotland and Ireland). Dieser sah in Section 1 vor, dass die Anzahl der Hafttage bei Tätern, die ursprünglich zu einer Geldstrafe verurteilt waren, jedoch aufgrund der Nichtbegleichung in Haft genommen wurden, durch nachträgliche Begleichung der Geldstrafe reduziert werden konnte. Dies war insoweit ein Novum als die bisherige Praxis eine Inhaftierung entsprechend der Höhe der Geldstrafe vorsah und eine vorzeitige Entlassung nicht möglich war.

Tabelle 6:   Verhängung von Haftstrafen in Schottland 1907

Verhängte Haftstrafen		Haftdauer
Imprisonment		
45.282	76,4%	1-14 Tage
9.784	16,5%	14 Tage-1 Monat
3.700	6,2%	1-6 Monate
284	0,5%	6 Monate-1 Jahr
89	0,2%	1-2 Jahre
93	0,2%	3-5 Jahre
59.232	**100%**	**Gesamt**
Penal Servitude		
93	76,2%	3-5 Jahre
24	19,7%	5-10 Jahre
2	1,6%	15 Jahre
3	2,5%	lebenslänglich
122	**100%**	**Gesamt**

Quelle: *PCS* 1908, Annual Report of the Prison Commissioners for Scotland for the Year 1907 to the right honourable John Sinclair M. P., Cd. 4044. S. 6.

Tabelle 6 macht deutlich, dass der weit überwiegende Teil der schottischen Gefängnispopulation 1907 klassische Haftstrafen (sog. *Imprisonment*) verbüßte. Drei Viertel dieser Gefangenen verbüßten sehr kurze Freiheitstrafen von maximal 14 Tagen. Hintergrund der sehr kurzen Freiheitstrafen war, dass ca. 80%

der Anklagen sog. *Miscellaneous Offences*, also leichte Vergehen wie Trunkenheit, Prostitution oder Landstreicherei zum Gegenstand hatten.[189] Nur 122 Gefangene verbüßten sog. *Penal Servitude*-Strafen. Diese Strafen waren für Gefangene mit längerer Haftdauer vorgesehen. Gefangene, die eine sog. *Penal Servitude*-Strafe verbüßten, wurden in vier Klassen eingeteilt. Ihnen wurden je nach zugeteilter Klasse unterschiedliche Privilegien und Verpflichtungen auferlegt. Zwischen 1897 und 1907 wurden durchschnittlich 75 sog. *Penal-Servitude*-Strafen pro Jahr verhängt. 1907 stieg diese Anzahl dann auf 122 verhängte *Penal-Servitude*-Strafen an.[190] Dies kann als Anzeichen gewertet werden, dass ab 1907 die Punititvität zunahm. Wie war die schottische Vollzugspopulation zu Beginn des 20. Jahrhunderts zusammengesetzt? Im schottischen Vollzug waren am Stichtag 31. Dezember 1907 folgende Nationalitäten vertreten: 1.729 Schotten, 971 Iren, 151 Engländer sowie 48 andere.[191] Auffallend ist hierbei, dass die Nationalitäten weitgehend mit der religiösen Überzeugung der Häftlinge korrelierten: 1.731 Gefangene gehörten der presbyterianischen Kirche an, 1.008 waren römisch-katholisch, 150 waren Angehörige der Episkopalkirche und 5 gehörten anderen Glaubensgemeinschaften an.[192] 1907 verbüßten 273 Jugendliche sowie 7 Frauen Haftstrafen in schottischen Haftanstalten. Vergleicht man diese Zahlen erneut mit dem *Prison Report of 1877*, fällt ein starker Rückgang bei der Inhaftierung von Jugendlichen (1877 noch 1.051) und Frauen (1877 noch 158) auf.

Teil des beschriebenen Paradigmenwechsels von Bestrafung hin zur Resozialisierung war auch die Verbesserung von Bildungsangeboten. In Schottland waren 1907 rund ein Siebtel der Vollzugspopulation Analphabeten und von den 8.879 Häftlingen hatten lediglich 25 eine Ausbildung. Bildungsangebote kamen jedoch nur für solche Häftlinge in Betracht, deren Haftdauer nicht zu kurz war. Schon damals wurde davor gewarnt, dies nicht als Argument für längere Freiheitsstrafen zu verwenden, sondern die Anzahl kurzer Freiheitsstrafen zu reduzieren. 1907 nahmen 1.318 Häftlinge an Bildungsangeboten teil.[193] Es wurde darauf geachtet, den Personenkreis, der an diesen Angeboten teilnehmen sollte, sorgfältig auszuwählen und gegenüber dem Vorjahr zu reduzieren. Gleichzeitig sollten die Bildungsangebote qualitativ verbessert und intensiviert werden.

Neben Bildungsangeboten bekam auch die *Arbeit* im Vollzug einen neuen Stellenwert. Der *Annual Report of the Prison Commissioners for Scotland* aus

---

189 *PCS* 1908, S. 6.

190 *PCS* 1908, S. 5.

191 *PCS* 1908, S. 7.

192 *PCS* 1908, S. 7.

193 *PCS* 1908, S. 7.

dem Jahr 1908 betonte die zweifache Intention von Arbeitsmaßnahmen. Einerseits sollte es dem Straftäter helfen, nach Haftentlassung seinen Lebensunterhalt durch ehrliche Arbeit zu bestreiten. Andererseits sollten durch die Arbeit die für den Staat entstehenden Vollzugskosten gesenkt werden.[194] Die Arbeitsangebote waren vielfältig: 1.802 Häftlinge arbeiteten im Bereich öffentliche Baumaßnahmen, Ackerbau sowie in der Herstellung von Kleinwaren. 201 Häftlinge waren im Baugewerbe innerhalb des Gefängnisses beschäftigt und 587 verrichteten Aufgaben innerhalb der Haftanstalt wie Kochen und Backen.[195]

Während des Jahres 1908 gab es insgesamt 61.312 Häftlinge in schottischen Haftanstalten. Im jährlichen Gefängnisbericht von 1908 wurden 3.598 Verstöße gegen Vollzugsregeln dokumentiert.[196] Hauptsächlich wurde gegen die *Rule of Silence* verstoßen oder allgemeine Untätigkeit geahndet. Daneben wurde auch das Fluchen, tätliche Angriffe gegen andere Häftlinge oder das Vollzugspersonal sowie der Besitz von verbotenen Gegenständen registriert. Mögliche Sanktionsmechanismen waren 1908 körperliche Strafen oder der Entzug von Nahrungsmitteln.

Im Folgenden soll die Entwicklung der schottischen und englischen Vollzugspopulation im Zeitraum 1878-1917 einander gegenübergestellt werden. Hierbei fällt auf, dass die schottische Gefangenenrate pro 100.000 der Bevölkerung fast durchwegs höher war als die englische.

---

194 *PCS* 1908, S. 7.

195 *PCS* 1908, S. 7.

196 *PCS* 1908, S. 8.

Abbildung 1: Gefangenenraten und Gefangene absolut in England/Wales und Schottland, 1878-1917

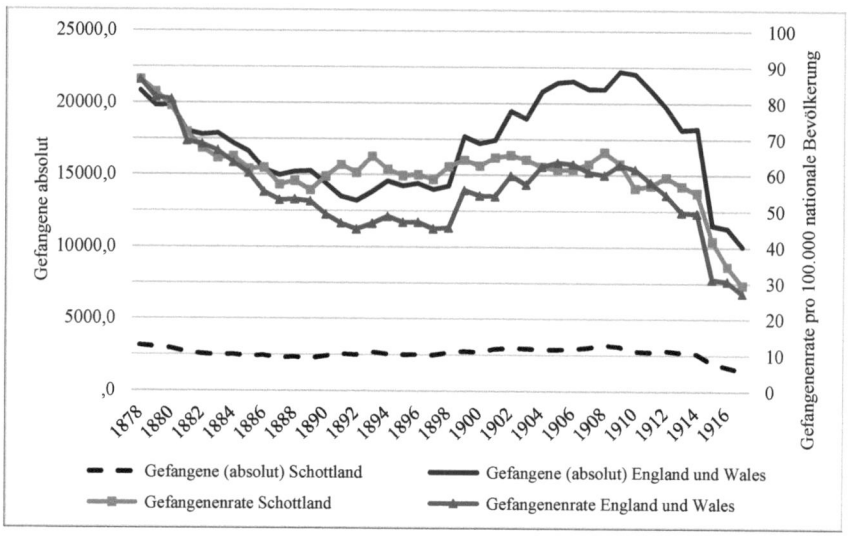

Quelle: Reports of the Commissioner of Prisons and the Director of Convict Prisons with Appendices 1878-1917 (England and Wales); Annual Reports of the Prison Commissioner for Scotland 1878-1917.

Welche Faktoren haben die Entwicklung der Gefängnispopulation beeinflusst? Im *Gladstone Report* von 1895 wurden Ursachen für den Rückgang der englischen Vollzugspopulation zum Ende des 19. Jahrhunderts gefunden: Nicht das damalige Gefängnissystem, sondern externe Faktoren wie Umweltveränderungen, Verbesserungen im Bildungswesen und der Gesundheitsfürsorge sowie des Wohnungsbaus waren Grund hierfür. In Schottland wurden als Ursache für den Rückgang der Gefängnispopulation bis zum Ende des 19. Jahrhunderts vor allem kürzere Freiheitsstrafen und eine geringere Kriminalitätsbelastung ausgemacht.

Zu Beginn des 20. Jahrhunderts kam es dann zu einem merklichen Anstieg der Gefangenenzahlen in schottischen und englischen Haftanstalten. Die im offiziellen jährlichen Gefängnisbericht von 1904 beschriebenen Ursachen lassen sich wie folgt zusammenfassen: (1) Erhöhte Polizeiaktivität, (2) Anstieg der Landstreicherei und Verstöße gegen Regeln der Armenhäuser, (3) Auswirkungen des Krieges in Südafrika, v. a. Trunkenheitsdelikte und Körperverletzung von zurückgekehrten Soldaten sowie (4) die Zunahme von inhaftierten Schuldnern.[197]

Der Anstieg der Gefangenenraten in England, Wales und Schottland endete 1908. Delikte wie Trunkenheit, Betteln und Schlafen in der Öffentlichkeit wurden weniger stark verfolgt, zudem wurden Gefängnisstrafen verhältnismäßig seltener verhängt.[198] Mit dem Ausbruch des Ersten Weltkrieges 1914 waren die Gefangenenzahlen stark rückläufig. Statt Straftäter zu inhaftieren, wurden diese zum Kriegsdienst eingezogen. In England waren die Gefangenzahlen absolut um rund 10.000 gesunken, womit sich die Vollzugspopulation mehr als halbiert hatte. Auch in Schottland hatte sich die Gefangenzahl nahezu halbiert. Während des Ersten Weltkrieges kam es allerdings zur vermehrten Inhaftierung von Kriegsdienstverweigerern, die meist zwischen 28-112 Tagen in Militärgewahrsam blieben. Dabei entwickelte sich eine eigene Dynamik unter den Kriegsdienstverweigerern. Sie sahen sich nicht als Verbrecher und übten scharfe Kritik am Vollzugsalltag. Es wurde skandiert, dass der Strafvollzug vielmehr Kriminalität als Resozialisierung fördere.[199]

Nach dem Ende des Ersten Weltkrieges kam es erneut zu steigenden Vollzugszahlen. Zwischen dem Ersten und dem Zweiten Weltkrieg pendelte die Strafvollzugspopulation in England und Wales zwischen 10.000 und 20.000. Auf der Suche nach Lösungen für das unter Druck stehende Strafvollzugssystem wurde 1933 erstmals mit dem offenen Vollzug in *New Hall* in England experimentiert. Nachdem positive Tendenzen erkennbar waren, wurde 1936 das *New Hall Camp* eröffnet, die erste offene Strafvollzugseinrichtung in der Geschichte des britischen Gefängniswesens. Nach Ende des Zweiten Weltkrieges erfuhr Großbritannien einen erheblichen Kriminalitätsanstieg, was sich unmittelbar auf die Vollzugspopulation auswirkte. Es kam zu einer Inhaftierungswelle. Grund für die angestiegene Kriminalität war etwa die schwache, vom Krieg gekennzeichnete Wirtschaft und eine damit verbundene hohe Arbeitslosigkeit.[200] Gleichzeitig wurde der Strafvollzug weiter reformiert. Durch den *Criminal Justice Act 1948* kam es zur Abschaffung der sog. *Penal Servitude*- sowie der *Hard Labour*-Strafen (Zuchthausstrafen).[201] Außerdem sollte die Verhängung von sehr kurzen Frei-

197 *RCP and DCP* 1904, S. 10.

198 *Bottoms* 1987, S. 178 f.

199 *Cameron* 1983, S. 187.

200 *Newburn* 2013, S. 707.

201 *Cameron* 1983, S. 202.

heitsstrafen eingedämmt und durch Alternativen wie Geldstrafe, Bewährungsstrafe (sog. *Probation*), den absoluten und den bedingten Strafverzicht (*absolute
und conditional discharge*) ersetzt werden.[202] Die bis dahin noch geltende körperliche Disziplinierung im Vollzug wurde durch Section 18 des *Prison Act 1952*
eingeschränkt und letztlich durch Section 65 des *Criminal Justice Act 1967*
vollständig abgeschafft.

Auch die Gesundheitsfürsorge hat sich bis zur Mitte des 20. Jahrhunderts
deutlich verbessert. Dies hing insbesondere mit einem breiteren Angebot an
Nahrungsmitteln zusammen. Die bis dato gängige Praxis der Disziplinierung von
Gefangenen durch Nahrungsmittelentzug wurde schrittweise aufgegeben. Der
beschriebene Anstieg der Vollzugspopulation führte zur Überbelegung in einigen
Haftanstalten. Dies wirkte sich zunehmend auf die Vollzugspraxis aus, etwa auf
die Gesundheitsfürsorge, Bildungs- oder Arbeitsangebote, die Häftlingen nur
noch eingeschränkt zur Verfügung standen.[203] Zentral für die Rechte der Gefangenen war der *Prison Act 1952*, der neben zahlreichen Regelungen in Section
47 (1) vorsah, dass der *Secretary of State* Regeln zur Regulierung und das
Management von Gefängnissen erlassen konnte.[204] Auf dieser Basis wurden
1964 die *Prison Rules* erlassen, die den Vollzugsablauf regelten und zuletzt 1999
weitgehend reformiert wurden

Zwischen 1945 und 1960 hatte sich die Strafvollzugspopulation in England
und Wales nahezu verdoppelt, so dass es zu einer erheblichen Überbelegung in
den Strafvollzugsanstalten kam.[205] Folglich wurde ein umfangreiches Gefängnis-
Bauprogramm aufgelegt, das für Entlastung sorgen sollte. Gleichzeitig sollte der
Ausbau des Sozialstaats einen Rückgang der Kriminalitätsbelastung und sinkende
Gefangenenzahlen bewirken. Teilweise wurde darin auch eine Ursache für steigende Kriminalität gesehen. Von liberaler Seite wurde argumentiert, dass Individuen aufgrund der sozialen Absicherung unfähig würden, für sich selbst zu sorgen.[206] Des Weiteren wurde kritisiert, dass der „Wohlstand der Jugend" dazu

---

202 *Huber* 1983, S. 24.

203 *Cameron* 1983, S. 200.

204 Section 47: Rules for the management of prisons, remand centres, detention centres and
     Borstal institutions. (1) The Secretary of State may make rules for the regulation and
     management of prisons, remand centres and for the classification, treatment, employment,
     discipline and control of persons required to be detained therein.

205 *Rawlings* 1999, S. 145; zur niederländischen und englischen Kriminalpolitik nach Ende
     des Zweiten Weltkriegs vgl. *Downes* 1988, S. 29 ff.

206 *Rawlings* 1999, S. 143.

geführt habe, dass die junge Generation selbstständiger und hedonistischer würde und sich sozial destruktiv verhielte.[207] Der Einfluss von Filmen, Fernsehen und Rock 'n' Roll (bspw. die Auseinandersetzungen zwischen Rockern und Mods in Südengland) führe unter Jugendlichen teilweise dazu, dass Kriminalitäts- und Gewalterfahrungen als normaler sozialer Zustand erlebt würde.[208] Teilweise wurden auch ethnische Minderheiten für den Anstieg der Kriminalität verantwortlich gemacht. Bemerkenswert war, dass die *Labour*-Regierung von *Harold Wilson* (1964-1970) sich den Kampf gegen Rassismus auf die Fahnen geschrieben hatte, auf die Vorwürfe gegenüber Einwanderern aber mit einer Verschärfung der Einwanderungspolitik reagierte.[209]

Die Abschaffung der Todesstrafe für Mord war eines der zentralen Projekte der *Labour*-Regierung von *Harold Wilson*. Dies wurde durch den *Murder Act 1965* umgesetzt. Zunächst wurde die Vollstreckung von Todesstrafen für die Dauer von fünf Jahren ausgesetzt und anschließend 1969 durch Parlamentsbeschluss vollständig abgeschafft. Dies bezog sich auf alle Delikte mit Ausnahme von Hochverrat, Spionage, Brandstiftung in königlichen Werften und Piraterie. Die letzten Todesstrafen wurden am 13. August 1964 an *Peter Anthony Allen* und *Gwynne Owen Evans* in Liverpool und Manchester vollstreckt. Erst 1998 wurde im Zuge der Implementierung des *Human Rights Act 1998* die Todesstrafe im Vereinigten Königreich vollständig abgeschafft.

Auf die steigende Gefängnispopulation und damit einhergehende Überbelegung in den Strafvollzugsanstalten wurde mit einer Reihe von Maßnahmen reagiert. Darunter befanden sich die Einführung von sog. *Non-custodial measures* etwa *Community sentences*. Die weitaus bedeutendste Maßnahme stellt hierbei der sog. *Community payback* dar, bei dem der Straftäter vom Gericht auferlegte, unbezahlte Arbeitsstunden abzuleisten hatten (meist 40-300 Stunden).[210] Diese Gemeinnützige Arbeit sollte nach Möglichkeit in der Nähe des Wohnsitzes des Straftäters stattfinden und vom sog. *Community payback supervisor* kontrolliert werden. Während der Ableistung der Arbeitsstunden ist eine gut sichtbare, orangefarbene Weste zu tragen, was erheblich stigmatisierend wirkt.[211] Bereits 1979 waren englische Anstalten durchschnittlich zu rund 12% überbelegt, während diejenigen in Schottland „nur" zu rund 1% überbelegt waren.

---

207 *Rawlings* 1999, S. 143.

208 *Rawlings* 1999, S. 143.

209 *Rawlings* 1999, S. 143.

210 Vgl. https://www.gov.uk/community-sentences/community-payback (Abruf am 09.08.2017).

211 *Cameron* 1983, S. 202.

Durch den *Criminal Justice Act 1967* wurde die vorzeitige Haftentlassung für bestimmte Tätergruppen sowie Jugendliche eingeführt. In Section 59 wurde die Einrichtung von *Parole Boards* angeordnet, deren Aufgabe es war, über die vorzeitige Haftentlassung zu entscheiden. Der *Parole Board* sollte neben dem Vorsitzenden mindestens vier weitere Mitglieder haben, die vom *Secretary of State* ernannt wurden. Eine vorzeitige Haftentlassung war bereits ab der Verbüßung von einem Drittel der Haftstrafe möglich, sofern diese mindestens 18 Monate betrug.

In den 1980er Jahren kam es zu einer Reihe von Gefängnisrevolten, bei denen die Häftlinge gegen die Zustände ihrer Unterbringung protestierten. Hierbei kam es teilweise zu mehrtägigen Geiselnahmen, etwa im Brixton Prison 1972. Von staatlicher Seite wurden die Zustände zunächst nicht geändert, sondern ein paramilitärisches *Minimum Use of Force Tactical Intervention Squad* (MUFTI) ins Leben gerufen, das bei derartigen Aufständen intervenieren sollte. Seit 1982 wurde dann das größte Gefängnisbau- und Modernisierungsprogramm des 20. Jahrhunderts in England und Wales durchgeführt.[212] Es wurden 25 neue Haftanstalten gebaut, was Kosten in Höhe von 1,3 Milliarden Pfund verursachte. Trotz der erheblichen Erweiterung der Haftplätze waren einige Anstalten massiv überbelegt. Das größte Gefängnis in England, *Strangeways* verfügte offiziell über 970 Haftplätze, war 1990 jedoch mit 1.647 Häftlingen belegt.[213] Drei Fünftel der Häftlinge befanden sich in Untersuchungshaft. Vom 1.-25. April 1990 kam es zu den schwersten Ausschreitungen, die es jemals in einem englischen Gefängnis gegeben hatte. Dabei wurden 147 Strafvollzugsbeamte und 47 Häftlinge verletzt. Nach dem Ende der Ausschreitungen war die Anstalt weitgehend zerstört und musste für ca. 60 Millionen Pfund renoviert werden.[214]

---

212 *Newburn* 2013, S. 710.
213 *Newburn* 2013, S. 711.
214 *Newburn* 2013, S. 711.

3. Kriminalpolitik, Kriminalitätsbelastung, Sanktionspraxis in England, Wales und Schottland und aktuelle Entwicklungen im Strafvollzug

3.1 Kriminalpolitik

3.1.1 England und Wales

Kriminalitätsbekämpfung und insbesondere der Strafvollzug war spätestens seit den 1980er Jahren zunehmend Gegenstand politischer und gesellschaftlicher Debatten und stand im Fokus kriminalpolitischer Reformbestrebungen. Bereits mit Übernahme der Regierungsgeschäfte durch *Margaret Thatcher* 1979 kündigte die konservative Regierung einen kriminalpolitischen Paradigmenwechsel an, der im Bereich von Jugendkriminalität durch einen *„Short sharp shock"* eingeleitet werden sollte. Zudem wurde den Gerichten bei der Strafzumessung ein größeres Ermessen zugebilligt, was der damalige Innenminister *William Whitelaw* 1982 im Parlament mit den Worten „We are determined to ensure that there will be room in the prison system for every person whom the judges and magistrates decide should go there, and we will continue to do whatever is necessary for that purpose" ankündigte.[215]

Entgegen punitiver kriminalpolitischer Äußerungen verlief die Entwicklung der sozialtherapeutischen Einrichtung HMP Grendon (sog. *Therapeutic Community*).[216] Die Einrichtung wurde 1962 gegründet und war für besonders gefährliche und gefährdete Gefangene mit einem erhöhten Therapiebedarf vorgesehen. 2017 war die Anstalt in die Sicherheitskategorie B/C[217] eingestuft und mit 238 Haftplätzen für Gefangene ausgestattet, die eine Freiheitsstrafe von mindestens 18 Monaten verbüßten. Im HMP Grendon wird schwerpunktmäßig tägliche Gruppentherapie und ein sog. *Structured community living* angeboten, die Anstalt ist für das gute Verhältnis zwischen Gefangenen und Bediensteten bekannt.[218]

Die 1990er Jahre waren in England und Wales von einer hohen Kriminalitätsbelastung geprägt. Die polizeilich registrierte Kriminalität hatte sich zwischen 1980 und 1990 nahezu verdoppelt, was zu Verunsicherungen in der Bevölkerung

---

215 *Sim* 2009, S. 30; *Cavadino/Dignan* 2006, S. 64.

216 Vgl. etwa *Newell/Healey* 2006, S. 61 ff.; *Shuker/Sullivan* 2010; *Wilson/Spina/Canaan* 2011, S. 343 ff.

217 Vgl. *Kapitel 5.1.3*.

218 *Shuker/Sullivan* 2010, S. 5.

führte.[219] Die konservative Regierung von *John Major* (1990-1997) wie auch später die Regierung *Tony Blair* von der *Labour Party* (1997-2007) reagierten auf den Anstieg der Kriminalität mit Slogans wie *„Tough on crime"*, *„Zero tolerance"* oder der Einführung der *„Three strikes and you're out"*-Doktrin, was sich als punitiver Wendepunkt beschreiben lässt.[220] Dies stellte den Ausgangspunkt für die Einführung von Mindeststrafen für Wiederholungstäter in Großbritannien dar. Die Vorläufer dieser Kriminalpolitik findet man in den Vereinigten Staaten von Amerika, die Mindeststrafen und den damit verbundenen populistischen Slogan *„Three strikes and you're out"* bereits Mitte der 1990er Jahre eingeführt hatten.[221] Um nur einige Stichworte zu nennen kann auf die kriminalpolitischen Ansätze zur Bekämpfung von Drogendelikten im Staat New York aus dem 1973 verwiesen werden, die drakonische Mindeststrafen vorsahen (bekannt als *Rockefeller Drug Laws*) oder das *„650 Lifer Law"*, das im Staat Michigan 1978 erlassen wurde und den Handel mit mindestens 650 Gramm Kokain oder Heroin mit einer lebenslangen Freiheitsstrafe ahndete.[222] Dies kann als Übergang von einer gemäßigten, *„Just desert"*-orientierten Kriminalpolitik[223] hin zu einer populistischen Kriminalpolitik gewertet werden. In dieser Zeit wurde *Michael Howard* Innenminister im Kabinett von *John Mayor*. Er ging mit dem Slogan *„Prison Works"* in die Geschichtsbücher ein.[224] Auf dem Parteitag der *Conservative Party* 1993 äußerte er sich wie folgt:

„We shall no longer judge the success of our system of justice by a fall in our prison population. Let us be clear. Prison works. It ensures that we are protected from murderers, muggers, and rapists and it makes many who are tempted to commit crime think twice. Today I make this announcement. We shall build six new prisons. And I can tell you one thing. Butlins won't be bidding for the contracts."[225]

---

219 *Office for National Statistics* 2016a, Figure 1.

220 *Cavadino/Dignan* 2006, S. 67 ff.; *Skinns* 2016, S. 28.

221 *Jones/Newburn* 2007, S. 74.

222 *Jones/Newburn* 2007, S. 81.

223 *Douglas Hurd* war Innenminister (1985-1989) unter der konservativen Regierung von *Margaret Thatcher* und verfolgte eine gemäßigte Kriminalpolitik, die als „Hurd-Ansatz" bekannt wurde, vgl. *Dignan/Cavadino* 2010, S. 247 f.

224 *Morgan* 2001, S. 212.

225 *Michael Howard*, zitiert nach *Hughes/Lewis* 1998, S. 196.

Seine punitiven kriminalpolitischen Reformbestrebungen stießen in der Bevölkerung auf Zustimmung, innerhalb der juristischen Fachwelt weitgehend auf
Ablehnung.[226] Seine Ankündigungen erfolgten 1992 nach der Tötung des
zweijährigen *James Bulger* durch zwei weitere zehnjährige Kinder.[227] Die
umfangreiche mediale Berichterstattung über die Tat sowie die Veröffentlichung
von entsprechendem Bildmaterial von Überwachungskameras führten in Großbritannien zu zahlreichen kriminalpolitischen Reformen und einem zunehmend
punitiven Klima, was unter dem Stichwort *New Punitiveness*[228] diskutiert wurde.

James Bulger wurde von zwei anderen Jungen in einem Einkaufszentrum
entführt, grausam ermordet und anschließend auf Zugschienen abgelegt und von
einem Zug erfasst. Die Entführung wurde an mehreren Stellen von CCTV-
Kameras gefilmt, wodurch die Tat zwar nicht verhindert werden konnte, jedoch
erstmals eine Überwachungskamera ein derart grausames Verbrechen festhielt.
Die Umstände der Tat und die Bilder der Überwachungskameras wurden in den
Medien schnell verbreitet und ausführlich diskutiert. Die kriminalpolitischen
Reformen nach der Tat können stellvertretend für die britische Kriminalpolitik
zum Ende des 20. Jahrhunderts und zu Beginn des 21. Jahrhunderts gesehen
werden.[229] Die Tat führte zu einer politischen Übereinkunft zwischen der *New
Labour*- und der *Conservative-Party* über den kriminalpolitischen *Law-and-
Order*-Ansatz.[230] Dies geschah, obwohl es klare Anzeichen dafür gab, dass harte
Strafen, eine erhöhte Verhängung von Freiheitsstrafen und weitere punitive
Maßnahmen nicht den gewünschten Erfolg, nämlich die Senkung der Kriminalität, erzielen würden.[231] Dies kann als Anzeichen dafür gewertet werden, dass es
zu einem Umschwung von verhältnismäßigen Strafen und dem Schutz der
Öffentlichkeit mit Ausnahmecharakter hin zu einer verstärkten Anwendung von
Freiheitsstrafen als Risikokontrolle kam.[232] Auffallend ist hierbei, dass sämtliche
kriminalpolitischen Ansätze repressiv ausgerichtet waren und man sich kaum mit
den Ursachen von Kriminalität befasste. Die schädlichen Auswirkungen von
kriminellem Verhalten sollten etwa durch eine stärkere Berücksichtigung von

---

226 *Ashworth* 2016, S. 118.

227 *Wilson* 2014, S. 163 f.

228 *Cavadino/Dignan/Mair* 2013, S. 7, m. w. N.

229 *Wilson* 2014, S. 164 f.

230 *Dignan/Cavadino* 2010, S. 249.

231 *Ashworth* 2016, S. 113; *Emmerich/van Zyl Smit* 2014, S. 120.

232 *Emmerich/van Zyl Smit* 2014, S. 121.

Opferinteressen bekämpft und Maßnahmen zur Eindämmung der Kriminalitätsfurcht ergriffen werden.[233] Außerdem wollte man die durch Kriminalität
verursachten Kosten eindämmen. Diesen sekundären Maßnahmen kann zwar
grundsätzlich beigepflichtet werden, jedoch hätte zugleich Kriminalität primär –
etwa durch weitreichende Präventionsprogramme – bekämpft werden sollen.
Michael Howard setzte sich zudem für ein „ehrlicheres Strafen" („*No more half-
time sentences for full-time crimes*") ein und forderte auf dem Parteitag der
konservativen Partei eine Abschaffung der automatischen vorzeitigen Entlassung,
um so die tatsächlich verbüßte Haftzeit zu erhöhen.[234]

Kriminalität und Kriminalitätsbekämpfung werden durch die Medien und
insbesondere die Boulevardpresse in Großbritannien stark thematisiert und
erfahren so mehr Raum in der öffentlichen Wahrnehmung als etwa in Deutschland. *Cavadino* und *Dignan* beschreiben, dass die Berichterstattung der Boulevardpresse über Kriminalität in neoliberalen Staaten grundsätzlich stärker
ausgeprägt ist als etwa in sozialdemokratisch regierten Staaten.[235] Daran anknüp-
fend stellen sie die These vom sog. *Media-driven punishment* auf, die im Kern
besagt, dass die Boulevardpresse nicht lediglich die öffentliche Meinung wieder-
gibt, sondern vielmehr eine punitive Einstellung propagiert und somit eine punitive Kriminalpolitik begünstigt. Dies geschieht durch eine Beeinflussung der
öffentlichen Meinung, der Politiker und der Gerichte durch den Medienkonsum
dieser Gruppen. Dahinter verbirgt sich häufig der Gedanke, dass die Medien
lediglich die öffentliche Meinung wiedergeben oder sich beide zumindest
zwangsläufig bedingen. Die geringere Anfälligkeit für derartige Tendenzen in
sozialdemokratisch organisierten Ländern, sehen *Cavadino* und *Dignan* in den
höheren Bildungsausgaben und der damit verbundenen besseren Bildung der
Bevölkerung sowie den strengeren presserechtlichen Regelungen.[236]

Im strafvollzugsrechtlichen Kontext führte der kriminalpolitische Umschwung in Großbritannien – spätestens ab 1993 – zu einer Systemkrise. *Cavadino*
und *Dignan* beschreiben, dass dieser Umschwung hin zu *law and order* in schwierigen politischen und wirtschaftlichen Zeiten wohl nicht zufällig erfolgte.[237] Die
politischen Entscheidungen zielten gerade auf eine Erhöhung der Gefängnispopulation, was durch die Verwendung der soeben beschriebenen Slogans wie „*Prison
works*" unterstrichen wurde. Die *New-Labour*-Partei von *Tony Blair* konnte die

---

233 *Garland* 2001, S. 121 f.

234 *Jones/Newburn* 2007, S. 75.

235 *Cavadino/Dignan* 2011, S. 200.

236 *Cavadino/Dignan* 2011, S. 201.

237 *Cavadino/Dignan* 2006, S. 67.

Parlamentswahlen 1997 mit einer derartigen (im Grunde konservativen) kriminalpolitischen Orientierung für sich entscheiden. Das Wahlkampfprogramm ver-
sprach, hart gegen Verbrechen und ihre Ursachen vorzugehen. Im *Labour Party
Manifesto* aus dem Jahr 1997 hieß es dazu:

*„On crime, we believe in personal responsibility and in punishing crime, but
also tackling its underlying causes – so, tough on crime, tough on the causes of
crime, different from the Labour approach of the past and the Tory policy of
today."*[238]

Die Kriminalpolitik von *Tony Blair* zielte darauf ab Straftäter häufiger und
länger zu inhaftieren. Hierzu sollten die Polizeibehörden eine bessere Ausstattung
erhalten und Gesetze entsprechend reformiert werden. Stellvertretend für Gesetzesverschärfungen mit Auswirkungen auf die Länge der Haftstrafen können der
Crime (Sentences) Act 1997, der *Crime and Disorder Act 1998* oder der *Criminal
Justice Act 2003* genannt werden. Der *Crime (Sentences) Act 1997* beinhaltete die
Einführung von Mindeststrafen etwa im Bereich der Sexual- und Gewaltdelikte.
Hier wurde eine sog. *Automatic life sentence* im Falle der Begehung einer Wieder-
holungstat vorgesehen, wenn keine besonderen Umstände vorlagen, die das Gericht zu der Überzeugung brächten, dass eine lebenslange Freiheitsstrafe nicht
angemessen erschien.[239] Zudem sah der *Crime (Sentences) Act 1997* eine dreijäh-
rige Mindeststrafe für Täter vor, die zum dritten Mal einen Wohnungseinbruch
begangen hatten sowie eine siebenjährige Mindeststrafe im Falle der dritten
Verurteilung aufgrund von Drogenhandels mit sog. *Class A drugs*.[240]

Ein besonderer Schwerpunkt wurde außerdem auf die Bekämpfung von
Jugendkriminalität gelegt. *Philip Horsfield* beschrieb diesbezüglich zahlreiche
durchgeführte Reformvorhaben.[241] Die häufigere Anwendung der Freiheitsstrafe
als Sanktion ließ einen Anstieg der Gefängnispopulation erwarten. Seit 1997 kam
es unter der *Labour*-Regierung zu mehreren Initiativen, die darauf zielten die
Anzahl der Haftplätze durch Gefängnisbauprogramme zu erhöhen.[242] Die alten

---

238 *Labour Party Manifesto* 1997.

239 *Jones/Newburn* 2007, S. 78.

240 *Jones/Newburn* 2007, S. 78; zu den *Class A drugs* zählen: Crack cocaine, cocaine, ecstasy
(MDMA), heroin, LSD, magic mushrooms, methadone, methamphetamine (crystal
meth). Einen Überblick über die Klassifizierung von Drogen sowie die damit verbundenen Strafen ist unter folgendem Link möglich https://www.gov.uk/penalties-drug-pos-
session-dealing (Abruf am 09.08.2017).

241 *Horsfield* 2015, S. 46 ff.

242 *Grimwood* 2016, S. 3.

viktorianischen Haftanstalten sollten durch größere, modernere und effizientere Anstalten ersetzten werden. Die *Labour*-Regierung schuf bis zum Ende ihrer Amtszeit zusätzlich 27.000 Haftplätze.[243] Hierfür waren vor allem zwei Programme ausschlaggebend: Das sogenannte *Core Capacity Programme* sah primär eine Kapazitätserweiterung um insgesamt 12.500 Haftplätze bis 2012 in bereits bestehenden Anstalten vor, während das *New Prisons Programme* den Neubau von großen Haftanstalten beinhaltete.[244] Danach sollten zunächst drei sog. *Titan prisons* mit einer Kapazität von je 2.500 Haftplätzen errichtet werden mit dem Ziel die Haftplatzkosten deutlich zu senken. Tatsächlich wurden fünf Anstalten mit einer Kapazität von je 1.500 Haftplätzen gebaut. Das Reformvorhaben der Labour-Regierung erfuhr Kritik, etwa vom ehemaligen *HM Chief Inspector of Prisons*, *Lord Ramsbotham*, der die Maßnahmen als übereilt und wenig durchdacht bewertete, die neben der Erweiterung der Kapazität an Haftplätzen eine große Anzahl an neuen Straftatbeständen schufen und junge Straftäter dämonisierten.[245] Um seine Kritik zu unterstreichen, verwies *Lord Ramsbotham* etwa auf die Entwicklung der Rückfallzahlen, die häufig als Kriterium für den effektiven Schutz der Bevölkerung herangezogen werden. Als die *Labour*-Partei 1997 die Regierung übernahm, betrug die Rückfallquote für männliche Erwachsene innerhalb von zwei Jahren nach Haftentlassung 55%.[246] Bis 2010 stieg diese Quote um 12%, auf 67% an, was Zweifel an der Effektivität der Reformvorhaben der *Labour*-Regierung aufkommen lassen könnte. 2007 schuf das *Blair*-Kabinett das *Ministry of Justice,* wovon man sich ein besseres Verständnis des Justizsystems erhoffte. Zum Aufgabenbereich des Justizministeriums gehört der Schutz der Öffentlichkeit, die Verringerung von Rückfalltaten, die Stärkung des Vertrauens der Bevölkerung ins Justizsystem sowie die Stärkung von Bürgerrechten. Seit Beginn des 21. Jahrhundert ist eine Politisierung des Strafvollzugs erkennbar, zu der die *Blair*-Regierung einen erheblichen Beitrag geleistet hat.[247]

Nach der Ablösung der *Labour*-Regierung von *Gordon Brown* durch die *Conservative Party* im Jahr 2010 kam es unter Premier *David Cameron* 2011 zur Schließung staatlich betriebener, „unwirtschaftlich" arbeitender Gefängnisse (HMP Ashwell, Brockenhurst, Lancaster, Castle, Latchmere House, Morton Hall,

---

243 *Grimwood* 2016c, S. 17.

244 *Grimwood* 2016c, S. 17.

245 *McVeigh* 2010.

246 *McVeigh* 2010.

247 *Dignan/Cavadino* 2010, S. 250.

Wellinborough prisons).[248] 2013 folgten weitere Schließungen (HMP Blundeston, Bulwood Hall, Camp Hill, Canterbury, Dorchester, Gloucester, Kingston, Northallerton, Reading, Shrewsbury und Shepton Mallet).[249] Gleichzeitig wurden die Haftplatzkapazitäten weiter ausgebaut. Zunächst wurde das HM Prison Thameside im Südosten von London unter der Leitung des privaten Anbieters *Serco Ltd.* mit einer Kapazität von 900 Haftplätzen geplant, errichtet und Anfang 2012 in Dienst gestellt.

Zeitgleich wurde die Haftanstalt Oakwook unter der Leitung des privaten Anbieters *G4S Care and Justice Services* errichtet und seit 2012 betrieben, wodurch weitere 1.605 Haftplätze der Kategorie C auf neun Hektar Fläche entstanden. Damit gehört die Anstalt zu den größten in Großbritannien und wird vom Betreiber als zukunftsweisendes, besonders günstiges Modellprojekt vermarktet.[250] Dennoch geriet die Anstalt bereits einige Monate nach Eröffnung in die Kritik und wurde als *„Worst-run prison in Britain"* bezeichnet.[251] Hintergrund waren zahlreiche Gewalttaten, ein extensiver Drogenmissbrauch und schlecht ausgebildetes Personal.[252].

Der Bericht über die erste offizielle Inspektion durch den *HM Chief Inspector of Prisons* legte frappierende Defizite der Anstalt Oakwood offen.[253] Es wurde kritisiert, dass Häftlinge zunehmend frustriert waren, da bereits grundlegende Bedürfnisse nicht erfüllt wurden, Gefangene nur ungenügend Zugang zu sanitären Einrichtungen hatten und sich aufgrund von allgegenwärtigen Gewalttaten unsicher fühlten. Alle von den Inspektoren durchgeführten Tests im Bereich Sicherheit, Respekt, Aktivitäten und Übergangsmanagement fielen schlecht bis ungenügend aus.[254] Das Verhältnis zwischen Gefangenen und dem Personal wurde als sehr besorgniserregend und wenig respektvoll beschrieben. Im Vollzugsalltag gab es zu wenig Angebote für Gefangene und die verfügbaren Angebote waren nicht vollständig ausgelastet. Resozialisierungsmaßnahmen wurden nur sporadisch angeboten, viele Gefangene hatten keinen Vollzugsplan, die Gesundheitsfürsorge war mangelhaft.[255]

---

248 *Skinns* 2016, S. 97.

249 *Skinns* 2016, S. 97.

250 *Beken* 2016, S. 37 ff.

251 *Gentleman* 2016.

252 *Gentleman* 2016.

253 *HM Chief Inspector of Prisons for England and Wales* 2013.

254 *HM Chief Inspector of Prisons for England and Wales* 2013, S. 5.

255 *HM Chief Inspector of Prisons for England and Wales* 2013, S. 6.

Neben dem bereits erfolgten Neubau von Anstalten ist in North Wales eine weitere Anstalt mit einer Kapazität von 2.000 Haftplätzen geplant, die Ende 2017 ihren Dienst aufnehmen soll.[256] Hierfür sind 250 Millionen Pfund veranschlagt. Das Projekt soll die „*New-for-old*"-Strategie bzgl. älterer Haftanstalten der Regierung vorantreiben und jährliche Einsparungen von geschätzten £ 20 Millionen ermöglichen. Zudem kam es in zahlreichen bereits bestehenden Anstalten zur Erweiterung der Haftplatzkapazität, etwa im HMP Bristol, Bure, Gartree, Nottingham, Portland, Rochester und Swansea.[257] Dies lässt eine Rückkehr zu der von der Vorgängerregierung initiierten „*Titan-prison-strategy*" erkennen, wodurch durch möglichst große Haftanstalten die Kosten gesenkt werden sollen.[258]

Die Koalitionsregierung, die sich 2010 unter Vorsitz von *David Cameron* formierte, kündigte einen kriminalpolitischen Richtungswechsel mit dem Ziel einer „*Rehabilitation Revolution*"[259] an. Dies war bemerkenswert, zumal die *Conservative Party* historisch für einen härteren kriminalpolitischen Kurs als die *Labour Party* bekannt war.[260] In seiner Rede vom 22. Oktober 2012 betonte *David Cameron* zwar die Notwendigkeit von alternativen Sanktionen wie der elektronischen Überwachung von Straftätern mittels einer Fußfessel[261] oder der sog. *Community sentence*, jedoch unterstrich er zugleich seine Überzeugung von der lebenslangen Freiheitsstrafe und dem Strafvollzug:

„*I want to be clear. I want to see people who ruin the lives of others – rapists, murderers, muggers – behind bars, and kept there for a long time. I've always supported the principle of the life sentence. You do something heinous – and for the rest of your life you are either in prison or on licence and subject to recall if you step out of line. I don't believe that's old-fashioned, it is vital, so we are increasing life sentences. A new two strikes and you're out rule means that if you*

---

256 *HM Treasury* 2013, S. 54.

257 *House of Commons* 2013.

258 *Skinns* 2016, S. 97.

259 Rede von *David Cameron* vom 22. Oktober 2012, Transkript abrufbar unter https://www.gov.uk/government/speeches/crime-and-justice-speech (Abruf am 09.08.2017).

260 *Allen* 2011, S. 620.

261 Zur elektronischen Überwachung von Straftätern mittels Fußfessel im europäischen Vergleich siehe *Dünkel/Thiele/Treig* 2017a.

commit two serious sexual or violent offences, you get life. Not at the Judge's discretion – but mandatory life. "262

Trotz der Durchführung der bereits geplanten schrittweisen Erweiterung der Haftplatzkapazitäten kündigte die Koalitionsregierung an, Abstand vom Bau weiterer 5.000 Haftplätze nehmen zu wollen. Es wurde sogar darauf hingearbeitet, dass die Gefängnispopulation im Jahr 2014/15 um 3.000 Plätze geringer sein sollte als sie es 2010 war.263 Im Hintergrund standen Überlegungen, die unter dem Stichwort „Justice Reinvestment" diskutiert werden.264 Im Bereich des Strafvollzugs wird hierbei genau evaluiert welche Kosten durch die Inhaftierung entstehen und welche alternativen Möglichkeiten es gibt, mit den zur Verfügung stehenden Mitteln zu verfahren. Es stehen insbesondere alternative Sanktionsformen im Fokus der Überlegungen, die kosteneffektiver sind und ebenso dazu beitragen Kriminalität zu verhindern und die Resozialisierung des Täters zu fördern. Dazu werden vermehrt lokale, häufig private Organisationen mit der Arbeit mit Straffälligen betraut, die nach dem sog. *Payment by results*-Modell entlohnt werden.265 *David Cameron* hat in seiner Rede vom 22. Oktober 2012 die *Payment by Result*-Programme wie folgt beschrieben:

„With payment by results, your money goes into what works: prisoners going straight, crime coming down, our country getting safer. "266

Dieses Modell berücksichtigt neben den Kosten die zu verzeichnenden Rückfälle von Delinquenten und belohnt Organisationen, die die effektivsten Resozialisierungsprogramme anbieten. Die von der Koalitionsregierung geplante Reduktion der Gefängnispopulation zwischen 2010 und 2015 konnte zwar nicht erreicht werden, dennoch verzeichnete die englische und walisische Gefängnispopulation in diesem Zeitraum einen geringeren Anstieg als während der Regierung von *Tony Blair* und *Gordon Brown*. Kosteneinsparungen im strafvollzugsrechtlichen Kontext sollten auch durch eine Ausweitung der Privatisierung von Vollzugsdiensten erreicht werden.267 In der Amtszeit von *David Cameron* wurden

---

262 Rede von *David Cameron* vom 22. Oktober 2012, Transkript abrufbar unter https://www.gov.uk/government/speeches/crime-and-justice-speech (Abruf am 09.08.2017).

263 *Allen* 2011, S. 620.

264 *Brown u. a.* 2016, S. 6 ff.; *Allen* 2011, S. 620.

265 *Hedderman* 2013, S. 43; *Ministry of Justice* 2015e.

266 Das Transkript der Rede ist abrufbar unter https://www.gov.uk/government/speeches/crime-and-justice-speech (Abruf am 09.08.2017).

267 *Skinns* 2016, S. 3, 102.

nicht nur zwei öffentliche Haftanstalten privatisiert und zwei weitere Anstalten von einem privaten Anbieter errichtet und seither betrieben, sondern außerdem eine Vielzahl von Diensten, die etwa der Wiedereingliederung von Gefangenen dienen, privatisiert.[268] Die kriminalpolitischen Ziele wurden vom *Ministry of Justice* in einem Bericht mit dem Titel „Breaking the Cycle: Effective Punishment, Rehabilitation and Sentencing of Offenders" veröffentlicht.[269] Die zentralen Reformvorhaben sollten im Bereich des Schutzes der Öffentlichkeit, der Bestrafung und Resozialisierung von Straftätern, Transparenz und Verantwortung und Dezentralisierung erfolgen.[270] Der Schutz der Öffentlichkeit sollte primär durch eine Senkung der Kriminalität und die Schaffung ausreichender Haftplätze, das Transparenzziel durch eine verstärkte Veröffentlichung von Informationen seitens der Behörden und sonstiger Anbieter erreicht werden. Auch ein stärkeres Vertrauen der Öffentlichkeit in die Arbeit dieser Stellen stand im Fokus.[271] Angestrebt wurde eine Dezentralisierung von Behörden und Anbietern, die mit Straftätern arbeiten. Die Entscheidungsfreiheit dieser Stellen sollte ausgeweitet und zentrale Vorgaben sollten bei gleichzeitiger Stärkung des Wettbewerbs in diesem Bereich eingeschränkt werden.

Die Koalitionsregierung von *David Cameron* war bestrebt, Rückfallraten durch sog. *Payment by results*-Programme zu reduzieren.[272] Hierdurch sollte ein besonderer Anreiz geschaffen werden, Rückfalltaten möglichst effizient zu verhindern. Diese Programme wurden und werden dabei meist von privaten Investoren umgesetzt, die nur dann Gewinn machen, wenn die Rückfallraten tatsächlich niedriger als erwartet ausfallen. Ziel von *Justice Reinvestment*-Ansätzen ist es, in Zeiten von Finanzkrisen, Sparzwängen und einer enorm hohen Gefängnispopulation in Großbritannien die exponentiell gestiegenen Vollzugskosten nach Möglichkeit zu reduzieren und Alternativen zum Strafvollzug zu stärken.[273] Dabei wird auch eine Dezentralisierung von Verantwortung und Befugnissen angestrebt. Dies geschah vor dem Hintergrund, dass die weitgehende Zentralisierung des englischen und walisischen *Criminal Justice Systems* dazu geführt hat, dass lokale Gesundheits-, Bildungs-, Sozial- und Berufseinrichtungen häufig Verantwortung

---

268 *Skinns* 2016, S. 3

269 *Ministry of Justice* 2010b.

270 *Ministry of Justice* 2010b, S. 7.

271 *Ministry of Justice* 2010b, S. 7.

272 *Ministry of Justice* 2010b, S. 10.

273 *Brown u. a.* 2016, S. 6; *Skinns* 2016, S. 96.

von sich weisen in dem Wissen, dass dies von einer zentralen Behörde übernommen wird. Als Beispiel für die zentralen Behörden kann die Schaffung des *National Offender Management Service (NOMS)* oder des *Youth Justice Board* genannt werden.[274] *Skinns* fasst die Kriminalpolitik der Koalitionsregierung unter Vorsitz von *David Cameron* wie folgt zusammen:

„*Coalition Government penal policy has moved the penal system in the direction of punitive managerialism, based on punishment and outsourcing undertaken within the leitmotif, austerity.*"[275]

David Cameron widmete sich Anfang 2016 in einer Regierungserklärung dem Gefängniswesen und unterstrich die Notwendigkeit von Reformen.[276] Hierbei stellte er die immensen Kosten, die der britische Strafvollzug verursachte, in den Mittelpunkt der Reformbestrebungen. Das Angebot von Resozialisierungsmaßnahmen sollte ausgebaut werden, da die bereits geführte „*lock-em-up*"-Debatte nach Ansicht von *Cameron* nicht zu den gewünschten Ergebnissen geführt hatte, wie die sehr hohen Rückfallzahlen zeigten. Die zentralen Anliegen von *David Cameron* lassen sich wie folgt zusammenfassen:

„*One: give much greater autonomy to the professionals who work in our public services, and allow new providers and new ideas to flourish. Two: hold these providers and professionals to account with real transparency over outcomes. Three: intervene decisively and dramatically to deal with persistent failure, or to fix the underlying problems people may have. Four: use the latest behavioural insights evidence and harness new technology to deliver better outcomes. By applying these principles, I believe we really can deliver a modern, more effective prisons system that has a far better chance of turning prisoners into productive members of society.*"[277]

Zugleich kündigte *David Cameron* 2016 an, dass £ 1,3 Milliarden für den Neubau von neun Anstalten und die Modernisierung von älteren Gefängnissen bereitgestellt werden. Im Hinblick auf die erheblichen Gewaltprobleme in englischen und walisischen Gefängnissen wurde der Regierung vom *House of Commons Justice Committee* im Mai 2016 ein Maßnahmenpaket zur Eindämmung der Gewalt im Vollzug vorgelegt.[278] Dazu zählte die Anwerbung von mehr Personal,

---

274　*Allen* 2011, S. 622.

275　*Skinns* 2016, S. 3.

276　*Cameron* 2016, politics.co.uk.

277　*Cameron* 2016.

278　*House of Commons Justice Committee* 2016.

die Schaffung eines Straftatbestandes für den unerlaubten Besitz von Messern oder sonstigen gefährlichen Gegenständen im Vollzug, das Tragen von Körperkameras, das Verlängern der Ausbildung von Strafvollzugsbeamten von derzeit acht Wochen auf zehn Wochen und Maßnahmen zur Vorbeugung von Selbsttötungen und -verletzungen.[279]

Nach dem Rücktritt von *David Cameron* übernahm *Theresa May*, die ebenfalls der *Conservative Party* angehört, am 13. Juli 2016 die Amtsgeschäfte im Vereinigten Königreich, im Zuge dessen auch der ehemalige Justizminister *Michael Gove* durch *Liz Truss* abgelöst wurde. In Ihrer Rede zur Reform der Gefängnisse am 3. November 2016 sprach sich *Liz Truss* für zusätzlich 2.500 Justizvollzugsbeamte aus, die dazu beitragen sollten, dass Haftanstalten zu Orten der Sicherheit und Reform würden.[280] Sie nannte den Strafvollzug in England und Wales als den am dringendsten zu reformierenden öffentlichen Sektor und bezeichnete Haftanstalten im Hinblick auf Gewalt- und Drogenprobleme als keinen *„good deal"* für den Steuerzahler, da sie nicht dazu beitrügen, die Gesellschaft sicherer zu machen.

Das *Ministry of Justice* hat im November 2016 ein umfangreiches Reformpaket für Strafvollzugsanstalten (*Prison Safety and Reform*) veröffentlicht, das im November 2016 dem Parlament vorgelegt wurde.[281] Darin werden zunächst die dringend reformbedürftigen Bereiche des englischen und walisichen Strafvollzugssystems dargestellt und entsprechende Reformvorhaben aufgezeigt. Im Zeitraum von Juni 2015 bis Juni 2016 nahmen Gewalttaten gegen Strafvollzugsbeamte um 43% zu, auch die Rate der Selbstverletzungen stieg um ca. ein Viertel.[282] Nach Berechnungen des *Ministry of Justice* und des *National Audit Office* führt die relativ konstant hohe Rate von Wiederholungstätern zu jährlichen Zusatzkosten von £ 15 Milliarden.[283] Haftanstalten sollen noch stärker zu Orten harter Arbeit, Disziplin und der persönlichen Weiterentwicklung werden. Dabei sollten Gefangene vermehrt Trainings- und Bildungsangebote erhalten und die Stellung des Gefängnisdirektors gestärkt werden. Die Anstaltsleitung sollte mit mehr Entscheidungskompetenz hinsichtlich der Arbeits- und Bildungsangebote sowie Personal- und Budgetangelegenheiten ausgestattet werden.[284] Zudem soll

---

279 *House of Commons Justice Committee* 2016, S. 18.

280 *Liz Truss,* Rede vom 3. November 2016, abrufbar unter https://www.gov.uk/government/speeches/prison-reform-justice-secretary-speech (Abruf am 09.08.2017).

281 *Ministry of Justice* 2016d.

282 *Ministry of Justice* 2016d, S. 5; vgl. auch *House of Commons Justice Committee* 2016.

283 *Ministry of Justice* 2016d, S. 5.

284 *Ministry of Justice* 2016d, S. 9.

die Anstaltsleitung zukünftig über Fragen der sog. *Release on Temporary Licence* entscheiden können, so dass Gefangene auch im offenen Vollzug einfacher einer Arbeit nachgehen können sollen.

Das englische und walisische Strafvollzugssystem wurde zur Verbesserung der Haftbedingungen ursprünglich weitgehend zentralisiert. Nun soll ein Abbau der Bürokratie und eine Stärkung der Kompetenzen der einzelnen Anstalten erfolgen, zur Erleichterung von Initiativen seitens der Anstaltsleitung und der Strafvollzugsbeamten.[285] Zur besseren Resozialisierung der Gefangenen soll auch ein neues Gefängnisbauprogramm mit 10.000 neuen Haftplätzen im Bereich des Erwachsenenvollzugs beitragen, so dass alte, viktorianische Haftanstalten geschlossen und durch modernere effizientere Anstalten ersetzt werden könnten. Für weibliche Gefangene sollten fünf zusätzliche sog. *Community prisons* geschaffen werden. Für die Modernisierungsmaßnahmen des Strafvollzugssystems wurden insgesamt £ 1,3 Milliarden veranschlagt. Das vom *Ministry of Justice* veröffentlichte Reformpaket sieht u. a. vor, dass Bildungsangebote im Vollzug deutlich ausgebaut werden und bis 2020 möglichst alle Gefangenen nach der Verbüßung ihrer Haftstrafe lesen, schreiben und rechnen können.[286]

Zur verbesserten Betreuung soll jedem Gefangenen zukünftig ein verantwortlicher Strafvollzugsbeamter zugewiesen werden.[287] Durch eine Ausweitung der Kompetenz der Anstaltsleitung hinsichtlich der Gestaltung der Vollzugsplanung soll eine Verbesserung des Haftalltags der Gefangenen erreicht werden. Um die Sicherheit im Vollzug zu verbessern, sieht das *Prison Safety and Reform*-Vorhaben verschärfte Maßnahmen im Kampf gegen Drogen im Vollzug vor, eine Stärkung der Durchsuchungsbefugnisse, um das Einbringen verbotener Gegenstände (u. a. Drogen, Mobiltelefone oder Waffen) im Vollzug zu verringern und die Zusammenarbeit mit Technologieunternehmen, um einen effektiven Schutz gegen den Überflug der Gefängnisse mit Drohnen zu gewährleisten.

3.1.2 Schottland

Die aktuelle schottische Kriminalpolitik muss aufgrund unterschiedlicher Kompetenzen in diesem Bereich unter Beachtung der historischen Entwicklung im Vereinigten Königreich betrachtet werden. Durch den *Act of Union 1707* wurde das schottische Parlament aufgelöst und ein einheitliches Parlament in West-

---

285 *Ministry of Justice* 2016d, S. 5.

286 *Ministry of Justice* 2016d, S. 6.

287 *Ministry of Justice* 2016d, S. 9.

minster, London geschaffen. Einzelne Bereiche wie das schottische Rechts-system, das Bildungswesen und das presbyterianische Kirchenrecht wurden je-doch durch den *Act of Union 1707* geschützt.[288]

Traditionell lässt sich Schottland als Wohlfahrtsstaat charakterisieren mit einem Fokus auf gegenseitige Unterstützung und einer staatsbürgerlichen Kultur, was als *distinctively Scottish* bezeichnet wird.[289] Bereits 1885 wurde ein *Scottish Office* gegründet, das der Regierung des Vereinigten Königreichs unterstand und für Bildung, Justiz, Landwirtschaft und Fischerei zuständig war, seinen Sitz jedoch in Edinburgh hatte.[290] Geleitet wurde das *Scottish Office* vom *Secretary of State for Scotland*, der zwar Kabinettsminister war, jedoch in seinen Entschei-dungen weitgehend ungebunden agieren konnte.[291] Seither gab es immer wieder Versuche, ein eigenes schottisches Parlament zu schaffen, insbesondere in den 1980er und 1990er Jahren während der Amtszeit von *Margaret Thatcher*. Diese blieben jedoch bis 1998 erfolglos.

1997 kam es zu einem Referendum in Schottland, bei dem 74% der schotti-schen Bevölkerung für ein eigenes schottisches Parlament stimmten, woraufhin der *Scotland Act 1998* erlassen wurde, der zur Einberufung des *Scottish Parla-ment* am 01. Juli 1999 führte.[292] Das Referendum war ein Wahlversprechen der *Labour Party* von *Tony Blair*, der seit 1997 Premierminister war. Das schottische Parlament besitzt nun ausdrücklich die Kompetenz für Recht und innere Ange-legenheiten (was auch eine Vielzahl von strafrechtlichen Regelungen umfasst), die Strafverfolgung und die Gerichte. Schottland ist derzeit mit 72 Abgeordneten im *UK Parliament* in Westminster vertreten, die die schottischen Wahlkreise repräsentieren. Das *UK Parliament* kann grundsätzlich auch Regelungen für Bereiche treffen, die an das schottische Parlament übertragen wurden, sieht davon

---

288   *Croall/Mooney/Munro* 2010, S. 7.

289   *Hutton/Tata* 2010, S. 272.

290   *McAra* 2005, S. 286; *Scottish Government*, History of Devolution: http://www.gov.scot/About/Factfile/18060/11550 (Abruf am 09.08.2017).

291   *McAra* 2008, S. 482.

292   *Scottish Government*, History of Devolution: http://www.gov.scot/About/Factfile/18060/11550 (Abruf am 09.08.2017); zu den Kompetenzen des schottischen Parlaments gehören: „Health, education and training, local government, social work, housing, planning, tourism, economic developments and financial assistance to industry, some aspects of transport, including the Scottish road network, bus policy and ports and harbours, law and home affairs, including most aspects of criminal and civil law, the prosecution system and the courts, the Police and Fire services, the environment, natural and built heritage, agriculture, forestry and fishing, sport and the arts and statistics, public registers and records."

jedoch im Einklang mit der sog. *Sewel Convention* in der Regel ab.[293] *McAra* beschreibt, dass sich das bis zur Devolution tätige *Scottish Office* hinsichtlich strafjustizieller Fragestellungen primär an Expertenmeinungen (etwa aus der Lehre, der Richterschaft oder sonstigen Praktikern wie Sozialarbeitern oder anderen Beamten) orientierte, die sich untereinander häufig aufgrund der geringen Größe von Schottland kannten und in vielen Fällen gemeinsame Werte teilten, die sich unter dem *Welfare*-Gedanken vereinen ließen.[294] Diese Übereinkunft führte etwa zur Etablierung des schottischen *Children's Hearing System*[295] oder des *Social Work Criminal Justice Service*[296], die sich konzeptionell erheblich von den punitiveren, von England und Wales gewählten Modellen unterschieden, die von der konservativen Koalitionsregierung (1979-97) in *Westminster* eingeführt worden waren.[297] Hintergrund dafür war der *Social Work (Scotland) Act 1968* der die Sozialarbeit ins Zentrum der Strafrechtspflege rückte.

Zur schottischen Kriminalpolitik gehört auch, dass die Strafmündigkeit (*Age of criminal responsibility*) bei derzeit acht Jahren liegt und damit zu den niedrigsten Strafmündigkeitsgrenzen in Europa gehört. Jedoch hat *Mark McDonald, Minister for Childcare and Early Years* der schottischen Regierung, Ende 2016 angekündigt, das Strafmündigkeitsalter auf 12 Jahre anzuheben.[298] Dieses Vorhaben wird nach einer ausführlichen Befragung von der Polizei, der Staatsanwaltschaft und zahlreichen Opferschutzorganisationen mit einer Zustimmung von 95% unterstützt.[299] Bereits 2010 wurde das Alter, ab dem in Schottland eine Strafverfolgung möglich ist (*Age of criminal prosecution*), auf 12 Jahre angehoben. Das führte dazu, dass bei Tätern unter 12 Jahren, keine Strafverfolgung und entsprechend keine gerichtliche Verurteilung erfolgt, sondern ein sog. *Children's Hearing* stattfindet, dessen Ergebnisse jedoch im Vorstrafenregister

---

293 Die *Sewel Convention* besagt: „The UK Parliament will not normally legislate in relation to devolved matters in Scotland without the agreement of the Scottish Parliament".

294 *McAra* 2016, S. 5.

295 The Children's Hearings System is Scotland's unique care and justice system for children and young people. It aims to ensure the safety and wellbeing of vulnerable children and young people through a decision making lay tribunal called the Children's Panel, vgl. http://www.chscotland.gov.uk/the-childrens-hearings-system/ (Abruf am 09.08.2017).

296 *Scottish Government* 2010.

297 *Croall/Mooney/Munro* 2016b, S. 7; *McAra* 2016, S. 5; *McAra* 2005, S. 278; *Croall* 2006, S. 589.

298 *Brooks* 2016.

299 *Scottish Government* 2016e, S. III.

vermerkt werden.[300] Das *Children's Hearing* ist ein Prozess, bei dem die strafrechtlich relevante Handlung des Kindes im Lichte der Bedürfnisse und des sozialen Kontextes gemeinsam mit dem Kind, besprochen und analysiert wird.[301] Das
System geht auf den *Kilbrandon Report* aus dem Jahr 1964 zurück, dessen
Prinzipien noch heute relevant sind. Dazu gehört, dass Kinder, die strafrechtlich
in Erscheinung treten, als *Children in need* angesehen werden, die Unterstützung
benötigen.[302] *Mark McDonald* führte aus, dass die Anhebung des *Minimum Age
of Criminal Responsibility* dazu beitragen solle sicherzustellen, dass kindliche
Verfehlungen keine langfristigen Konsequenzen, wie einen Eintrag ins strafrechtliche Vorstrafenregister haben sollten.[303]

Als weiteres Beispiel für die Verfolgung des *Welfare*-Gedankens in Schottland kann die Einrichtung einer *Special Unit* (1973-1993) in der Haftanstalt *Barlinnie* in Glasgow gelten, die intensiv und erfolgreich mit Hochrisiko-Gefangen
arbeitete.[304] Gefangene, die in der *Special Unit* untergebracht waren, konnten an
zahlreichen Therapieangeboten teilnehmen und hatten gewisse Privilegien wie
etwa mehr Besuchsmöglichkeiten, die Möglichkeit Essen selbst zuzubereiten, die
Entscheidung zu arbeiten selbst zu treffen oder die relativ freie Gestaltung ihres
Haftraumes.[305] Die Philosophie der *Special Unit* stammte von den *Therapeutic
communities*, in denen auf die Bedürfnisse von Gefangenen besondere Rücksicht
genommen wurde. Hierbei wurde dem guten Verhältnis zwischen Strafvollzugsbeamten und Gefangenen ein großer Stellenwert beigemessen. Gleichzeitig sahen
die Strafvollzugsbeamten darin einen Sicherheitsgewinn für die Arbeit mit
Hochrisikogefangenen. Der schottische Strafvollzug hat sich früh der Resozialisierung der Gefangenen als Vollzugsziel verpflichtet.

Seit der Devolution Schottlands wurden zentrale kriminalpolitische Bereiche
wie das schottische *Children's Hearing System,* die *Criminal Justice Social Work
Departments* oder der *Scottish Prison Service* reformiert, so dass sich die Frage

---

300 *Brooks* 2016.

301 *Burman u. a.* 2011, S. 1150.

302 Zum Ganzen siehe auch *McAra/McVie* 2010, S. 67 ff., weitere Information zum
     Children's Hearing sind auf der Internetseite der schottischen Regierung unter folgendem
     Link abrufbar: http://www.gov.scot/Topics/People/Young-People/protecting/childrens-
     hearings (Abruf am 09.08.2017).

303 *Scottish Government* 2016, https://news.gov.scot/news/minimum-age-criminal-responsibility
     (Abruf am 09.08.2017).

304 *Nellis* 2010, S. 47 ff.; *Cooke* 1989, S. 129; *Mooney u. a.* 2015, S. 210; *Croall* 2006, S. 590.

305 *Cooke* 1989, S. 129.

stellt, inwieweit sich die schottische Kriminalpolitik, die grundsätzlich durch den *Welfare*-Gedanken gekennzeichnet ist, der Kriminalpolitik in England und Wales angenähert hat.[306] In den ersten beiden Legislaturperioden des schottischen Parlaments (1999-2003 und 2003-2007) regierte eine Koalitionsregierung aus *Labour* und *Liberal Democrats*. *McAra* sieht starke empirische Belege dafür, dass kriminalpolitische Entscheidungen in Schottland Teil einer Regierungsstrategie sind, die darauf abzielt, politische Handlungsfähigkeit zu beweisen und eine originäre Staatlichkeit zu schaffen, die seit der schottischen Devolution möglich ist.[307] Andere Stimmen können hierfür jedoch keine Belege finden und sehen weiterhin den *Welfare*-Gedanken als primäre Leitlinie der schottischen Kriminalpolitik.[308] *Croall* sieht im *Criminal Justice Social Work Service* in Schottland klare Unterschiede zu seinem englischen Pendant, das sich mehr an „law enforcement" als an Sozialarbeit orientiert.[309] Während die Bewährungshilfe beider Länder als Ziel den Schutz der Allgemeinheit vor Verbrechen sieht, verfolgt die schottische Bewährungshilfe außerdem das Ziel, unnötige Freiheitsstrafen durch das gezielte Angebot nicht freiheitsentziehender Alternativen zu vermeiden.

McAra führt aus, dass bereits unmittelbar nach der Devolution kriminalpolitische Entscheidungen der ersten schottischen Regierung (1999-2003) in einer deutlich populistischeren Art und Weise getroffen und verkündet wurden als dies vor der Devolution geschah.[310] Gleichzeitig spielten Effizienz- und Rationalisierungsgedanken, die bisher vor allem in England und Wales populär waren, auch in der schottischen Strafrechtspflege eine erheblich größere Rolle. Auch hier wurden, wie von *van Zyl Smit* bereits für die Kriminalpolitik der 1990er Jahre in England und Wales beschrieben empirischen Belege für die Ineffizienz der populistischen Kriminalpolitik von der schottischen Koalitionsregierung schlicht missachtet.[311] Dies lässt sich als Übergang in der Kriminalitätsbekämpfung von der Beachtung des Verhältnismäßigkeitsgrundsatzes hin zum primären Fokus auf Risikogesichtspunkte beschreiben.

Die schottische Gefangenenrate (pro 100.000 der nationalen Bevölkerung) lag im Jahr 2000 bei 116, sie ist bis 2012 auf 155 angestiegen und bis 2016

---

306 *Croall* 2006, S. 587.

307 *McAra* 2016, S. 4.

308 *Mooney u. a* 2015, S. 205; *Hutton/Tata* 2010, S. 272.

309 *Croall* 2006, S. 595.

310 *McAra* 2016. S. 5.

311 *Emmerich/van Zyl Smit* 2014, S. 120.

schließlich auf 138 zurückgegangen. Hinsichtlich kriminalpolitischer Fragestellungen gibt es jedoch übereinstimmende Anzeichen dafür, dass erst die zweite Legislaturperiode (2003-2007) der schottischen Koalitionsregierung einen punitiven Wendepunkt markiert.[312] Die Kriminalpolitik entspricht dabei den parteipolitischen Zielvorstellungen von *Labour* und *Liberal Democrats*.

Der Rückgang der Gefängnispopulation gehörte zu den kriminalpolitischen Zielvorstellungen, die allen schottischen Regierungen gemein waren. Dies geschah jedoch nicht explizit, da vermieden werden sollte als „soft" in Bezug auf den Umgang mit Kriminalität zu gelten. Hierbei wurden vor allem zwei Strategien verfolgt: Einerseits eine *Front-door*-Strategie zur Vermeidung von Haftstrafen durch die Empfehlung von nicht freiheitsentziehenden Sanktionen in den sog. *Pre-Sentence Reports* und andererseits eine *Back-door*-Strategie durch die verstärkte Praxis vorzeitiger Haftentlassung.[313] Im Vergleich zu anderen Rechtsordnungen, in denen sog. *Pre-Sentence Reports* für die Gerichte angefertigt werden wie etwa in den Vereinigten Staaten von Amerika werden die *Reports* in Schottland von besonders geschulten Sozialarbeitern der Lokalverwaltung angefertigt, die nicht bei den Gerichten angestellt sind und somit unabhängig arbeiten. Sinn und Zweck dieser Berichte ist es, die Persönlichkeit des Täters und dessen Umfeld näher zu beleuchten und somit dem Gericht eine bessere Entscheidungsgrundlage zu bieten. Die schottische Regierung hat diese *Reports* insbesondere dafür genutzt, die Vorzüge einer nicht freiheitsentziehenden Sanktion in jedem möglichen Anwendungsfall hervorzuheben und so den sog. *Flow of entries into prison* möglichst gering zu halten.[314] Seit 2012 hat sich die Gefängnispopulation in Schottland um 11% verringert, was für die Wirksamkeit dieser Maßnahmen spricht.

Schottland gehört zu den Rechtsordnungen, die den elektronisch überwachten Hausarrest als Alternative zur Freiheitsstrafe einsetzen.[315] Im schottischen Sanktionssystem wird die elektronische Überwachung als eigenständige ambulante Sanktion (sog. *Restriction of Liberty Order*) sowie als Hausarrest (sog.

---

312 *Mooney u. a.* 2015, S. 213; *Hutton/Tata* 2010, S. 272.

313 *Hutton/Tata* 2010, S. 272.

314 *Hutton/Tata* 2010, S. 273.

315 *Dünkel/Thiele/Treig* 2017b, S. 475 ff.; *McIvor/Graham* 2017, S. 223 ff.

Home Detention Curfew)[316] bei vorzeitiger Haftentlassung bei kurzen Freiheitsstrafen unter vier Jahren angewendet.[317] In den meisten Fällen erfolgt die elektronische Überwachung ohne zusätzliche Betreuung durch die Bewährungshilfe.
Ziel dieser Maßnahme ist primär die Haftvermeidung und Entlastung des Strafvollzugs und somit die Reduktion der stark angestiegenen schottischen Gefängnispopulation. Es werden aber auch positive Aspekte hinsichtlich der Wiedereingliederung betont, da die Probanden zu Haus leben, Kontakt zu Familie und
Freunden haben und einer Arbeit nachgehen können.[318] Die Durchführung dieser
Maßnahme obliegt einem privaten Dienstleister, der der schottischen Regierung
vertraglich verpflichtet ist. Ein stärkeres Engagement des öffentlichen Sektors in
der Praxis der elektronischen Überwachung wird von *Mike Nellis* und Anderen
gefordert.[319]

Die Mehrzahl der schottischen Gefängnisse wurde in den letzten 25 Jahren
errichtet, jedoch wurden auch vier Anstalten vor mehr als 100 Jahren erbaut und
weisen Defizite hinsichtlich der Ausstattung und der Angebote für Gefangene auf.
Für den Strafvollzug war insbesondere der *Report of the Scottish Prisons
Commission* mit dem Titel „Scotland's Choice" aus dem Jahr 2008 maßgeblich.[320] Darin wurden zunächst der Ist-Zustand des schottischen Gefängniswesens untersucht und sodann mögliche Reformen aufgezeigt. So wurde etwa
festgestellt, dass

- Schottland mehr seiner Bürger inhaftiert als viele andere europäische
  Staaten,
- die Gefängnispopulation seit Jahren ansteigt,
- Freiheitsstrafen zunehmend gegen bereits marginalisierte Täter verhängt werden, die jedoch nicht gefährlich sind,
- sich in den Gefängnissen die einkommensschwächsten Mitglieder der
  Gesellschaft befinden,

---

316 Am 28. April 2017 verbüßten in Schottland 317 Probanden einen elektronisch überwach-
      ten Hausarrest, vgl. *Scottish Prison Service*, http://www.sps.gov.uk/Corporate/Information/
      SPSPopulation.aspx (Abruf 02.05.2017).

317 *McIvor/Graham* 2017, S. 224.

318 *McIvor/Graham* 2017, S. 226.

319 *Nellis* 2017, S. 275 ff.; *Nellis* 2013, S. 160; *McIvor/Graham* 2017, S. 239.

320 *Scottish Prisons Commission* 2008.

- eine hohe Gefängnispopulation nicht zur Senkung der Kriminalität beiträgt, sondern vielmehr Druck erzeugt, der eine erneute Straffälligkeit eher begünstigt als sie zu verhindern.[321]

Folgende Empfehlungen waren Bestandteil des Berichts:

- Der Strafvollzug sollte effektiver gestaltet und lediglich solche Straftäter inhaftiert werden, deren Taten so schwerwiegend sind, dass keine alternative Sanktion zum Schutz der Allgemeinheit in Betracht gezogen werden kann.
- Für weniger gefährliche Straftäter sollten primär nicht freiheitsentziehende Strafen angewendet werden.
- In einer Neuausrichtung der Strafverfolgung und des Gerichtsverfahrens sollte Sozialarbeit früher und in stärkerem Ausmaß zum Einsatz kommen.
- Bei der Verhängung von Untersuchungshaft sollte verstärkt auf Alternativen zum Strafvollzug wie etwa die elektronische Überwachung von Straftätern[322] gesetzt werden.
- Junge Straftäter unter 17 Jahren sollten getrennt von älteren Straftätern untergebracht werden, um einer negativen Einflussnahme vorzubeugen.
- Der Strafzumessungsprozess sollte durch die Einführung eines unabhängigen *National Sentencing Councils* effektiver gestaltet werden, der Leitlinien für Strafurteile, sog. *Sentencing guidelines* entwickelt.
- Ein *National Community Justice Council* sollte eingeführt werden, der sich um entlassene Gefangene kümmert.
- Kurze Freiheitsstrafen unter sechs Monaten sollten möglichst vermieden und durch nicht freiheitsentziehende Maßnahmen ersetzt werden.[323]

Seit 2007 wird Schottland von der linksliberalen *Scottish National Party* regiert. Bereits in deren erster Amtszeit gab es Anzeichen für eine evidenzbasierte Kriminalpolitik, was sich in zahlreichen, von der Regierung in Auftrag gegeben

---

321 *Scottish Prisons Commission* 2008, S. 2.

322 Zur elektronischen Überwachung von Straftätern mittels Fußfessel im europäischen Vergleich siehe *Dünkel/Thiele/Treig* 2017a; zur der elektronischen Überwachung in Schottland siehe *McIvor/Graham* 2017, S. 223 ff.

323 *Scottish Prisons Commission* 2008, S. 4 ff.

Studien manifestiert.[324] Der trotz politischem Wandel durchwegs verfolgte *Welfare*-Gedanke gehört zu den schottischen Grundüberzeugungen und ist auch in der gegenwärtigen Kriminalpolitik an vielen Stellen erkennbar.[325] Die aktuelle Wirtschaftskrise hat auch Schottland nicht verschont und führt zunehmend auch in der Strafrechtspflege zu Sparzwängen. Seit 2010 hat sich Schottland erheblich verändert. Mit dem Einkommens- und Vermögensgefälle in Schottland wächst auch der marginalisierte Teil der Bevölkerung.[326] Die sozio-ökonomische Struktur hat sich in Schottland – ähnlich wie zahlreichen anderen westlichen Gesellschaften – erheblich verändert.[327] Bezeichnend dafür ist der Niedergang der Schwerindustrie, etwa zahlreicher Werften, der Stahlindustrie oder des Bergbaus. Die Dienstleistungsbranche wurde gestärkt, wovon jedoch zahlreiche Arbeiter aus dem Bereich der Schwerindustrie nicht profitieren konnten. Folglich geriet der Wohlfahrtsstaat zunehmend unter Druck, was zu Sparzwängen und Rationalisierungsmaßnahmen auch im strafvollzugsrechtlichen Kontext führte.

Im Juli 2017 hat die schottische Regierung ihre aktuellen kriminalpolitischen Zielvorstellungen unter dem Titel „Justice in Scotland: Vision and Priorities" veröffentlicht.[328] Zu den aufgezeigten Feldern mit Handlungsbedarf gehört etwa die zunehmende Ungleichheit in der Gesellschaft und deren potentielle Auswirkung auf die Entstehung von Kriminalität, die Zunahme an Kriminalität in sozial benachteiligten Gebieten, der schlechte Gesundheitszustand von Personen, die mit der Strafjustiz in Berührung kommen, die hohe Gefängnispopulation, der BREXIT und die daraus folgenden Konsequenzen und schließlich der zunehmende Investitionsbedarf im Bereich von Prävention und frühzeitiger Intervention.[329] Konkrete Programme, die den aufgezeigten Problemfeldern entgegenwirken sollen, hat die schottische Regierung unter dem Titel „Justice Vision and Priorities: Delivery Plan 2017-18" veröffentlicht.[330] Zu den dort genannten Reformvorhaben gehört etwa die Anhebung des Alters der Strafmündigkeit, eine

---

324 Vgl. http://www.gov.scot/Topics/Statistics/Browse/Crime-Justice/Publications (Abruf am 09.08.2017).

325 *Croall/Mooney/Munro* 2016b, S. 7; *Mooney u. a.* 2015, S. 205.

326 *Croall/Mooney/Munro* 2016b, S. 5.

327 *McAra* 2005, S. 293.

328 *Scottish Government* 2017c.

329 *Scottish Government* 2017c, S. 14 ff.

330 *Scottish Government* 2017d.

verbesserte Gesundheitsfürsorge im strafjustiziellen Bereich, der verstärkte Einsatz elektronischer Überwachung von Straftätern[331] und ein verstärkter Fokus auf Programme, die der Resozialisierung dienen.

3.2 Kriminalitätsbelastung

Kriminalität wurde Ende des 20. Jahrhunderts im Vereinigten Königreich zu einem „normalem sozialen Zustand"[332], was zu einer weit verbreiteten Kriminalitätsfurcht, umfassender medialer Berichterstattung über Kriminalität sowie schließlich zur Politisierung von Kriminalitätsbekämpfung führte. Dies muss im Kontext zunehmender Armut und einer hohen Arbeitslosenquote gesehen werden. Im Zuge der Urbanisierung kam es vor allem in den ärmeren Stadtvierteln von Großstädten wie London, Manchester, Liverpool oder Glasgow zu einer besonders hohen Kriminalitätsbelastung. *David Garland* beschreibt, dass sich das moderne Leben in Großbritannien an das Vorhandensein von Kriminalität im Alltag anpasste.[333] Dies findet beispielsweise Ausdruck in allgegenwärtigen Werbeannoncen der Sicherheitsbranche, die vor Kriminalität warnt.

3.2.1 England und Wales

Betrachtet man die polizeilich registrierten Straftaten in England und Wales, so zeigt sich ein Anstieg von weniger als 500.000 Straftaten pro Jahr (1950) auf über 5.600.000 registrierte Straftaten (1992).[334] Seit 1992 sind die polizeilich registrierten Straftaten jedoch insgesamt rückläufig und beliefen sich zuletzt im Zeitraum April 2015 bis März 2016 auf 4.507.471 erfasste Straftaten.[335] Die Methode der Registrierung von Kriminalität hat sich über die Jahre erheblich verbessert, weshalb sich v. a. die jüngsten Daten nur bedingt als Beleg für Aussagen über Kriminalitätstendenzen eignen und nach Angaben des *Office for National Statistics* der zeitliche Datenvergleich nur bedingt möglich ist.[336] Die Methode der Datenerhebung wurde 1998 und im März 2003 weitgehend reformiert. Zudem muss beachtet werden, dass nur der Polizei bekannte Straftaten Eingang in die

---

331 *Scottish Government* 2016e; *Scottish Government* 2017e; siehe auch *McIvor/Graham* 2017.

332 *Garland* 1996, S. 446; 2002, S. 106.

333 *Garland* 2002, S. 107.

334 *Office for National Statistics* 2016a, S. 8.

335 *Office for National Statistics* 2017, Appendix Table A4.

336 *Office for National Statistics* 2017, S. 2.

Statistik finden und möglicherweise Verzerrungen durch Veränderungen in der polizeilichen Ermittlungsarbeit entstehen.[337] Außerdem ist auf die regionalen Unterschiede hinsichtlich der Qualität der durch die Polizeibehörden erhobenen Daten hinzuweisen. Die Ursachen für den Rückgang der gemessenen Kriminalität sind vielschichtig. Teilweise wird eine Verlagerung der Kriminalität etwa hin zur Cyber-Kriminalität angenommen, die nur sehr unvollständig in offiziellen Statistiken abgebildet wird.[338]

Zu den Stärken der polizeilich registrierten Kriminalität gehört der weite Erfassungsbereich der registrierten Straftaten. Im Gegensatz zur Befragung, bilden die polizeilich registrierten Straftaten sog. *Whole counts* ab und beruhen nicht auf Hochrechnungen und Schätzungen.[339]

---

337 *Office for National Statistics* 2017, S. 47.

338 *Skinns* 2016, S. 24.

339 *Office for National Statistics* 2017, S. 47.

68

Abbildung 2: **Polizeilich registrierte Straftaten in England und Wales in absoluten Zahlen, 1981-2015/16**

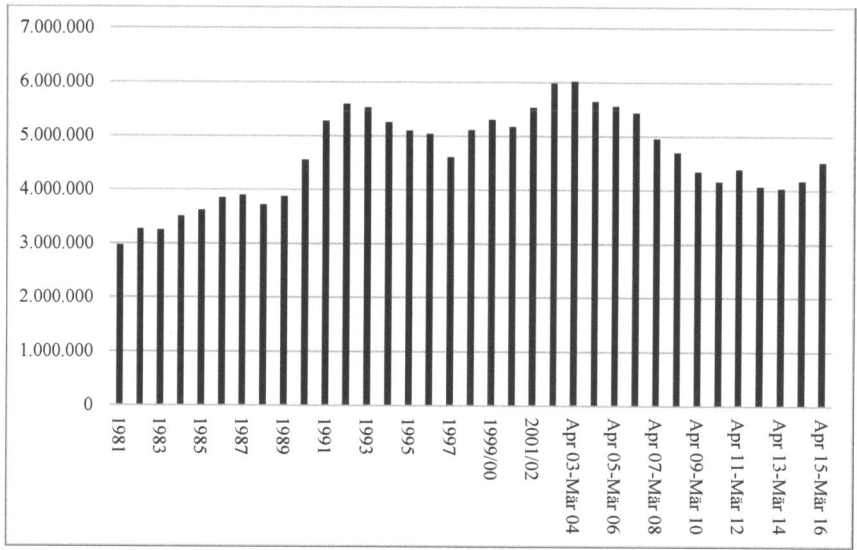

Quelle: *Office for National Statistics* (2017): Crime in England and Wales Year ending Sept 2016, release date: 19 January 2017, S. 6.

Die Daten des *Crime Survey for England and Wales (CSEW)*, der durch Befragungen auch solche Straftaten beinhaltet, die der Polizei nicht gemeldet wurden, wies bei Einführung des *CSEW* im Jahr 1981 ca. elf Millionen Straftaten aus, erreichte den Höhepunkt 1995 mit rund 19 Millionen Straftaten und fiel bis 2016 auf 6,3 Millionen Taten, was ein historisches Tief darstellte.[340]

---

340 *Office for National Statistics* 2017, S. 5.

Abbildung 3: Daten des Crime Survey für England und Wales: Straftaten in absoluten Zahlen, 1981-2016

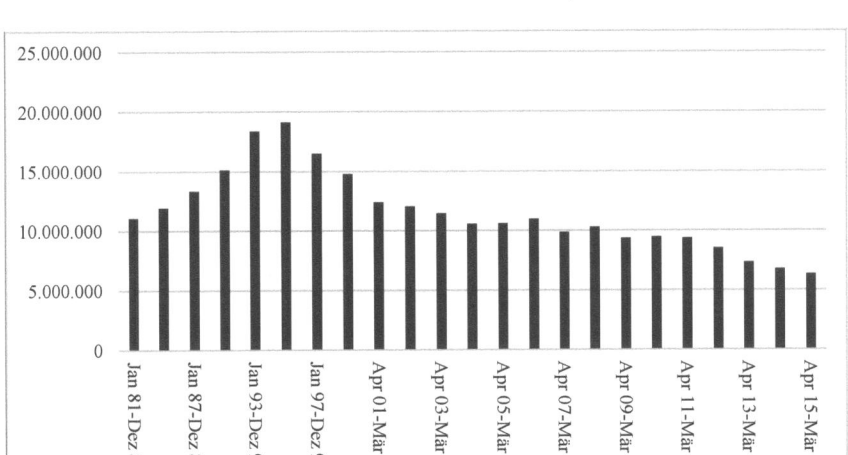

Quelle: *Office for National Statistics* (2017): Crime in England and Wales Year ending Sept 2016, release date: 19 January 2017, Table A1.

Der *Crime Survey for England and Wales* wird seit 1981 nach einer einheitlichen, repräsentativen Methode landesweit durchgeführt und erlaubt somit Aussagen über die Entwicklung der Kriminalität. Es werden auch solche Straftaten erfasst, die der Polizei nicht bekannt sind. Entgegen der polizeilich registrierten Kriminalität werden die durch eine Befragung gewonnenen Daten, nicht durch eine veränderte Ermittlungsarbeit der Polizeibehörden beeinflusst.[341]

Jedoch muss berücksichtigt werden, dass Straftaten gegen Unternehmen vom *Crime Survey for England and Wales* nicht erfasst werden, da lediglich Haushalte befragt werden. Nicht erfasst werden zudem Straftaten, die gegen Personen begangen werden, die keinem Haushalt angehören (bspw. Heimbewohner und Besucher). Ausgenommen sind zudem Straftaten, deren Häufigkeit schwer abzuschätzen ist, wie etwa Sexualstraftaten oder Straftaten ohne Opfer (bspw. Mord oder Drogendelikte).[342]

Vergleicht man die Daten einzelner Deliktsgruppen des *Crime Survey for England and Wales* mit der *Police recorded crime*, so fallen erhebliche Unter-

---

341 *Office for National Statistics* 2017, S. 47.
342 *Office for National Statistics* 2017, S. 47.

schiede auf. Betrachtet man etwa die Entwicklung der Gewaltkriminalität in England und Wales, so suggerieren die Daten der polizeilich registrierten Kriminalität für 2015/16 einen erheblichen Anstieg von 22% im Vergleich zum Vorjahr. Dafür fanden sich in den Daten des *Crime Survey* jedoch keine Anhaltspunkte. Das *Office for National Statistics* erklärte den Anstieg mit einer verbesserten Methode der Polizeibehörden, Gewaltstraftaten zu registrierten und der Einbeziehung von Belästigungen (sog. *Harassment offences*) in die Deliktsgruppe der Gewaltstraftaten.[343]

Abbildung 4: **Entwicklung der Gewaltkriminalität in England und Wales nach Daten des Crime Survey und Police recorded Crime 2009-2016**

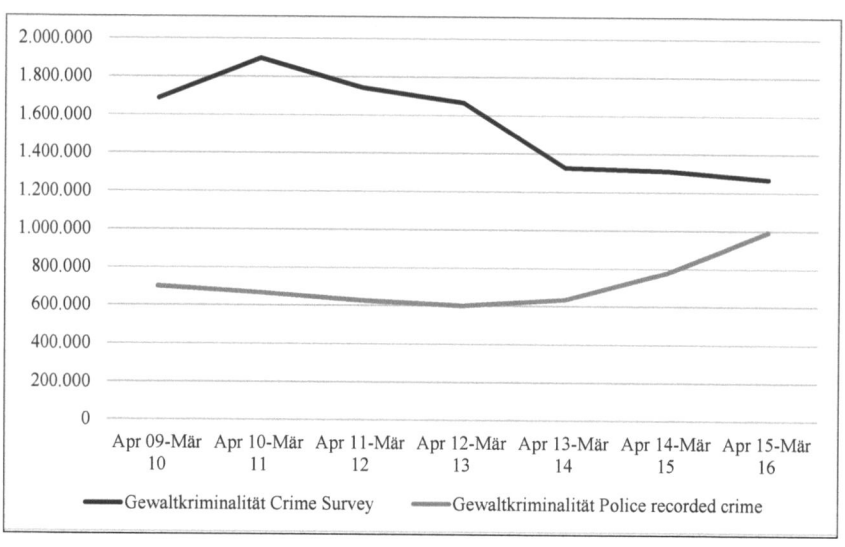

Quelle: *Office for National Statistics* (2017): Crime in England and Wales Year ending Sept 2016, release date: 19 January 2017, Table A1, A4.

---

[343] *Office for National Statistics* 2017, S. 2.

3.2.2 Schottland

In Schottland befindet sich die polizeilich registrierte Kriminalität auf dem tiefsten Stand seit 1974 und belief sich 2015/16 auf 246.243 registrierte Straftaten.[344] Im Vergleich zum Vorjahr sind Gewaltstraftaten 2015/16 (ohne sexuelle Gewalt) um 7% auf 6.776 Taten angestiegen. Die sog. *Crimes of dishonesty* machen rund die Hälfte aller polizeilich registrierten Straftaten in Schottland aus und beliefen sich 2015/16 auf 115.789 Taten. Dazu zählen Wohnungseinbruchsdiebstahl, Diebstahl eines Kraftfahrzeugs, Diebstahl aus einem Kraftfahrzeug, Ladendiebstahl, Betrug und sonstige Diebstähle (sog. *Other dishonesty*). Seit 1991 sind diese Delikte im Hellfeld um 73% zurückgegangen. Dies lässt sich u. a. durch einen starken Rückgang von Wohnungseinbrüchen in Großstädten wie Edinburgh erklären. Dort hatte die Polizei ihre Kontrollen in Wohngebieten deutlich verstärkt, wodurch auch die Zahl der Verhaftungen zunahm. Eine signifikante Anzahl an Tätern aus diesem Bereich wurde zu Freiheitsstrafen oder sonstigen nicht freiheitsentziehenden Maßnahmen verurteilt. Geographisch konzentrieren sich diese Delikte auf Großstädte wie Edinburgh oder Glasgow. In Edinburgh lag die Rate pro 10.000 Bevölkerung bezüglich *Crimes of dishonesty* im Jahr 2014/15 bei 384, während auf den Orkney Islands die Rate bei 37 pro 10.000 lag.[345]

Sexualstraftaten sind 2015/16 im Vergleich zum Vorjahr um 7% auf 10.273 Taten angestiegen, was den höchsten Stand seit 1971 markiert.[346] Dies sollte jedoch vor dem Hintergrund des *Sexual Offences (Scotland) Act 2009* gesehen werden, der zu einer Ausweitung der Definition von Vergewaltigung führte.[347] Einige Verhaltensweisen wie Voyeurismus oder anstößige Beleidigungen sind vor der Reform im Jahr 2009 nicht unter die Kategorie (versuchte) Vergewaltigung gefallen. 2010/11 wurde das Verbreiten von kinderpornographischen Schriften von der Kategorie *Miscellaneous offences* zur Gruppe *Sexual crime* transferiert, was ebenfalls zur Erklärung des erheblichen Anstiegs beiträgt. Zudem geht die *Police Scotland* davon aus, dass das Anzeigeverhalten im Hinblick auf Sexualstraftaten in den letzten Jahren angestiegen ist.

---

344 *Scottish Government* 2016d, S. 1; dies betrifft lediglich sog. *Crimes*, die nach dem deutschen Rechtsverständnis am ehesten den Verbrechen entsprechen. Im Jahr 2015–16 wurden zudem insg. 339.193 Fälle von leichter Kriminalität (sog. *Offences*) von der Polizei registriert.

345 *Scottish Government* 2016d, S. 33.

346 *Scottish Government* 2016d, S. 1.

347 *Scottish Government* 2016d, S. 29.

Rückläufig sind hingegen Vandalismus- und Brandstiftungdelikte und sonstige Straftaten. Hinsichtlich Brandstiftungs- und Vandalismusdelikten war bis in die 1990er Jahre ein starker Anstieg auf rund 80.000 Taten pro Jahr zu verzeichnen. Bis zum Jahr 2000 blieb die Anzahl dieser Delikte dann auf einem relativ stabilen Niveau und stieg erst wieder 2005/06 auf ca. 125.000 Taten an. Seit 2007/08 sind diese Straftaten auf 54.226 im Jahr 2015/16 gefallen. Die Aufklärungsquote lag 2015/16 bei 51,6%.[348] Die polizeilich registrierte Kriminalität entwickelte sich in Schottland moderater als in England. Zwar stieg die polizeilich registrierte Kriminalität zwischen 1950 und 1974 an, entwickelte sich jedoch ab 1980 relativ moderat und verzeichnete seit den 1990er Jahren einen Rückgang.[349] Auch der *Scottish Crime and Justice Survey (SCJS) 2014/15* weist insgesamt eine erhebliche Abnahme der Kriminalität aus. 2014/15 gab der *SCJS* insg. 688.000 Straftaten für Schottland an, was gegenüber 2008/09 einen Rückgang um 34% darstellt.[350] Seit dem 01. April 2013 verfügt Schottland über eine eigene Polizeibehörde, den sog. *Police Service of Scotland* (kurz: *Police Scotland*).

---

348 *Scottish Government* 2016d, S. 63.

349 *Scottish Government* 2016a, S. 27, *Smith* 1999, S. 310.

350 *Scottish Government* 2016a, S. 8.

Abbildung 5: Polizeilich registrierte Straftaten (sog. *Crimes*) in
Schottland in absoluten Zahlen, 1971-2015/16

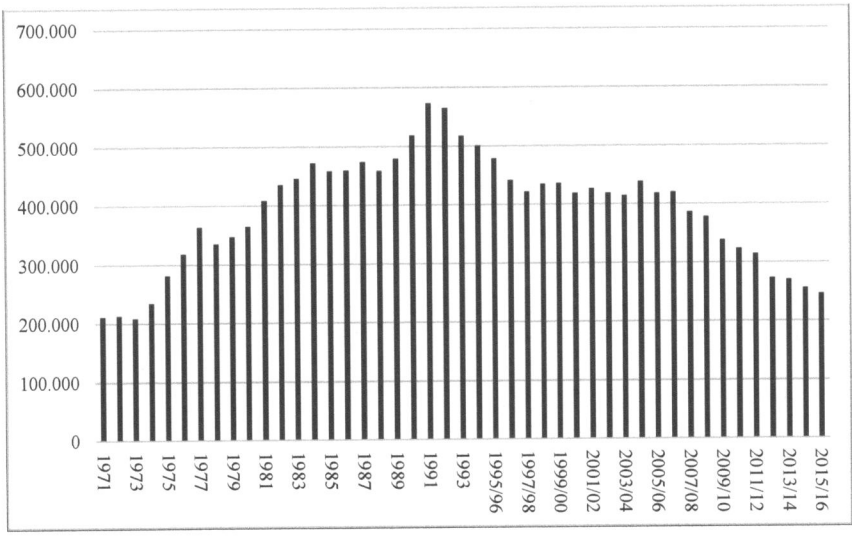

Quelle: *Scottish Government* (2016d): Recorded Crime in Scotland, 2015/16, A National
Statistics publication for Scotland, Table 10.

3.3 Sanktionspraxis und Entwicklung

3.3.1 England und Wales

Im Folgenden soll die gerichtliche Sanktionspraxis und deren Entwicklung –
zunächst in England und Wales – und anschließend in Schottland näher beleuchtet
werden. Die Sanktionspraxis der Gerichte wirkt sich unmittelbar auf die jeweilige
Gefängnispopulation aus und findet häufig Beachtung in der Öffentlichkeit. Das
ungebrochene Interesse der Öffentlichkeit an Straftaten und Strafen führt dazu,
dass die Entscheidungen der Gerichte auch zu einer politischen Angelegenheit
werden – vor allem wenn das verkündete Strafmaß als zu niedrig empfunden
wird.[351] Die englische und walisische Gefängnispopulation hat sich seit 1993 annähernd verdoppelt und weist eine der höchsten Gefangenenraten (2016: 146 pro
100.000 der nationalen Bevölkerung) in Europa auf. Schottland verzeichnet im
Jahr 2016 mit einer Gefangenrate von 142 pro 100.000 ähnlich hohe Werte. Die

---

351 *Ashworth* 2016, S. 109.

Verurteilungspraxis der Gerichte in England und Wales gilt als wichtiger Einflussfaktor im Hinblick auf die Entwicklung der Gefängnispopulation.[352]

In England und Wales tragen – nach eigener Untersuchung des *Ministry of Justice* – vor allem die Zunahme an langen Freiheitsstrafen seit 1993 zur hohen Gefängnispopulation bei.[353] In Großbritannien[354] verbüßen mehr als doppelt so viele Häftlinge lebenslange Freiheitsstrafen (sog. *Life imprisonment*) wie in Deutschland, Frankreich und Italien zusammen.[355] Die Verhängung von Freiheitsstrafen von unbestimmter Dauer (sog. *Indeterminate sentences*) für nur mittelschwere Verbrechen hat auch nach der Abschaffung der sog. *Imprisonment for Public Protection (IPP)*-Strafen im Jahr 2012 durch den *Legal Aid, Sentencing and Punishment of Offenders Act* nicht abgenommen.[356] Gefangenen, die lebenslange Freiheitsstrafen oder Freiheitsstrafen von unbestimmter Dauer verbüßen, machen rund 19% der gesamten Gefängnispopulation in England und Wales aus.

Insgesamt enden 84% aller Verfahren 2015/16 in England und Wales mit einer Verurteilung.[357] Diese Quote ist seit 2006 um rund 4% angestiegen. Dennoch kamen seit 1970 in keinem Jahr weniger Personen pro Jahr in Kontakt mit dem *Criminal Justice System* und fanden somit Eingang in die *Criminal Justice Statistic* des *Ministry of Justice*. In den zwölf Monaten bis März 2016 waren es insgesamt 1,7 Millionen Personen.[358]

In England und Wales wird primär zwischen Verfahren vor dem sog. *Magistrates Court*, der Haftstrafen bis zu sechs Monaten (bei mehreren Delikten maximal 12 Monate) und Geldstrafen bis zu £ 5.000 pro Straftat verhängen kann und Verfahren vor dem *Crown Court* unterschieden, der für schwere Delikte zuständig ist. Richter am *Crown Court* sind somit nicht an bestimmte Höchstgrenzen hinsichtlich der gewählten Sanktion gebunden und können auch lebenslange Freiheitstrafen verhängen. Am *Magistrates Court* werden vor allem sog. *Summary offences*, also Fälle leichter Kriminalität wie Straßenverkehrsdelikte oder

---

352   *Dignan/Cavadino* 2010, S. 236.

353   *Ministry of Justice* 2013a; *Ministry of Justice* 2015a, S. 3.

354   Zur Reform der lebenslangen Freiheitsstrafe in England und Wales vgl. *Appleton/van Zyl Smit* 2016, S. 217 ff.

355   *Aebi/Delgrande* 2015, Table 7.

356   *Ashworth* 2016, S. 113.

357   *Ministry of Justice* 2016b, S. 6.

358   *Ministry of Justice* 2016b, S. 6.

etwa einfache Körperverletzungen verhandelt. Eine Vielzahl an Delikten kann auch entweder am *Magistrates Court* oder am *Crown Court* verhandelt werden, diese Delikte werden als sog. *Either-way offences* bezeichnet. Hierunter fallen häufig etwa schwerere Fälle von Diebstahl oder Hehlerei. Verschiedene Faktoren können die Entscheidung, an welchem Gericht verhandelt wird, beeinflussen. Zunächst kann der Angeklagte verlangen, dass sein Fall vor einer *Jury*, die es nur am *Crown Court* gibt, verhandelt wird, was die Gefahr in sich birgt, dass die Strafe dort höher ausfällt, wenngleich auch die Wahrscheinlichkeit freigesprochen zu werden, höher ist.[359] Zudem können *Magistrates Courts* ihre Zuständigkeit ablehnen, wenn sie zu der Einschätzung gelangen, dass die Fälle so schwerwiegend sind, dass sie vor dem *Crown Court* verhandelt werden müssen. Die dritte Kategorie bilden Fälle schwerer Kriminalität, sog. *Indictable-only offences*, worunter etwa Raub, Mord oder Vergewaltigung fallen, die ausschließlich vor dem *Crown Court* verhandelt werden können. Hier ist die Zuständigkeit des *Magistrates Courts* darauf beschränkt, über die Vermeidung von Untersuchungshaft durch Leistung einer Sicherheit oder Meldeauflagen zu entscheiden und den Fall dann weiterzuleiten. Die Richter an den *Magistrates Court* sollen die Gesellschaft repräsentieren, sie sind ehrenamtlich tätig und erhalten nur einen Verdienstausfall.[360] Sie werden als *Lay Magistrates* oder *Justice of the Peace* bezeichnet. Es handelt sich um Laienrichter, die keine juristische Ausbildung haben, sondern nur ein Training absolvieren. Fälle am *Magistrates Court* werden von zwei oder drei Laienrichtern verhandelt.[361] Bei schwierigen Fällen werden häufig *District Judges* herangezogen, die juristisch ausgebildet sind und die Laienrichter unterstützen. In den zwölf Monaten bis März 2016 wurden rund 95% aller Fälle nämlich 1,46 Millionen, vor dem *Magistrates Court* verhandelt.[362] Vor dem *Crown Court* waren es im gleichen Zeitraum lediglich 85.966 Fälle. In England und Wales treffen rund 17.000 sog. *Magistrates* und 3.200 Richter die Entscheidung darüber, ob eine Haftstrafe verhängt wird und falls ja, von welcher Dauer.[363] In den 12 Monaten bis März 2016 wurden in insgesamt 7,3% aller Verfahren Haftstrafen verhängt.

In England und Wales gibt es Sanktionsvorgaben, die den Richter bei der Entscheidungsfindung unterstützen sollen, sog. *Sentencing Guidelines*. Ziel der *Sentencing Guidelines* ist es, eine möglichst beständige, gleichbleibende und

---

359 *Padfield* 2013, S. 92.

360 *Cavadino/Dignan/Mair* 2013, S. 88.

361 *Ministry of Justice* 2015d, S. 2.

362 *Ministry of Justice* 2016b, S. 7.

363 *Allen* 2016, S. 7.

effektive Sanktionspraxis zu gewährleisten.[364] Diesen Vorgaben müssen Richter seit dem *Coroners and Justice Act 2009* folgen, sofern nicht besondere Umstände ein Abweichen erfordern.[365] Dies gilt für alle Straftäter, die 18 Jahre oder älter sind. Die Straftatbestände sind in England und Wales relativ allgemein formuliert und weisen verschiedene Schweregrade auf. Die *Sentencing Guidelines* sollen zu einer möglichst einheitlichen Sanktionspraxis beitragen. Der Einfluss von *Senctencing Guidelines* auf die Gefängnispopulation wird unterschiedlich bewertet.[366] Es gibt Anzeichen, dass die für England und Wales gültigen Guidelines eher zu einer Zunahme der Gefängnispopulation geführt haben. Dies muss im Lichte der zunehmenden Punitivität gesehen werden, die ihre Ursprünge in Kriminalpolitik der 1990er Jahre hat.

In den 12 Monaten bis März 2016 wurden in England und Wales durchschnittlich 16,3 Monate Freiheitsstrafe verhängt.[367] Die Dauer der durchschnittlich verhängten Freiheitsstrafe betrug 1992: 19,0 Monate, 1993: 17,2 Monate, 1994: 15,7 Monate, 1995: 15,3 Monate, 1996: 16,0 Monate, 1997: 15,9 Monate, 1998: 15,1 Monate, 1999: 14,7 Monate und im Jahr 2000: 14,6 Monate.[368] Seit 2006 steigt die Dauer der durchschnittlich verhängten Freiheitsstrafe in England und Wales kontinuierlich an. Dies spiegelt jedoch kein vollständiges Bild wider, da Freiheitsstrafen von unbestimmter Dauer bei der Berechnung der durchschnittlichen Dauer der verhängten Freiheitsstrafen unberücksichtigt bleiben.[369] Somit dürfte die tatsächliche Dauer der durchschnittlich verbüßten Freiheitsstrafen noch deutlich über den vom *Ministry of Justice* veröffentlichen Zahlen liegen. Verschiedene Faktoren beeinflussen diese Entwicklung. Eine wesentliche Rolle spielen die längeren Freiheitsstrafen im Bereich der *Indictable offences*.[370] Mitunter ist die Dauer der durchschnittlich verhängten Freiheitsstrafe für einige Delikte stark angestiegen.

---

364 *Roberts* 2011, S. 997.

365 Die *Sentencing Guidelines* sind abrufbar auf https://www.sentencingcouncil.org.uk (Abruf am 09.08.2017). *Section 125 (1)* des *Coroners and Justice Act 2009* lautet: „Every court (a) must, in sentencing an offender, follow any sentencing guidelines which are relevant to the offender's case, and (b) must, in exercising any other function relating to the sentencing of offenders, follow any sentencing guidelines which are relevant to the exercise of the function, unless the court is satisfied that it would be contrary to the interests of justice to do so".

366 *Allen* 2016, S. 6.

367 *Ministry of Justice* 2016b, S. 6.

368 *Home Office* 2000, S. 96.

369 *Roberts/Ashworth* 2016, S. 327.

370 *Roberts/Ashworth* 2016, S. 327.

Während in England und Wales zuletzt durchschnittlich 16,3 Monate Freiheitsstrafe verhängt wurden, lag der Durchschnittswert in Europa 2014 bei 7 Monaten,
wie die aktuellste Ausgabe der *Space I*-Statistik belegt.[371]

Abbildung 6 zeigt die Entwicklung der Dauer der durchschnittlich verhängten
Freiheitsstrafe für Gewaltdelikte, Sexualstraftaten, Raub, Drogendelikte und den
Durchschnitt aller Delikte im Zeitraum 1999-2016. Ein wesentlicher Anstieg ist
im Bereich der Sexualdelikte zu verzeichnen. Im März 2006 betrug die durchschnittlich verhängte Freiheitsstrafe für Sexualdelikte noch 41,3 Monate. In den
darauffolgenden Jahren kam es zu einem kontinuierlichen Anstieg. Im März 2016
wurden durchschnittlich rund 20 Monate mehr verhängt, nämlich 61,3 Monate. In
einer Bewertung der *Sentencing Guidelines* für Sexualdelikte wird davon ausgegangen, dass die aktuellen Richtlinien für Sexualdelikte, bis zu 180 Haftplätze
zusätzlich erfordern.[372] Bezüglich der Sanktionierung von Raubdelikten fällt auf,
dass die Dauer der durchschnittlich verhängten Freiheitsstrafen im Zeitraum von
1999 bis 2003 leicht angestiegen ist und zwar von durchschnittlich 35,7 Monaten
auf 39,3 Monate, dann jedoch bis 2007 auf 31,3 Monate zurückgegangen ist.
Seither werden auch Raubdelikte schärfer bestraft mit zuletzt durchschnittlich
43,1 Monaten im Jahr 2016. Für Gewaltdelikte zeigt sich ein ähnliches Bild. Hier
hat die Dauer der durchschnittlich verhängten Freiheitsstrafe kontinuierlich
zugenommen und zwar von 15,7 Monaten im Jahr 1999 auf 22,6 Monate im Jahr
2016. Diese Entwicklung wird auch unter dem Stichwort *bifurcation* diskutiert,
was für die seit den 1970er Jahren angewandte Strategie steht, zunehmend alternative Sanktionen für weniger schwere Vermögens- und Eigentumsdelikte zu nutzen, während Gewalt-, Drogen-, und Sexualdelikte mit zunehmend längeren Freiheitsstrafen geahndet werden.[373]

---

371 *Aebi/Tiago/Burkhardt* 2016, S. 2.

372 *Allen* 2016, S. 27.

373 *Dünkel/Geng/Harrendorf* 2016, S. 194.

Abbildung 6: Dauer der durchschnittlich verhängten Freiheitsstrafe für ausgewählte Delikte[374] in England und
Wales jeweils in den vorangegangenen 12 Monaten
von März 2006 bis März 2016

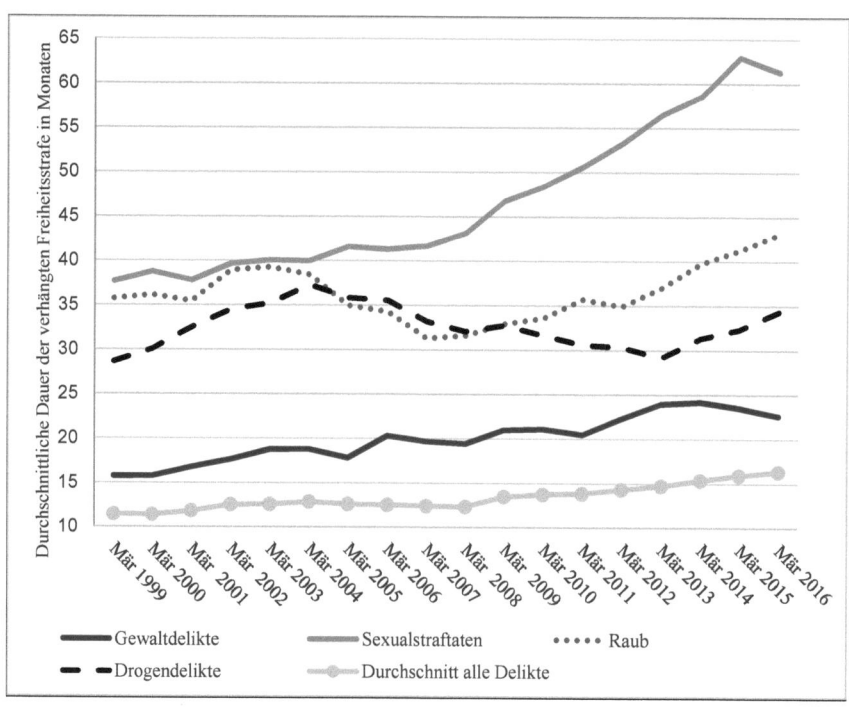

Quelle: *Ministry of Justice* (2016b): Criminal Justice Statistics England and Wales, Statistics bulletin Quarterly Update to March 2016, published 18 August 2016, Table Q5.2c; *Ministry of Justice* (2010a): Sentencing Statistics: England and Wales 2009, Statistics Bulletin, October 2010, Table 2.5.

Die Länge der durchschnittlich verhängten Freiheitsstrafen wurde durch verschiedene Reformvorhaben beeinflusst. Die Ursache für zunehmend längere Freiheitsstrafen im Bereich von Gewalt- und Sexualdelikten lag primär am *Criminal Justice Act 2003*, der höhere Mindeststrafen für derartige Delikte vorsah.[375]

---

374 Zu den Gewaltdelikten zählen alle Gewalttaten, die sich gegen eine Person richten (sog. *Violence against the person*).

375 *Roberts/Ashworth* 2016, S. 329; *Skinns* 2016, S. 43 ff.

Durch den *Legal Aid, Sentencing and Punishment of Offenders Act 2012* wurden die sog. IPP-Strafen *(Imprisonment for Public Protection)* abgeschafft und durch *Extended Determinate Sentences* ersetzt. Diese Strafen mit erhöhtem Strafrahmen fließen in die Berechnung der Länge der durchschnittlich verhängten Freiheitsstrafe ein, während IPP-Strafen unberücksichtigt blieben.[376] Im Vergleich zum Vorjahr, kam es 2016 zu einer Zunahme von 52% von *Extended Determinate Sentences*. Zuvor wurde bereits der *Criminal Justice and Immigration Act 2008* beschlossen, der die Anwendung von IPP-Strafen beschränkte, so dass bereits 2008 zunehmend lange Strafen an Stelle von IPP-Strafen verhängt wurden, was ebenfalls die Dauer der durchschnittlichen Freiheitsstrafe beeinflusste.[377] In Kombination mit den angestiegenen Fallzahlen im Bereich Sexualdelikte hat dies einen signifikanten Einfluss auf die Gefängnispopulation. Außerdem wurden zunehmend Mindeststrafen für bestimmte Delikte eingeführt, was die Dauer der durchschnittlich verhängten Freiheitsstrafe ebenfalls beeinflusst hat.[378]

Neben der durchschnittlichen Dauer der verhängten Freiheitsstrafe, spielt auch die Anzahl der Verurteilten hinsichtlich der Auswirkungen auf die englische und walisische Gefängnispopulation eine Rolle. Betrachtet man die Entwicklung der Anzahl von verurteilten Sexualstraftätern, gegen die unbedingte Freiheitsstrafen verhängt wurden, so fällt auch hier eine kontinuierliche Zunahme auf. Zwischen 2006 und 2016 hat sich die Anzahl der zu unbedingter Freiheitsstrafe verurteilten Sexualstrafstraftäter mit zuletzt 4.154 nahezu verdoppelt.[379] Im März 2006 betrug deren Anzahl noch 2.728. Ein anderes Bild entsteht jedoch mit Blick auf die Raubdelikte: Die Anzahl der Verurteilungen zu unbedingten Freiheitsstrafen ist seit 2006 stark rückläufig. 2006 wurden für die Begehung von Raubdelikten noch 4.577 Personen zu unbedingter Freiheitsstrafe verurteilt. Bis zum Jahr 2016 ist deren Anzahl um rund 33% auf 3.089 zurückgegangen. Relativ konstant hat sich die Anzahl der Verurteilungen zu unbedingter Freiheitsstrafe bei Gewaltdelikten entwickelt. Mit kleineren Abweichungen lag die Anzahl zwischen 11.110 (2006) und 11.924 (2016) Verurteilungen. Für den moderaten Rückgang von unbedingten Freiheitsstrafen im Bereich von Drogendelikten seit 2014 sind primär geänderte *Sentencing Guidelines* verantwortlich.[380]

---

376 *Ministry of Justice* 2016b, S. 20.

377 *Ministry of Justice* 2016b, S. 20.

378 *Ashworth* 2016, S. 114.

379 *Ministry of Justice* 2016b, Table Q5.2a.

380 *Allen* 2006, S. 15.

Abbildung 7: **Anzahl der Verurteilten zu unbedingter Freiheits-strafe für ausgewählte Delikte in England und Wales, jeweils in den vorangegangenen 12 Monaten von März 2006 bis März 2016**

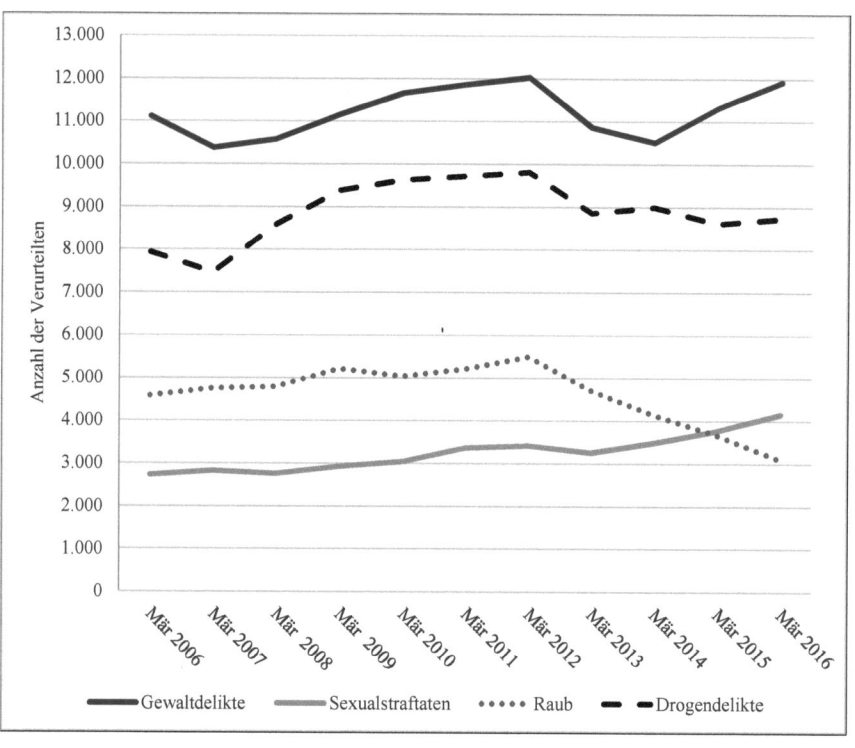

Quelle: *Ministry of Justice* (2016b): Criminal Justice Statistics England and Wales, Statistics bulletin Quarterly Update to March 2016, published 18 August 2016, Table Q5.2a.

Die Zunahme von langen Freiheitsstrafen hat eine signifikante Auswirkung auf die Gefängnispopulation. Am 30. Juni 2016 verbüßten 11.027 Häftlingen Freiheitsstrafen von mindestens 10 Jahren und machten somit rund 13% der gesamten Gefängnispopulation in England und Wales aus.[381] Trotz der Abschaffung von IPP-Strafen im Jahr 2012 verbüßten am Stichtag 30. Juni 2016 noch

---

381 *Ministry of Justice/National Offender Management Service/HM Prison Service* 2016a, Table 1.1.

3.998 Häftlinge IPP-Strafen. Die Anzahl von Häftlingen, die lebenslange Freiheitsstrafen verbüßten, betrug 7.361. Addiert man die Anzahl der Häftlinge, die Freiheitsstrafen von mindestens zehn Jahren verbüßten mit der Anzahl der Häftlinge, die IPP- und lebenslange Freiheitsstrafen verbüßen, sind das 22.386 Häftlinge, d. h. rund 26% der Vollzugspopulation.

Ein weiterer Einflussfaktor für die Entwicklung der Gefängnispopulation ist die sog. *Custody rate*. Sie gibt die Anzahl der zu unbedingten Freiheitsstrafen verurteilten Täter im Verhältnis zu den insgesamt verhängten Strafen an. Im Bereich der Sexualdelikte ist hier im Zeitraum 2006 bis 2016 ein moderater Zuwachs von 56,2% auf 60,2% erkennbar.[382] Für Raubdelikte betrug die *Custody rate* 2006 noch 61,3%, sie ist bis 2016 auf 68,7% angestiegen. Bei Gewaltdelikten liegt ein ähnlich moderater Anstieg von 37,2% im Jahr 2006 auf 42,3% im Jahr 2016 vor. Auch im Bereich Gewaltdelikte werden zunehmend Freiheitsstrafen verhängt. 2006 wurde noch in 37,2% aller Fälle eine Freiheitsstrafe verhängt, während es 2016 schließlich 42,3 % waren. Insgesamt ist die *Custody Rate* zwischen März 2006 und März 2016 für sog. *Indictable offences*, also schwerwiegendere Delikte, von 22,5% auf 27,2% angestiegen.[383] Am *Magistrates Court* ist die *Custody Rate* im gleichen Zeitraum annähernd gleich geblieben.

Fraglich ist, wieso die absoluten Zahlen im Bereich von Sexualdelikten in allen Bereichen, angefangen von der polizeilichen Registrierung der Straftat bis zur Aburteilung in den letzten Jahren stark zugenommen haben. Im Zeitraum April 2005 bis April 2006 wurden 60.287 Sexualdelikte polizeilich registriert. Zehn Jahre später waren es 103.614 Taten (Registrierungszeitraum Januar 2015 bis Januar 2016).[384] Dies muss im Kontext wichtiger Untersuchungsberichte gesehen werden, die dazu geführt haben, dass sich die Methoden der polizeilichen Registrierung von Straftaten in diesem Bereich deutlich verbessert haben.[385] 2012 wurde vom *Her Majesty's Inspectorate of Constabulary* und dem *HM Crown Prosecution Service Inspectorate* festgestellt, dass die Untersuchung und Registrierung von Sexualstraftaten dringend verbessert werden muss.[386] Es wurde eine Arbeitsgruppe zur Untersuchung von möglichen Missbrauchsfällen von Minderjährigen eingesetzt, um zu überprüfen, inwieweit die landesweiten staatlichen und privaten Institutionen dem Schutz von Minderjährigen vor Missbrauch

---

382 *Ministry of Justice* 2016b, Table Q5.2b.

383 *Allen* 2016, S. 3.

384 *Office for National Statistics* 2016a, Figure 5.

385 *Office for National Statistics* 2015, S. 24 f.

386 *Office for National Statistics* 2015, S. 25.

nachkommen. 2014 hat das *Her Majesty's Inspectorate of Constabulary* erneut die Registrierung von Sexualdelikten untersucht und kam zu dem Ergebnis, dass die Registrierung durch die Polizeibehörden höchst unzureichend erfolgt.[387] Eine weitere Ursache für die stark angestiegenen Zahlen könnte einerseits die starke mediale Präsenz von Sexualdelikten sein. Andererseits spielt möglicherweise ein verändertes Anzeigeverhalten in diesem Bereich eine Rolle. In Bezug auf Hellfelddaten kann etwa auf die polizeilich registrierte Kriminalität oder die *Criminal Justice Statistics* des *Ministry of Justice* zurückgegriffen werden. In *England und Wales* wird seit einigen Jahren zudem jährlich ein *Crime Survey* erstellt, so dass grundsätzlich auch Dunkelfelddaten zur Verfügung stehen. Im Bereich von Sexualdelikten sind die Daten jedoch nicht besonders valide, Opfer berichten selten oder nur ungern von ihrer Missbrauchserfahrung. Dies spiegelt sich auch im englischen *Crime Survey* wider, der den Bereich der Sexualdelikte aufgrund der geringen Daten im offiziellen Teil ausgeklammert hat. Aus den Anlagen ergibt sich jedoch, dass die in der Dunkelfeldstudie gefundenen, absoluten Fallzahlen über die Jahre relativ konstant geblieben sind. Folglich geht das *Office for National Statistics* davon aus, dass die stark angestiegenen Fallzahlen im Hellfeld im Bereich sexueller Gewalt primär auf eine erhöhte Anzeigebereitschaft zurückzuführen sind und sich an der tatsächlichen Kriminalitätsbelastung in diesem Bereich wenig geändert hat.[388]

---

387 *Office for National Statistics* 2015, S. 25.

388 *Office for National Statistics* 2016c, S. 29; *Office for National Statistics* 2016d, S. 3.

Abbildung 8: Verhängte Sanktionen in England und Wales 1971-2015

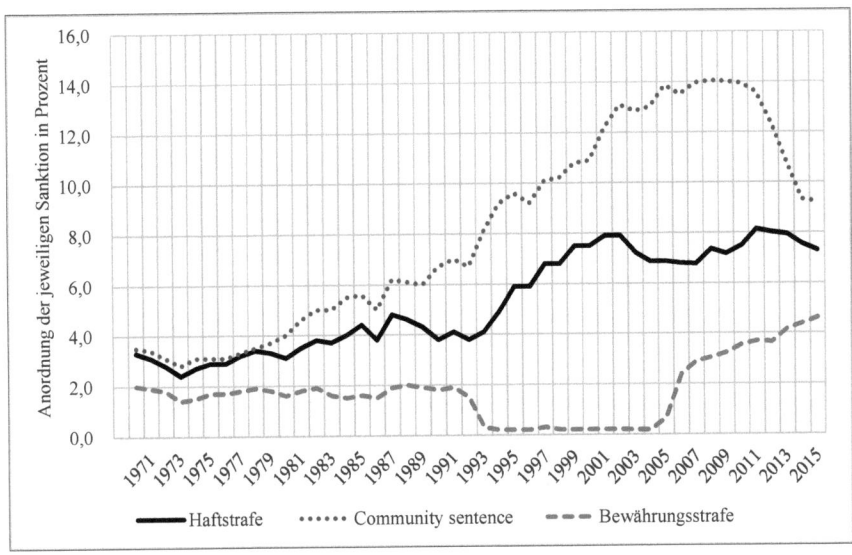

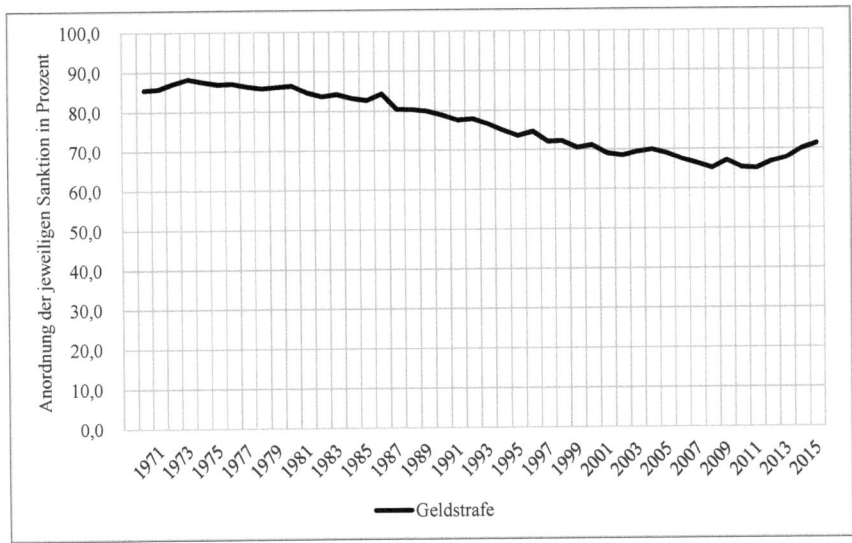

Quelle: *Ministry of Justice* (2016c): Criminal Justice Statistics 2015, England and Wales, Ministry of Justice Statistics bulletin, published 19 May 2016, Table A1.1.

Die in England und Wales mit Abstand am häufigsten angewendete Sanktion ist die Geldstrafe, die im Zeitraum März 2015 bis März 2016 in 72% aller Verfahren, die mit einer Verurteilung endeten, verhängt wurde.[389] Ihr Anteil ist seit der Jahrtausendwende mit 65-70% relativ stabil geblieben. In den 1970er Jahren betrug der Prozentsatz verhängter Geldstrafen noch nahezu 90% aller verhängten Sanktionen. Hinsichtlich der Entwicklung der *Community Sentence* fällt auf, dass diese zwar bis etwa 2010 zunehmend verhängt wurde (insg. 14% aller verhängten Sanktionen), seither jedoch trotz der Überbelegung zahlreicher Strafvollzugsanstalten leicht zurückging (2015 ca. 9%). Zeitgleich wurden die Konsequenzen eines Verstoßes gegen die Ableistung einer *Community Sentence* verschärft.[390] Hierdurch sollte das Vertrauen der Gerichte und der Bevölkerung in diese Sanktionsform gestärkt werden. Bis zum Jahr 2003 hat der Anteil der verhängten Haftstrafen zugenommen, was als Beitrag zur Zunahme der Gefängnispopulation zu werten ist.

Tabelle 7: **Verurteilte Straftäter nach Delikten in England und Wales jeweils in den vorangegangenen 12 Monaten von März 2006 bis März 2016**

Deliktsgruppen	März 2006	März 2009	März 2012	März 2015	März 2016
Straftaten (*Indictable off.*)					
Gewaltstraftaten	38.370 (5,9%)	36.704 (5,8%)	38.711 (6,2%)	37.733 (6,6%)	41.046 (7,6%)
Sexualstraftaten	14.933 (2,3%)	16.454 (2,6%)	19.757 (3,1%)	21.953 (3,8%)	24.299 (4,5%)
Raub	11.485 (1,8%)	12.965 (2,1%)	12.972 (2,1%)	7.598 (1,3%)	6.571 (1,2%)
Diebstahl	199.342 (30,7%)	204.659 (32,5%)	205.647 (32,7%)	192.995 (33,7%)	171.582 (31,8%)
Sachbeschädigung und Brandstiftung	68.747 (10,6%)	66.388 (10,5%)	57.779 (9,2%)	50.326 (8,8%)	50.798 (9,4%)
Drogendelikte	72.431 (11,2%)	88.768 (14,1%)	96.401 (15,3%)	83.653 (14,6%)	78.451 (14,5%)
Illegaler Waffenbesitz	23.538 (3,6%)	22.796 (3,6%)	20.054 (3,2%)	17.251 (3,0%)	18.871 (3,5%)

---

389 *Ministry of Justice* 2016b, S. 17.

390 *Roberts/Ashworth* 2016, S. 331 ff.

Deliktsgruppen	März 2006	März 2009	März 2012	März 2015	März 2016
Störung der öffentlichen Ordnung	11.570 (1,8%)	14.838 (2,3%)	25.691 (4,1%)	27.544 (4,8%)	26.750 (4,9%)
Div. Straftaten gegen die Gesellschaft (*Miscellaneous crimes against society*)	165.715 (25,6%)	130.275 (20,7%)	113.121 (18,0%)	98.099 (17,1%)	90.761 (16,8%)
Betrug	42.012 (6,5%)	36.422 (5,8%)	38.273 (6,1%)	35.702 (6,2%)	30.894 (5,2%)
Straftaten gesamt	648.143 (100%)	630.269 (100%)	628.406 (100%)	572.854 (100%)	540.023 (100%)
Vergehen (*Summary off.*)					
Vergehen (ohne Straßenverkehrsdelikte)	593.132 (32,9%)	561.836 (41,4%)	560.096 (47,4%)	520.393 (46,1%)	545.056 (46,4%)
Straßenverkehrsdelikte	1.212.000 (67,1%)	796.452 (58,6%)	620.935 (52,6%)	607.844 (53,9%)	629.830 (53,6%)
Vergehen gesamt	1.805.132 (100%)	1.358.288 (100%)	1.181.031 (100%)	1.128.237 (100%)	1.174.886 (100%)
Verurteilte gesamt	2.453.275	1.988.557	1.809.437	1.701.091	1.714.909

Quelle: *Ministry of Justice* (2016b): Criminal Justice Statistics England and Wales, Statistics bulletin Quarterly Update to March 2016, published 18 August 2016, Table Q3.4.

Tabelle 8: Verurteilungsrate[391] in Prozent in England und Wales jeweils in den vorangegangenen 12 Monaten von März 2006 bis März 2016

Deliktsgruppen	März 2006	März 2009	März 2012	März 2015	März 2016
Straftaten (*Indictable offences*)					
Gewaltanwendung gegenüber einer Person	55,6%	64,3%	70,2%	68,9%	76,8%
Sexualstraftaten	50,2%	59,0%	59,2%	53,5%	55,3%
Raub	57,8%	64,1%	66,1%	64,0%	65,8%
Diebstahl	82,9%	87,7%	87,7%	86,7%	87,8%

391 Die Verurteilungsrate bezieht sich nur auf die schwerste Straftat. Sofern ein Angeklagter bzgl. mehrerer Taten für schuldig befunden wurde, findet nur die schwerste Straftat Eingang in die Statistik. Die Verurteilungsrate wird anhand der Verurteilungen, im Verhältnis zu allen, im jeweiligen Jahr geführten Verfahren, berechnet.

Deliktsgruppen	März 2006	März 2009	März 2012	März 2015	März 2016
Sachbeschädigung und Brandstiftung	75,6%	83,5%	81,7%	79,5%	80,4%
Drogendelikte	90,3%	92,7%	91,3%	90,4%	93,2%
Illegaler Waffenbesitz	76,5%	80,8%	75,6%	74,2%	79,4%
Störung der öffentlichen Ordnung	65,1%	86,6%	97,6%	96,3%	98,9%
Div. Straftaten gegen die Gesellschaft (*Miscellaneous crimes against society*)	64,7%	66,0%	67,2%	66,7%	74,4%
Betrug	80,5%	81,6%	79,5%	78,6%	84,8%
Straftaten gesamt	73,6%	80,3%	81,5%	80,3%	83,4%
Vergehen (*Summary offences*)					
Vergehen (ohne Verkehrsdelikte)	80,2%	83,5%	81,5%	80,9%	80,3%
Verkehrsdelikte	80,3%	85,3%	86,6%	87,7%	87,7%
Vergehen gesamt	80,3%	84,5%	83,9%	84,3%	84,0%
Verurteilte gesamt	**78,6%**	**83,3%**	**83,2%**	**83,3%**	**83,9%**

Quelle: *Ministry of Justice* (2016b): Criminal Justice Statistics England and Wales, Statistics bulletin Quarterly Update to March 2016, published 18 August 2016, Table Q3.3.

Tabelle 9: Verurteilte und verhängte Strafen in England und Wales, jeweils in den vorangegangenen 12 Monaten von März 2006 bis März 2016

Art der Strafe	März 2006	März 2009[392]	März 2012	März 2015	März 2016
Haftstrafe	101.652 (6,8%)	100.174 (7,3%)	105.452 (8,1%)	90.890 (7,4%)	89.317 (7,3%)
Bewährungsstrafe	15.546 (1,0%)	41.472 (3,0%)	47.643 (3,7%)	53.897 (4,4%)	53.454 (4,4%)
Community sentence	203.675 (13,7%)	193.600 (14,2%)	174.135 (13,5%)	111.104 (9,1%)	108.000 (8,9%)
Geldstrafe	1.026.110 (68,8%)	897.656 (65,8%)	845.789 (65,3%)	866.135 (70,7%)	881.449 (72,2%)

---

392   Ohne die Daten vom *Cardiff magistrates' Court* für April, Juli und August 2008.

Art der Strafe	März 2006	März 2009[392]	März 2012	März 2015	März 2016
Verurteilung ohne Verhängung einer Strafe (*Absolute discharge*)	13.094 (0,9%)	9.389 (0,7%)	8.041 (0,6%)	5.557 (0,5%)	8.827 (0,7%)
Verurt. u. Aussetzung der Verhängung der Strafe auf Bew. (*Conditional discharge*)	93.798 (6,3%)	85.406 (6,3%)	85.185 (6,6%)	71.358 (5,8%)	62.830 (5,1%)
Wiedergutmachung (*Compensation*)	11.247 (0,8%)	9.539 (0,7%)	6.551 (0,5%)	6.182 (0,5%)	4.805 (0,4%)
Sonstige*	26.099 (1,8%)	27.842 (2,0%)	22.020 (1,7%)	19.794 (1,6%)	11.444 (0,9%)
Verurteilte gesamt**	1.491.221 (100%)	1.365.078 (100%)	1.294.816 (100%)	1.224.917 (100%)	1.220.126 (100%)
Dauer der durchschnittlich verhängten Freiheitsstrafe (in Mon.)***	12,5	13,5	14,3	15,9	16,3

Quelle: *Ministry of Justice* (2016b): Criminal Justice Statistics England and Wales, Statistics bulletin Quarterly Update to March 2016, published 18 August 2016, Table Q5.1a.

* Beinhaltet: restriction orders, hospital orders, guardianship orders, police cells, und other disposals.

** Daten beziehen sich nur auf die schwerste Straftat. Sofern ein Angeklagter bzgl. mehrerer Taten verurteilt wurde, findet nur die schwerste Straftat Eingang in die Statistik.

*** Ohne lebenslange Freiheitsstrafen und Haftstrafen von unbestimmter Dauer (Indeterminate sentences).

Tabelle 10: Verhängung von Freiheitsstrafen in England und Wales nach Länge der Haftstrafen jeweils in den vorangegangenen 12 Monaten von März 2006 bis März 2016

Jahr	Gesamt	Bis 3 Mon.	3-6 Mon.	6 Mon. - 1 Jahr	1 Jahr bis 4 Jahre	4 Jahre und länger	Lebenslange FS	Indeterminate Sentence
März 2006	101.652 (100%)	36.873 (36,3%)	20.391 (20,1%)	12.341 (12,1%)	25.884 (25,4%)	4.774 (4,7%)	651 (0,6%)	738 (0,7%)
März 2007	93.944 (100%)	33.663 (35,8%)	17.947 (19,1%)	11.297 (12,0%)	24.851 (25,5%)	4.090 (4,4%)	515 (0,6%)	1.581 (1,7%)
März 2008	96.932 (100%)	35.357 (36,5%)	17.556 (18,1%)	12.290 (12,7%)	25.325 (26,1%)	4.193 (4,3%)	488 (0,5%)	1.723 (1,8%)
März 2009	100.174 (100%)	36.009 (36,0%)	16.277 (16,2%)	12.654 (12,6%)	28.219 (28,2%)	5.158 (5,2%)	515 (0,5%)	1.342 (1,3%)
März 2010	99.745 (100%)	35.938 (36,0%)	15.829 (15,9%)	12.272 (12,3%)	28.981 (29,1%)	5.312 (5,3%)	414 (0,4%)	999 (1,0%)
März 2011	102.837 (100%)	38.701 (37,6%)	15.129 (14,7%)	12.174 (11,8%)	29.920 (29,1%)	5.570 (5,4%)	384 (0,4%)	959 (0,9%)
März 2012	105.452 (100%)	39.032 (37,0%)	15.146 (14,4%)	12.825 (12,1%)	31.118 (29,5%)	6.112 (5,8%)	385 (0,4%)	834 (0,8%)
März 2013	95.147 (100%)	35.558 (37,4%)	14.099 (14,8%)	11.283 (11,9%)	27.366 (28,8%)	5.936 (6,2%)	372 (0,4%)	533 (0,6%)
März 2014	93.112 (100%)	35.405 (38,0%)	13.337 (14,3%)	11.136 (12,0%)	26.544 (28,5%)	6.250 (6,7%)	438 (0,5%)	2 (0,0%)
März 2015	90.890 (100%)	35.025 (38,5%)	12.723 (14,0%)	10.382 (11,4%)	25.591 (28,1%)	6.769 (7,5%)	400 (0,4%)	0 (0,0%)
März 2016	89.317 (100%)	33.771 (37,8%)	12.187 (13,6%)	10.725 (12,0%)	25.362 (28,4%)	6.866 (7,7%)	406 (0,45%)	0 (0,0%)

Quelle: *Ministry of Justice* (2016b): Criminal Justice Statistics England and Wales, Statistics bulletin Quarterly Update to March 2016, Published 18 August 2016, Table Q5.4.

Gibt es mögliche Interdependenzen zwischen Strafverfolgungsstatistiken und der Gefängnispopulation? Strafverfolgungsstatistiken können einen Beitrag dazu leisten, die Anwendung von Haftstrafen zu reduzieren.[393] Aus der Strafverfolgungsstatistik wird ersichtlich für welche Delikte wie häufig und wie lange Haftstrafen angeordnet werden. Im Jahr 2016 betrug der Anteil von Haftstrafen von allen verhängten Sanktionen rund 7%.[394] Dieser Anteil könnte geringer sein und war es auch in der Vergangenheit. Dies ließe sich durch eine verstärkte Anwendung von alternativen, nicht freiheitsentziehenden Sanktionsformen wie etwa der *Community Sentence* erreichen.

Positive Effekte hinsichtlich der Resozialisierung von Gefangenen, Kosteneinsparungen und Effizienzsteigerung im Gefängniswesen durch die verstärkte Anwendung alternativer Sanktionsformen sind zwar nahezu unbestritten, werden in der Öffentlichkeit jedoch oft kritisch gesehen. Wünschenswert wäre eine größere öffentliche Akzeptanz dieser alternativen Sanktionsformen. Hintergrund ist häufig der Glaube, dass es sich bei Gefangenen grundsätzlich um eine Gruppe hoch gefährlicher Personen handelt, die die öffentliche Sicherheit gefährden. *Roberts* erachtet es als eine der Aufgaben von Strafverfolgungsstatistiken, dieser Angst zu begegnen.[395] Hierzu hat *Roberts* gezeigt, dass die Akzeptanz von Alternativen zum Strafvollzug insbesondere dann steigt, wenn über die hohen Inhaftierungskosten und potentielle Einsparmöglichkeiten durch alternative Sanktionsformen berichtet wird. Die Aussagekraft der englischen und walisischen Strafverfolgungsstatistik spiegelt kein vollständiges Bild der verhängten Sanktionen wider, da bei mehreren Sanktionsentscheidungen bezüglich desselben Täters nur das schwerste Delikt Eingang in die Statistik findet.

Darauf weist das *Ministry of Justice* zwar hin[396], dennoch führt dies zu einer Unterrepräsentierung einiger Delikte und spiegelt nicht die volle Härte der englischen und walisischen Sanktionspraxis wider. *Roberts* und *Rogers* gehen davon aus, dass in 60% aller Verfahren die Verurteilten mehr als eine Strafe oder Verfügung erhalten haben.[397] Kommt es beispielsweise zu einer Verurteilung wegen Mordes, hat der Täter jedoch zugleich einen Raub und einen Einbruch begangen (und erhält hierfür auch eine Strafe), so findet sich in der *Criminal Justice Statistic* lediglich die für den Mord verhängte Strafe wieder. Erfolgt bei zwei angeklagten Delikten bezüglich eines Delikts ein Freispruch, findet dieser keinen Eingang in

---

393 *Roberts* 2015, S. 12.

394 *Ministry of Justice* 2016b, Table Q5.1a.

395 *Roberts* 2015, S. 12.

396 *Ministry of Justice* 2016b, S. 3.

397 *Roberts/Irwin-Rogers* 2015, S. 36.

die Statistik, sondern lediglich die Verurteilung. Insgesamt wurden in den 12 vorangegangenen Monaten bis März 2016 rund 89.000 Personen zu Haftstrafen verurteilt, was im Vergleich zum Vorjahr 10.000 Personen weniger sind.[398] Daraus könnte man schließen, dass auch der Bedarf an Haftplätzen zurückgegangen ist. Jedoch hat – wie oben gezeigt – die Dauer der durchschnittlich verhängten Freiheitsstrafen zugenommen, so dass effektiv der Bedarf an Haftplätzen in den 12 Monaten bis März 2016 erneut um 6,5% gestiegen ist.

Dieser Entwicklung ließe sich in England und Wales etwa durch eine Korrektur der *Sentencing Guidelines* gegensteuern. Jüngste kriminalpolitische Reformen haben zu immer weiteren Verschärfungen von Gesetzen und in der Konsequenz auch der *Sentencing Guidelines* geführt.[399] Zudem ist die *Custody Rate* im gleichen Zeitraum von 22,5% auf 27,2% angestiegen. Die bereits hohe Gefängnispopulation ist dadurch weiter gewachsen. Die gegenwärtige Sanktionspraxis in England und Wales trägt somit nicht dazu bei, den Strafvollzug zu entlasten.

3.3.2 Schottland

Im Gegensatz zum englischen Modell wird in Schottland die Mehrheit aller Verfahren von sog. *Sheriffs* verhandelt, die keine Laien sind, sondern bereits auf mehrere Jahre Berufserfahrung als Anwälte zurückblicken.[400] Großbritannien hat kein föderales Justizsystem, so dass auch zentrale Verfahren nicht von einem einheitlichen nationalen Obergericht (etwa dem *UK Supreme Court*) entschieden werden, sondern vom Obergericht des jeweiligen Landesteils. Dies ist insofern relevant als häufig über das *englische* Sanktionssystem berichtet wird, was jedoch nicht mit dem schottischen gleichzusetzen ist.

Im Gegensatz zu England proklamiert Schottland für sein Sanktionssystem immer noch den *Welfare*-Gedanken und verwehrt sich populistischen Tendenzen, während in England gegenwärtig primär Effizienz- und Risikogesichtspunkte eine Rolle spielen.[401] Gestützt wird dieser Gedanke in Schottland durch einen verstärkten Fokus auf Sozialarbeit im gesamten Justizsystem. Eine Ausprägung sind etwa die von Sozialarbeitern anzufertigenden sog. *Social Enquiry Reports*, die

---

398 *Allen* 2016, S. 3.

399 *Allen* 2016, S. 6.

400 *Tata* 2010, S. 197.

401 *Cavadino/Dignan* 2006, S. 231; *Tata* 2010, S. 197; *Whitty* 2011, S. 123 ff.

dem Gericht einen Überblick über die Umstände der Tat, die Motive, den familiä-
ren Hintergrund und die Lebensumstände des Delinquenten geben sollen.[402]
Diese Berichte beruhen auf einem Vorgespräch mit einem speziell geschulten
Sozialarbeiter, werden auf Antrag des Gerichts oder der Verteidigung angefertigt
und fließen in die Entscheidungsfindung des Gerichts mit ein. Um eine unabhän-
gige Arbeit zu gewährleisten, unterstehen die Sozialarbeiter explizit nicht der
Regierung und sind auch nicht bei den Gerichten angestellt. Dies wird als
Ausprägung des *Penal-Welfare*-Gedankens gesehen, da unterstellt wird, dass
Sozialarbeiter, entgegen der verbreiteten Sichtweise von Gerichten, nicht dazu
tendieren die Entstehung von Delinquenz lediglich unter *Rational Choice*-
Gesichtspunkten zu sehen.[403] Unter *Penal-Welfare*-Gesichtspunkten wird Delinquenz vielmehr anhand einer Analyse der Persönlichkeit des Täters und seiner
persönlichen und sozialen Umstände erklärt. In den *Social Enquiry Reports* wird
außerdem eine Sanktionsempfehlung ausgesprochen, der in der Praxis häufig
gefolgt wird.

Im Gegensatz zu England und Wales ist die schottische Sanktionspraxis
relativ immun gegen *Just desert*-Gedanken, *Three-strikes*-Gesetze, die Abkehr
von der individuellen Sanktionierung und der Abschaffung der vorzeitigen
Haftentlassung.[404] Hintergrund ist der in der schottischen Kriminalpolitik domi-
nierende *Welfare*-Gedanke. Die schottische Sanktionspraxis orientiert sich primär
an den Bedürfnissen der Täter, um eine erneute Straffälligkeit möglichst zu vermeiden. Schottische Staatsanwälte haben einen großen Ermessensspielraum bezüglich der Frage, ob eine Straftat verfolgt wird oder nicht und falls ja, vor
welchem Gericht.[405] Die große Entscheidungsfreiheit der Justiz ist Ausprägung
des *Common Law*, was in Schottland noch stärker als in England und Wales
ausgeprägt ist.

Der Gerichtsaufbau in Schottland ist dreistufig: Leichte Kriminalität, sog.
Summary offences, wozu etwa Diebstahl oder einfache Körperverletzung gehören,
wird vor den *Justice of the Peace Courts* von Laienrichtern verhandelt, während
schwerere Fälle in der Regel vor den *Sherrif Courts* landen. Die *Justices,* wie die
Laienrichter in Schottland heißen, die an den *Justice of the Peace Courts* tätig
sind, können maximal 60 Tage Freiheitsstrafe oder £ 2.500 Geldstrafe verhängen.
Verfahren vor dem *Sherrif Court* werden entweder vom *Sherrif* allein oder

---

402　*Scottish Government* 2004, S. 1 ff.

403　*Tata* 2010, S. 206.

404　*Hutton/Tata* 2010, S. 272.

405　*McAra* 2008, S. 482.

zusammen mit einer *Jury*, die aus 15 Personen besteht, verhandelt. Die maximale Strafe, die vor dem *Sherrif Court* verhängt werden kann, beträgt bei *Summary offences* zwölf Monate Freiheitsstrafe oder £ 10.000 Geldstrafe, bei schweren Fällen, sog. *Solemn cases* können bis zu fünf Jahre Freiheitsstrafe oder eine Geldstrafe, die der Höhe nach nicht beschränkt ist, verhängt werden. Das *High Court of Justiciary* ist als höchstes schottisches Strafgericht gleichzeitig Eingangsinstanz für Fälle schwerster Kriminalität wie etwa Mord oder Vergewaltigung und Rechtsmittelinstanz.

Sentencing Guidelines spielten in Schottland bisher, im Gegensatz zu England und Wales, keine große Rolle. Im Oktober 2015 wurde auf Grundlage des *Criminal Justice and Licencing (Scotland) Act 2010*[406] der *Scottish Sentencing Council* gegründet mit dem Auftrag *Sentencing Guidelines* für Schottland auszuarbeiten sowie sog. *Guideline judgments* von schottischen Gerichten zu veröffentlichen.[407] Die Gründung des *Scottish Sentencing Council* geht auf die Empfehlung der *Sentencing Commission* unter Vorsitz von *Lord Macfadyen* zurück.[408] Diese Kommission stellte in ihrem Abschlussbericht fest: „Lack of consistency in sentencing also matters to the public generally and is a regularly expressed criticism of the criminal justice system in Scotland".[409] Der *Scottish Sentencing Council* besteht aus 12 Mitgliedern. Dazu zählen neben Richtern auch Staats- und Rechtsanwälte, sowie Laien. Die Einführung von *Sentencing Guidelines* in Schottland wird nach *Neill Hutton* zu einer neuen Ära im schottischen Sanktionssystem führen.[410]

In Schottland endeten im Jahr 2015/16 86% aller vor Gericht geführten Verfahren mit einer Verurteilung.[411] Die Anzahl von Verurteilungen ist in Schottland insgesamt rückläufig. 2006/07 kam es insgesamt noch zu 134.416 Verurteilungen, 2011/12 betrug die Anzahl 108.424 und 2015/16 schließlich 99.950.[412]

---

406 Die Aufgabe des Sentencing Councils werden in Section 2 wie folgt beschrieben: „The Council must, in carrying out its functions, seek to (a) promote consistency in sentencing practice, (b) assist the development of policy in relation to sentencing, (c) promote greater awareness and understanding of sentencing policy and practice".

407 *Scottish Sentencing Council* 2016, S. 4.

408 *Hutton* 2016, S. 18.

409 *Sentencing Commission for Scotland* 2006, S. 23.

410 *Hutton* 2016, S. 25.

411 *Scottish Government* 2017a, Table 4c.

412 *Scottish Government* 2017a, Table 4b.

Von allen Verurteilungen ist der Anteil der Verhängung von Freiheitsstrafen über die letzten zehn Jahre relativ stabil geblieben und betrug 2015/16 rund 14%.[413] In absoluten Zahlen wurden in Schottland 2015/16 insgesamt 13.735 Freiheitsstrafen verhängt. Die durchschnittliche Länge der verhängten Freiheitsstrafen (ohne lebenslange Freiheitsstrafe) betrug 2015/16 9,5 Monate (292 Tage).[414] Lebenslange Freiheitsstrafen bleiben unberücksichtigt, da bei einer verhängten lebenslangen Freiheitsstrafe in Schottland zunächst ein sog. *Punishment part* verbüßt wird, der vom Gericht festgelegt wird und vor dessen vollständiger Verbüßung eine Entlassung auf Bewährung nicht in Betracht gezogen werden kann. Dieser *Punishment part* wird statistisch nicht erfasst, so dass bei der Berechnung der Dauer der durchschnittlich verhängten Freiheitsstrafe lebenslange Freiheitsstrafen unberücksichtigt bleiben.[415] Auch die englische Berechnung klammert lebenslange Freiheitsstrafen aus.

---

413 *Scottish Government* 2017a, S. 5.

414 *Scottish Government* 2017a, S. 5.

415 *Scottish Government* 2016b, S. 21.

Abbildung 9: Durchschnittliche Dauer der verhängten Freiheitsstrafen in Schottland, England/Wales 2005-2016 in Mon.

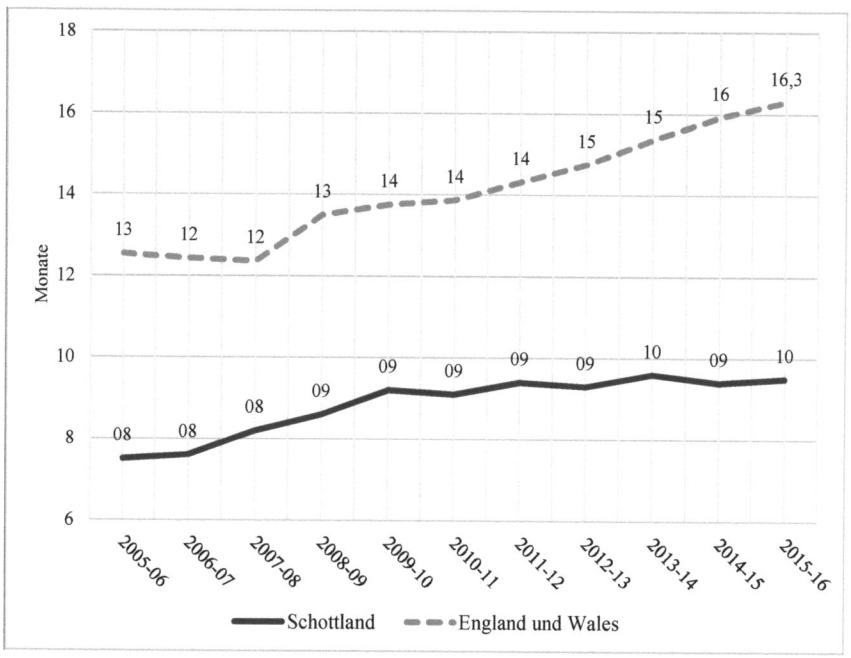

Quelle: *Scottish Government* (2017a): Criminal Proceedings in Scotland, 2015/16, National Statistics publication for Scotland, 17 January 2017, Angaben jeweils Haushaltsjahr; *Ministry of Justice* (2016b): Criminal Justice Statistics England and Wales, Statistics bulletin Quarterly Update to March 2016, published 18 August 2016, Table Q5.4. Angaben jeweils in den vorangegangenen 12 Monaten März 2006-2016.

Abbildung 9 veranschaulicht die Dauer der durchschnittlich verhängten Freiheitsstrafen in Tagen in Schottland, England und Wales zwischen 2005/06 und 2015/16. Zu berücksichtigen gilt, dass Bemessungsgrundlage in Schottland jeweils das Haushaltsjahr (ab 2005/06) ist, während in England und Wales jeweils der Zeitraum von März bis März (ab März 2005) maßgeblich ist. In beiden Rechtsordnungen fällt ein kontinuierlicher Anstieg der Länge durchschnittlich verhängter Freiheitsstrafen auf. Während 2005/06 in Schottland noch durchschnittlich 7,5 Monate (229 Tage) verhängt wurden, waren es 2008/09 bereits 9,2 Monate (281 Tage). Seit 2009 hat sich die Dauer der durchschnittlich verhängten Freiheitsstrafen in Schottland moderat entwickelt und betrug zuletzt 2015/16 9,5 Monate. Im Vergleich zur schottischen Sanktionspraxis fällt auf, dass in England und Wales härter bestraft wird. Die durchschnittliche Dauer der verhängten Freiheitsstrafe betrug 2015/16 in Schottland 9,5 Monate und in England und Wales 16,3 Monate.[416]

Betrachtet man die durchschnittliche Dauer der verhängten Freiheitsstrafe in Schottland deliktsspezifisch, so fällt auf, dass die (versuchte) Vergewaltigung die längste durchschnittliche Freiheitsstrafe mit im Jahr 2015/16 rund 84,5 Monaten aufweist.[417] 2005/06 wurden für die (versuchte) Vergewaltigung noch durchschnittlich 72 Monate verhängt. Damit wurde die (versuchte) Vergewaltigung härter als Totschlag bestraft (*homicide*, ohne Berücksichtigung der lebenslangen Freiheitsstrafe und Mord [*murder*]), der im Jahr 2015/16 mit durchschnittlich 63 Monaten geahndet wurde.[418] Zugleich wurde für (versuchte Vergewaltigung) am häufigsten Freiheitsstrafen angeordnet, nämlich 2015/16 zu 91%.[419] Die folgende *Abbildung 10* veranschaulicht die Dauer der durchschnittlich verhängten Freiheitsstrafe in Schottland für ausgewälte Delikte. Die (versuchte) Vergewaltigung ist dort nicht gesondert ausgewiesen, sondern gemeinsam mit sexuellen Übergriffen, Straftaten, die im Zusammenhang mit Prostitution stehen und sonstigen sexuellen Straftaten (*other sexual crimes*) in der Kategorie „Sexualstraftaten" enthalten. Gewaltdelikte (ohne sexuelle Gewalt) wurden 2006/07 noch mit durchschnittlich 18,6 Monaten Freiheitsstrafe bestraft, während es 2015/16 bereits 27,9 Monate waren. Auch im Bereich des Einbruchdiebstahls ist eine Zunahme von durchschnittlich 7 Monaten verhängter Freiheitsstrafe im Jahr 2005/06 auf rund 14 Monate im Jahr 2015/16 festzustellen.[420] Lediglich im Bereich der Drogendelikte ist ein leichter Rückgang zu verzeichnen. So wurden 2005/06 noch durchschnittlich 19 Monate Freiheitsstrafe verhängt, während es 2015/16 dann rund 15,6 Monate waren.[421] Dies ist insofern bemerkenswert, als diese Straftaten die einzige Deliktsgruppe darstellen, in der die durchschnittlich verhängte Freiheitsstrafe rückläufig war. Dies spricht dafür, dass auch in Schottland zunehmend härter gestraft wird. Auch das kann als eine Ursache für den Anstieg der Gefangenenzahlen gesehen werden.

---

416 *Ministry of Justice* 2016b, Table Q5.4.

417 *Scottish Government* 2017a, Table 10c.

418 *Scottish Government* 2017a, Table 10c.

419 *Scottish Government* 2017a, Table 8b.

420 *Scottish Government* 2017a, Table 10c

421 *Scottish Government* 2017a, Table 10c.

Abbildung 10: **Dauer der durchschnittlich verhängten Freiheitsstrafe in Schottland für ausgewählte Delikte 2005/06-2015/16**

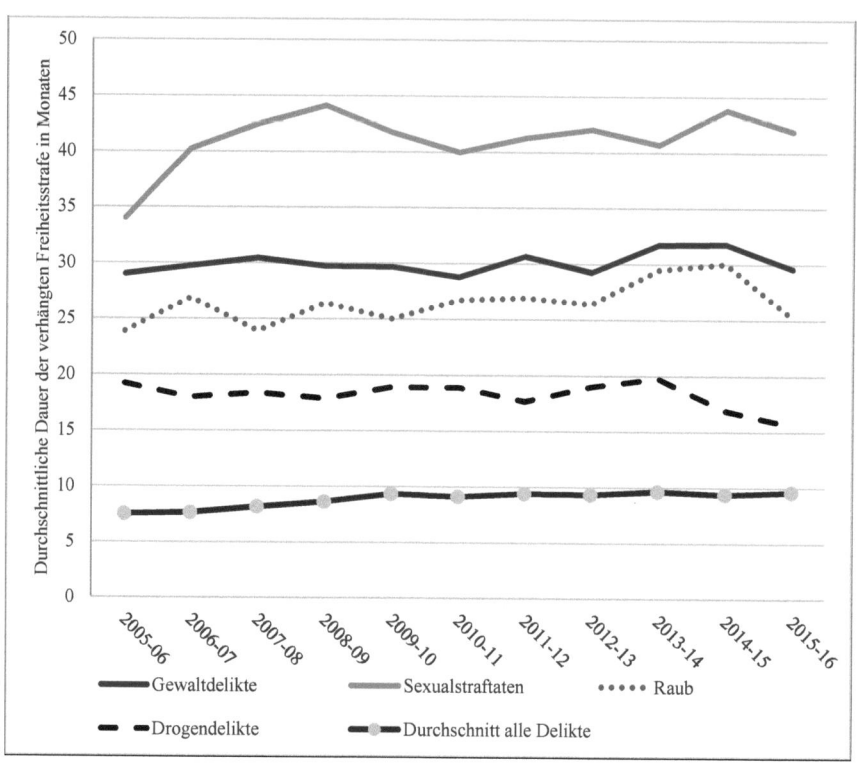

Quelle: *Scottish Government* (2017a): Criminal Proceedings in Scotland, 2015/16, National Statistics publication for Scotland, 17 January 2017; Scottish *Government* (2016b), Criminal Proceedings in Scotland, Statistical Bulletin 2014/15, published February 2016, Table 10c, Angaben jeweils Haushaltsjahr.

In Schottland spielen jedoch vor allem kurze und sehr kurze Freiheitsstrafen eine Rolle. Wie sich aus der folgenden *Tabelle 11* entnehmen lässt, ist der Anteil sehr kurzer und kurzer Freiheitsstrafen in Schottland insgesamt hoch, aber rückläufig. Der Anteil von Freiheitsstrafen bis zu drei Monaten lag 2005/06 bei über 50%. In *Tabelle 11* werden die verhängten Freiheitsstrafen in absoluten Zahlen nach der Länge der Haftstrafe dargestellt.

Tabelle 11: Verhängte Freiheitsstrafen in Schottland in absoluten Zahlen nach Länge der Haftstrafen 2006/07-2015/16

Jahr	Ge-samt*	Bis zu 3 Mon.	3-6 Mon.	6 Mon. - 1 Jahr	Über 1-2 Jahre	Über 2-4 Jahre	4 Jahre u. >	Lebens-lange FS
2006/07	16.741 (100%)	8.825 (52,7%)	4.334 (25,9%)	1.407 (8,4%)	992 (5,9%)	636 (3,8%)	489 (2,9%)	58 (0,4%)
2007/08	16.737 (100%)	8.414 (50,3%)	4.250 (25,4%)	1.662 (9,9%)	1.188 (7,1%)	640 (3,8%)	529 (3,2%)	54 (0,3%)
2008/09	16.924 (100%)	6.914 (40,9%)	5.230 (30,9%)	2.158 (12,8%)	1.318 (7,8%)	721 (4,3%)	524 (3,1%)	59 (0,4%)
2009/10	15.781 (100%)	5.919 (37,5%)	4.957 (31,4%)	2.250 (14,3%)	1.269 (8,0%)	834 (5,3%)	504 (3,2%)	48 (0,3%)
2010/11	15.296 (100%)	5.332 (34,9%)	5.229 (34,2%)	2.192 (14,3%)	1.264 (8,3%)	776 (5,1%)	455 (3,0%)	48 (0,3%)
2011/12	15.926 (100%)	4.529 (28,4%)	6.153 (38,6%)	2.437 (15,3%)	1.478 (9,3%)	755 (4,7%)	523 (3,3%)	51 (0,3%)
2012/13	14.768 (100%)	4.339 (29,4%)	5.471 (37,1%)	2.418 (16,4%)	1.390 (9,4%)	665 (4,5%)	436 (3,0%)	49 (0,3%)
2013/14	14.139 (100%)	4.140 (29,3%)	5.223 (36,9%)	2.247 (15,9%)	1.301 (9,2%)	707 (5,0%)	475 (3,4%)	46 (0,3%)
2014/15	14.012 (100%)	4.107 (29,3%)	5.231 (37,3%)	2.170 (15,5%)	1.436 (10,3%)	621 (4,4%)	415 (3,0%)	32 (0,2%)
2015/16	13.724 (100%)	4.066 (29,6)	4.850 (35,3%)	2.249 (16,4%)	1.481 (10,8%)	645 (4,7%)	406 (3,0%)	27 (0,2%)

Quelle: *Scottish Government* (2017a): Criminal Proceedings in Scotland, 2015/16, National Statistics publication for Scotland, 17 January 2017, Table 10d.

* Die Summe der Straflängen ist teilweise nicht mit der Gesamtzahl identisch. Die Kategorien enthalten keine Fälle, in denen ein Jugendlicher bis 16. Jahre inhaftiert wurde, orders of lifelong restriction und Strafwiderruf, was die Gesamtzahl jedoch berücksichtigt.

Abbildung 11: **Verhängte Freiheitsstrafen in Schottland bis zu einem Jahr Freiheitsstrafe 2006/07-2015/16**

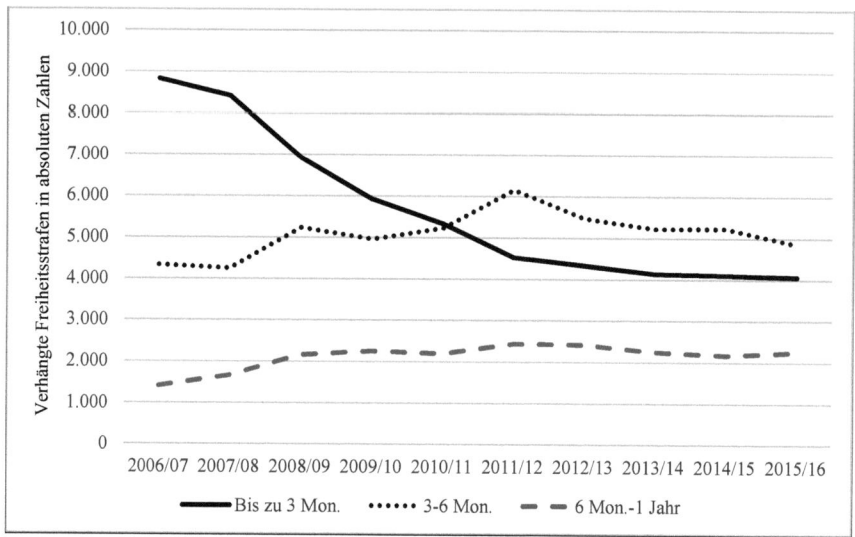

Quelle: *Scottish Government* (2017a): Criminal Proceedings in Scotland, 2015/16, National Statistics publication for Scotland, 17 January 2017, Table 10d.

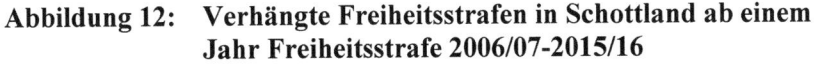

Abbildung 12: Verhängte Freiheitsstrafen in Schottland ab einem Jahr Freiheitsstrafe 2006/07-2015/16

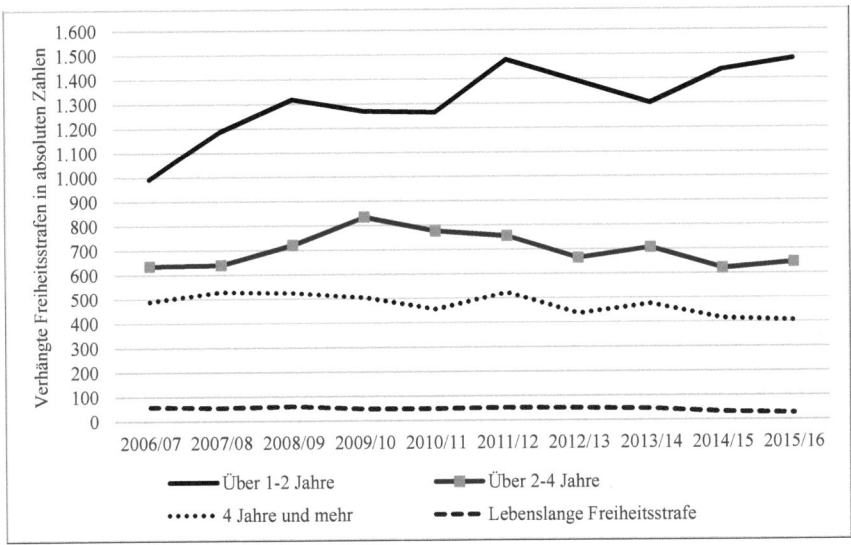

Quelle: *Scottish Government* (2017a): Criminal Proceedings in Scotland, 2015/16, National Statistics publication for Scotland, 17 January 2017, Table 10d.

Seit 2005/06 ist der Anteil der sehr kurzen und kurzen Freiheitsstrafen bis sechs Monate rückläufig. Dennoch wurden 2015/16 zu knapp einem Drittel sehr kurze Freiheitsstrafen bis drei Monate verhängt. Die Eindämmung der kurzen Freiheitsstrafen befindet sich auf der Agenda der schottischen Regierung. 2016 kam es zu einer *Consultation on Proposals to Strengthen The Presumption Against Short Periods of Imprisonment.*[422] Offiziell erklärtes Ziel ist es, lediglich solche Straftäter zu inhaftieren, die schwere Straftaten begangen haben und solche, die Taten begangen haben, die die öffentliche Sicherheit betreffen.[423] Anstelle von Freiheitsstrafen sollen zunehmend nicht freiheitsentziehende Maßnahmen (*non custodial measures*) verhängt werden und die Ursachen von Kriminalität durch den verstärkten Einsatz von Präventionsprogrammen bekämpft werden. Diese Erkenntnis bestand schon länger, wurde jedoch erst durch den *Criminal Justice and Licensing (Scotland) Act 2010* umgesetzt, der Richtlinien

---

422 *Scottish Government* 2016c.

423 *Scottish Government* 2016c, S. 1.

gegen die Verhängung von Freiheitsstrafen von drei Monaten oder weniger beinhaltete. Danach bedarf es einer gesonderten Begründung für die Verhängung von
Freiheitsstrafen von drei Monaten oder weniger, die nur möglich ist, wenn 1. keine andere wirksame Sanktionsmöglichkeit zur Verfügung steht und 2. diese Gründe ausdrücklich dokumentiert werden.[424] Diese Maßnahmen zeigen erste Wirkung. Seit 2006/07 sind Freiheitsstrafen bis zu drei Monaten von 8.825 auf 4.066
zurückgegangen, was prozentual einem Rückgang von rund 54% entspricht.

Betrachtet man hingegen die Entwicklung der Sanktionspraxis der Freiheitsstrafen zwischen drei und sechs Monaten zwischen 2005/06 und 2015/16 fällt bis
2014/15 ein kontinuierlicher Anstieg auf. Seit 2015/16 ist die Anzahl der Freiheitsstrafen von drei bis sechs Monaten geringer und beträgt 4.850 Personen.
Ebenso fällt ein Anstieg der Freiheitsstrafen von sechs Monaten bis zwei Jahren
auf. Unklar ist hierbei, inwieweit die Zunahme in diesen Gruppen auf einen
Verlagerungseffekt von den ehemals sehr kurzen Freiheitsstrafen bis drei Monate
zurückzuführen ist.

Tabelle 12: **Verurteilte in Schottland absolut, Verbrechen und Vergehen 2006/07-2015/16**

	2006/07	2009/10	2012/13	2015/16
Alle Straftaten (*All crimes and offences*)	134.416	121.041	101.018	99.950
Schwere Verbrechen insg. (*All crimes*)	48.810	43.552	36.978	35.721
Gewaltstraftaten ohne Sexualdelikte insg. (*Non-sexual crimes of violence*)	2.461	2.463	2.143	1.765
Mord etc. (*Homicide etc.*)	121	118	115	84
Versuchter Mord und schwere Körperverletzung (*Attempted murder and serious assault*)	1.496	1.511	1.285	1.112
Raub (*Robbery*)	529	533	520	379
Sonstige Gewaltstraftaten ohne Sexualdelikte	315	301	223	190
Sexualstraftaten insg. (*Sexual crimes*)	857	832	865	1.156
(Versuchte) Vergewaltigung	60	57	77	104
Sexuelle Nötigung	186	159	204	279
Straftaten im Zusammenhang mit Prostitution	306	250	142	86

---

424 *Scottish Government* 2016c, S. 1.

	2006/07	2009/10	2012/13	2015/16
Sonstige Sexualstraftaten (*Other sexual crimes*)	305	366	442	687
Straftaten der „Unehrlichkeit" insg. (*Crimes of dishonesty*)	18.382	15.951	13.250	11.580
Wohnungseinbruchdiebstahl	2.025	1.604	1.365	853
Diebstahl in einem bes. schwerem Fall (*Theft by opening lockfast places*)	398	312	247	197
Diebstahl aus einem Kraftfahrzeug	408	297	200	100
Diebstahl von Kraftfahrzeugen	851	572	373	298
Ladendiebstahl	8.548	8.098	6.500	6.583
Sonstige Diebstähle	3.430	2.768	2.720	2.091
Betrug	1.356	1.142	624	544
Sonstige (*Other dishonesty*)	1.366	1.158	1.221	914
Brandstiftung, Vandalismus etc. insg. (*Fire-raising, vandalism, etc.*)	5.438	3.836	2.583	2.229
Brandstiftung	251	190	133	115
Vandalismus etc.	5.187	3.646	2.450	2.114
Sonstige Straftaten insg. (*Other crimes*)	21.672	20.470	18.137	18.991
Straftaten gegen die öffentliche Ordnung (*Crimes against public justice*)	9.018	9.744	9.767	10.195
Unerlaubter Waffenbesitz	3.547	2.838	1.709	1.493
Drogendelikte	8.904	7.699	6.449	7.152
Sonstige Straftaten (*Other crime*)	203	189	212	151
Leichte Straftaten insg. (*All Offences*)	85.606	77.489	64.040	64.229
Verschiedene leichte Straftaten insg. (*Miscellaneous offences*)	40.492	31.508	28.587	31.660
Einfache Körperverletzung (*Common Assault*)	13.717	12.966	11.648	12.079
Breach of the peace etc.	18.104	14.077	12.961	16.298
Trunkenheit und sonstiges ordnungswidriges Verhalten (*Drunkenness and other disorderly conduct*)	3.363	705	220	148
Urinieren etc.	473	47	32	29
Sonstige leichte Straftaten (*Other miscellaneous*)	4.835	3.713	3.726	3.106

102

	2006/07	2009/10	2012/13	2015/16
Verkehrsstraftaten gesamt	45.114	45.981	35.453	32.569

Quelle: *Scottish Government* (2017a): Criminal Proceedings in Scotland, 2015/16, National Statistics publication for Scotland, 17 January 2017, Table 4b.

Tabelle 13: Verhängte Sanktionen in Schottland absolut, 2006/07 bis 2015/16

Art der Strafe	2006/07	2009/10	2012/13	2015/16
Gesamt	134.416	121.041	101.018	99.950
Haftstrafen insg. (*Custody*)	16.764	15.802	14.789	13.735
Gefängnis (*Prison*)	13.234	12.760	12.727	12.023
Jugendstrafvollzugsanstalt (*Young offenders institution*)	3.199	2.679	1.606	1.183
Supervised release order	135	179	265	350
Extended Sentence	196	175	174	169
Order for life-long restriction	0	9	17	10
Community sentence	16.074	16.349	17.263	18.943
Community payback order	0	0	14.940	16.742
Restriction of liberty order	1.179	931	919	1.646
Drug treatment & testing order	865	807	607	486
Community service order	5.285	5.471	479	40
*Probation and other community sentences**	8.745	9.140	318	29
Geldstrafen insg. (*Financial Penalty*)	84.820	72.491	53.429	49.918
Geldstrafe (*Fine*)	83.445	71.452	52.661	49.147
Wiedergutmachung (*Compensation order*)	1.375	1.039	768	771
Sonstige Strafen insg.	16.758	16.399	15.537	17.354
Ermahnung (*Admonition*)**	15.967	15.687	15.011	16.496
Verurteilung ohne Verhängung einer Strafe (*Absolute discharge, no order made*)	413	522	361	774

Art der Strafe	2006/07	2009/10	2012/13	2015/16
Children's hearing-Weisung (*Remit to children's hearing*)	313	175	133	76
Einweisung in ein psychiatrisches Krankenhaus (*Insanity, hospital, guardianship order*)	65	15	32	8
Durchschnittliche Höhe der Strafe				
Haftstrafe (Tage)	232	282	285	292
Geldstrafe (*Fine*) (£)***	150	180	200	200
Schadensersatz (*Compensation order*) (£)****	150	180	200	200

Quelle: *Scottish Government* (2017a): Criminal Proceedings in Scotland, 2015/16, National Statistics publication for Scotland, 17 January 2017, Table 7a.

*   Beinhaltet sog. *Supervised attendance orders, Community reparation orders and Anti-social behaviour orders.*
**   Beinhaltet eine kleine Anzahl von sog. *Court cautions and Dog-related disposals.*
***   Ohne Geldstrafen, die gegen Unternehmen verhängt wurden und einzelne hohe Geldstrafen; berechnet als Median.
**** Ohne einzelne hohe Geldstrafen; berechnet als Median, als Haupt- oder Nebenstrafe.

Betrachtet man die Entwicklung der absolut verhängten Haftstrafen in Schottland seit 2006/07 fällt auf, dass diese von 16.761 auf 13.735 Haftstrafen im Jahr 2015/16 zurückgegangen sind. Der Rückgang ist primär auf eine veränderte Sanktionspraxis im Bereich der Jugendkriminalität zurückzuführen.[425] Hier haben sich die Fallzahlen mehr als halbiert, so dass 2015/16 lediglich 1.183 Haftstrafen angeordnet wurden, während es 2006/07 noch 3.199 waren.

Dennoch ist der Anteil der Verhängung von Haftstrafen über die Jahre relativ konstant bei 12-14% geblieben und betrug 2015/16 rund 14%. Auch die Anordnung von Freiheitsstrafen im Bereich (versuchter) Vergewaltigung ist über die Jahre relativ konstant geblieben. Auffällig ist in diesem Bereich, dass die Fallzahlen sexueller Gewalt im Hellfeld seit 2005 erheblich angestiegen sind. Waren es 2006/07 noch 857 Personen, die wegen eines Sexualdelikts in Schottland verurteilt wurden, waren es 2015/16 bereits 1.156. Lediglich im Bereich der Straftaten im Zusammenhang mit Prostitution ist in derselben Zeitspanne ein Rückgang um mehr als zwei Drittel zu erkennen. In diesem Kontext spielt auch das in Schottland

---

425   Vgl. insoweit auch *Barry* 2011, S. 153 ff.; *McAra/McVie* 2010, S. 67 ff.

bzgl. Sexualstraftaten sehr punitive Klima eine Rolle. So finden sich beinah täglich Berichte in den Medien über Fälle sexueller Gewalt und die angeblich zu niedrigen Strafen, die die Täter erwarteten. Über die tatsächlichen Ursachen für den Anstieg von Sexualstraftaten in Schottland im Hellfeld kann nur spekuliert werden. Es spricht vieles dafür, dass dies primär auf ein verändertes Anzeigeverhalten zurückzuführen ist.

Hingegen ist bei den Vermögensdelikten seit 2006/07 ein Rückgang erkennbar von seinerzeit 18.382 auf 11.580 Verurteilte im Jahr 2015/16. Ebenso ist die Anzahl von verhängten Freiheitsstrafen im Bereich Gewalttaten (ohne Straftaten gegen die sexuelle Selbstbestimmung) in Schottland seit 2006/07 von 2.461 Taten auf 1.765 Taten im Jahr 2015/16 zurückgegangen. Vermögensdelikte werden in Schottland jedoch häufig mit Haftstrafen geahndet.

So wurden etwa Straftaten aus der Kategorie „Diebstahl aus einem Kraftfahrzeug" 2015/16 zu 39% mit einer Haftstrafe geahndet. Eine Zuwachsrate bzgl. der Verhängung von Freiheitsstrafen ist im Bereich von Wohnungseinbruchdiebstählen zu verzeichnen, die 2015/16 62% betrug und damit gegenüber 2006/07 um 12 Prozentpunkte (50%) angestiegen ist. Ladendiebstähle wurden 2015/16 in 28% der Fälle, sonstige Diebstähle in 29% der Fälle und Betrug in 30% der Fälle mit einer Haftstrafe geahndet. In diesem Bereich wäre über die verstärkte Anwendung von nicht freiheitsentziehenden Maßnahmen nachzudenken. Dies wäre eine Möglichkeit, die vergleichsweise hohen Gefangenenraten und die damit verbundenen Kosten in Schottland zu reduzieren.

Tabelle 14: **Verurteilte nach Straftat und verhängter Sanktion in Prozent, Schottland 2015/16**

Straftat	Haftstrafe	Community sentence	Geldstrafe	Sonstige
Alle Straftaten (*All crimes and offences*)	14%	19%	50%	17%
Schwere Verbrechen insg. (*All crimes*)	25%	27%	26%	22%
Gewaltstraftaten ohne Sexualdelikte gesamt (*Non-sexual crimes of violence*)	58%	33%	6%	4%
Mord etc. (*Homicide etc.*)	73%	21%	5%	1%
Versuchter Mord und schwere Körperverletzung (*Attempted murder and serious assault*)	57%	36%	7%	1%
Raub (*Robbery*)	78%	15%	2%	4%

Straftat	Haftstrafe	Community sentence	Geldstrafe	Sonstige
Sonstige Gewaltstraftaten ohne Sexualdelikte	17%	54%	7%	22%
Sexualstraftaten insg. (*Sexual crimes*)	**33%**	**51%**	**8%**	**7%**
(Versuchte) Vergewaltigung	91%	9%	0%	0%
Sexuelle Nötigung	43%	50%	4%	3%
Straftaten im Zhg. mit Prostitution	1%	5%	47%	48%
Sonstige Sexualstraftaten (*Other sexual crimes*)	24%	64%	7%	5%
Straftaten der „Unehrlichkeit" insg. (*Crimes of dishonesty*)	**32%**	**25%**	**21%**	**22%**
Wohnungseinbruchdiebstahl (*Housebreaking*)	62%	30%	4%	4%
Diebstahl in einem bes. schwerem Fall (*Theft by opening lockfast places*)	37%	37%	17%	10%
Diebstahl aus einem Kraftfahrzeug	39%	35%	10%	16%
Diebstahl von Kraftfahrzeugen	32%	38%	22%	8%
Ladendiebstahl	28%	21%	22%	29%
Sonstiger Diebstahl	29%	29%	24%	18%
Betrug	30%	31%	29%	10%
Sonstige (*Other dishonesty*)	34%	35%	18%	13%
Brandstiftung, Vandaismus etc. insg. (*Fire-raising, vandalism, etc.*)	**16%**	**30%**	**35%**	**18%**
Brandstiftung	43%	37%	11%	9%
Vandalismus etc.	15%	30%	37%	19%
Sonstige Straftaten insg. (*Other crimes*)	**19%**	**25%**	**31%**	**25%**
Straftaten gegen die öffentl. Ordnung (*Crimes against public justice*)	20%	25%	23%	32%
Unerlaubter Waffenbesitz	34%	42%	15%	9%
Drogendelikte	14%	21%	48%	18%
Sonstige Straftaten	26%	31%	19%	24%
Leichte Straftaten insg. (*All Offences*)	**7%**	**15%**	**63%**	**15%**
Verschiedene leichte Vergehen (*Miscella-neous offences*)	13%	26%	34%	27%
Einfache Körperverletzung (*Common Assault*)	16%	30%	32%	22%

Straftat	Haftstrafe	Community sentence	Geldstrafe	Sonstige
Breach of the peace etc.	12%	23%	34%	31%
Trunkenheit und sonstiges ordnungswidriges Verhalten (*Drunkenness and other disorderly conduct*)	2%	4%	45%	49%
Sonstige leichte Straftaten wie Urinieren (*Other miscellaneous, including urinating*)	11%	27%	38%	24%
Verkehrsstraftaten gesamt	1%	4%	92%	3%
Gefährliches und rücksichtsloses Fahren	4%	7%	87%	2%
Fahren unter Einfluss verbotener Substanzen (*Driving under the influence*)	3%	17%	80%	1%
Fahren mit überhöhter Geschwindigkeit	0%	0%	99%	1%
Unerlaubter Gebrauch von Kraftfahrzeugen (*Unlawful use of motor vehicle*)	3%	4%	83%	10%
Vehicle defect offences	0%	0%	93%	7%
Sonstige Verkehrsstraftaten*	0%	1%	96%	3%

Quelle: *Scottish Government* (2017a): Criminal Proceedings in Scotland, 2015/16, National Statistics publication for Scotland, 17 January 2017, Table 8b.

*   Inklusive Fahren ohne Anschnallgurt und verbotener Nutzung von Mobiltelefonen.

3.4   Daten zur Gefängnispopulation in England und Wales

3.4.1   *Entwicklung der Gefängnispopulation in England und Wales in absoluten Zahlen, 1900-2016*

Seit Beginn des 20. Jahrhunderts, hat sich Gefängnispopulation in England und Wales von 17.500 Gefangenen (1900) auf durchschnittlich 85.300 Gefangene im Jahr 2016 fast verfünffacht.[426] Die Bevölkerung hat sich in England und Wales im gleichen Zeitraum lediglich verdoppelt.[427] Die Entwicklung der Bevölkerung

426   *Allen/Watson* 2017, S. 4.

427   *Allen/Watson* 2017, S. 4.

und der Bevölkerung in England und Wales im Zeitraum 1900-2016 ist in der folgenden Grafik dargestellt.

Abbildung 13: **Entwicklung der Bevölkerung und Gefängnispopulation in England und Wales, 1900-2016**

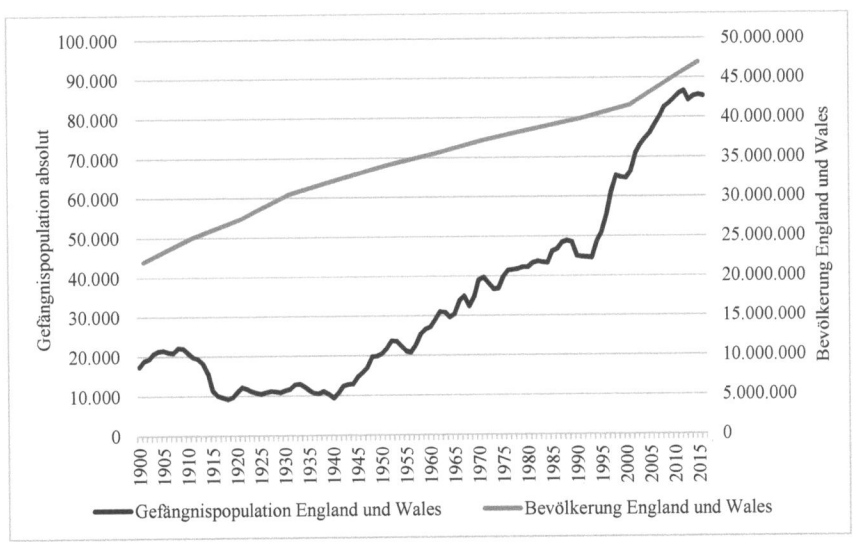

Gefängnispopulation England und Wales   Bevölkerung England und Wales

Quelle: *Allen G., Watson, C.* (2017): UK Prison Population Statistics, House of Commons Library Briefing Paper Number SN/SG/04334 v. 20.04.2017, Table 1a, 2.
Anm.: Bevölkerungszahlen 1901-1981 = 15 Jahre und älter, 1991 = 16 Jahre und älter, 1941 = Mittelwert von 1931 und 1951.

3.4.2 Alters- und Geschlechtsstruktur

95,3% der englischen und walisischen Gefängnispopulation waren am Stichtag 31. März 2017 männlich, während der Anteil weiblicher Gefangener bei 4,7% lag.[428] Auffallend ist, dass der Anteil der Untersuchungshäftlinge bei den Frauen (14,5%) höher ist, als bei den Männern (10,8%). Im Vergleich zum Vorjahr sind

---

428 *Ministry of Justice* 2017d, Table 1.1.

2017 die Zahlen der Männern, die sich in Untersuchungshaft befanden um 7% zurückgegangen, während der Anteil bei den Frauen um 9% gestiegen ist.[429]

Tabelle 15: **Geschlechtsstruktur der Gefängnispopulation England und Wales am 31. März 2017**

	Männer		Frauen		Gesamt	
Untersuchungshaft	8.842	10,8%	577	14,5%	9.419	11,0%
Verurteilte	71.249	87,4%	3.374	84,8%	74.623	87,3%
Non-criminal prisoners	1.444	1,8%	27	0,7%	1.471	1,7%
Gesamt	**81.535**	**100%**	**3.978**	**100%**	**85.513**	**100%**

Quelle: *Ministry of Justice* (2017d): Offender Management Statistics Bulletin, England and Wales, Quarterly October to December 2016, Annual 2016, Prison population: 31 March 2017, published 27 April 2017, Table 1.1.

Ein Blick auf die Altersstruktur der Gefangenen in England und Wales offenbart, dass der größte Anteil der Gefangenen – sowohl bei den Frauen (38%), als auch bei den Männern (30%) – zwischen 30 und 39 Jahre alt ist.

Tabelle 16: **Altersstruktur der Gefängnispopulation England und Wales am 31. März 2017**

Alter	Männer		Frauen		Gesamt	
15-17	619	0,8%	0	0%	619	0,7%
18-20	4.333	5,3%	118	3,0%	4.451	5,2%
21-24	10.140	12,4%	341	8,6%	10.481	12,3%
25-29	14.939	18,3%	651	16,4%	15.587	18,2%
30-39	24.368	30,0%	1.498	37,7%	25.866	30,2%
40-49	14.395	17,7%	857	21,5%	15.252	18,7%
50-59	8.122	10,0%	399	10,0%	8.521	10,0%
60 u. >	4.622	5,7%	114	2,9%	4.736	5,5%
Gesamt	**81.535**	**100%**	**3.978**	**100%**	**85.513**	**100%**

Quelle: *Ministry of Justice* (2017d): Offender Management Statistics Bulletin, England and Wales, Quarterly October to December 2016, Annual 2016, Prison population: 31 March 2017, published 27 April 2017, Table 1.3.

---

429 *Ministry of Justice* 2017d, S. 2.

3.4.3 Nationalität, ethnische Zugehörigkeit und Religion

Der überwiegende Teil der englischen und walisischen Gefängnispopulation gehörte am Stichtag 31. März 2017 einer christlichen Konfession an (48%). Der Anteil muslimischer Gefangener lag bei 15%. Konfessionslos waren insgesamt 31% der Häftlinge.

Tabelle 17: **Religion der Gefangenen in England und Wales am 31. März 2017**

Religion	Männer		Frauen		Gesamt	
Christen	38.931	47,7%	2.299	57,8%	41.230	48,2%
Muslime	12.825	15,7%	251	6,3%	13.076	15,3%
Hindus	389	0,5%	12	0,3%	401	0,5%
Sikh	727	0,9%	17	0,4%	744	0,9%
Buddhisten	1.469	1,8%	48	1,2%	1.517	1,8%
Juden	476	0,6%	13	0,3%	489	0,6%
Andere Religionen	1.522	1,9%	83	2,1%	1.605	1,9%
Nicht anerkannte Religionen	10	0,01%	0	0%	10	0,01%
Keine Religion	25.059	30,7%	1248	31,4%	26.307	30,8%
Nicht erfasst	127	0,2%	7	0,2%	134	0,2%
Gesamt	81.535	100%	3.978	100%	85.513	100%

Quelle: *Ministry of Justice* (2017d): Offender Management Statistics Bulletin, England and Wales, Quarterly October to December 2016, Annual 2016, Prison population: 31 March 2017, published 27 April 2017, Table 1.5.

Hinsichtlich der Staatsangehörigkeit fällt auf, dass 88% der Gefangenen in England und Wales am Stichtag 31. März 2017 über die britische Staatsangehörigkeit (88%) verfügten. Der Anteil ausländischer Gefangener lag bei 11%.

110

Tabelle 18:   Nationalität der Gefangenen in England und Wales am
                31. März 2017

Nationalität	Männer		Frauen		Gesamt	
Briten	71.956	88,3%	3.530	88,7%	75.486	88,3%
Ausländer	9.352	11,5%	439	11,0%	9.791	11,4%
Nationalität nicht erfasst	227	0,3%	9	0,23%	236	0,3%
Gesamt	81.535	100%	3.978	100%	85.513	100%
Afrikanisch	1.822	2,2%	86	2,2%	1.908	2,2%
Asiatisch	1.457	1,8%	47	1,2%	1.504	1,8%
Zentral- und Südamerikanisch	134	0,2%	12	0,3%	146	0,2%
Europäisch	4.719	5,8%	248	6,2%	4.967	5,8%
Nahost	505	0,5%	4	0,1%	509	0,6%
Nordamerika	65	0,1%	8	0,2%	73	0,1%
Ozeanien	22	0,03%	2	0,1%	24	0,03%
Westindische Inseln	628	0,8%	32	0,8%	660	0,8%

Quelle: *Ministry of Justice* (2017d): Offender Management Statistics Bulletin, England and
         Wales, Quarterly October to December 2016, Annual 2016, Prison population: 31
         March 2017, published 27 April 2017, Table 1.7.

Das *Ministry of Justice* veröffentlicht zudem die ethnische Zugehörigkeit der
Gefangenen. 2017 waren 73% der Gefängnispopulation weiß. Die zweitgrößte
Gruppe waren sog. *Black or Black British*[430] Gefangene.

---

430 *Ministry of Justice* 2017d, Table 1.4.

Tabelle 19: Ethnische Zugehörigkeit der Gefangenen in England und Wales am 31. März 2017

Ethnische Zugehörigkeit*	Männer		Frauen		Gesamt	
Weiß	59.276	72,7%	3.246	81,6%	62.522	73,1%
Gemischt	3.541	4,3%	183	4,6%	3.724	4,4%
Asiatisch	6.788	8,3%	157	3,9%	6.945	8,1%
Schwarz	10.315	12,7%	353	8,9%	10.688	12,5%
Andere	1.071	1,3%	24	0,6%	1.095	1,3%
Keine Angabe	219	0,3%	0	0	219	0,3%
Nicht erfasst	325	0,4%	15	0,4%	340	0,4%
Gesamt	81.535	100%	3.978	100%	85.513	100%

Quelle: *Ministry of Justice* (2017d): Offender Management Statistics Bulletin, England and Wales, Quarterly October to December 2016, Annual 2016, Prison population: 31 March 2017, published 27 April 2017, Table 1.4.

* Originalkategorien: „White/Mixed/Asian or Asian British (inc. Chinese)/Black or Black British/Other ethnic group/Not stated/Unrecorded".

3.4.4 Deliktsstruktur

Der größte Anteil der Häftlinge verbüßte am Stichtag 31. März 2017 eine Freiheitsstrafe aufgrund einer Verurteilung wegen eines Gewaltdelikts (25%), gefolgt von Sexualstraftaten (18%) und Drogendelikten (15%). Der Anteil von Gefangenen, die einen Diebstahl begangen haben, lag bei 14%.

Tabelle 20: Deliktsstruktur der Gefängnispopulation in England und Wales am 31. März 2017

Delikte	Untersuchungshaft		Verurteilte	
Gewaltanwendung gegenüber einer Person	2.095	22,2%	18.820	25,3%
Sexualverbrechen	823	8,7%	13.246	17,8%
Raub	751	8,0%	7.437	10,0%
Diebstahl	1.471	15,6%	10.628	14,3%
Sachbeschädigung und Brandstiftung	327	3,5%	1.106	1,5%

Delikte	Untersuchungshaft		Verurteilte	
Drogendelikte	1.545	16,4%	11.232	15,1%
Unerlaubter Waffenbesitz	450	4,8%	2.317	3,1%
Störung der öffentlichen Ordnung	193	2,1%	1.241	1,7%
Div. Straftaten gegen die Gesellschaft (*Miscellaneous crimes against society*)	565	6,0%	3.539	4,8%
Betrug	126	1,3%	1.450	2,0%
Vergehen ohne Straßenverkehrsdelikte	814	8,6%	2.843	3,8%
Straßenverkehrsdelikte	42	0,5%	398	0,5%
Straftat nicht erfasst	217	2,3%	273	0,4%
Gesamt	9.419	100%	74.530	100%

Quelle: *Ministry of Justice* (2017d): Offender Management Statistics Bulletin, England and Wales, Quarterly October to December 2016, Annual 2016, Prison population: 31 March 2017, published 27 April 2017, Table 1.2a/b.

3.4.5 Dauer der zu verbüßenden Freiheitsstrafe

Tabelle 21 gibt einen Überblick über die Gefängnispopulation nach der Dauer der zu verbüßenden Freiheitsstrafe in England und Wales in den Jahren 2007, 2012 und 2017.

Tabelle 21: Gefängnispopulation in England und Wales nach Dauer der zu verbüßenden Freiheitsstrafe am 30. Juni 2007/2012/2017

	30. Juni 2007		30. Juni 2012		30. Juni 2017	
Untersuchungshaft	12.844		11.324		9.638	
Ersatzfreiheitsstrafe (*Fine defaulter*)	68	0,1%	127	0,2%	87	0,1%
Weniger als 6 Monate	5.165	7,9%	5.003	6,8%	4.298	5,8%
6-12 Monate Freiheitsstrafe	2.462	3,8%	2.473	3,4%	2.154	2,9%
12 Monate-4 Jahre Freiheitsstrafe	22.840	38,8%	21.304	29,0%	18.070	24,2%
4 Jahre oder mehr (ohne *Indeterminate Sentences*)	25.586	39,0%	25.484	34,6%	32.534	43,5%
Haftstrafe von unbestimmter Dauer (*Indeterminate sentences*)	9.481	14,5%	13.754	18,7%	10.600	14,2%
Widerruf der Bewährung (*Recalls*)	0	0%	5.417	7,4%	6.390	8,5%
Straflänge nicht statistisch erfasst	0	0%	0	0%	670	0,9%
Verurteilte gesamt	65.601	100%	73.562	100%	74.803	100%
Non-Criminal prisoners	1.289		1.162		1.422	
Männliche und weibliche Gefangene insg.	79.734		86.048		85.863	

Quelle: *Ministry of Justice* (2017d): Offender Management Statistics Bulletin, England and Wales, Quarterly October to December 2016, Annual 2016, Prison population: 31 March 2017, published 27 April 2017, Table 1.1; *Ministry of Justice* (2015f): Offender Management Statistics Bulletin, England and Wales, Prison Population June 2002 to June 2015, published 30 July 2015, Table A.1.1.

3.5 Daten zur Gefängnispopulation in Schottland

Abbildung 14 zeigt die Entwicklung der schottischen Bevölkerung und der Gefängnispopulation zwischen 1900 und 2015/16.

Abbildung 14: Entwicklung der Bevölkerung und Gefängnispopulation in Schottland absolut, 1900-2015/16

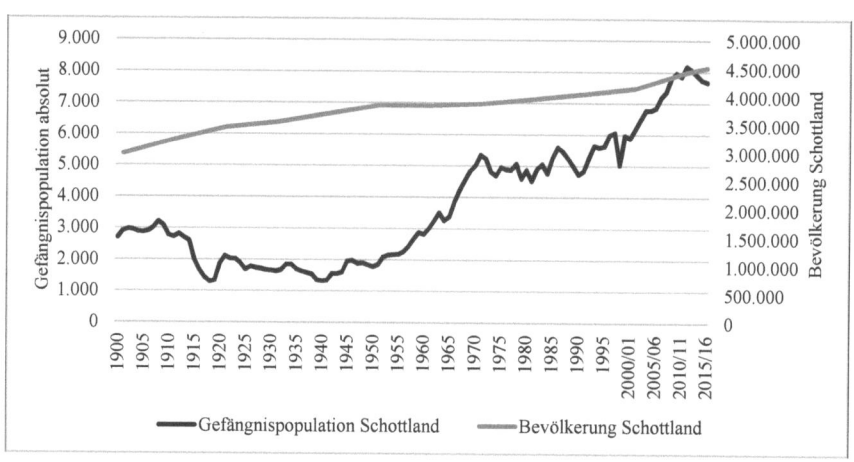

Quelle: *Allen G., Watson, C.* (2017): UK Prison Population Statistics, House of Commons Library Briefing Paper Number SN/SG/04334 v. 20.04.2017, Table 10a, 10b.

Anm.: Bevölkerungszahlen = 15 Jahre und älter, 2015 = Halbjahresschätzung, 1941 = Mittelwert von 1931 und 1951.

3.5.1 Gefängnispopulation in Schottland am 28. April 2017

Am 28. April 2017 befanden sich in Schottland insgesamt 948 Männer und Frauen in Untersuchungshaft. 5.803 Personen verbüßten eine Haftstrafe und 315 Personen einen elektronisch überwachten Hausarrest.

Tabelle 22: Gefängnispopulation in Schottland am 28. April 2017

Kategorie	Anzahl der Gefangenen
Untersuchungshaft Männer (*Untried Male Adults*)	891
Untersuchungshaft Frauen (*Untried Female Adults*)	57

Kategorie	Anzahl der Gefangenen	
Untersuchungshaft männliche Jugendliche (*Untried Male Young Offenders*)	77	
Untersuchungshaft weibliche Jugendliche (*Untried Female Young Offenders*)	5	
Verurteilte Männer (*Sentenced Male Adults*)	5.532	86,5%
Verurteilte Frauen (*Sentenced Female Adults*)	271	4,2%
Verurteilte männliche Jugendliche (*Sentenced Male Young Offenders*)	240	3,8%
Verurteilte weibliche Jugendliche (*Sentence Female Young Offenders*)	6	0,1%
Widerrufene lebenslange Freiheitsstrafen (*Recalled Life Prisoners*)	95	1,5%
Verurteilte, die auf Strafzumessung warten (*Convicted Prisoners Awaiting Sentencing*)	251	3,9%
Verurteilte gesamt	6.395	100%
Häftlinge in Abschiebehaft (*Prisoners Awaiting Deportation*)	0	
Unter 16 Jährige (*Under 16's*)	0	
*Civil Prisoners**	0	
Gefangene in Schottland insg. (*All Scotland Total in Custody*)	7.425	
Elektronisch überwachter Hausarrest (*Home Detention Curfew (HDC)*)	315	
Gesamt (*Overall Total*)	7.740	

Quelle: *Scottish Prison Service*, http://www.sps.gov.uk/Corporate/Information/ SPSPopulation.aspx (Abruf am 02.05.2017).

* „*Civil prisoner* means a person who is committed to prison (a) by virtue of non compliance with an order under section 45 of the Court of Session Act 1988(h); (b) under section 4 or 6 of the Civil Imprisonment (Scotland) Act 1882(i); (c) by virtue of a warrant granted under section 1(1) of the Law Reform Miscellaneous Provisions) (Scotland) Act 1940(a); (d) for contempt of court or for non payment of a fine imposed for contempt of court; or (e) for breach of interdict", vgl. Rule 2 der Prisons and Young Offenders Institutions (Scotland) Rules 2011.

3.5.2 Gefängnispopulation in schottischen Gefängnissen zwischen 2004/05 und 2013/14

Abbildung 15 zeigt die geschlechterspezische Entwicklung der schottischen Gefängnispopulation zwischen 2004/05 und 2013/14.

Abbildung 15:   Gefängnispopulation in Schottland zwischen 2004/05 und 2013/14 nach Geschlecht und Untersuchungshaft

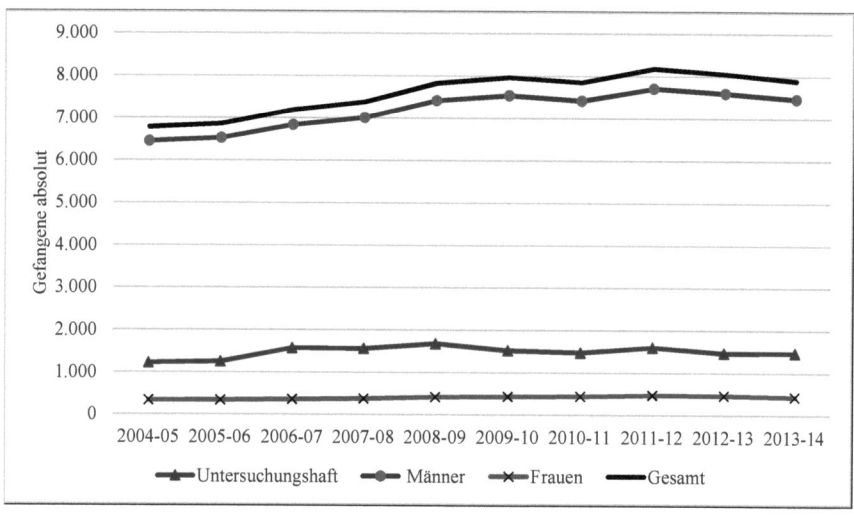

Quelle: *Scottish Government* (2015b): Prison statistics and population projections Scotland: 2013/14, published 18 December 2015, Table A.1.

3.5.3   Verurteilte Gefangene in Schottland nach Dauer der zu verbüßenden Freiheitsstrafe

Tabelle 23 zeigt die durchschnittliche Anzahl verurteilter Gefangener nach der Straflänge in Schottland zwischen 2004/05 und 2013/14.

Tabelle 23:   Durchschnittliche Anzahl verurteilter Gefangener nach Straflänge in Schottland zwischen 2004/05 und 2013/14

Freiheitsstrafe	2004/05		2007/08		2010/11		2013/14	
Ersatzfreiheits-strafe (*Fine defaulter*)	51	0,9%	28	0,5%	9	0,1%	9	0,1%
FS bis 3 Monate	81	1,5%	116	2,0%	78	1,2%	55	0,9%
FS 3-6 Monate	450	8,1%	426	7,3%	347	5,4%	364	5,7%
FS 6 Monate-2 Jahre	1.161	20,9%	1.226	21,1%	1.683	26,4%	1.715	26,7%
FS 2-4 Jahre	884	15,9%	1.058	18,2%	1.183	18,5%	1.077	16,8%
FS 4 Jahre oder mehr (ohne lebenslange FS)	1.957	35,5%	1.653	28,4%	1.596	25,0%	1.597	24,9%
Life/Section 205/206 sentences	612	11,0%	696	12,0%	800	12,5%	908	14,1%
Widerruf der Bewährung (*Recalled from supervision/licence*)	351	6,3%	611	10,5%	682	10,7%	693	10,8%
Sonstige	5	0,09%	0	0%	0	0%	0	0%
Gesamt	**5.551**	**100%**	**5.814**	**100%**	**6.378**	**100%**	**6.419**	**100%**

Quelle: *Scottish Government* (2015b): Prison statistics and population projections Scotland: 2013/14, published 18 December 2015, Table A.3.

3.5.4   Deliktsstruktur im schottischen Strafvollzug am 30. Juni 2013

In Schottland verbüßte am 30. Juni 2013 die größte Gruppe von Gefangenen eine Haftstrafe aufgrund eines Gewaltdelikts (41%), Sexualstraftaten machten 8% aus, der Anteil von Vermögensdelikten lag bei 14%.

Tabelle 24: Deliktsstruktur im schottischen Strafvollzug am 30. Juni 2013 in absoluten Zahlen

Straftat	Untersuchungshaft			Verurteilte		
	Männer	Frauen	Gesamt	Männer	Frauen	Gesamt
Schwere Straftaten gesamt (*Crimes*)	1.071	74	1.145	4.703	269	4.972
Gewaltstraftaten (ohne Sexualdelikte) (*Non-sexual crimes of violence*)	360	23	383	2.247	124	2.372
Sexualstraftaten*	56	2	58	457	4	461
Straftaten der „Unehrlichkeit"** (*Crimes of dishonesty*)	242	25	267	759	71	830
Brandstiftung und Sachbeschädigung (*Fire-raising, vandalism etc.*)	53	1	54	110	7	117
Sonstige Straftaten (*Other Crimes*)	360	23	383	1.130	63	1.193
Leichte Straftaten gesamt (*Offences*)	227	25	252	811	59	870
Verschiedene leichte Straftaten*** (*Miscellaneous offences*)	220	25	245	722	58	780
Straßenverkehrsdelikte****	7	0	7	89	1	90
Unbekannte Anklage (*Unknown charge*)	0	0	0	608	9	617

Straftat	Untersuchungshaft			Verurteilte		
	Männer	Frauen	Gesamt	Männer	Frauen	Gesamt
Ausländ. Anklage	0	0	0	26	1	27
Straftaten insg.	1.298	99	1.397	6.148	338	6.486

Quelle: *Scottish Government* (2015b): Prison statistics and population projections Scotland: 2013/14, published 18 December 2015, Table A.5.

*   Dazu zählen sog. *Rape and attempted rape, Sexual assault and Other (Includes prostitution).*

**   Dazu zählen sog. *Housebreaking, Theft by opening lockfast places, Theft from a motor vehicle, Theft of a motor vehicle, Shoplifting, Other theft, Fraud and Other.*

***   Dazu zählen sog. *Common assault, Breach of the peace and Other.*

****   Dazu zählen sog. *Dangerous and careless driving, Driving under the influence, Unlawful use of vehicle and Other.*

3.5.5   Alters- und Geschlechtsstruktur

Die Gefangenenrate weiblicher Gefangener in Schottland zählt zu den höchsten in Europa. Sie lag 2017 bei 6,8 pro 100.000 der nationalen Bevölkerung.[431] Die weibliche schottische Gefängnispopulation hat sich zwischen 2002 und 2012 verdoppelt und ist damit stärker angestiegen als die der männlichen Gefangenen.[432] Dies wird vor allem auf eine veränderte Sanktionspraxis der Gerichte mit einer zunehmenden Verhängung von Haftstrafen zurückgeführt und weniger auf eine veränderte Deliktsstruktur.[433] Die sog. *Angiolini-Commission* wurde 2011 mit dem Ziel eingesetzt der schottischen Regierung mögliche Reformvorschläge zu unterbreiten, die 2012 unter dem Titel „Commission on Women Offenders" veröffentlicht wurden.[434] Der Anteil der Untersuchungsgefangenen lag am 30. Juni 2013 bei den Frauen bei 25% und bei den Männern bei 18%.[435]

---

431 Die Gefangenenrate weiblicher Gefangener betrug 2017 in Belgien: 4,3, Dänemark: (2016) 2,6, Deutschland: 4,5, England/Wales: 6,7, Frankreich: 3,6, Griechenland: 4,9, Italien: 4,0, Niederlande: 3,4, Norwegen: (2016) 4,3, Schweden: (2015) 3,3, Schweiz: (2016) 4,6 und Spanien: 9,8, vgl. http://www.prisonstudies.org/country/united-kingdom-scotland (Abruf am 18.08.2017).

432 *Prison Reform Trust* 2017, S. 1 ff.

433 *Prison Reform Trust* 2017, S. 1.

434 *Commission on Women Offenders* 2012.

435 *Scottish Government* 2015b, Table A.1.

Tabelle 25:   **Geschlechtsstruktur der Gefängnispopulation Schottland 2013/14**

	Männer		Frauen		Gesamt	
Untersuchungshäftlinge	1.368	18%	106	25%	1.474	19%
Verurteilte	6.094	82%	326	75%	6.420	81%
Gesamt	7.462	100%	432	100%	7.894	100%

Quelle: *Scottish Government* (2015b): Prison statistics and population projections Scotland: 2013/14, published 18 December 2015, Table A.1.

Tabelle 26:   **Alters- und Geschlechtsstruktur der Gefangenen in Schottland am 30. Juni 2013**

Alter	Männer		Frauen		Gesamt	
Unter 16	0	0,0%	0	0,0%	0	0,0%
16	14	0,2%	1	0,2%	15	0,2%
17	62	0,8%	1	0,2%	63	0,8%
18	124	1,7%	6	1,4%	130	1,7%
19	170	2,3%	7	1,6%	177	2,3%
20	190	2,6%	12	2,8%	202	2,6%
21	208	2,8%	13	3,0%	221	2,8%
22	275	3,7%	12	2,8%	287	3,6%
23-24	553	7,4%	28	6,4%	581	7,4%
25-29	1.463	19,7%	91	20,8%	1.554	19,7%
30-34	1.347	18,1%	100	22,9%	1.447	18,4%
35-39	965	13,0%	60	13,7%	1.025	13,0%
40-44	798	10,7%	39	8,9%	837	10,6%
45-49	529	7,1%	31	7,1%	560	7,1%
50-54	354	4,8%	18	4,1%	372	4,7%
55-59	182	2,4%	14	3,2%	196	2,5%
60-64	102	1,4%	1	0,2%	103	1,3%
65 u. >	110	1,5%	3	0,7%	113	1,4%
Gesamt	7.446	100%	437	100%	7.883	100%

Quelle: *Scottish Government* (2015b): Prison statistics and population projections Scotland: 2013/14, published 18 December 2015, Table A.4.

3.5.6 Ethnische Zugehörigkeit und Religion

Am Stichtag 30. Juni 2013 waren 96% der schottischen Gefängnispopulation weiß, gefolgt von 0,9% pakistanisch und 0,6% schwarzafrikanisch.[436] In der allgemeinen schottischen Bevölkerung lag 2011 der Anteil an Weißen bei 96,0%, Asiaten 2,7%, Afrikaner 0,6%, gemischte Gruppe 0,4%, Karibik 0,1% und sonstige ethnische Herkunft 0,3%.[437] Mithin lässt sich keine Überrepräsentation von ethnischen Minderheiten im Vollzug feststellen.

Tabelle 27: Ethnische Herkunft der Gefangenen in Schottland am 30. Juni 2013

Ethnische Herkunft*	Männer		Frauen		Gesamt	
Weiß	7.181	96,4%	422	96,6%	7.603	96,4%
Pakistanisch	66	0,9%	2	0,5%	68	0,9%
Indisch	11	0,1%	1	0,2%	12	0,2%
Bangladeschisch	2	0,03%	0	0%	2	0,03%
Chinesisch	10	0,1%	1	0,2%	11	0,1%
Sonstige Asiatisch	38	0,5%	1	0,2%	39	0,5%
Schwarzafrikanisch	44	0,6%	2	0,5%	46	0,6%
Schwarz (Karibik)	38	0,5%	0	0%	38	0,5%
Schwarz Sonstige	20	0,3%	3	0,7%	23	0,3%
Gemischt	19	0,3%	4	0,9%	23	0,3%
Andere	17	0,2%	1	0,2%	18	0,2%
Gesamt	7.446	100%	437	100%	7.883	100%

Quelle: *Scottish Government* (2015b): Prison statistics and population projections Scotland: 2013/14, published 18 December 2015, Table A.4.

* Originalkategorien: „Ethnic origin: White/Pakistani/Indian/Bangladeshi/Chinese/ Other Asian/Black-African/Black-Caribbean/Black-Other/Mixed/Other".

---

436 Originalkategorien: „Ethnic origin: White/Pakistani/Black-African."

437 Originalkategorien: „African, Asian/Asian Scottish/Asian British, Caribbean or Black, Mixed/Multiple ethnic groups/Other ethnic group/White, vgl. http://www.gov.scot/Topics/ People/Equality/Equalities/DataGrid/Ethnicity/EthPopMig (Abruf am 18.08.2017).

Der überwiegende Anteil der schottischen Gefängnispopulation gehörte am Stichtag 30. Juni 2013 der *Church of Scotland* (27%) oder der römisch-katholischen Kirche (22%) an. 41,5% der Gefangenen waren konfessionslos. Der Anteil der muslimischen Gefangenen betrug 2,5%.

Tabelle 28:   Religion der Gefangenen in Schottland am 30 Juni 2013

Religion	Männer		Frauen		Gesamt	
Church of Scotland	2.077	27,9%	68	15,6%	2.145	27,2%
Römisch-katholisch	1.701	22,8%	83	19,0%	1.784	22,3%
Sonstige Christen	333	4,5%	24	5,5%	357	4,5%
Muslime	198	2,7%	3	0,7%	201	2,5%
Buddhisten	19	0,3%	1	0,2%	20	0,3%
Sikh	10	0,1%	1	0,2%	11	0,1%
Juden	9	0,1%	0	0%	9	0,1%
Hindus	5	0,1%	0	0%	5	0,1%
Andere Religionen	71	0,9%	7	1,6%	78	1,0%
Keine Religion	3.023	40,6%	250	57,2%	3.273	41,5%
Gesamt	7.446	100%	437	100%	7.883	100%

Quelle: *Scottish Government* (2015b): Prison statistics and population projections Scotland: 2013/14, published 18 December 2015, Table A.4.

3.6 Daten zu Gefängnispopulationen im nationalen und internationalen Vergleich

Im Folgenden werden einige Daten zu Gefangenenraten in Europa dargestellt. Hierbei zeigt sich, dass England/Wales und Schottland zu den Rechtsordnungen mit den höchsten Gefangenenraten in Westeuropa zählen, die ansonsten eher für osteuropäische Staaten typisch sind (vgl. *Abbildung 16* und *Tabelle 29*).

Abbildung 16: **Gefangenenraten in Europa 2016/17**

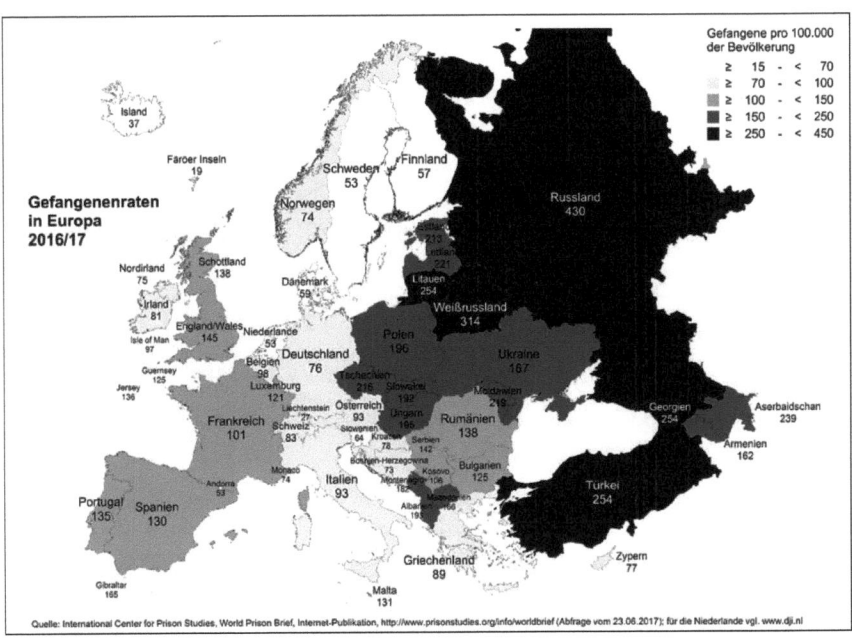

Quelle: *International Centre for Prison Studies*, World Prison Brief, Internet-Publikation, http://www.prisonstudies.org/world-prison-brief-data (Abruf am 23.06.2017), für die Niederlande vgl. www.dji.nl (Abruf 23.06.2017).

Abbildung 17: Entwicklung der Gefangenenraten in Westeuropa 1984-2016/17, Gefangene pro 100.000 der nationalen Bevölkerung

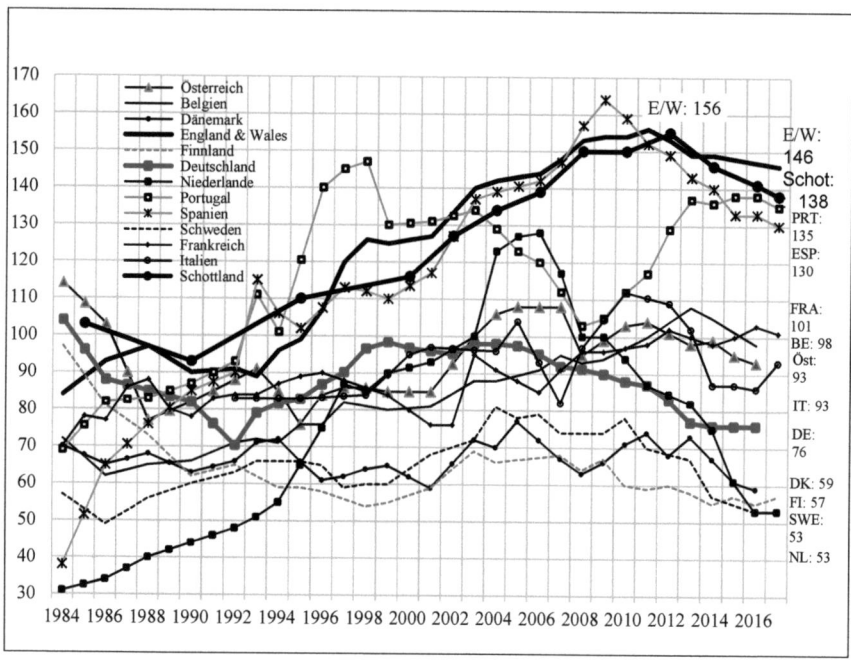

Quelle: *International Centre for Prison Studies*, World Prison Brief, Internet-Publikation, http://www.prisonstudies.org/world-prison-brief-data (Abruf am 14.04.2017), für die Niederlande vgl. www.dji.nl (Abruf 23.06.2017).

Die Entwicklung der Gefangenenraten in England/Wales und Schottland ist von einem erheblichen Anstieg in den 1990er Jahren gekennzeichnet. Erst seit 2012 ist ein leichter Rückgang in beiden Rechtsordnungen erkennbar. Während demgegenüber in anderen Ländern, insbesondere in Deutschland und den Niederlanden, die Gefangenenraten schon seit 2003/04 stark rückläufig sind.[438] Die Gefangenraten in England/Wales und Schottland im Vergleich zu Deutschland sind in *Abbildung 18* nochmals detailliert aufgeführt.

---

438   *Dünkel* 2017b, S. 629 ff.

Abbildung 18: Entwicklung der Gefangenenraten in Englang/Wales und Schottland 1950-2016/17, Deutschland 1965-2017, Gefangene pro 100.000 der nationalen Bevölkerung

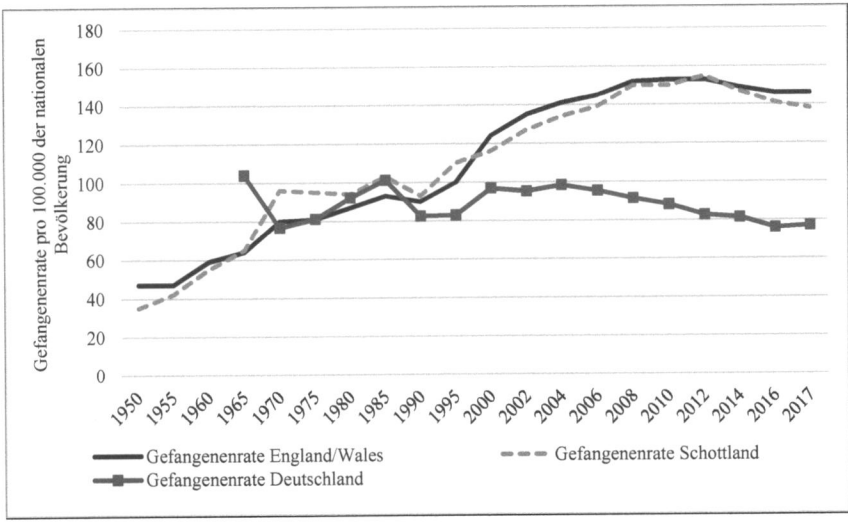

Quelle: England/Wales, Schottland = *International Centre for Prison Studies,* World Prison Brief, Internet-Publikation, http://www.prisonstudies.org/world-prison-brief-data (Abruf am 14.08.2017); Deutschland 1960-1995 = *Dünkel, F.* (1996): Empirische Forschung im Strafvollzug – Bestandsaufnahme und Perspektiven, S. 146, ab 1995 = eigene Berechnung.

Tabelle 29: Situation in Haftanstalten in Europa am 01. September 2015

Land	Bevölkerung 01. Januar 2015	Gefangene absolut (inkl. U-Haft)	Gefangenenrate (pro 100.000 natio-nale Bevölkerung)	Haftplatzkapazität	Belegungsdichte pro 100 Haftplätze
Albanien	2.886.026	5.981	207,2	4.999	119,6
Andorra	78.014	52	66,7	145	35,9
Armenien	2.998.577	3.888	129,7	4.584	84,8
Aserbaidschan	9.705.643	24.197	249,3	25.492	94,9
Belgien	11.289.583	12.841	113,7	10.108	127,0
Bosnien und Herzegowina	1.415.776	877	61,9	1.459	60,1
Bulgarien	7.153.784	7.583	106,0	10.296	73,6
Dänemark	5.707.251	3.203	56,1	3.761	85,2
England/Wales	58.137.613	86.193	148,3	88.321	97,6
Deutschland	82.162.000	63.628	77,4	75.140	84,7
Estland	1.315.944	2.768	210,3	3.322	83,3
Finnland	5.487.308	3.007	54,8	3.023	99,5
Frankreich	66.661.621	65.544	98,3	57.810	113,4
Georgien	3.729.500	10.242	274,6	21.398	47,9
Griechenland	10.793.526	9.646	89,4	9.886	97,6
Irland	4.658.530	3.746	80,4	4.180	89,6

Land	Bevölkerung 01. Januar 2015	Gefangene absolut (inkl. U-Haft)	Gefangenenrate (pro 100.000 nationale Bevölkerung)	Haftplatzkapazität	Belegungsdichte pro 100 Haftplätze
Italien	60.665.551	52.389	86,4	49.624	105,6
Kroatien	4.190.669	3.341	79,7	4.022	83,1
Lettland	1.968.957	4.399	223,4	5.852	75,2
Liechtenstein	37.622	8	21,3	20	40,0
Litauen	2.888.558	8.022	277.7	9.399	85,3
Luxemburg	576.249	667	115,7	711	93,8
Mazedonien	2.071.278	3.498	168,9	2.531	138,2
Moldawien	3.553.056	7.813	219,9	6.675	117,0
Montenegro	622.218	1.100	176,8	1.350	81,5
Niederlande	16.979.120	9.002	53,0	11.706	76,9
Nordirland	1.847.088	1.690	91,5	1.841	91,8
Norwegen	5.213.985	3.664	70,3	4.088	89,6
Österreich	8.700.471	9.037	103,9	8.751	103,3
Polen	37.967.209	k. A.	k. A.	k. A.	k. A.
Portugal	10.341.330	14.222	137,5	12.591	113,0
Rumänien	19.759.968	28.642	144,9	28.285	101,3
Russland	146.267.288	642.470	439,2	812.804	79,0
San Marino	33.005	2	6,1	8	25,0

Land	Bevölkerung 01. Januar 2015	Gefangene absolut (inkl. U-Haft)	Gefangenenrate (pro 100.000 natio- nale Bevölkerung)	Haftplatzkapazität	Belegungsdichte pro 100 Haftplätze
Schweden	9.851.017	5.770	58,6	6.347	90,9
Schweiz	8.325.194	6.884	82,7	7.343	93,7
Schottland	5.356.482	7.746	144,6	8.083	95,8
Slowakei	5.426.252	10.087	185,9	11.184	90,2
Slowenien	2.064.188	1.399	67,8	1.322	105,8
Spanien	49.438.422	64.107	137,9	53.512	119,6
Tschechien	10.553.843	20.866	197,7	20.782	100,4
Türkei	78.741.053	173.522	220,4	171.267	101,3
Ungarn	9.830.485	17.773	180,8	13.736	129,4
Zypern	848.319	654	77,1	672	97,3
Durchschnitt			134,7		91,4
Median			115,7		93,7
Minimum			6,1		25,0
Maximum			439,2		138,2

Quelle: *Aebi, M. F., Tiago, M., Burkhardt, C.* (2016): SPACE I – Council of Europe Annual Penal Statistics: Prison Populations. Survey 2015. Strasbourg: Council of Europe. Table 1.

Abbildung 19: **Belegungsdichte im Strafvollzug im europäischen Vergleich Europa 2016/17**

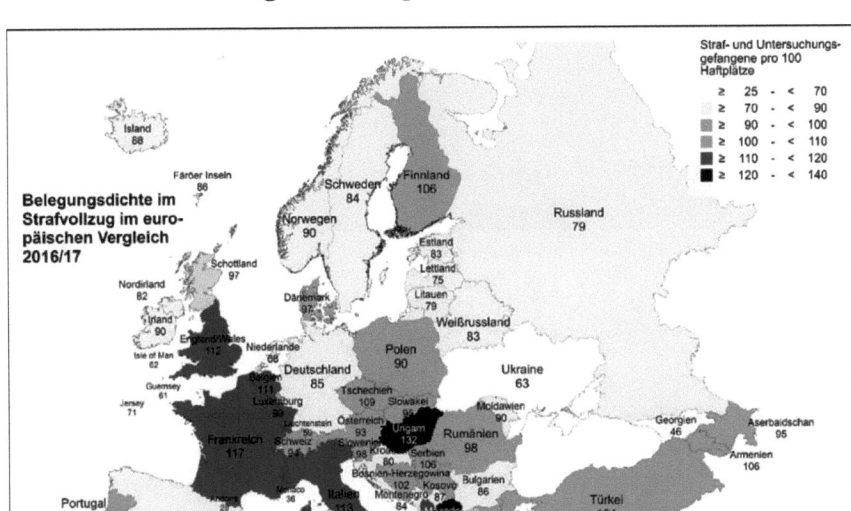

Quelle: *International Centre for Prison Studies*, World Prison Brief, Internet-Publikation, http://www.prisonstudies.org/world-prison-brief-data (Abruf am 23.06.2017).

Entsprechend der unterschiedlichen Belegungsentwicklung mit einer mehr oder weniger Stabilisierung in England/Wales und Schottland, ist die Überbelegung nach wie vor ein großes Problem, während in Deutschland, den Niederlanden und Spanien angesichts der jüngsten rückläufigen Gefangenenraten die Überbelegung kein Problem mehr darstellt.[439] Die Überbelegung ist in England und Wales, im Gegensatz Frankreich und Italien, nicht durch eine erhöhte U-Haft-Rate bedingt (vgl. *Abbildung 20*).

---

439 Zu den Ursachen und Folgen der Belegungsentwicklung vgl. *Dünkel* 2017b, S. 629 ff.; *Dünkel/Geng/Harrendorf* 2016, S. 178 ff.

Abbildung 20: Untersuchungshaft Anteile in Prozent in Europa
2016/17

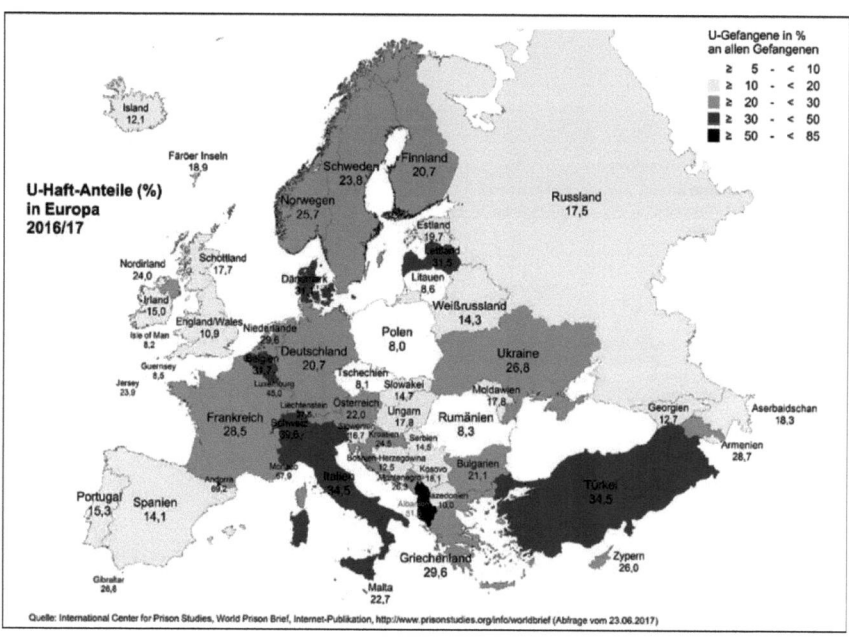

Quelle: *International Centre for Prison Studies*, World Prison Brief, Internet-Publikation,
http://www.prisonstudies.org/world-prison-brief-data (Abruf am 23.06.2017).

3.7 Gefangenenraten in Großbritannien

Gefangenenraten lassen sich aus rechtsstaatlicher Perspektive auch als Produkt
des strafrechtlichen Verfolgungssystems bezeichnen.[440] Nicht nur in England
und Wales, sondern auch in Schottland steht der rückläufigen Kriminalität sowohl
im Hell- als auch im Dunkelfeld eine angestiegene Gefängnispopulation gegenüber. Eindeutige Ursachen für diese Entwicklung zu benennen fällt schwer. Vielmehr werden Gefangenenraten durch eine Vielzahl von Faktoren beeinflusst.
Dünkel/Geng/Harrendorf unterscheiden zwischen *internen* Faktoren (bspw. Veränderungen des Strafverfolgungssystems sowie der Kriminalpolitik), *externen*
Faktoren (gesellschaftspolitische Reformen, soziale Umbrüche oder Veränderungen der demographischen oder wirtschaftlichen Bedingungen) und *dazwischen*

---

440 *von Hofer* 2010, S. 28 ff.

liegenden Faktoren (medialer Einfluss, öffentliche Meinung und politische Strömungen).[441]

Nach Studien des britischen *National Audit Office* sowie Untersuchungen von *Lappi-Seppälä* gibt es keine einheitliche Korrelation zwischen der Kriminalitätsbelastung und der Gefängnispopulation.[442] Hierzu wurde die gemessene Kriminalität mit der Strafvollzugspopulation in verschiedenen Ländern zwischen 2005 und 2009 verglichen. Im Ergebnis ließen sich die untersuchten Länder in vier Gruppen einteilen:

1. Länder in denen die Kriminalität zurück ging, die Gefängnispopulation jedoch anstieg (bspw. England und Wales, Schottland oder Frankreich);
2. Ländern in denen die Kriminalität sowie die Gefängnispopulation anstieg (bspw. die Republik Irland);
3. Länder in denen die Kriminalität sowie die Gefängnispopulation zurückging (bspw. Niederlande) sowie
4. Länder, in denen die Kriminalität anstieg, die Gefängnispopulation jedoch sank (bspw. Finnland).[443]

Als Erklärungsmodell für veränderte Gefangenenraten wird insbesondere von Politikern und Strafrechtspraktikern auf veränderte Kriminalitätsraten verwiesen, was jedoch bestenfalls eine vereinfachte und unzulängliche Erklärung ist.[444] Vieles deutet darauf hin, dass Gefangenraten durch sozio-ökonomische Faktoren und das Maß an Vertrauen der Bevölkerung in öffentliche Institutionen beeinflusst werden.[445]

---

441 *Dünkel/Geng/Harrendorf* 2016, S. 193; vgl. auch *Dünkel* 2017b.

442 *Ministry of Justice* 2012, S. 26; *Lappi-Seppälä* 2015; *Lappi-Seppälä* 2011; *Prison Reform Trust* 2015b, S. 4; zu gleichen Ergebnissen kommt *Smith* 1999, S. 294-316; *Dünkel/ Geng/Harrendorf* 2016, S. 192.

443 *Ministry of Justice* 2012, S. 26.

444 *Dünkel/Geng/Harrendorf* 2016, S. 192.

445 *Coyle* 2016, S. 14; *Dünkel* 2010a, S. 3 ff.; *Dünkel u. a.* 2010b, S. 1023 ff.

3.7.1 Erklärungsversuche für die Entwicklung der Gefangenenrate in England und Wales

Zwischen 1993 und 2016 stieg die Gefängnispopulation in England und Wales um 40.000 Gefangene an und betrug am 12. Mai 2017 86.767 Häftlinge.[446] Damit verzeichnet England und Wales 2017 eine der höchsten Gefangenenraten Westeuropas[447] – 146 pro 100.000 der nationalen Bevölkerung. Zwischen 1900 und 1990 hat die Gefängnispopulation in England und Wales jährlich um 1,7% zugenommen, was insgesamt einer Zunahme von 158% entspricht.[448]

Welche Faktoren beeinflussen die Entwicklung der Gefängnispopulation? *Dignan* und *Cavadino* schließen als Ursache für den massiven Anstieg der englischen und walisischen Gefängnispopulation in den vergangenen 30 Jahren ein paar sozioökonomische Faktoren aus, wie die Arbeitslosigkeit, den demographischen Wandel[449] oder Tendenzen bei der Armutsquote, da sich diese Faktoren nicht nachvollziehbar mit dem erheblichen Anstieg der Gefangenenrate in Einklang bringen lassen.[450]

Wie bereits gezeigt ist auch die Kriminalitätsbelastung als Einflussfaktor von nur begrenzter Aussagekraft. Die polizeilich registrierte Kriminalität ist in England und Wales zwischen 2005 und 2009 um 22% zurückgegangen.[451] Im gleichen Zeitraum hat die Gefangenenrate um 10% zugenommen. Folglich lässt sich daraus für England und Wales kein direkter Zusammenhang ableiten.

---

446 *Ministry of Justice/National Offender Management Service/HM Prison Service* Prison population figures: 2017, last updated 12 May 2017, https://www.gov.uk/government/ statistics/prison-population-figures-2017 (Abruf am 17.05.2017).

447 Zur Kriminalität, Kriminalpolitik, strafrechtlichen Sanktionspraxis und Gefangenenraten im europäischen Vergleich siehe *Dünkel u. a.* 2010a; *Dünkel/Geng/Harrendorf* 2016; *Dünkel* 2017b.

448 *Allen/Dempsey* 2016, S. 4.

449 Die Bevölkerung in England und Wales hat sich nach Angaben des *Office for National Statistics* (2016): Population Estimates for UK, England and Wales, Scotland and Northern Ireland, release date 23 June 2016) zwischen 1990 (50,4 Millionen) und 2015 (57,8 Millionen) moderat entwickelt.

450 *Dignan/Cavadino* 2010, S. 236.

451 *Ministry of Justice* 2012, S. 26.

Abbildung 21: **Polizeilich registrierte Kriminalität in England/ Wales und Gefängnispopulation absolut 1980-2016**

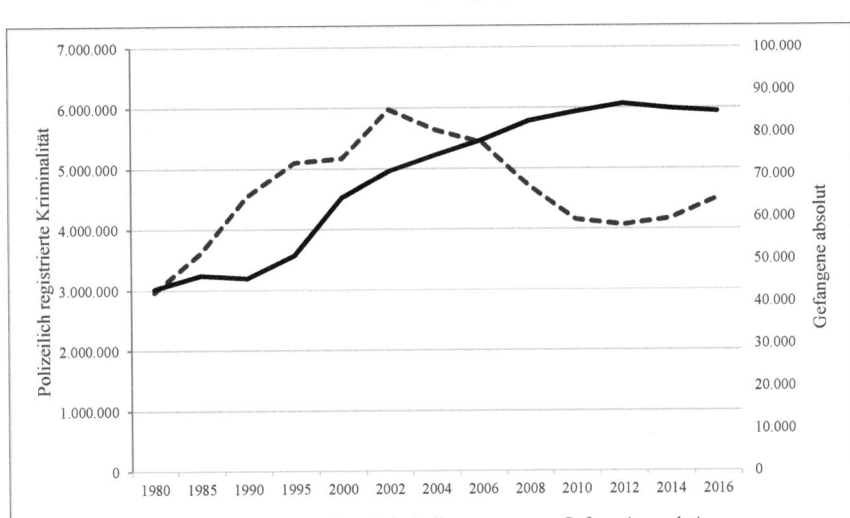

Quelle: *International Centre for Prison Studies*, World Prison Brief, United Kingdom: England and Wales, http://www.prisonstudies.org/world-prison-brief (Abruf am 01.02.2017); *Office for National Statistics* (2017): Crime in England and Wales Year ending Sept 2016, release date: 19 January 2017, Table 4A, Erfassungszeitraum der polizeilich registrierten Kriminalität jeweils April-März.

Vielmehr haben kriminalpolitische Entscheidungen einen Einfluss auf die Entwicklung der Gefangenenrate. In den letzten Jahren kam es in England und Wales zu zahlreichen Gesetzesverschärfungen, die nachweislich zu einer erhöhten Gefängnispopulation beigetragen haben. Die diesbezüglichen Entwicklungen wurde bereits in *Kapitel 3.1.1* (Kriminalpolitik in England und Wales) beschrieben.

Als Beispiel für aktuelle kriminalpolitische Reformvorhaben wurde die Schaffung einer „Two strikes and you're out minimum six months prison sentence for carrying a knife"-Strafe genannt, die 2016 eingeführt wurde und zusätzlich 350 Haftplätze notwendig macht. Das *Ministry of Justice* geht davon aus, dass die englische und walisische Gefängnispopulation bis Ende 2020/21 auf 89.900 Gefangene ansteigen wird.[452] Diese Schätzungen beruhen auf einer Untersuchung der monatlichen Inhaftierungsrate (sog. *Flow of entries into and out of*

---

452 *Ministry of Justice* 2015b.

prison) sowie der voraussichtlichen Entwicklung der Verhängung von Haftstrafen und beschlossener kriminalpolitischer Reformen. Nicht berücksichtigt werden zukünftige Reformbestrebungen.

In der im Folgenden dargestellten Grafik wurde der *Offender Rehabilitation Act 2014* berücksichtigt, der einen verstärkten Bewährungswiderruf erwarten lässt, da hierdurch alle Straftäter, die eine Haftstrafe von weniger als 12 Monaten erhalten, zwangsläufig unter Bewährung gestellt werden.[453]

Abbildung 22: Voraussichtliche Entwicklung der Gefangenenzahlen in England und Wales bis 2021

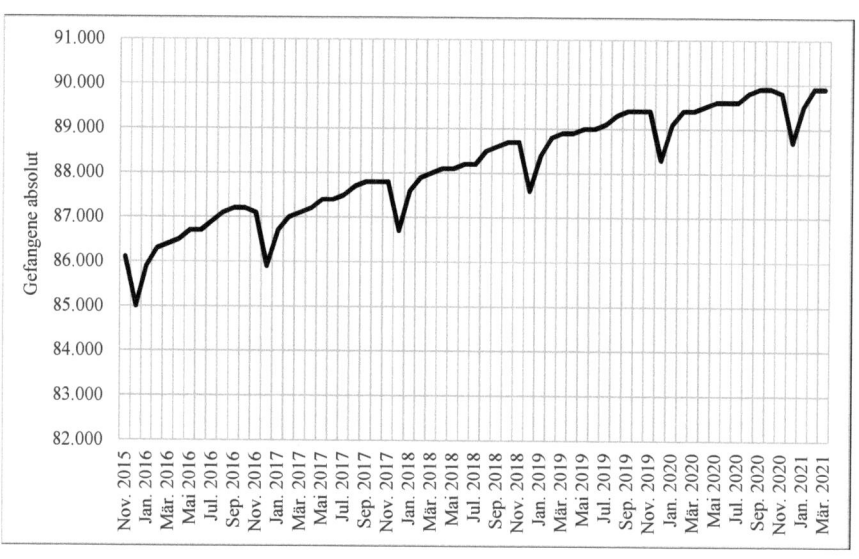

Quelle: *Ministry of Justice* (2015b): Prison Population Projections 2015-2021 England and Wales, published 26 November 2015, Table A7.

Außerdem trägt der *Criminal Justice and Court Act 2015* zur Erhöhung der Gefängnispopulation bei, da hierdurch eine weitere Mindeststrafe eingeführt wurde, diesmal für wiederholten illegalen Waffenbesitz. Durch den *Serious Crime Act 2015* wurde ein neuer Straftatbestand für Taten im sozialen Nahbereich (gegen den Partner/in oder in der Familie) geschaffen, was sich ebenfalls auf die Gefangenenrate auswirken wird.[454] Erstmal enthält die Prognose hinsichtlich der

453 *Ministry of Justice* 2015b.

454 *Ministry of Justice* 2015b.

Entwicklung der Gefängnispopulation des *Ministry of Justice* auch Schätzungen bzgl. der Entwicklung der Insassenstruktur von über 50- und 60-jährigen Gefangenen. Am 30. Juni 2015 waren 11.980 Gefangene über 50 Jahre alt. Bis 2020 wird ein Anstieg auf 15.100 erwartet.[455] Im selben Zeitraum wird ein Anstieg der über 60-jährigen Gefangenen von 4.109 auf 5.500 erwartet.

Damit wird für diese Häftlingsgruppe ein überproportional starker Anstieg erwartet, was sich durch schwerwiegendere zu erwartende Straftaten erklärt, für die ein längeres Strafmaß vorgesehen ist. Die Gefängnispopulation männlicher Jugendlicher betrug am 30. Juni 2015 700. Hier wird bis 2020 eine gleichbleibende Entwicklung erwartet. Für 18-20-jährige männliche Gefangene, wird ebenfalls eine konstante Gefangenenpopulation von 4.800 Gefangenen erwartet. Während das *Ministry of Justice* von einer weiteren Zunahme der Gefängnispopulation ausgeht, wird es nach Vorgaben des Finanzministeriums im *Comprehensive Spending Review* Kürzungen im Gefängniswesen von jährlich 80 Millionen Pfund vornehmen müssen.[456] Dies soll primär durch Investitionen in neue Haftanstalten und die Schließung von ineffizienten, viktorianischen Haftanstalten erreicht werden. Es zeigt sich, dass die Gefangenenrate in England und Wales von vielen Faktoren beeinflusst wird und es diesbezüglich keine einfachen Erklärungen gibt.

Als zentral für den Anstieg der englischen und walisischen Gefängnispopulation dürfte die Entwicklung der gerichtlichen Verurteilungspraxis gelten.[457] So ist etwa die Dauer der durchschnittlich verhängten Freiheitsstrafe über die Jahre kontinuierlich angestiegen. 2006/07 wurden in England und Wales durchschnittlich noch 12,4 Monate Freiheitstrafe verhängt, in den 12 Monaten bis März 2016 ist dieser Wert bereits auf durchschnittlich 16,3 Monate Freiheitsstrafe angestiegen.[458] Dies muss freilich im Kontext kriminalpolitischer Reformen gesehen werden. Vor allem im Bereich von Sexualdelikten ist die Punitivität seit der Jahrtausendwende stark angestiegen.[459] Zudem ist der Anteil der Haftstrafen, den die Gerichte in England und Wales verhängen, seit den 1990er Jahren deutlich angestiegen.[460] Damit sinkt auch der Anteil ambulanter Sanktionen wie der sog. *Community Sentence*.

---

455 *Ministry of Justice* 2015b.

456 *HM Treasury* 2015, S. 69.

457 Vgl. *Kapitel 3.3.1* (Sanktionspraxis und Entwicklung in England und Wales).

458 *Ministry of Justice* 2016b, S. 6.

459 *Travis* 2017a.

460 *Dignan/Cavadino* 2010, S. 239.

3.7.2 Erklärungsversuche für die Entwicklung der Gefangenenrate in Schottland

In Schottland betrug die Gefangenenrate 2016 143 pro 100.000 der nationalen Bevölkerung und lag damit knapp unter dem englischen und walisischen Wert. Absolut befanden sich am 13. Mai 2016 7.711 Personen in schottischen Haftanstalten.[461] Ebenso wie in England und Wales stieg auch die schottische Gefangenenrate seit 1990 stark an. 1990 waren schottische Anstalten mit durchschnittlich 4.724 Personen belegt. Zwischen 1990 und 2016 nahm die Gefängnispopulation um 61% zu. Grund dafür war auch hier ein komplexes Zusammenspiel verschiedener Faktoren wie etwa ein punitives politisches und mediales Klima, die Schaffung neuer Straftatbestände, eine veränderte Deliktsstruktur und Sanktionspraxis der Gerichte, die zunehmend längere Haftstrafen verhängten.[462] Zusätzlich werden externe Faktoren wie der demographische, soziale und ökonomische Wandel genannt, die sich indirekt auf die Gefängnispopulation auswirken. In Schottland tragen zunehmend kurze Freiheitsstrafe zur hohen Gefängnispopulation bei. Im Bericht der *Scottish Prison Commission* wurde dazu aufgeführt, dass 83% aller in Schottland verhängten Haftstrafen im Jahr 2005/06 sechs Monate oder kürzer waren.[463] 2014/15 ist diese Quote immerhin auf 67% gesunken.

Betrachtet man die Entwicklung der polizeilich registrierten Kriminalität zwischen 2005 und 2009 in Schottland fällt ein Rückgang von 19% auf, während die Gefängnispopulation im gleichen Zeitraum um 17% zugenommen hat.[464] Im Gegensatz zu England und Wales geht die schottische Regierung in ihrer Prognose hinsichtlich der Entwicklung der Gefängnispopulation davon aus, dass sie bis 2022-23 stabil bei 7.800 Gefangenen bleiben wird.[465] Neben der Anzahl der Gefangenen stiegen auch die Haftplatzkosten pro Jahr in Schottland allein in den letzten zwei Jahren um £ 2.220 an und betrugen 2015 durchschnittlich £ 34.102 pro Gefangenen und Jahr (£ 93 pro Tag).[466]

---

461 *Scottish Prison Service,* http://www.sps.gov.uk/Corporate/Information/ SPSPopulation.aspx (Abruf am 20. Mai 2016).

462 *Tombs/Piancentini* 2010, S. 239.

463 *Scottish Prison Commission* 2008, S. 13.

464 *Ministry of Justice* 2012, S. 26.

465 *Scottish Government* 2015b, S. 14.

466 *Scottish Prison Service* 2015a, S. 9.

Der europäische Durchschnittswert der Haftplatzkosten in Strafvollzugsanstalten betrug 2014 99 € pro Tag.[467] 2014/15 verbüßten 1.201 der insgesamt 7.731 Häftlinge (rund 15%) ihre Freiheitsstrafe in zwei von privaten Anbietern geführten Anstalten. Im HMP Addiewell, das von *Sodexo Justice Services* geführt wird, waren 2014/15 700 männliche Gefangene untergebracht. Im HMP Kilmarnock, dessen Leitung der *Serco Ltd.* überlassen wurde, waren 2014/15 501 männliche Gefangene inhaftiert.

Abbildung 23: Polizeilich registrierte Kriminalität in Schottland und Gefängnispopulation absolut 1975-2016

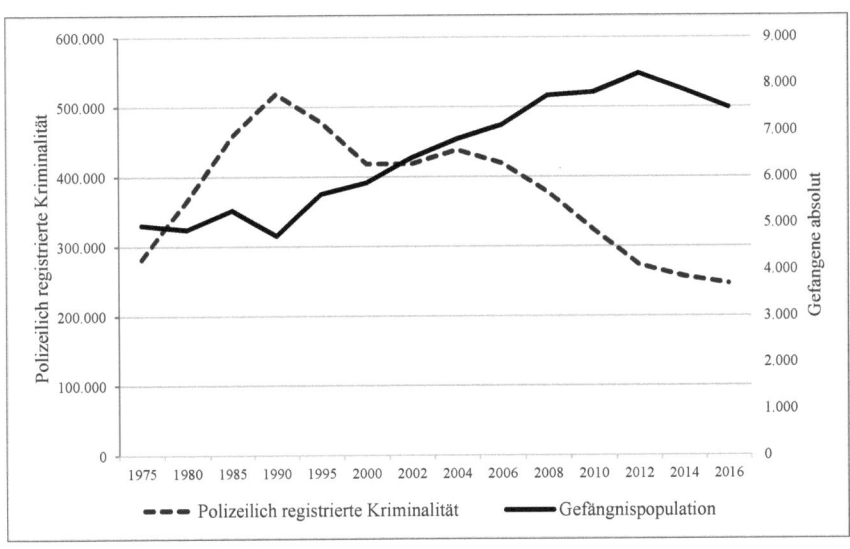

Quelle: *International Centre for Prison Studies*, World Prison Brief, United Kingdom: Scotland, http://www.prisonstudies.org/world-prison-brief (Abruf am 01.02.2017); *Scottish Government* (2016d): Recorded Crime in Scotland, 2015/16, a National Statistics publication for Scotland, Table 10;

Anm.: Die Daten der polizeilich registrierten Kriminalität in Schottland für das Jahr 1975 sind aufgrund von Reorganisationsmaßnahmen der Kommunalverwaltung unvollständig.

---

467 *Aebi/Tiago/Burkhardt* 2016, S. 2.

4. Rechtliche Regelungen des Strafvollzugs, Rechtsschutz für Gefangene und nationale sowie internationale Kontrollmechanismen

4.1 Einleitung

Die rechtlichen Regelungen des Strafvollzugs in England und Wales, aber auch in Schottland unterscheiden sich schon aufgrund der unterschiedlichen Rechtskreise, namentlich des im Vereinigten Königreich geltenden *Common Law,* das sich an Präzedenzfällen und Gesetzen orientiert, von dem in Kontinentaleuropa geltenden *Civil Law,* das auf kodifizierten Gesetzen basiert.

Die einzelnen Landesteile im Vereinigten Königreich sind als weitgehend eigenständige Rechtsordnungen organisiert, so dass diese in den Bereichen, in denen ihnen die Kompetenz übertragen wurde, eigene Regelungen erlassen. Seit dem *Scotland Act of 1998* gehört der Strafvollzug zur Kompetenz der schottischen Regierung, die seither eigene Regelungen erlässt. Für den Strafvollzug in Schottland ist der *Scottish Prison Service* zuständig, der als sog. *Agency of the Scottish Government* organisiert ist.[468] Für England und Wales ist für den Strafvollzug der *HM Prison Service* zuständig, der dem *Ministry of Justice* untersteht.[469]

Wie im ersten Kapitel dargestellt, wurde das englische, walisische und schottische Gefängniswesen seit dem 18. Jahrhundert durch zahlreiche Reformen beeinflusst. Körperliche Strafen und die Verbannung nach Übersee wurden im 19. Jahrhundert abgeschafft. Hierin lag der Ausgangspunkt für das moderne Gefängniswesen. Als Vorläufer aktueller Reformbestrebungen aus dem *Penal-welfare*-Bereich kann der *Prison Act 1898* gesehen werden.[470] Dieser führte zur Eindämmung des *Separate systems,* der *Hard labour*-Strafen und der Einführung von sinnvoller Arbeit im Vollzug mit dem Ziel der Resozialisierung des Gefangenen. Mit dem *Prevention of Crime Act 1908* wurde das *Borstal System* – die separate Inhaftierung von jugendlichen Straftätern in speziellen Einrichtungen mit dem

---

468 Der *Scottish Prison Service* betreibt derzeit 13 der 15 Gefängnisse in Schottland (Stand 01.12.2016), vgl. http://www.sps.gov.uk/Corporate/AboutUs/AboutUs.aspx (Abruf am 01.12.2016).

469 Der *HM Prison Service* betreibt derzeit 109 der 123 Gefängnisse in England und Wales (Stand 01.12.2016), vgl. https://www.gov.uk/government/organisations/hm-prison-service/about (Abruf am 01.12.2016).

470 *Turner* 2016, S. 77.

primären Ziel der Ausbildung an Stelle der Bestrafung der Jugendlichen eingeführt. Der Name geht auf die erste Jugendstrafanstalt in der Kleinstadt Borstal, in
der Nähe von Rochester im Bezirk Kent, zurück. Der *Criminal Justice Act 1948*
schaffte die *Hard labour*-Strafen und die *Penal servitude* schließlich ganz ab.
   Wie von *Dirk van Zyl Smit* beschrieben, entwickelte sich die Frage der
Rechtsstellung des Gefangenen aufgrund des Fehlens von verfassungsrechtlich
verbrieften Rechten zunächst durch die Rechtsprechung und zunehmend auch
durch den europäischen Kontext.[471]

   Bis ins 21. Jahrhundert wurde sowohl in englischen und walisischen als auch
in schottischen Strafvollzugsanstalten das sog. *Slopping-out* praktiziert, bei dem
die Gefangenen mangels Vorhandensein von Toiletten mit Spülungen, ihre
Ausscheidungen jeden Morgen in einem Nachttopf nach Aufschluss entsorgen
mussten.[472] Hintergrund hierfür ist die viktorianische Architektur vieler noch
heute in Betrieb befindlichen Strafvollzugsanstalten, die mit keinem Abwasser-
system ausgestattet waren. Die Modernisierung dieser Anstalten war aufwendig
und teuer, weshalb die zwingend notwendigen Umbauten bis ins 21. Jahrhundert
hinausgezögert wurden. In England und Wales wurde diese Praxis 1996 abgeschafft, in Schottland erst 2007. Dies geschah auch vor dem Hintergrund wiederholter Kritik an den sanitären Standards in britischen Strafvollzugsanstalten durch
das Antifolterkomitee.[473] Im CPT-Bericht aus dem Jahr 1996 heißt es diesbezüglich etwa:

   *„The installation of integral sanitation was another area in which the
progress made since the CPT's first visit could be characterised as rather
disappointing. As a result of the rise in the prison population as a whole and
delays in the entry into service of the new accommodation (...), renovation work
in the older wings had not begun as quickly as had been foreseen. Slopping-out
continued to be the norm in A, C and D wings".[474]*

   In der Entscheidung *Napier v. The Scottish Ministers* (2004 S.L.T. 555)
urteilte ein schottisches Gericht, dass die Praxis des *„Slopping-out"* menschen-
unwürdig und erniedrigend war und gegen Art. 3 EMRK verstößt.[475] Dem
Beschwerdeführer wurde Schadensersatz zugesprochen, woraufhin die schot-

---

471 *van Zyl Smit* 2007, S. 567.

472 *Croall* 2006, S. 596; *Thomson* 2013, S. 95.

473 Vgl. *CPT* 1996, S. 29; *CPT* 2000, S. 35.

474 *CPT* 1996, S. 29.

475 Vgl. auch *Whitty* 2011, S. 131 ff.; *O'Neill* 2011, S. 45; *Lawson* 2008, S. 42.

tische Regierung finanzielle Vorsorge in Höhe von mehreren Millionen Pfund treffen musste, um die Ansprüche von weiteren Gefangenen zu erfüllen, deren Rechte ebenfalls verletzte wurden. Die Entscheidung nahm Bezug auf die *European prison rules* sowie die Berichte des Antifolterkomitees und zeigt welchen Einfluss die europäische Entwicklung im Vereinigten Königreich haben kann.

4.2 Der Prison Act 1952 und die Prison Rules

Die Entwicklung des Gefängniswesens erfolgte bis 1952 weitgehend ohne einheitliche normative Regelungen. Als Grundlage des heute gültigen Strafvollzugsrechts wird der *Prison Act 1952* gesehen.[476] Die entsprechende Regelung für *Schottland* wurde als *Prisons (Scotland) Act 1952* erlassen.[477] Dieser sah in Section 47 (1) vor, dass der Innenminister (*Secretary of State)* Regeln zum Ablauf des Strafvollzugs erlassen kann. Von dieser Kompetenz hat der Innenminister 1964 Gebrauch gemacht und die *Prison Rules* erlassen, die zuletzt im Jahr 1999 weitgehend reformiert bzw. neugestaltet wurden.

Die *Prison Rules* regeln wesentliche Aspekte des Vollzugsablaufs und sind in sechs Abschnitte gegliedert (Part I; Part II: Prisoners; Part III: Officers or Prisons, Part IV: Persons having access to a prison; Part V: Board of Visitors; Part VI: Supplemental) und weisen damit einen Abschnitt mehr auf als die Vorläuferversion aus dem Jahr 1964.[478] Zeitgleich wurden die *Young Offender Institution Rules 1999* erlassen, die den Vollzugsablauf für Jugendstrafanstalten regeln. Ergänzt werden diese Regelungen durch eine Vielzahl von *Prison Service Orders, Instructions and Standards,* die etwa administrative Abläufe im Gefängnis wie das Beschwerderecht von Gefangenen näher ausführen. Diese sind jedoch als interne Richtlinien für die Verwaltung ausgestaltet, so dass Gefangene daraus keine Ansprüche ableiten können.[479] Auch der Rechtskreis der Strafvollzugsbeamten kann hierdurch nicht erweitert werden. Von *Lord Wilberforce* wurde 1983 im Fall *Raymond v Honey* dazu ausgeführt:

---

476 *Livingstone u. a.* 2008, S. 17; *Koeppel* 1999, S. 45.

477 *Thomson* 2013, S. 7.

478 Zu den *Prison Rules 1999* vgl. auch *Creighton/King/Arnott* 2005, S. 8 ff.

479 *Lazarus* 2004, S. 153.

„The standing orders, if they have any legislative force at all, cannot confer any greater powers than the regulations, which, as stated, must themselves be construed in accordance with the statutory power to make them. "[480]

Dieses Prinzip bedeutet, dass jegliche Tätigkeit des *Prison Service* nur dann rechtmäßig sein kann, wenn dies nach den *Prison Rules*, dem *Prison Act 1952* und dem *Human Rights Act 1998* rechtmäßig ist.[481]

Auch beim Erlass der *Prison Rules* war nicht vorgesehen, dass diese rechtsverbindlichen Charakter haben sollten. Gerichte hielten es für nicht zulässig, dass für Gefangene die Möglichkeit eröffnet würde, sich gegen die Verletzung der *Prison Rules* gerichtlich zu wehren.[482] In der Fachliteratur wurde kritisiert, dass die *Prison Rules* als Rechtsverordnung keinen rechtsverbindlichen Charakter haben sollten.[483] Die genaue Rechtsnatur der *Prison Rules* ist schwierig zu beurteilen und unterliegt der fortgesetzten Interpretation durch die Rechtsprechung. Einigkeit besteht, dass die *Prison Rules* der Strafvollzugsverwaltung Verpflichtungen auferlegen, die vom Innenminister unter Berufung auf den *Prison Act 1952* erlassen werden.[484] Die Erfüllung dieser Verpflichtungen wird vom Innenminister überwacht. Über die Reichweite dieser Verpflichtungen und deren Rechtsverbindlichkeit wird durch richterliche Auslegung entschieden. Über das Verständnis der *Prison Rules* heißt es in der Entscheidung *Becker v Home Office* aus dem Jahr 1972:

„If the courts were to entertain actions by disgruntled prisoners, the governor's life would be made intolerable. The discipline of the prison would be undermined. The Prison Rules are regulatory directions only. Even if they are not observed, they do not give rise to a cause of action. "[485]

Die Entscheidung unterstreicht Bedenken des Gerichts, dass die Rechtsverbindlichkeit von *Prison Rules* im Hinblick auf die Effektivität des Strafvollzugssystems problematisch wäre. Rechtsverbindliche Regeln und die Möglichkeit der Rechtsbeschwerde würden, nach Ansicht des Gerichts, die Disziplin im Vollzugs-

---

480 *Raymond v Honey* 1983, 1 AC 1.

481 *Livingstone u. a.* 2008, S. 25.

482 *Louks* 2000, S. 7.

483 *Louks* 2000, S. 7.

484 *Lazarus* 2004, S. 154.

485 *Becker v Home Office* (1972) 2 QB 407; vgl. auch *van Zyl Smit* 2007, S. 568.

alltag unterlaufen. Folglich dienen die *Prison Rules* im Lichte dieser Entscheidung lediglich als Richtlinien für die Gestaltung des Vollzugsalltags. Als zentral wird die Rolle des Gefängnisdirektors gewertet, dem für Fragen der Sicherheit und Ordnung umfassende Entscheidungsbefugnis und ein weiter Ermessensspielraum zugestanden wird. Zehn Jahre nach der *Becker*-Entscheidung führte *Lord Wilberforce* 1983 im Fall *Raymond v Honey* aus:

(...) a convicted prisoner, in spite of his imprisonment, retains all rights not taken away expressly or by necessary implication.[486]

Dies kann als erste Entscheidung gewertet werden, die grundlegend anerkannte, dass auch Gefangene über gewisse Rechte verfügen.[487] Unklar blieb jedoch, welche konkreten Auswirkung dies auf die Rechtsverbindlichkeit der *Prison Rules* hatte. Jedenfalls sollten für Gefangene dieselben Rechte wie für Bürger in Freiheit gelten, mit Ausnahme der Rechte, die ihnen aufgrund der Inhaftierung zwangsläufig genommen werden. Die Rechtsstellung von Gefangenen ist durch das Zusammenspiel von normativen Regelungen und Ermessensentscheidungen geprägt. Wenngleich einige Regelungen der *Prison Rules* den Schutz der Gefangenen vorsehen, wird jedoch ein weiter Ermessensspielraum eingeräumt.[488] Als Beispiel kann etwa Rule 6 *„Maintenance of order and discipline"* der *Prison Rules* herangezogen werden:

(1) Order and discipline shall be maintained with firmness, but with no more restriction than is required for safe custody and well ordered community life.

Susan Easton führt zur Rechtsnatur der Vorschrift aus, dass die „shall be"-Formulierung zwar eine anspruchsbegründende Vorschrift vermuten lässt, tatsächlich jedoch bei der Durchsetzung des Rechts Probleme entstehen und das Bestehen etwaiger Schadensersatzansprüche, die aus der Verletzung dieser Vorschrift erwachsen könnten, unklar ist.[489] Eine tiefgreifende Analyse der *Prison Rules* erfolgte durch *Graham Zellick* bereits 1981, der vorschlägt, die *Prison Rules* in fünf Kategorien einzuteilen, abhängig davon, ob eine Verletzung der *Prison Rules* justiziabel sein sollte oder nicht.[490]

---

486 *Raymond v Honey* (1983), A.C.-1.

487 *van Zyl Smit* 2007, S. 569.

488 *Easton* 2011, S. 29.

489 *Easton* 2011, S. 29.

490 *Zellick* 1981, S. 602.

Die erste Kategorie nennt er „Rules of general policy objectives", womit Regelungen gemeint sind, die in genereller Art und Weise die Ziele des Strafvollzugs und die Behandlung der Gefangenen betreffen.[491] Als Beispiel kann hier die heutige Rule 3 der *Prison Rules* gelten („The purpose of the training and treatment of convicted prisoners shall be to encourage and assist them to lead a good and useful life") oder die bereits angesprochene Rule 6, die die Sicherheit und Ordnung im Vollzug betrifft. Diese Regelungen bilden Ziele des Strafvollzugs ab, die jedoch so allgemein gehalten sind, dass sie nicht der richterlichen Kontrolle unterliegen können.

Die zweite Kategorie, die von *Zellick* gebildet wurde, stellen „Rules of discretionary nature" dar, also Regeln, die ein Ermessen einräumen, worunter etwa Regelungen fallen, die die Gewährung von Lockerungen oder den Kontakt des Gefangenen zur Außenwelt betreffen. Die Frage der Justiziabilität dieser Regelungen ist schwierig zu beurteilen und wird weiter unten beschrieben. Kennzeichnend für diese Art von Regelungen ist etwa die Formulierung „so far as reasonably practible".[492]

Die dritte Kategorie bilden die „Rules of general protection", die Mindeststandards etwa in Bezug auf Gesundheitsfürsorge oder die Anforderungen an eine gesunde Ernährung betreffen. Hierbei wird häufig eine sehr allgemeine Formulierung gewählt, so dass es zumindest zweifelhaft ist, ob Verstöße gegen diese Regelungen justiziabel sind oder nicht.[493] Als Beispiel kann hier etwa die Rule 28 der *Prison Rules* genannt werden.[494]

Die vierte Kategorie, die von *Zellick* gebildet wurde, betrifft „Rules as to institutional structure and administrative functions".[495] Diese Regelungen betreffen bestimmte Personen oder Personengruppen im Vollzug und sollen dazu dienen, die Stellung des Gefangenen zu verbessern. Hier kann etwa die Aufgabe des Geistlichen gezählt werden, der den Gefangenen bei einer Vielzahl von

---

491 *Zellick* 1981, S. 612.

492 Vgl. etwa Rule 19 der *Prison Rules*, die „Religious books" betrifft: There shall, so far as reasonably practicable, be available for the personal use of every prisoner such religious books recognised by his denomination as are approved by the Secretary of State for use in prison.

493 *Zellick* 1981, S. 613.

494 Rule 28 der *Prison* Rules, „Hygiene": Every prisoner shall be provided with toilet articles necessary for his health and cleanliness, which shall be replaced as necessary.

495 *Zellick* 1981, S. 614.

Anliegen zur Seite steht. Eine Rechtsverbindlichkeit dieser Regelungen ist schwierig zu beurteilen. Mögliche Fälle, die Gegenstand einer gerichtlichen Überprüfung sein könnten, lägen weniger in der spezifischen Tätigkeit der beschriebenen Personen(gruppen) als vielmehr etwa darin, dass ihnen ihre Tätigkeit als solche verwehrt wird. Zu denken ist hier etwa an einen Geistlichen, der keinen Zugang zur Haftanstalt erhält.[496]

Die fünfte Gruppe betrifft „*Rules of specific individual protection*", worunter Regelungen der Sicherheit und Ordnung fallen, wie sie in Rule 45, 48, 49 sowie 51-61 der *Prison Rules* genannt sind. Darunter fallen einerseits die Regelungen, die Gefangene für ein geordnetes Zusammenleben befolgen müssen und andererseits die Regelungen für den Fall, dass den erstgenannten strikten Regelungen nicht Folge geleistet wird.

Seit *Zellick* seinen Beitrag zu den *Prison Rules* im Jahr 1981 verfasste, hat sich der rechtliche Status der *Prison Rules* durch zahlreiche Entscheidungen erheblich verändert.[497] Auch der Vollzugsalltag der Gefangenen wird durch eine Vielzahl von verwaltungsgerichtlichen Entscheidungen beeinflusst, in denen etwa festgelegt wurde wie viele Briefe Gefangene versenden und empfangen dürfen. 1992 wurde im Fall *R v Deputy Governor of Parkhurst Prison ex p Hague, Weldon v Home Office* durch *Lord Jauncey* bestätigt, dass Section 47 des *Prison Acts 1952* nicht dazu gedacht war, dem einzelnen Gefangenen die Möglichkeit der Rechtsbeschwerde gegen Verstöße der *Prison Rules* einzuräumen.[498] Dennoch war der Fall insoweit richtungsweisend, als hier die Möglichkeit in Betracht gezogen wurde, gegen Verstöße der *Prison Rules* zwar nicht mittels *private law*, aber mit Hilfe des *Public law* vorzugehen. Hintergrund ist die Tatsache, dass die *Prison Rules* an vielen Stellen dem Entscheidungsträger einen weiten Ermessensspielraum einräumen, der gerichtlich überprüfbar sein muss. Die Überprüfung erfolgt anhand der sog. *Ultra vires*-Kontrolle. Dabei wird überprüft, ob a) die Verwaltung

---

496 Die Aufgaben des Geistlichen sind in Rule 14 der *Prison Rules* beschrieben: Special duties of chaplains and prison ministers (1) The chaplain or a prison minister of a prison shall – (a) interview every prisoner of his denomination individually soon after the prisoner's reception into that prison and shortly before his release; and (b) if no other arrangements are made, read the burial service at the funeral of any prisoner of his denomination who dies in that prison. (2) The chaplain shall visit daily all prisoners belonging to the Church of England who are sick, under restraint or undergoing cellular confinement; and a prison minister shall do the same, as far as he reasonably can, for prisoners of his denomination. (3) The chaplain shall visit any prisoner not of the Church of England who is sick, under restraint or undergoing cellular confinement, and is not regularly visited by a minister of his denomination, if the prisoner is willing.

497 *Livingstone/Owen/Macdonald* 2015, S. 22.

498 *van Zyl Smit* 2007, S. 569.

ihren Ermessensspielraum überschritten hat; b) ein Ermessen unrechtmäßig ausgeübt wurde; c) eine unverhältnismäßige Entscheidung getroffen wurde oder d) Verfahrensregeln verletzt wurden.[499] Bei Verstößen gegen die *Prison Rules* kommt zwar kein Schadensersatzanspruch gemäß den Regeln des *Private law* in Betracht, ein Schadensersatzanspruch nach den Grundsätzen des *Public law* soll jedoch möglich sein.[500]

Zusammenfassend lässt sich feststellen, dass bei Erlass des *Prison Act 1952* nicht von einer Rechtsverbindlichkeit der *Prison Rules* ausgegangen wurden. Diese Ansicht wurde durch die Rechtsprechung zunächst bestätigt, erfuhr durch Rechtsfortbildung in den folgenden Jahren jedoch eine Änderung. Verstöße gegen die *Prison Rules* begründen keine privatrechtlichen (Schadensersatz-)Ansprüche der Gefangenen. Vielmehr sollen die *Prison Rules* Richtlinien für die Vollzugsgestaltung darstellen. Dennoch wird es gegenwärtig für möglich gehalten, dass Gefangene die Einhaltung der *Prison Rules* gerichtlich im Hinblick auf die zulässige Ausübung von Ermessen überprüfen lassen können und bei etwaigen Verstößen Schadensersatzansprüche nach den Grundsätzen des *Public law* möglich sind.

4.3 Rechtliche Regelungen des Strafvollzugs in Schottland

4.3.1 Entwicklung

Seit der Einführung des *Scotland Act of 1998* liegt die Kompetenz für den Erlass strafvollzugsrechtlicher Regelungen in Schottland bei der schottischen Regierung. Bis dato wurden diesbezügliche Regelungen zentral von der Regierung in Westminster erlassen. Bis 1989 galten die *Prisons (Scotland) Rules 1952*, die aufgrund des *Prisons (Scotland) Act 1952* verabschiedet worden waren. Diese basierten auf dem sog. *Treatment model*, dem die Überlegung zu Grund lag, dass soziale Devianz mit anderen Erkrankungen vergleichbar und somit behandelbar sei.[501] Für den Jugendstrafvollzug fand sich eine entsprechende Formulierung in den

---

499 *Lazarus* 2004, S. 154.

500 *Livingstone u. a.* 2008, S. 21; *Lazarus* 2004, S. 154.

501 *Thomson* 2013, S. 7; in Rule 5 des *Prisons (Scotland) Act 1952* hieß es: „The purposes of training and treatment of convicted prisoners shall be to establish in them the will to live a good and useful life on discharge, and to fit them to do so."

Young Offenders (Scotland) Rules 1965.[502] Schottische Gefangene hatten auch nach Einführung der *Prisons (Scotland) Rules 1952* praktisch keine Rechte.

Eine Vielzahl der Regelungen stattete die Strafvollzugsbeamten mit weitreichenden Befugnissen aus, während für Häftlinge keine normativen Mindeststandards galten. Alles was Gefangene zu dieser Zeit erhielten, galt als Privileg, gegen dessen Entzug sich Häftlinge nicht wehren konnten.[503] Sollte der Gefangene jedoch gegen die Anstaltsregeln verstoßen, etwa durch Bedrohung anderer Gefangener oder Personal, beleidigende Äußerungen, Arbeitsverweigerung oder der Beschädigung von Anstaltsinventar, wurde der Gefangene zu einem Gespräch mit dem Anstaltsleiter gebeten, bei dem kein Rechtsbeistand zugelassen wurde.[504] Kam der Anstaltsleiter hierbei zu dem Ergebnis, dass die Beschuldigungen zutrafen, konnte er dem Gefangenen bis zu 14 Tage seines Straferlasses streichen. Bei schweren Fällen wurde eine externe Stelle, das sog. *Visiting Committee* hinzugezogen und eine Disziplinarmaßnahme angeordnet. Auch gegen diese Entscheidung gab es für Gefangene keine Rechtsschutzmöglichkeit.

Die Kommunikation der Gefangenen mit der Außenwelt war strikt reglementiert, so dass es Gefangenen bspw. nicht gestattet war, ohne Überwachung zu telefonieren oder auf sonstigen Wegen mit der Außenwelt in Kontakt zu treten. Sämtliche Briefe, einschließlich Anwaltspost, wurde geöffnet und kontrolliert. Besuche von Angehörigen oder Freunden fanden gemeinsam in einem großen Besuchsraum statt und konnten bei unangemessenem Verhalten eines Häftlings für alle abgebrochen werden. Der Anstaltsleiter war mit umfassenden Rechten ausgestattet. Seine Anordnungen waren für die Gefangenen verbindlich und auch hiergegen gab es keinen Rechtsschutz. Bereits erwähnt wurde die Beschwerde des englischen Gefangenen *Becker* in den 1970er Jahren, die zur *Becker v Home Office*-Entscheidung aus dem Jahr 1972 führte und die Rechtsnatur der *Prison Rules* betraf. Es wurde entschieden, dass Verstöße gegen die *Prison Rules* zum Nachteil von Gefangenen nicht dazu führen, dass Gefangenen hieraus Ansprüche gegen die Strafvollzugsverwaltung oder das *Home Office* erwachsen, sie de facto also keine Ansprüche aus den *Prison Rules* ableiten konnten.

Jedoch erkannten Gerichte in der Folgezeit zunehmend an, dass auch Gefangenen gewisse Rechte zuzugestehen waren, was Auswirkungen auf den

---

502 *Thomson* 2013, S. 8.

503 *Thomson* 2013, S. 8.

504 *Thomson* 2013, S. 8.

schottischen Strafvollzug hatte.[505] Die *Prisons (Scotland) Rules 1952* wurden durch die *Prisons and Young Offender Institutions (Scotland) Rules 1994* ersetzt, die diesen Zeitgeist widerspiegelten. Dies führte auch zu einem Umdenken im Hinblick auf das sog. *Treatment model*, was angesichts der stark angestiegenen Gefängnispopulation als nicht mehr zeitgemäß angesehen wurde. Wie bereits beschrieben, gab es für Gefangene – auch in Schottland – lange Zeit keine Möglichkeit Schadensersatz für Rechtsverletzungen zu erlangen, da dies weder von der Rechtsprechung noch anhand gesetzlicher Regelungen vorgesehen war. Dies hat sich, nachdem bereits positive Tendenzen in der Rechtsprechung zu erkennen waren, spätestens durch die Inkorporierung der Europäischen Menschenrechtskonvention durch den *Human Rights Act 1998* geändert. So wandten sich schottische Gefangene im Verfahren *Campbell and Fell v. the UK* erfolgreich an den Europäischen Gerichtshof für Menschenrechte und trugen somit zu einer Verbesserung der Rechtsstellung von Gefangenen im Vereinigten Königreich bei.[506] Nähere Ausführungen zu diesem Verfahren finden sich im Abschnitt zum Rechtsschutz im Strafvollzug (s. unten *Kapitel 4.5.1*).

Der Erlass des *Prisoners and Young Offenders Institution (Scotland) Rules 1994* führte zu zahlreichen Änderungen und zum ersten Mal zur Gewährung von schriftlich verbrieften Rechten von Gefangenen. Diese Regelungen wurden auch mit Blick auf die oben beschriebenen Urteile des Europäischen Gerichtshofs für Menschenrechte erlassen. So war etwa in Rule 97 (7) der *Prisoners and Young Offenders Institution (Scotland) Rules 1994* vorgesehen, dass Gefangene in Disziplinarverfahren einen Rechtsbeistand hinzuziehen konnten.[507] Als weiteres Beispiel kann Rule 44 (1) gewertet werden, wonach Gefangenen gestattet wurde zugelassene Gegenstände in ihrer Zelle aufzubewahren.[508] Das Recht auf nicht

---

505 Eine der ersten Entscheidungen, die anerkannte, dass auch Gefangene über gewisse Rechte verfügen, ist die *Raymond v Honey* Entscheidung aus dem Jahr 1983, in der *Lord Wilberforce* verkündete: „A convicted prisoner, in spite of his imprisonment, retains all rights not taken away expressly or by necessary implication.".

506 *Campbell and Fell v. UK*, Application no. 7819/77; 7878/77, Urteil vom 28. Juni 1984.

507 Rule 97 (7): The Governor may, on the application of a prisoner, permit him to be represented at the inquiry by a person who is entitled to practise in any part of the United Kingdom as a solicitor, an advocate or a barrister where in exceptional circumstances he considers such representation is necessary or desirable.

508 Rule 44 (1): Every prisoner shall be entitled to keep in his room or cell such items of property as may be specified in a direction by the Secretary of State.

überwachten Schriftwechsel mit einem Rechtsbeistand wurde in Rule 48-52 nie-dergelegt.[509] Die *Prisoners and Young Offenders Institution (Scotland) Rules 1994* wurden, nachdem bereits zahlreiche Vorschriften reformiert worden waren, durch die *Prisons and Young Offender Institutions (Scotland) Rules 2006* abge-löst. Diese stellten in Rule 3 (1) ausdrücklich klar, dass die Regelungen auch für Haftanstalten galten, die von privaten Anbietern geführt wurden. Jedoch wurden die *Prisons and Young Offender Institutions (Scotland) Rules 2006* bereits nach fünf Jahren durch die *Prisons and Young Offenders Institutions (Scotland) Rules 2011* abgelöst, die am 01. November 2011 in Kraft traten und die derzeit gültigen Regelungen darstellen.

4.3.2 Gegenwärtige Regelungen

Wie bereits gezeigt, hat die schottische Regierung seit Erlass des *Scotland Act of 1998* die Kompetenz, eigene strafvollzugsrechtliche Regelungen zu erlassen. Diese Kompetenz hat sie zuletzt durch Erlass der *Prisons and Young Offenders Institutions (Scotland) Rules 2011* in Anspruch genommen. Die Regelungen sind in 18 Abschnitte unterteilt und umfassen neben *Part I, General* themenspezifische Abschnitte wie etwa zum Aufnahmeverfahren – *Part 2, Reception, Records, Categorisation and Allocation* oder *Part 5 – Health and Welfare*. Vor dem Hintergrund der beschriebenen Vollzugspraxis bezüglich des Kontakts von Gefangenen zur Außenwelt ist *Part 8 – Communications* – relevant, der detailliert beschreibt, welche Postsendungen welchen Beschränkungen unterliegen. Rule 57 regelt etwa den Umgang mit privilegierter Verteidigerpost. Diese darf grundsätzlich nicht geöffnet und gelesen werden, es sei denn, es bestehen Anhaltspunkte dafür, dass die Sendung verbotene Gegenstände oder Informationen enthält, die die Sicher-

---

509 Rule 49: (1): This rule applies only to letters and packages which – (a) are addressed to a court and which a prisoner gives to an officer for the purpose of posting to that court; or (b) are sent to a prisoner at the prison by a court. (2) A prisoner who wishes to send a letter or package to a court shall mark prominently on the outer face of the envelope or packaging the words „Legal Correspondence" as well as his own name. (3) Any letter or package to which this rule applies shall not be opened by an officer except where paragraph (5) applies. (4) The contents of any letter or package to which this rule applies shall not be read by an officer. (5) Any letter or package which a prisoner wishes to send to a court may only be opened where–(a) the officer has cause to believe that it contains a prohibited article; (b) he has explained to the prisoner concerned why he has such cause; and (c) the prisoner concerned is present. (6) Where a letter or package to which this rule applies is found to contain any prohibited article the Governor shall seize and detain that article. (7) For the purposes of this rule, „court" includes the European Court of Justice, the European Court of Human Rights, the European Commission of Human Rights and the Parole Board for Scotland.

heit der Anstalt oder einer Person gefährden oder in Verbindung mit einer kriminellen Aktivität stehen. In diesem Fall muss der Strafvollzugsbeamte dem Gefangenen den Sachverhalt erklären und dieser bei der Öffnung der Postsendung zugegen sein. Zudem muss der Anstaltsleiter in diesen Fällen den Gefangenen vorab über die geplante Öffnung der Post informieren und die Entscheidung begründen.

Außerdem ist in Rule 60 vorgesehen, dass sich dritte Personen an die Anstalt wenden können, wenn sie verhindern wollen, dass Gefangene mit ihnen Kontakt aufnehmen. Dann ist der Anstaltsleiter angehalten, alle erforderlichen Schritte zu unternehmen, um eine schriftliche oder telefonische Kontaktaufnahme zu verhindern. Rule 61 sieht vor, dass Gefangene wöchentlich auf Kosten des *Scottish Ministers* einen Brief schreiben dürfen und ihnen der hierfür erforderliche Briefumschlag, Papier und Stift zur Verfügung gestellt wird. Die Rechtsstellung des Gefangenen hat sich durch die Einführung der *Prisons and Young Offenders Institutions (Scotland) Rules 2011* im Vergleich vor Vorgängerregelung deutlich verbessert. An vielen Stellen werden Rechte von Gefangenen ausdrücklich und unmissverständlich benannt.

4.4 Verwaltungsaufbau im Strafvollzug

4.4.1 England und Wales

Für den Strafvollzug in England und Wales[510] ist als übergeordnete Behörde zunächst der 2004 gegründete *National Offender Management Service (NOMS)*[511] zuständig, der dem *Ministry of Justice* untersteht. Der *HM Prison Service* ist Teil des *National Offender Management Service* und für alle Gefängnisse zuständig, die von der öffentlichen Hand betrieben werden. Daneben ist der *NOMS* für die Bewährungshilfe, das Übergangsmanagement und die Koordinierung der privatisierten Strafvollzugsanstalten zuständig. *NOMS* wird seit 2010 von *Michael Spurr* geleitet, der 1983 als Strafvollzugsbeamter in den Dienst des

---

510 Bzgl. des Systems und der Organisation des Strafvollzugs in Deutschland vgl. auch *Kett-Straub/Streng* 2016, S. 31 ff.; *Laubenthal* 2015, S. 175 ff.

511 Die Tätigkeit und Aufgaben beschreibt der *National Offender Management Service* wie folgt: „The National Offender Management Service (NOMS) is an Executive Agency of the *Ministry of Justice* (MoJ). Our role is to commission and provide offender management services in the community and in custody ensuring best value for money from public resources. We work to protect the public and reduce reoffending by delivering the punishment and orders of the courts and supporting rehabilitation by helping offenders to reform their lives.", vgl. *National Offender Management Service* 2014a.

HM Prison Service eingetreten ist, anschließend als Anstaltsleiter tätig war und 2003 *Director of Operations* des *HM Prison Service Agency Board* wurde.

Die Tätigkeit des National Offender Management Service richtet sich nach dem sog. *Agency Framework Document*, das zwischen dem Chief Executive of NOMS, dem Secretary of State for Justice und dem Chief Secretary of the Treasury im April 2011 geschlossen wurde.[512] Seither spielen Effizienzgesichtspunkte eine große Rolle. Nach eigenen Angaben, konnte NOMS zwischen 2011/12 und 2013/14 rund 20% bzw. £ 750 Millionen einsparen.[513]

Die gewünschten Effizienzsteigerungen und Einsparungen werden auch durch Kürzungen bei Behandlungsprogrammen erreicht, was bei langfristiger Betrachtung zu negativen Folgen bei der erfolgreichen Wiedereingliederung von Gefangenen führen dürfte. Als Beispiel für diese Entwicklung kann die Reform der englischen und walisischen Bewährungshilfe (sog. *Probation Service*) herangezogen werden, die nicht nur weitgehend privatisiert wurde, sondern deren Tätigkeit auch zunehmend durch Effizienz- und Risikogesichtspunkte geprägt wird.[514]
Praktisch wird in England und Wales bspw. das in Kanada entwickelte sog. *Risk-Need-Responsivity model of rehabilitation* angewendet, das bei der Wiedereingliederung von Straftätern eine resourcenintensive Priorisierung von „Hoch-Risiko"-Tätern vorsieht, da diese statistisch die größte Wahrscheinlichkeit aufweisen, von den angebotenen Programmen zu profitieren.[515] Die Bewährungshilfe wurde durch aktuelle Reformbestrebungen, die vom ehemaligen Justizminister *Chris Grayling* angestoßen wurden, weiter aufgespalten, so dass sich die Zuständigkeit des ursprünglichen *Probation Service* auf „Hoch-Risiko"-Täter beschränkt, während Straffällige, die eine niedrige oder mittlere Risikobewertung aufweisen, von den neu geschaffenen privaten sog. *Community Rehabilitation Companies* betreut werden. Damit wurden 2014 ca. 70% der englischen und walisischen Bewährungshilfe privatisiert und durch 21 lokale sog. *Community Rehabilitation Companies* ersetzt.[516] Zwei dieser privaten Anbieter, die ca. 50% der Bewährungshilfe in England und Wales anbieten, erwägen ihre Dienste aufgrund von steigender Arbeitsbelastung und sinkenden Einnahmen einzustellen.[517]

---

512 *Livingstone/Owen/Macdonald* 2015, S. 32.

513 *National Offender Management Service* 2014a, S. 6.

514 *Robinson* 2016, S. 43 ff.

515 *Robinson* 2016, S. 44.

516 *Brewer* 2017.

517 *Travis* 2017b.

Zu den Aufgaben des *HM Prison Services* gehört es, Gefangene sicher zu inhaftieren, deren Rückfallrisiko zu reduzieren und sichere, geordnete Haftanstalten zur Verfügung zu stellen, die Gefangene menschlich und entsprechend der gesetzlichen Vorgaben behandeln. Die Geschichte des *HM Prison Service* lässt sich bis ins Jahr 1877 zurückverfolgen, der Geburtsstunde eines einheitlichen nationalen Strafvollzugssystems.[518]

4.4.2 Schottland

Ausgangspunkt für Überlegungen hinsichtlich des Verwaltungsaufbaus im Strafvollzug in Schottland bildet der *Prisons (Scotland) Act 1989*. Section 1 dieses Gesetzes normiert, dass für strafvollzugsrechtliche Angelegenheiten zunächst der *Secretary of State* zuständig ist:

„*All powers and jurisdiction in relation to prisons and prisoners which before the commencement of the Prisons (Scotland) Act 1877 were exercisable by any other authority shall, subject to the provisions of this Act, continue to be exercisable by the Secretary of State.*"

Der schottische Strafvollzug befindet sich unter der Leitung des *Scottish Prison Service*, der 1993 gegründet wurde und seinen Sitz in Edinburgh hat. Dieser ist Teil der öffentlichen Verwaltung und dem schottischen Parlament rechenschaftspflichtig. Das geschieht einerseits mittels des jährlichen *Delivery Plans*, andererseits in Form des alle drei Jahre erscheinenden *Corporate Plans*.[519] Zu den wesentlichen Aufgaben des *Scottish Prison Service* gehört nach eigenen Angaben:

„*Our core functions are defined by legislation; we are required to deliver custodial and rehabilitation services for those sent to us by the courts. Our principle objective is to contribute to making Scotland Safer by Protecting the Public and Reducing Re-offending. We aim to achieve this by ensuring the delivery of secure custody, safe and ordered prisons, decent standards of care and opportunities for those in our care to develop in a way that helps them re-integrate into the community on release.*"[520]

---

518 *Harding u. a.* 1985, S. 199.

519 Abrufbar über die Internetseite des *Scottish Prison Service*, vgl. www.sps.gov.uk (Abruf am 06.04.2017).

520 *Scottish Prison Service* 2016b, S. 1.

Daneben ist der *Scottish Prison Service* für die Durchführung von Resoziali-sierungsprogrammen auch außerhalb des Vollzugs verantwortlich. Die Anstalts-leiter des *Scottish Prison Service* werden als *Governor* bezeichnet und werden in größeren Haftanstalten von einem stellvertretenden Anstaltsleiter, dem sog. *Deputy governor*, unterstützt. In den privatisierten Gefängnissen (HMP Kilmar-nock und HMP Addiewell) gibt es keinen *Governor* als Anstaltsleiter, sondern einen *Director*, der Angestellter des privaten Anbieters ist. Dieser untersteht je-doch einem sog. *Controller*, den der schottische Justizminister ernennt.[521] Da-durch wird sichergestellt, dass wesentliche Entscheidungen nicht vom privaten Anbieter alleine, sondern in enger Absprache mit dem *Scottish Prison Service* getroffen werden. Neben den Anstaltsleitern und den zahlreichen innerhalb der Anstalt tätigen Vollzugsbediensteten, spielen die Beamten, die am Hauptsitz des *Scottish Prison Service* in Edinburgh tätig sind, eine zentrale Rolle im schotti-schen Strafvollzugssystem.[522]

Um den Verwaltungsaufbau und die Tätigkeit des *Scottish Prison Service* zu verstehen, bedarf es eines Überblicks über die Tätigkeit sonstiger Akteure, die für die Strafvollzugsverwaltung von Bedeutung sind. Die *Scottish Ministers* sind für die grundsätzliche Ausrichtung des schottischen Justizsystems zuständig und tref-fen die wesentlichen kriminalpolitischen Entscheidungen.[523] Der *Director General (Learning and Justice)* dient der Entlastung der *Scottish Ministers* und befasst sich etwa mit Fragen der operativen Effizienz des *Scottish Prison Service*. Darüber hinaus vertritt er die Interessen der schottischen Regierung.[524] Der *Chief Execu-tive* ist für die Einhaltung der Ziele des *Scottish Prison Service* verantwortlich. Kritische körperschaftliche und operative Angelegenheiten des *Scottish Prison Service* werden innerhalb der *Executive Management Group* diskutiert, denen die Direktoren der Bereiche *Operations, strategy* und *innovation* angehören.[525] Das *Advisory Board* ist für strategische Fragen, Risikoanalysen und Performance-Fragen des *Scottish Prison Service* zuständig und wird vom *Chief Executive* gelei-tet.[526] Ihm gehören zusätzlich vier externe sog. *Non-executive director members*

---

521 *Thomson* 2013, S. 67.

522 *Adler/Longhurst* 1994, S. 6.

523 *Scottish Prison Service* 2016b, S. 2.

524 *Scottish Prison Service* 2016b, S. 3.

525 *Scottish Prison Service* 2016b, S. 4.

526 *Scottish Prison Service* 2016b, S. 5.

an. Zur Unterstützung des *Accountable Officer* bei wesentlichen Entscheidungen wird das *Risk Monitoring and Audit Committee* tätig.[527]

Der unabhängige *HM Chief Inspector of Prisons for Scotland* erstattet dem Parlament Bericht über Haftbedingungen und die Behandlung von Gefangenen in Schottland. Daneben gibt es sog. *Independent Prison Monitors*, deren Tätigkeit in der *Public Service Reform (Inspection and Monitoring of Prisons) (Scotland) Order 2015* geregelt ist. Das aktuelle System der unabhängigen Gefängnisinspektoren in Schottland wurde am 31. August 2015 etabliert. Hierfür wurden 120 ehrenamtlich tätige Inspektoren aus der schottischen Bevölkerung rekrutiert, die im Zeitraum vom 31. August 2015 bis 31. März 2016 über 500 Gefängnisinspektionen vorgenommen haben.[528]

4.5 Rechtsschutz im Strafvollzug

4.5.1 Einleitung

Die Möglichkeit für Gefangene, gerichtlichen Rechtsschutz zu erlangen, ist Ausprägung von Art. 6 Abs. 1 EMRK, der wie gezeigt auch Geltung im Vereinigten Königreich hat. Dies wurde bereits in den 1970er Jahren aufgrund eines Verfahrens, das der britische Häftling *Golder* angestrengt hatte, vom Europäischen Gerichtshof für Menschenrechte bestätigt.[529] Der Fall war insoweit richtungsweisend, als er dazu beigetragen hat, die Rechtsschutzmöglichkeiten von Gefangenen im Vereinigten Königreich zu verbessern. Hintergrund waren Gefängnisunruhen, bei denen ein Strafvollzugsbeamter verletzt wurde und der Gefangene *Golder* unter Verdacht stand, für die Unruhen und die Verletzung mitverantwortlich gewesen zu sein. Der Gefangene wandte sich schriftlich an den Parlamentsabgeordneten seines Bezirks sowie an den *Chief Constable* (Polizeibeamter), um über den Vorfall und die für ihn daraus folgenden Konsequenzen zu berichten. Die Briefe wurden vom Gefängnisdirektor einbehalten. Darüber und über die Untersagung des Innenministers, diesbezüglich einen Anwalt zu kontaktieren, beschwerte sich *Golder* beim Europäischen Gerichtshof für Menschenrechte.

Der Gerichtshof bewertete die Versagung des Zugangs zu einem Anwalt und damit die Möglichkeit der Einreichung einer Klage als klaren Verstoß gegen

---

527 *Scottish Prison Service* 2016b, S. 6.

528 *HM Chief Inspectorate of Prisons for Scotland* 2016a, S. 6.

529 *Golder v. UK*, Application no. 4451/70, Urteil vom 21. Februar 1975; vgl. insoweit auch *Easton* 2011, S. 124; *Obi* 2013, S. 18; *van Zyl Smit* 2007, S. 568.

Art. 6 Abs. 1 EMRK. Im Folgenden wurden neue Verwaltungsrichtlinien (sog. *Prison Service Instructions*) erlassen, nach denen Gefangene einen Rechtsbeistand kontaktieren dürfen, um Rechtsschutz zu erhalten und eine etwaige Klage einzureichen.[530]

Dies wurde in einem weiteren Verfahren vor dem Gerichtshof im Fall *Silver and others v. the UK* aus dem Jahr 1983 bestätigt und die Rechtsschutzpraxis weiter verbessert.[531] Hier wandten sich *Silver and others* mit Erfolg gegen die bis dato gängige Praxis, dass Gefangene zunächst die Erlaubnis des Innenministers einholen mussten, bevor sie einen Rechtsbeistand kontaktieren durften. Dies wurde vom Gerichtshof als Verstoß gegen Art. 6 Abs. 1 EMRK sowie Art. 8 EMRK gewertet.

Im Verfahren *Campbell and Fell v. the UK* aus dem Jahr 1984 wandten sich die Beschwerdeführer erfolgreich an den Gerichtshof mit der Rüge der Verletzung der Art. 6 Abs. 1, Abs. 3 b, c; Art. 8; Art. 13 EMRK. Vom nationalen Recht waren für die Entscheidung der *Prison Act 1952* und die daraufhin erlassenen *Prison Rules 1964* relevant. Der irische Gefangene *Campbell* war seit 1973 aufgrund einer Vielzahl von Delikten, u. a. aufgrund der Verabredung zu einem bewaffneten Raubüberfall zu zehn Jahren Freiheitsstrafe verurteilt. Beim zweiten Beschwerdeführer *Fell* handelte es sich um einen römisch-katholischer Priester, der u. a. aufgrund der Verabredung zur Begehung von Brandstiftung und Sachbeschädigung zu zwölf Jahren Freiheitsstrafe verurteilt worden war. Beide Beschwerdeführer wurden verdächtigt der *Irish Republican Army* anzugehören, was die Beschwerdeführer jedoch verneint hatten. Sie wurden als sog. *Category A prisoners* eingestuft, d. h. als besonders gefährliche Gefangene, die in Hochsicherheitsgefängnissen unterzubringen waren. Am 16. September 1976 kam es in der Haftanstalt *Albany Prison*, in der die Beschwerdeführer inhaftiert waren, zu einem Zwischenfall, bei dem die Beschwerdeführer verdächtigt wurden, teilgenommen zu haben.

Im Anschluss kam es zu einer rechtlichen Auseinandersetzung zwischen den Gefangenen *Campbell, Fell* und dem Gefängnisdirektor über den genauen Ablauf des streitigen Geschehens. *Campbell, Fell* und vier weitere Gefangene hatten an einem Sitzstreik in einem Korridor teilgenommen, um gegen die Behandlung eines anderen Gefangen zu protestieren. Der Protest wurde von Strafvollzugsbeamten aufgelöst, wobei neben einigen Beamten beide Beschwerdeführer verletzt wurden. *Campbell* wurde dabei so schwer verletzt, dass er in das *Parkhurst Prison* Krankenhaus verlegt werden musste. Im anschließenden Disziplinarverfahren gegen die Beschwerdeführer wurde ihnen durch das *Board of Visitors*

---

530 *Easton* 2011, S. 124.

531 *Silver and others v. the UK,* Application no. 5947/7, Urteil vom 25. März 1983.

und den Gefängnisdirektor beiden Gefangenen eine vorzeitige Haftentlassung von 570 Tagen gestrichen. Hierdurch hatte sich die Haftzeit entgegen den Erwartungen der Beschwerdeführer verlängert. In diesem Disziplinarverfahren war es nicht vorgesehen, dass den Beschwerdeführern ein Rechtsbeistand zur Seite stand, was vom Gerichtshof als Verletzung von Art. 6 Abs. 1 EMRK und Art. 8 EMRK gewertet wurde. Hintergrund war die Praxis der Strafvollzugsbehörden, die zwischen einem sog. *Right* und einem *Privilege* unterschieden. Die Gewährung der vorzeitigen Haftentlassung und die nachträgliche Aufhebung derselben, war Gegenstand des Verfahrens vor dem Gerichtshof und wurde von diesem, anders als von den Strafvollzugsbehörden als subjektives Recht und nicht als reines Privileg angesehen. Folglich hätte den Beschwerdeführern ein Rechtsbeistand zur Verfügung gestellt werden müssen, was nicht geschehen war. Aufgrund der Entscheidung des Gerichtshofs wurde die diesbezügliche Praxis der Strafvollzugsbehörden geändert.

Ein weiteres Verfahren vor dem Europäischen Gerichtshof für Menschenrechte, die Rechte von Gefangenen betreffend, wurde 1992 von einem anderen, gleichnamigen Gefangenen *Campbell* angestrebt.[532] Dem gingen zahlreiche Beschwerden auf nationaler Ebene durch *Campbell* voraus, die sich primär gegen die in Schottland gängige Praxis der Öffnung der Post richteten. Der Gefängnisdirektor in *Peterhead* wies jegliche Beschwerden ab, der Antrag durch den Rechtsbeistand von *Campbell* auf Prozesskostenhilfe wurde durch das *Supreme Court Legal Aid Committee* aufgrund fehlender Nachvollziehbarkeit der Beschwerde abgewiesen. Die daraufhin eingereichte Beschwerde blieb erfolglos. Streitig war die Auslegung von Vorschriften des *Prisons (Scotland) Act 1952* bzw. der Nachfolgeregelung *Prisons (Scotland) Act 1989*. Gemäß Section 35 dieses Gesetzes hatte der Innenminister die *Prison Rules* sowie Verwaltungsvorschriften in Form von *Standing Orders* und *Circular Instructions* erlassen. Nachdem die Beschwerden von *Campbell* auf nationaler Ebene keinen Erfolg hatten, wandte er sich an den Gerichtshof, der im Sinne des Beschwerdeführers entschied. Es wurde entschieden, dass alle Briefe von Gefangenen an deren Rechtsbeistände vom Schutz des Art. 8 EMRK umfasst seien, ganz gleich aus welchem Anlass die Briefe geschrieben werden. Folglich untersagte der Gerichtshof die Öffnung von besonders geschütztem Briefverkehr. Ausnahmen seien nur möglich, wenn ein begründeter Verdacht bestünde, dass die Sicherheit der Anstalt gefährdet sei. In diesem Fall wurde eine Öffnung des Briefes lediglich in Beisein des Gefangenen gestattet.

---

532 *Campbell v. UK*, Application no. 135900/88, Urteil vom 25. März 1992.

Dies zeigt, dass sich Rechte von Gefangenen nicht nur aus der Europäischen Menschenrechtskonvention, sondern auch aus den *Prison Rules* ableiten lassen. Verstöße gegen die *Prison Rules* können individualrechtlich lediglich im Hinblick auf die zulässige Ausübung des Ermessens überprüft werden. Es erwachsen hieraus keine privatrechtlichen Schadensersatzansprüche. Vor der Einführung des *Human Rights Act 1998* erfolgte die Ermessensüberprüfung anhand des sog. *Wednesbury test*, der auf eine Entscheidung aus dem Jahr 1948 zurückging.[533] Der *Human Rights Act 1998* verschaffte der Europäischen Menschenrechtskonvention im Vereinigten Königreich Gültigkeit und führte zu tiefgreifenden Veränderungen im Bereich des Strafvollzugssystems. Die *Prison Rules* wurden seinerzeit nicht als sog. *Primary legislation* erlassen, sondern unter Anwendung der Section 47 (1) des *Prison Act 1952*. Das hat insoweit Auswirkungen, als die *Prison Rules* seit der Einführung des *Human Rights Act* an diesem gemessen werden und die dort verbrieften Mindeststandards erfüllen müssen.[534] Damit hat sich auch die komplizierte Rechtslage hinsichtlich der Frage der Rechtsverbindlichkeit der *Prison Rules* deutlich vereinfacht, wenngleich die Frage für einzelne zivilrechtliche Ansprüche relevant bleibt.[535]

Die Inkorporierung der EMRK als nationales Recht hatte Auswirkung auf die Behandlung und Unterbringung von Gefangenen. Zudem führte sie dazu, dass Verstöße gegen die Europäische Menschenrechtskonvention nunmehr justiziabel wurden und vor dem Europäischen Gerichtshof für Menschenrechte gerügt werden können. Auf nationaler Ebene werden strafvollzugsrechtliche Ermessensentscheidungen seit einer Entscheidung aus dem Jahr 2001 anhand eines – im kontinentaleuropäischen Recht bereits bekannten – Kriteriums der Verhältnismäßigkeit überprüft.[536] Dies betrifft beispielsweise die Frage der Kategorisierung von Häftlingen, die je nach Gefährlichkeit in die Kategorie A-D eingestuft werden. Die Gründe für die entsprechende Einstufung werden den Gefangenen mitgeteilt und diese können sie ggfs. gerichtlich überprüfen lassen. Das Gleiche gilt für

---

533 *Associated Provincial Picture Houses v Wednesbury Corporation* (1948) 1 KB 233. Die Kriterien anhand derer die Ermessensentscheidung einer öffentlichen Stelle überprüft wurde, lauteten: „*So outrageous in its defiance of logic or accepted moral standards that no sensible person who had applied his mind to the question to be decided could have arrived at it.*"

534 *Livingstone u. a.* 2008, S. 20.

535 *Livingstone u. a.* 2008, S. 20.

536 *R v. Secretary of State for the Home Department ex parte Daly* (2001) UKHL 26.

Entscheidungen, ob Häftlinge, die besonders lange IPP-Strafen (sog. *Imprisonment for Public Protection*) verbüßen, an speziellen Trainingsprogrammen teilnehmen dürfen oder nicht.[537]

Gefangenen können zudem privatrechtliche Schadensersatzansprüche geltend machen, die sich jedoch immer gegen Individuen richten, wobei der Staat zumindest mittelbar herangezogen werden kann, sofern das Individuum in dessen Auftrag tätig geworden ist.[538] Zu den in Betracht kommenden Ansprüchen zählen etwa sog. *Negligence claims*, sofern die Strafvollzugsverwaltung die im Verkehr erforderliche Sorgfalt fahrlässig außer Acht lässt und es beispielsweise versäumt, für die Sicherheit des Gefangenen zu sorgen oder medizinische Behandlungsfehler im Vollzug begangen werden.[539] Sog. *Assault and battery*-Klagen kommen in Betracht, wenn die persönliche Integrität des Gefangenen betroffen ist – etwa im Falle der unrechtmäßigen Anwendung körperlicher Gewalt durch Strafvollzugsbeamte.[540] Im Falle der vorsätzlichen Rechtsverletzung durch eine öffentliche Stelle wie der Strafvollzugsverwaltung, kommen sog. *Misfeasance in public office*-Ansprüche in Betracht.[541]

4.5.2 Das Beschwerderecht von Gefangenen

4.5.2.1 Das Beschwerderecht in England und Wales

Das Beschwerderecht von Gefangenen in England und Wales[542] richtet sich nach Rule 11 der *Prison Rules 1999*, wonach für Beschwerden entweder die Anstaltsleitung oder der sog. *Independent Monitoring Board* zuständig ist:

„*(1) A prisoner may make a request or complaint to the governor or independent monitoring board relating to the prisoner's imprisonment;*

(2) the governor shall consider as soon as possible any requests and complaints that are made to him under paragraph (1).

(3) A written request or complaint under paragraph (1) may be made in confidence."

---

537 Vgl. *Easton* 2011, S. 33; *Secretary of State for Justice v. James* (2009) UKHL 6 May 2009.

538 *van Zyl Smit* 2007, S. 575.

539 *van Zyl Smit* 2007, S. 575; *Livingstone/Owen/Macdonald* 2015, S. 69.

540 *Livingstone/Owen/Macdonald* 2015, S. 76.

541 *Livingstone/Owen/Macdonald* 2015, S. 79 ff.; *van Zyl Smit* 2007, S. 576.

542 Bzgl. des Beschwerderechts von Gefangenen in Deutschland vgl. auch *Laubenthal* 2015, S. 564 ff.

Ein effektives und faires Beschwerdesystem ist zentral für die Belange von Gefangenen. Dies ist auch in den Empfehlungen 70.1 ff der *Europäischen Strafvollzugsgrundsätze* niedergelegt, in denen es heißt, dass „Gefangene (...) ausreichend Gelegenheit erhalten (müssen), sich mit Anträgen oder Beschwerden an den/die Anstaltsleiter/in oder an sonstige zuständige Behörden zu wenden". Die Empfehlung 70.2 hebt hervor, dass in geeigneten Fällen ein Mediationsverfahren genutzt werden soll. Ausdrücklich wird in der Empfehlung 70.3 darauf hingewiesen, dass ein von der Strafvollzugsverwaltung unabhängiges System zur Verfügung stehen sollte, falls die Beschwerde des Gefangenen zurückgewiesen wird. Wichtig ist auch, dass Gefangene nicht aufgrund der Einlegung einer Beschwerde bestraft werden dürfen (Empfehlung 70.4). Die Empfehlung 70.7 betrifft das Recht der Gefangenen, sich in einem Beschwerdeverfahren anwaltlich beraten und vertreten zu lassen, wenn dies im Interesse der Rechtspflege geboten ist.

Das Beschwerdesystem in Haftanstalten in *England und Wales* wurde auch aufgrund von Empfehlungen des *Woolf-Reports* aus dem Jahr 1991 weitgehend reformiert.[543] Darin wurde vor allem kritisiert, dass im bis dato gültigen Beschwerdesystem dem zuständigen Strafvollzugsbeamten ein weit gefasster Beurteilungsspielraum eingeräumt war, wie mit der Beschwerde zu verfahren sei. Außerdem wurde das Fehlen einer, von der Strafvollzugsverwaltung unabhängigen Beschwerdestelle, kritisiert. Weitgehende Reformen waren in der *Prison Service Order 2510* aus dem Jahr 2002 enthalten. Die Reformen betrafen etwa die Frage der getrennten Behandlung von Beschwerden und Anträgen. Außerdem wurde vorgesehen, dass auf jeder Etage des Gefängnisses Antrags- und Beschwerdeformulare und frei zugängliche Briefkästen zur Verfügung stehen müssen. Die verschlossenen Briefkästen, die Gefangene für ihre Beschwerden nutzen, müssen jeden Tag (mit Ausnahme von Sonn- und Feiertagen) geleert werden.

Ein detaillierter Ablauf des gegenwärtigen Beschwerdeverfahrens ist in der *Prison Service Instruction 02/2012* geregelt.[544] Danach wird das Beschwerdesystem als zentral für den Haftalltag gewertet, um sicherzustellen, dass Gefangene fair und human behandelt werden.[545] Das Beschwerdesystem trägt außerdem dazu bei, dass das Vertrauen der Gefangenen in das Vollzugsregime und persönliche Beziehungen gestärkt sowie Spannungen reduziert werden.[546] Gefangene sind nicht verpflichtet, das formale Beschwerdesystem zu nutzen, um ihr Anliegen

---

543 *Woolf Report* 1991, S. 417.

544 Siehe Anhang 1: Beschwerdeformular für englische und walisische Gefangene.

545 *Prison Service Instruction 02/2012*, S. 2.

546 *Prison Service Instruction 02/2012*, S. 2.

vorzutragen. Jedoch darf ihnen die Nutzung des Beschwerdesystems auch nicht zum Nachteil gereichen. In der Regel müssen Beschwerden binnen drei Monaten nach dem Vorfall, der Ursache für die Beschwerde ist, eingereicht werden. Gefangene können ihre Beschwerden schriftlich, durch Nutzung des Beschwerdeformulars zurückziehen, aber es liegt im Ermessen des leitenden Strafvollzugsbeamten, die Untersuchung des Vorfalls dennoch fortzuführen.[547] Sofern die Beschwerde als berechtigt angesehen wird, müssen die notwendigen Maßnahmen ergriffen werden. Wird die Beschwerde abgewiesen, muss der Gefangene eine schriftliche Begründung erhalten. Das interne Beschwerdesystem ist zweistufig aufgebaut. Sofern Gefangene mit dem Ergebnis ihrer Beschwerde nicht zufrieden sind, können sie Einspruch gegen das Ergebnis einlegen (sog. *Appeal stage 2*). Beschwerden können auch vertraulich, in einem verschlossenen Umschlag, direkt an die Anstaltsleitung, den sog. *Deputy Director of Custody* oder das sog. *Independent Monitoring Board* gerichtet werden.

Für die Bearbeitung der Beschwerden gelten folgende Fristen: Nach Einlegung der Beschwerde durch den Gefangenen muss der Gefangene binnen fünf Werktagen eine Antwort auf seine Beschwerde erhalten. Sofern sich die Beschwerde gegen einen Strafvollzugsbeamten richtet, beträgt die Frist zehn Werktage.[548] Für sog. *Appeal stage 2*-Beschwerden gilt ebenfalls grundsätzlich eine Fünf-Tages-Frist. Bei Beschwerden, die sich gegen Strafvollzugsbeamte richten, gilt im *Appeal stage 2*-Verfahren eine Zehn-Tages-Frist. Es besteht zudem die Möglichkeit sich vertraulich direkt bei der Anstaltsleitung zu beschweren. In diesem Fall gilt ebenfalls eine Frist von fünf Tagen. Außerdem können sich Gefangene beim sog. *Deputy Director of Custody* beschweren. Für derartige Beschwerden gilt eine Frist von sechs Wochen. Sofern innerhalb der vorgegebenen Fristen keine abschließende Stellungnahme verfasst werden kann, muss dem Gefangenen eine vorläufige Stellungnahme ausgehändigt werden.

Als externe Beschwerdestelle stehen den Gefangenen die sog. *Independent Monitoring Boards (IMB)* in jedem Gefängnis zur Verfügung.[549] Seit Einführung des *Prison Act 1952* ist es Vorschrift, dass in jeder englischen und walisischen Haftanstalt ein *Independent Monitoring Board* vorhanden ist. Dieses setzt sich aus ehrenamtlichen Personen zusammen, die durchschnittlich zwei bis drei Tage

---

547 *Prison Service Instruction 02/2012*, S. 5.

548 *Prison Service Instruction 02/2012*, Annex B.

549 *Prison Service Instruction 02/2012*, S. 7; Informationen zu den *Independent Monitoring Boards* sind auch unter folgendem Link abrufbar: https://www.imb.org.uk/about-us/ (Abruf am 12.07.2017).

pro Monat tätig sind. Ihre Aufgabe besteht darin, den Alltag in Strafvollzugsanstalten und Abschiebehafteinrichtungen zu begleiten und somit dazu beizutragen, dass die gültigen Standards für den Umgang mit Gefangenen eingehalten werden. Die Mitglieder der *Independent Monitoring Boards* haben unbeschränkten Zugang zu dem Gefängnis und der Abschiebehafteinrichtung in der sie tätig sind und sie haben das Recht, jederzeit ungestört mit einem Gefangenen zu sprechen. Gefangene können einen vertraulich zu behandelnden Antrag stellen um mit einem Mitglied des *Independent Monitoring Boards* zu sprechen. Übliche Beschwerden umfassen etwa abhandengekommenes Eigentum, Besuche von Familienmitgliedern oder Freunden, besondere religiöse Erfordernisse, aber auch schwerwiegende Vorwürfe wie etwa Schikanierungen. Im Anschluss an die Untersuchung durch die *Independent Monitoring Boards* können sich deren Mitglieder an den Anstaltsleiter wenden und empfehlen die streitige Angelegenheit erneut mit den zuständigen Beamten zu klären. Alternativ können sich die Mitglieder der Boards direkt an den *Secretary of State* wenden und ihm von dem Vorfall berichten. Außerdem begleiten die *Independent Monitoring Boards* Maßnahmen, die nach dem Tod eines Gefangenen durch die Anstalt getroffen werden.

Jedes Jahr verfassen die *Independent Monitoring Boards* Berichte für den Innenminister über ihre Tätigkeit in der betreffenden Anstalt, die veröffentlicht werden. So heißt es etwa in dem Jahresbericht 2016 des *Independent Monitoring Board*, das in der Anstalt HMP Pentonville[550] in London tätig ist, dass diese viktorianische Anstalt dringend ersetzt werden müsse oder die Belegung deutlich zurückgehen sollte.[551] Der Zustand wurde als besorgniserregend beschrieben und die mangelnde Organisation führe etwa dazu, dass Gefangene bis Montagmorgen nicht wüssten, wie die neue Woche ablaufen würde. Die Strafvollzugsbeamten würde häufig spontan in einem anderen Bereich eingesetzt, so dass Gefangene nicht wüssten, wer für sie zuständig sei. Ein großes Problem stelle der Zustand der viktorianischen Anstalt dar. Insgesamt neun viktorianische Haftanstalten sollen nun durch neue Gefängnisse ersetzt werden.

Obwohl nicht ausdrücklich normiert, können sich Gefangene mit einer Beschwerde auch an den Innenminister wenden, in dessen Zuständigkeitsbereich der Strafvollzug fällt.[552] Zudem können sich Gefangene über den für sie zuständigen Parlamentsabgeordneten an den *Parliamentary Commissioner for Administration*

---

550 Das HMP Pentonville wurde zwischen dem 30. März und dem 12. April 2016 auch von einem CPT-Komitee besucht, vgl. *CPT* 2017.

551 *Independent Monitoring Board Pentonville* 2016, S. 1 ff.

552 *Prison Service Instruction 02/2012*, Annex A; *Livingstone u. a.* 2008, S. 43.

wenden, sofern ihre Beschwerde auf einen Verwaltungsmissstand (sog. *Maladministration*) zurückgeht.[553] Diese Stelle wurde 1967 eingerichtet, sie untersucht Missstände und spricht Empfehlungen zu deren Behebung aus, die zwar nicht bindend sind, jedoch in der Regel beachtet werden. Der *Parliamentary Commissioner for Administration* wird zusammen mit dem *Health Service Ombudsman* als *Parliamentary and Health Service Ombudsman* bezeichnet.[554] Zahlenmäßig beschäftigt sich der *Parliamentary Commissioner for Administration* jedoch eher selten mit Angelegenheiten, die den Strafvollzug betreffen. Sein Zuständigkeitsbereich umfasst jegliche Beschwerden von Bürgern über Regierungsbehörden, den staatlichen Gesundheitsdienst *NHS* in England und sonstige staatliche Stellen. Im Jahresbericht 2014/15 waren 40 eingegangene Beschwerden aus dem Bereich des Strafvollzugs ausgewiesen, von denen drei untersucht wurden.[555] Im Vorjahr gingen 56 solcher Beschwerden ein, von denen vier näher untersucht wurden.[556]

Zudem steht Gefangenen als externe Beschwerdestelle der sog. *Prisons and Probation Ombudsman* zur Verfügung, den sie anrufen können, wenn sie zunächst interne Stellen ohne befriedigendes Ergebnis konsultiert haben. Außer für Strafgefangene, ist der *Prisons and Probation Ombudsman* auch für Beschwerden von Jugendlichen zuständig, die sich in *Secure Training Centres* befinden, sofern sie das dortige Beschwerdesystem bereits erfolglos durchlaufen haben. Außerdem umfasst die Zuständigkeit Straftäter, die unter Bewährung und mit dem *Probation Service* in Kontakt stehen und das dortige Beschwerdesystem bereits erfolglos in Anspruch genommen haben. Die letzte Gruppe, für die der *Prisons and Probation Ombudsman* zuständig ist, bilden Gefangene in Abschiebehafteinrichtungen, sog. *Immigration Removal Centres*, die sich dort vergeblich über Missstände beschwert haben.

Der Zugang zum *Prisons and Probation Ombudsman* wird vertraulich behandelt. Den entsprechenden Antrag muss der Antragsteller grundsätzlich binnen drei Monaten nach Erhalt der finalen, schriftlich begründeten Entscheidung der Strafvollzugsverwaltung stellen.[557] Grundsätzlich werden vom *Prisons and Probation Ombudsman* keine Fälle akzeptiert, die seit dem Bekanntwerden der Beschwerde auslösenden Umstände mehr als 12 Monate zurückliegen, es sei denn, dies beruht auf einem Versäumnis der Strafvollzugsverwaltung.[558] Die Fristen sind nicht als

---

553 *Easton* 2011, S. 130.

554 Weitere Informationen unter https://www.ombudsman.org.uk/ (Abruf am 09.08.2017).

555 *Parliamentary and Health Service Ombudsman* 2015, S. 40.

556 *Parliamentary and Health Service Ombudsman* 2015, S. 52.

557 *Prison Service Instruction 02/2012*, S. 7.

558 *Livingstone u. a.* 2008, S. 54.

starre Ausschlussfristen ausgestaltet, sondern unterliegen dem Ermessen des *Prisons and Probation Ombudsman.* Grundsätzlich werden Beschwerden innerhalb von zwölf Wochen nach Annahme der Beschwerde bearbeitet. Aufgrund des Erfordernisses der primären Inanspruchnahme des internen Beschwerdesystems, kommt eine Beschwerde beim Ombudsmann nur für Gefangene mit längeren Haftstrafen in Betracht bzw. ist für Gefangene mit kürzeren Haftstrafen nur von beschränktem Nutzen.

Die Ergebnisse der Untersuchungen sind nicht rechtsverbindlich, sondern haben nur empfehlenden Charakter. Dies ist insofern von Bedeutung, als Entscheidungen vom *Prisons and Probation Ombudsman* weder die Leistung von Schadensersatz bewilligen, noch sonst verbindliche Anordnungen treffen können. Sollte dies vom Gefangenen begehrt werden, muss er nach den Grundsätzen des *private law* oder des *Public law* gegen die Entscheidung vorgehen.[559] Der *Prisons and Probation Ombudsman* wird zwar aus Mitteln des *Ministry of Justice* finanziert, ist jedoch in seiner Tätigkeit unabhängig und berichtet die Ergebnisse seiner Untersuchungen dem Innenminister, der diese dem Parlament vorlegt. Die Schaffung einer von der Gefängnisverwaltung unabhängigen Beschwerdestelle geht auf den *Woolf Report* aus dem Jahr 1990 zurück.[560] Darin hieß es

„*In our view, a Prisons Ombudsman – with a broad remit not just ‚maladministration' as is the case the Parliamentary Commissioner for Administration – should be established forthwith*".

Hierdurch sollte das ganze Beschwerdesystem verbessert und gestärkt werden. Die externe Beschwerdestelle sollte subsidiären Charakter haben, so dass die Inanspruchnahme des *Prisons and Probation Ombudsman* eher die Ausnahme bleiben sollte. Die Gefängnisverwaltung sah die Einführung dieses Instruments in ihrer Stellungnahme für den *Woolf Report* kritisch und präferiert eine Verbesserung des gängigen Systems, was jedoch von *Lord Woolf* zurückgewiesen wurde.[561] Der *Prison Ombudsman* wurde 1994 kraft Kompetenz des Innenministers eingeführt und ist seit 2001 auch für Beschwerden das Bewährungssystem betreffend zuständig.[562] Seit 2004 untersucht der *Prisons and Probation Ombudsman* als unabhängige Stelle außerdem Todesfälle im Strafvollzug.

---

559 *Livingstone u. a.* 2008, S. 60.

560 *Woolf Report* 1991, S. 419.

561 *Woolf Report* 1991, S. 419.

562 *Livingstone u. a.* 2008, S. 51; die Kompetenz des Innenministers für den Strafvollzug geht auf den *Prison Act* 1952 zurück.

Die Tätigkeit des *Prisons and Probation Ombudsman* wird in jährlichen Berichten zusammengefasst, die Aufgabe wird dort wie folgt beschrieben: „*To carry out independent investigations to make custody and community supervision safer and fairer*".[563] Der *Prisons and Probation Ombudsman* wird nur auf berechtigte Beschwerden von Gefangenen hin tätig, außenstehende Personen können keine Beschwerde einreichen. Die Kompetenz des *Prisons and Probation Ombudsman* beschränkt sich darauf, Empfehlungen an den *Director-General of the Prison Service* auszusprechen.[564] Seine Zuständigkeit ist nicht auf staatliche Strafvollzugsanstalten beschränkt, sondern umfasst auch Gefängnisse, die von privaten Anbietern betrieben werden.[565] In jährlichen Berichten wird seine Tätigkeit in den sog. *Annual Reports* zusammengefasst und durch den Innenminister dem Parlament vorgelegt. Der Bericht beinhaltet anonymisierte Beispiele von untersuchten Beschwerden, ausgesprochene Empfehlungen und entsprechende Reaktionen der Strafvollzugsverwaltung, eine Zusammenfassung von untersuchten Todesfällen, eine Übersicht über die Anzahl der Untersuchungen und ob anvisierte Ziele, sog. *Performance targets*, erreicht wurden und schließlich eine Kostenaufstellung. Auf die Tätigkeit des *Prisons and Probation Ombudsman* ist der *Data Protection Act 1998* sowie der *Freedom of Information Act 2000* anwendbar, so dass – wie im gesamten Regierungsbetrieb üblich – offizielle Informationen zugänglich gemacht werden sollen, wenn sie von öffentlichem Interesse sind.

Im Haushaltsjahr 2015/16 wurden beim *Prisons and Probation Ombudsman* 4.964 Beschwerden eingereicht, von denen 4.397 den Strafvollzug betrafen.[566] Davon wurden insgesamt 2.215 Fälle untersucht und in 1.319 Fällen dem Gefangenen Recht gegeben.[567] In den abgewiesenen Fällen hatten sich Gefangene häufig an den *Ombudsman* gewendet ohne vorher das interne Beschwerdesystem in Anspruch zu nehmen oder sich über Sachverhalte beschwert, die außerhalb der Kompetenz des *Ombudsmans* lagen. 2015/16 wurden pro 100 Gefangene durchschnittlich 1,1 Beschwerden durch den *Prisons and Probation Ombudsman* zugunsten des Beschwerdeführers entschieden.[568] Außerdem wurden 2015/16

---

563 *Prisons and Probation Ombudsman* 2016a, S. 5.

564 *Livingstone u. a.* 2008, S. 52.

565 *Livingstone u. a.* 2008, S. 52.

566 *Prisons and Probation Ombudsman* 2016a, S. 78.

567 *Prisons and Probation Ombudsman* 2016a, S. 79, 89.

568 *Prisons and Probation Ombudsman* 2016a, S. 89; dem liegt die Gefängnispopulation im März 2016 zugrunde – 85.064 Gefangene in England und Wales.

insgesamt 304 Todesfälle untersucht, wovon in 172 Fällen eine natürliche Todesursache festgestellt wurde.[569] Zudem gab es 103 Selbsttötungen, elf sonstige nicht natürliche Todesfälle (dazu zählen etwa drogenbezogene Todesfälle, Unfälle etc.), sechs Tötungsdelikte und zwölf Fälle wurden noch nicht kategorisiert.[570] Der Bericht ist in zwei Blöcke unterteilt: Die Untersuchung von Todesfällen und die Untersuchung von Beschwerden von Gefangenen. Bei den Todesfällen wird weiter zwischen Selbsttötungen und natürlichen Todesfällen unterschieden. Beschwerden von Gefangenen werden in verschiedene Fallgruppen eingeteilt. Der Großteil (29%) bezog sich auf abhandengekommenes, beschädigtes oder beschlagnahmtes Eigentum. Weitere relevante Fallgruppen bildeten Beschwerden aus dem Bereich Kontakt zur Außenwelt, rechtlich besonders geschützter Schriftverkehr (wie Anwaltspost), Beschwerden die Arbeit im Vollzug betreffend oder die Kategorisierung von Häftlingen. Zudem können auch weitere Ermessensentscheidungen der Strafvollzugsbehörden wie etwa die Kategorisierung von Gefangenen durch den *Prisons and Probation Ombudsman* überprüft werden. Nicht untersucht werden jedoch Fälle, die bereits Gegenstand eines gerichtlichen Verfahrens sind, oder solche, die die Verurteilung oder die verhängte Sanktion betreffen. In 40% der untersuchten Beschwerden wurde zugunsten des Antragstellers entschieden.[571] Die Bearbeitungszeit der Beschwerden durch den *Prisons and Probation Ombudsman* betrug in 50% der Fälle zehn Arbeitstage nach Eingang der Beschwerde. 39% der Untersuchungen wurden binnen der vorgesehenen 12 Wochen abgeschlossen. Die vom Ombudsmann ausgesprochenen Empfehlungen betrafen größtenteils (29% der Fälle) den Gefängnisdirektor, der angehalten wurde, die Strafvollzugsbeamten darauf hinzuweisen, dass die gültigen Regelungen des Strafvollzugs einzuhalten seien. An zweiter Stelle wurde eine schriftliche Entschuldigung empfohlen, gefolgt von der Empfehlung zur Leistung von Schadensersatz.[572]

Auf nationaler Ebene können sich Gefangene mit einer Petition an die *Queen* wenden (sog. *Petition to the Queen*).[573] Grundsätzlich sollen derartige Beschwerden zunächst an den sog. *Deputy Director of Custody* gerichtet werden, können jedoch auf ausdrücklichen Wunsch auch direkt an die *Queen* gerichtet werden. Gefangene können außerdem eine zivilrechtliche Klage gegen den *National*

---

569 *Prisons and Probation Ombudsman* 2016a, S. 77.

570 *Prisons and Probation Ombudsman* 2016a, S. 77.

571 *Prisons and Probation Ombudsman* 2016a, S. 18.

572 *Prisons and Probation Ombudsman* 2016a, S. 98.

573 *Prison Service Instruction 02/2012*, S. 12.

Offender Management Service oder einen einzelnen Strafvollzugsbeamten einreichen.[574]

Auf internationaler Ebene steht Gefangenen in England und Wales eine weitere Rechtsschutzinstanz durch Beschwerde beim Europäischen Gerichtshof für Menschenrechte zur Verfügung, wobei hier lediglich Verstöße gegen die Europäische Menschenrechtskonvention nach Erschöpfung der nationalen Rechtsmittel gerügt werden können. Die diesbezüglichen Ausführungen gelten entsprechend für Schottland und werden folglich im Abschnitt zu den Internationalen Regelungen diskutiert.[575] Die Möglichkeit von Gefangenen in England und Wales Beschwerde gegen verhängte Disziplinarmaßnahmen einzulegen, wird im *Kapitel 5.7.1.3* (Beschwerden gegen Disziplinarmaßnahmen) näher erläutert.

4.5.2.2 Das Beschwerderecht in Schottland

Das schottische Beschwerderecht im Vollzug unterscheidet sich vom englischen und walisischen Beschwerdesystem. Das Beschwerdesystem richtet sich nach Rule 120 ff der *Prisons and Young Offenders Institutions (Scotland) Rules 2011* sowie nach der *Scottish Prison Rules (Complaints) Direction 2013.*[576] Gefangene, die sich beschweren möchten, wenden sich zunächst mündlich oder schriftlich an den leitenden Strafvollzugsbeamten ihrer Abteilung (sog. *Residential first line manager*). Sofern die Beschwerde einen Strafvollzugsbeamten betrifft, muss die Beschwerde schriftlich eingereicht werden (Rule 122 (2)). Der Gefangene kann sich mit seiner Beschwerde auch an einen sog. *Independent Prison Monitor* wenden (Rule 122 (2a)).[577]

Binnen 48 Stunden muss der *Residential first line manager* dem Gefangenen die Möglichkeit einräumen, den Gegenstand der Beschwerde mündlich im Hinblick auf eine Lösung des Problems zu diskutieren (Rule 122 (3)). Sofern mündlich keine Lösung gefunden werden kann, muss der *Residential first line manager* einen Strafvollzugsbeamten mit der Untersuchung des Beschwerdegegenstandes beauftragen. Dieser bearbeitet die Beschwerde binnen fünf Tagen, in besonderen

---

574 *Prison Service Instruction 02/2012*, S. 13.

575 Vgl. *Kapitel 4.7.4* (Die Beschwerde beim Europäischen Gerichtshof für Menschenrechte).

576 Siehe Anhang 2: Beschwerdeformular für schottische Gefangene.

577 Rule 122 (2a) der *Prisons and Young Offenders Institutions (Scotland) Rules 2011* lautet: „(2A) Where a prisoner makes a request to an independent prison monitor for assistance in making an oral or written complaint under paragraph (2), the independent prison monitor may provide such assistance to the prisoner as the independent prison monitor considers appropriate."

Fällen beträgt die Bearbeitungszeit zehn Tagen (Rule 122 (4), (5)). Der Gefangene erhält eine schriftliche Antwort auf seine Beschwerde und den Hinweis, dass er sich, sofern er mit dem Ergebnis der Untersuchung nicht zufrieden ist, binnen 14 Tagen an das sog. *Internal Complaints Committee* wenden kann (Rule 122 (6)). Hat er dies getan, wird die Beschwerde erneut geprüft (Rule 123 der *Prisons and Young Offenders Institutions (Scotland) Rules 2011*). Das interne Beschwerdekomitee besteht aus drei Mitgliedern – mindestens zwei Strafvollzugsbeamten oder Angestellten und einem Vorgesetzten, der Strafvollzugsbeamter oder Angestellter ist. Das Komitee hört den Gefangenen an, wobei der Gefangene durch einen Strafvollzugsbeamten oder sonstigen Angestellten unterstützt werden kann. In besonderen Fällen kann der Gefangene bei der Anhörung auch durch einen anderen Gefangenen derselben Anstalt unterstützt werden. Der Gefangene erhält binnen 20 Tagen Kenntnis über die Entscheidung des Komitees (Rule 123 (9)). Entspricht das Ergebnis der Prüfung durch das *Internal Complaints Committee* nicht den Vorstellungen des Beschwerdeführers, kann sich dieser an den *Scottish Public Services Ombudsman* wenden (Rule 123 (10)).

In der von einem privaten Anbieter geführten Anstalt HMP Kilmarnock kritisierte das Antifolterkomitee in seiner 2012 durchgeführten Inspektion, dass Beschwerden von Gefangenen teilweise nicht sorgfältig geprüft und die normativen Vorgaben nicht eingehalten wurden.[578] In der Stellungnahme des Vereinigten Königreichs zum Bericht des Antifolterkomitees (CPT) wurde versichert, dass das Beschwerdesystem im HMP Kilmarnock verbessert würde.[579]

Der *Scottish Public Services Ombudsman* ist die letzte Beschwerdeinstanz gegen Entscheidungen öffentlicher Stellen. Der Ombudsmann ist in seiner Tätigkeit unabhängig, die Inanspruchnahme kostenlos. Grundsätzlich wird er nur tätig, wenn sonstige Beschwerdeinstanzen erfolglos durchlaufen wurde. Der Prüfungszeitraum für Beschwerden beträgt bis zu 12 Monate. Werden Gefangene zwischenzeitlich entlassen, müssen sie dem Ombudsmann mitteilen, ob sie weiterhin eine Überprüfung ihrer Angelegenheit wünschen und in diesem Fall beim Ombudsmann die Kontaktdaten hinterlegen Anderenfalls endet die Prüfung mit Entlassung des Gefangenen.

Außerdem können Gefangenen Beschwerde gegen verhängte Disziplinarmaßnahmen einlegen, was in *Kapitel 5.7.2.2* (Beschwerden gegen Disziplinarmaßnahmen) näher erläutert wird.

---

578 *CPT* 2014a, S. 42.

579 *CPT* 2014b, S. 24.

4.6 Die Berichte des Chief Inspector of Prisons

Entsprechend der unterschiedlichen Rechtssysteme gibt es ein *HM Chief Inspectorate of Prisons* für England und Wales und ein *HM Chief Inspectorate of Prisons* für Schottland. Die Inspektorate sind in ihrer Tätigkeit unabhängig und überprüfen regelmäßig den Zustand der Haftanstalten. Haftanstalten des Erwachsenenvollzugs werden in England und Wales mindestens alle fünf Jahre ausführlich überprüft, während in Schottland eine Überprüfung der Anstalten vor Ort mindestens alle drei Jahre stattfindet. Jugendstrafanstalten werden durch den *HM Chief Inspector of Prisons* jährlich überprüft. Die Inspektorate haben im Vereinigten Königreich eine lange Tradition, erste Inspektionen von Strafvollzugsanstalten erfolgten bereits Anfang des 19. Jahrhunderts.[580]

Die jährlichen Berichte (sog. *Annual Reports*) des *HM Chief Inspector of Prisons* werden dem jeweiligen Parlament vorgelegt. Gegenstand der Berichte sind besondere Auffälligkeiten und Empfehlungen zur Verbesserung der Einrichtungen, in denen Freiheitsentzug stattfindet.

Normative Grundlage für die Gefängnisinspektionen ist das Fakultativprotokoll zur Antifolterkonvention (*Optional Protocol to the Convention against Torture and other Cruel, Inhuman or Degrading Treatment or Punishment)* – kurz OPCAT –, das vom Vereinigten Königreich[581] 2003 unterzeichnet wurde. Es sieht die Etablierung eines nationalen Systems zur Inspektion von Orten vor, an denen Freiheitsentzug stattfindet. Dem ging die Ratifizierung des UN-Protokolls *„Übereinkommen zur Verhütung von Folter und unmenschlicher oder erniedrigender Behandlung oder Strafe"* aus dem Jahr 1984 voraus. Art. 1 des Fakultativprotokolls lautet

„Ziel dieses Protokolls ist, ein System regelmäßiger Besuche einzurichten, die von unabhängigen internationalen und nationalen Gremien an Orten, an denen Personen die Freiheit entzogen ist, durchgeführt werden, um Folter und andere grausame, unmenschliche oder erniedrigende Behandlung oder Strafe zu verhindern."

---

580 Vgl. *Kapitel 2.1* (Die Entwicklung des Strafvollzugs in Großbritannien bis zum 19. Jahrhundert).

581 Deutschland hat das *OPCAT*-Zusatzprotokoll am 26. September 2006 ratifiziert und mit Zustimmungsgesetz vom 26. August 2008 in innerstaatliches Recht umgesetzt, woraufhin die *Nationale Stelle zur Verhütung von Folter* mit Sitz in Wiesbaden gegründet wurde. Diese führt ebenfalls die vom *OPCAT* geforderten Besuche an Orten, an denen Freiheitsentzug stattfindet, durch und veröffentlicht die entsprechenden Berichte unter http://www.nationale-stelle.de/home.html (Abruf am 09.08.2017).

Die Inspektorate müssen nach den Vorgaben des *OPCAT*-Protokolls unabhängig und mit ausreichend Mitteln ausgestattet sein und über genügend Experten beider Geschlechter verfügen, die alle Bevölkerungsgruppen repräsentieren. Die Kompetenz der Inspektorate umfasst regelmäßige Besuche von Einrichten, in denen Freiheitsentzug stattfindet. Sie können Empfehlungen an die jeweiligen Institutionen aussprechen mit Ziel, die Behandlung der Gefangenen und die Zustände in den Einrichtungen zu verbessern. Damit knüpfen sie im weitesten Sinne an die Tätigkeit von *John Howard* im 18. Jahrhundert an.

4.6.1 England und Wales

Die Aufgabe von *Her Majesty's Inspectorate of Prisons for England and Wales* ist es, als unabhängiges Inspektorat Einrichtungen in England und Wales, in denen Freiheitsentzug stattfindet, zu inspizieren und die Zustände zu dokumentieren.[582] Die Ergebnisse werden in jährlichen Berichten (sog. *Annual Reports*) veröffentlicht und dem Parlament vorgelegt. Zu diesen Einrichtungen gehören primär Strafvollzugsanstalten, aber auch Abschiebehaftanstalten, Polizeistationen und Militärgefängnisse. Der *HM Chief Inspector of Prisons* wird vom Justizministerium ernannt und berichtet diesem über seine Tätigkeit. Zu den zahlreichen normativen Grundlagen, die die Tätigkeit der Gefängnisinspektoren regeln, gehört etwa der *Prison Act 1952* und der *Criminal Justice Act 1982*.[583] Zu den Grundsätzen der englischen und walisischen Inspektorate gehören neben der Unabhängigkeit ihrer Tätigkeit, Unparteilichkeit und Integrität.[584] Bei den Inspektionen werden folgende Aspekte besonders berücksichtigt:

- Die Sicherheit der Gefangenen.
- Ein respektvoller Umgang mit den Gefangenen.
- Das Vorhandensein von sinnvollen Aktivitäten für Gefangene.

---

582 Die Berichte sowie weitere Information sind abrufbar unter http://www.justice-inspectorates.gov.uk (Abruf am 09.082017). Das Mandat wird durch den *HM Prison Inspectorate for England and Wales* wie folgt beschrieben: „We ensure independent inspection of places of detention, report on conditions and treatment and promote positive outcomes for those detained and the public", vgl. *HM Chief Inspector of Prisons for England and Wales* 2017, S. 5.

583 Für eine Übersicht über die normativen Vorgaben für die Tätigkeit des Inspektorats in England und Wales siehe *HM Chief Inspector of Prisons for England and Wales* 2017, S. 5.

584 *HM Chief Inspector of Prisons for England and Wales* 2016a, S. 4.

- Ein Übergangsmanagement, das die Gefangenen auf das Leben in Freiheit vorbereitet.[585]

Die Inspektionen folgen einem standardisierten Muster und basieren auf fünf Bewertungsmaßstäben: Beobachtungen, Umfragen unter Gefangenen, Gesprächen mit Gefangenen bzw. mit Bediensteten und relevanten Dritten und letztlich der Dokumentation.[586] Seit dem 1. April 2013 erfolgen die Inspektionen in England und Wales grundsätzlich ohne Ankündigung, sofern nicht besondere Umstände vorliegen, die eine Ankündigung erforderlich erscheinen lassen. Als wesentliche Erkenntnisse für das Jahr 2015-2016 kann gelten, dass Haftanstalten für männliche Gefangene noch immer nicht sicher sind.[587] Dies unterstreichen zahlreiche Selbsttötungen und -verletzungen sowie die Zunahme von Gewalttaten in den inspizierten Gefängnissen. Zugleich sind die Angebote für Opfer von Gewalttaten im Vollzug gering, was teilweise zur längerfristigen Isolation zahlreicher Gefangener führte. Die Verfügbarkeit von synthetischen Drogen in englischen und walisischen Gefängnissen hat zugenommen, was zentral koordinierte Gegenmaßnahmen erfordert.

Die Überbelegung in vielen Gefängnissen ist weiterhin eines der zentralen Probleme und führt zu einem angespannten Vollzugsalltag und einer Beschränkung von Angeboten für die Gefangenen. Dies betrifft auch die Gesundheitsfürsorge. Dieser wurde zwar grundsätzlich ein gutes Niveau bescheinigt, dennoch kann es gerade in den von Überbelegung betroffenen Anstalten zu langen Wartezeiten für Gefangene kommen, die in ein Krankenhaus verlegt werden sollten.[588] Gefangene verbrachten aufgrund von beschränkten Angeboten zu viel Zeit auf der Zelle. Es gab keine ausreichenden Bildungs- und Freizeitangebote, die die Resozialisierung der Gefangenen hätten fördern können. Das Verhältnis zwischen Gefangenen und Bediensteten war besonders in Anstalten mit Personalengpässen angespannt. Dennoch gaben 76% der Gefangenen an, dass sie mit Respekt behandelt würden. Die Umfragen unter Gefangenen ergaben zudem eine schlechte Bewertung der Versorgung mit Nahrungsmitteln.[589] Viele Strafvollzugsanstalten hatten dafür pro Tag und Gefangenen lediglich £ 2,02 zur Verfügung. In etlichen Anstalten wurde beispielsweise das Frühstück bereits am Vorabend ausgegeben, so dass es häufig schon in der Nacht konsumiert wurde. Insbesondere in

585 *HM Chief Inspector of Prisons for England and Wales* 2016a, S. 4.

586 *HM Chief Inspector of Prisons for England and Wales* 2016a, S. 5.

587 *HM Chief Inspector of Prisons for England and Wales* 2016a, S. 18.

588 *HM Chief Inspector of Prisons for England and Wales* 2016a, S. 29.

589 *HM Chief Inspector of Prisons for England and Wales* 2016a, S. 35.

kleineren Anstalten mussten Gefangene das Frühstück in einem Haftraum ohne Sichtschutz zur Toilette einnehmen.

Das Übergangsmanagement in englischen und walisischen Anstalten wurde gemischt bewertet.[590] Zwar wurde ein neues „ *Transforming rehabilitation*"-Programm zur effektiveren Gestaltung des Übergangsmanagements aufgelegt, jedoch verlief die Zusammenarbeit mit anderen Stellen nicht gut. Dieses Programm beinhaltete, dass alle Gefangenen für mindestens 12 Monate nach Haftentlassung weitere Unterstützung erhalten. Seit Mai 2015 erfolgt dies durch die sog. *Community Rehabilitation Services* für Täter, von denen eine geringe oder mittlere Gefahr ausgeht, während der *National Probation Service* für Hochrisikotäter zuständig bleibt.[591]

4.6.2 Schottland

Das *HM Inspectorate of Prisons for Scotland* veröffentlicht jedes Jahr einen *Annual Report*, der dem schottischen Parlament vorgelegt wird.[592] In ihm werden die wesentlichen Entwicklungen in den schottischen Strafvollzugsanstalten zusammengefasst. Das *HM Inspectorate of Prisons for Scotland* ist für die Inspektion der 15 schottischen Gefängnisse zuständig und hat zum Ziel, die Behandlung von Gefangenen und die Zustände in den Haftanstalten zu dokumentieren und der Öffentlichkeit zugänglich zu machen. Durch eine Verwaltungsreform[593], die zum 31. August 2015 in Kraft trat, erlangte das *HM Inspectorate of Prisons for Scotland* die alleinige Zuständigkeit für das Monitoring von Strafvollzugsanstalten in Schottland, das täglich von sog. *Independent prison monitors* ausgeführt wird.[594] Die anstehenden Inspektionen werden auf der Internetseite des *HM Inspectorate of Prisons for Scotland* angekündigt.[595] Die Richtlinien, nach denen die Inspektionen durchgeführt werden, sind in den *Standards for Inspecting and Monitoring Prisons in Scotland* zusammengefasst.[596] Die aktuellen Richtlinien wurden 2015 veröffentlicht. Die Standards von 2006 wurden somit vollständig überarbeitet und berücksichtigen Gesetzesänderungen und die Praxis des Strafvollzugs bis März

---

590 *HM Chief Inspector of Prisons for England and Wales* 2016a, S. 44.

591 *HM Chief Inspector of Prisons for England and Wales* 2016a, S. 44.

592 *HM Chief Inspectorate of Prisons for Scotland* 2016a.

593 Public Services Reform (Inspection and Monitoring of Prisons) (Scotland) Order 2015.

594 Berichte und Informationen abrufbar unter https://www.prisonsinspectoratescotland.gov. uk/ (Abruf am 09.08.2017).

595 Vgl. https://www.prisonsinspectoratescotland.gov.uk/ (Abruf am 09.08.2017).

596 *HM Chief Inspectorate of Prisons for Scotland Standards* 2015.

2015. Auch die Tätigkeit der schottischen Gefängnisinspektion erfüllt die Anforderungen des Fakultativprotokolls zur Antifolterkonvention. Das dient dem Schutz der Menschenrechte und trägt dazu bei, dass die Öffentlichkeit Einblicke in das ansonsten geschlossene Gefängnissystem erhält. Die Gefängnisinspektoren haben die gesetzliche Verpflichtung, die Zustände in den schottischen Haftanstalten unvoreingenommen und unabhängig zu dokumentieren und anschließend in ihren Berichten zu veröffentlichen.[597] Die Richtlinien nach denen die Inspektion der Haftanstalten erfolgt, gehen auf verschiedene nationale und internationale Gesetze, Leitlinien und Richterrecht zurück.[598] Dabei umfassen die Richtlinien zehn Punkte:

- „Standard 1: ‚Lawful and transparent use of custody' – The prison complies with administrative and procedural requirements of the law and takes appropriate action in response to the findings and recommenddations of official bodies that exercise supervisory jurisdiction over it.
- Standard 2: ‚Decency' – The prison supplies the basic requirements of decent life to the prisoners.
- Standard 3: ‚Personal Safety' – The prison takes all reasonable steps to ensure the safety of all prisoners.
- Standard 4: ‚Health and Wellbeing' – The prison takes all reasonable steps to ensure the health and wellbeing of all prisoners.
- Standard 5: ‚Effective, Courteous and Humane Exercise of Authority' – The prison performs the duties both to protect the public by detaining prisoners in custody and to respect the individual circumstances of each prisoner by maintaining order effectively, with courtesy and humanity.
- Standard 6: ‚Respect, Autonomy and Protecting against Mistreatment' – A climate of mutual respect exists between staff and prisoners. Prisoners are encouraged to take responsibility for themselves and their future. Their rights to statutory protections and complaints processes are respected.
- Standard 7: ‚Purposeful Activity' – All prisoners are encouraged to use their time in prison constructively. Positive family and community relationships are maintained. Prisoners are consulted in planning the activities offered.

---

597 *HM Chief Inspectorate of Prisons for Scotland Standards* 2015, S. 9.

598 Eine Übersicht der für die Richtlinien der Gefängnisinspektion relevanten, nationalen und internationalen Gesetze, Leitlinien und Entscheidungen, findet sich ab S. 49 der *HM Chief Inspectorate of Prisons for Scotland Standards* 2015.

- Standard 8: ,Transition from Custody to Life in the Community' – Prisoners are prepared for their successful return to the community.
- Standard 9: ,Equality, Dignity and Respect' – The prison employs fair processes whilst ensuring it meets the needs of all prisoners irrespective of age, disability, gender reassignment, marriage and civil partnership, pregnancy and maternity, race, religion and belief, sex and sexual orientation.
- Standard 10: ,Organisational Effectiveness' – The prison's priorities are consistent with the achievement of these standards and are clearly communicated to all staff. There is a shared commitment by all people working in the prison to co-operate constructively to deliver these priorities."[599]

Im Jahresbericht des *HM Inspectorate of Prisons for Scotland* 2015/16 wurde auf die fünf durchgeführten Inspektionen von Haftanstalten sowie 535 sog. *Prison Monitoring Visits* eingegangen. Positiv hervorgehoben wurde das Verhältnis zwischen Strafvollzugsbeamten und Gefangenen in schottischen Anstalten und die Bemühungen, den Kontakt zu den Familien der Gefangenen aufrecht zu erhalten.[600] Einige Anstalten verfügten über ausgezeichnete Besucherzentren. Das Übergangsmanagement wird von *Throughcare Support Officers* geleitet, die Gefangene vor und nach ihrer Entlassung unterstützen und mit anderen lokalen Stellen zusammenarbeiten.[601] Die Ausbildungs- und Trainingsangebote in schottischen Anstalten wurden als vielfältig beschrieben. Für besonders gefährdete Gefangene mit Gesundheits- und Suchtproblemen ist der Strafvollzug kein idealer Ort, aber immerhin erhielt diese Gruppe besonders viele Unterstützungsangebote.[602]

Zu den durch die schottische Gefängnisinspektion aufgezeigten Problemen gehört die Gesundheitsfürsorge, über deren Niveau sich zahlreiche Gefangene beschwert hatten.[603] Diesbezüglich wurde empfohlen, dass sich das staatliche Gesundheitssystem *NHS* zusammen mit der Strafvollzugsverwaltung noch stärker als bisher um die Gefangenen kümmert. Insbesondere die zunehmend größer werdende Gruppe älterer Gefangener stellte die Gesundheitsfürsorge im Vollzug vor besondere Herausforderungen.

599 *HM Chief Inspectorate of Prisons for Scotland Standards* 2015, S. 11 f.
600 *HM Chief Inspectorate of Prisons for Scotland* 2016a, S. 2.
601 *HM Chief Inspectorate of Prisons for Scotland* 2016a, S. 2.
602 *HM Chief Inspectorate of Prisons for Scotland* 2016a, S. 3.
603 *HM Chief Inspectorate of Prisons for Scotland* 2016a, S. 3.

Zudem konnten einige Gefangene aufgrund von Kapazitätsengpässen nicht an Programmen teilnehmen, die sie auf die Haftentlassung vorbereiten sollen.[604] Diese Gefangenen wurden weiter inhaftiert, obwohl bei ihnen die normativen Voraussetzungen für die Gewährung von Lockerungen vorlagen. Für eine effektive Gestaltung von Resozialisierungsprogrammen für Gefangene, sollte die Zusammenarbeit mit anderen Stellen verbessert werden.[605] Dies betrifft die Gesundheitsfürsorge, das Sozialamt, das Wohnungsamt und sonstige private Partner. Außerdem wurde die hohe schottische Gefangenenrate kritisiert. In Schottland sind prozentual ca. 50% mehr Personen inhaftiert als im Durchschnitt anderer europäischer Staaten. Darunter befand sich ein hoher Anteil an Gefangenen mit psychischen oder Suchtproblemen, bei denen eine besondere Gefahr von Selbstverletzung oder Suizid bestand.[606] Nach Ansicht des *Chief Inspectorate of Prisons for Scotland* sollte der Strafvollzug Tätern vorbehalten sein, die schwere Gewaltdelikte begangen haben oder von denen eine Gefahr für die öffentliche Sicherheit ausgeht. Die sog. *Presumption against short prison sentences* sollte über die bisher bestehende Schwelle von drei Monaten ausgedehnt werden. Außerdem sollten primär nicht freiheitsentziehende Maßnahmen wie etwa die *Community Sentence* in den Vordergrund gerückt werden. Um die Anzahl der Untersuchungshäftlinge zu reduzieren, sollte verstärkt auf *Electronic monitoring* gesetzt werden.[607]

Die Kostenaufstellung des *Inspectorate of Prisons for Scotland* ergab für das Haushaltsjahr 2015/16 Gesamtkosten in Höhe von £ 828.752, wovon £ 682.606 auf das Personal entfielen.[608]

4.7 Internationale Regelungen

4.7.1 Einleitung

Neben den aufgezeigten nationalen Regelungen, die den Strafvollzug in England/Wales und Schottland betreffen, spielen auch internationale Abkommen und Verträge eine Rolle.[609] Die Achtung von Menschenrechten auch im strafvollzugsrechtlichen Kontext ist ein zentraler Bestandteil eines jeden demokratischen

---

604　*HM Chief Inspectorate of Prisons for Scotland* 2016a, S. 3.

605　*HM Chief Inspectorate of Prisons for Scotland* 2016a, S. 4.

606　*HM Chief Inspectorate of Prisons for Scotland* 2016a, S. 4.

607　Vgl. *McIvor/Graham* 2017, S. 223 ff.

608　*HM Chief Inspectorate of Prisons for Scotland* 2016a, S. 12.

609　*Dünkel* 2017a, S. 1037 ff.

Staates. Die diesbezüglichen Regelungen werden im europäischen Kontext auch als *„European Prison Law"*[610] bezeichnet, auch wenn es keine rechtsverbindlichen Regelungen gibt, die ausschließlich für Strafvollzugsanstalten gelten, sondern vielmehr allgemeine menschenrechtliche Regelungen herangezogen werden. Dazu zählt etwa die Europäische Menschenrechtskonvention und die Rechtsprechung des Europäischen Gerichtshofs für Menschenrechte.[611]

Die *European Prison Rules* wurden auf Empfehlungen des Europarates erlassen und sind als Richtlinien gemeinsamer europäischer Mindeststandards der unterzeichnenden Mitgliedsstaaten konzipiert und gelten für Personen, deren Freiheit aufgrund eines Urteils oder im Falle von Untersuchungshaft, entzogen worden ist. Die *European Prison Rules* haben lediglich empfehlenden Charakter und sind als Mindeststandards zu verstehen.[612] Diese Regelungen werden auch als *Soft law* bezeichnet und gewinnen als Interpretationsgrundlage und Auslegungsmaßstab für nationale Obergerichte und den Europäischen Gerichtshof für Menschenrechte zunehmend an Bedeutung.[613]

Im Vereinigten Königreich wurde durch den *Human Rights Act 1998* die Europäische Menschenrechtskonvention als nationales Recht inkorporiert, was die rechtliche Stellung der Gefangenen und die Haftbedingungen deutlich verbessert hat.[614] Dies hat etwa zu einer Neubewertung der Frage der gerichtlichen Überprüfbarkeit von Gefangenenrechten im Vereinigten Königreich geführt.[615] Die in der Europäische Menschenrechtskonvention garantierten Rechte können nicht nur durch den Europäischen Gerichtshof für Menschenrechte mit Sitz in Strasbourg

---

610 *van Zyl Smit/Snacken* 2009, S. XVII.

611 *van Zyl Smit/Snacken* 2009, S. 10.

612 *Dünkel* 2017a, S. 1037 ff.; *Dünkel* 2006, S. 86.

613 Bzgl. der Bedeutung völkerrechtlicher Abkommen oder internationale Standards für den deutschen Jugendstrafvollzug vgl. etwa BVerfG NJW 2006, S. 2093 ff.; darin heißt es: „Auf eine den grundrechtlichen Anforderungen nicht genügende Berücksichtigung vorhandener Erkenntnisse oder auf eine den grundrechtlichen Anforderungen nicht entsprechende Gewichtung der Belange der Inhaftierten kann es hindeuten, wenn völkerrechtliche Vorgaben oder internationale Standards mit Menschenrechtsbezug, wie sie in den im Rahmen der Vereinten Nationen oder von Organen des Europarats beschlossenen einschlägigen Richtlinien und Empfehlungen enthalten sind (…), nicht beachtet bzw. unterschritten werden".

614 *Turner* 2016, S. 82.

615 *van Zyl Smit* 2007, S. 577 ff.

überprüft werden, sondern auch durch nationale Gerichte im Vereinigten Königreich.[616] Überprüfbar ist etwa die Frage der Behandlung und Unterbringung von
Gefangenen. Für den Strafvollzug sind neben der Europäischen Menschenrechtskonvention weitere europäische und internationale Instrumente wie die *Allgemeine Erklärung der Menschenrechte*, der *Internationaler Pakt der Vereinten Nationen über bürgerliche und politische Rechte*, die *European Prison Rules*, die
*Europäische Übereinkommen zur Verhütung von Folter und unmenschlicher oder
erniedrigender Behandlung oder Strafe* sowie die Berichte des *Antifolterkomitees*
von Bedeutung. Zu erwähnen sind außerdem die von der Generalversammlung
der Vereinten Nationen am 17.12.2015 beschlossenen sog. *United Nations Standard Minimum Rules for the Treatment of Prisoners (the Nelson Mandela Rules)*,
die Mindestgrundsätze für die Behandlung von Gefangenen enthalten.[617] Die
Mandela-Rules enthalten einen allgemeinen Teil *(Rules of General Application –
Rule 1-85)* und einen besonderen Teil *(Rules applicable to Special Categories –
Rule 86-122)* etwa für Strafgefangene, Untersuchungshäftlinge oder Personen, die
ohne Anklage inhaftiert werden.

4.7.2 Auswirkungen des „Brexit"-Votums auf die Gültigkeit der Europäischen Menschenrechtskonvention im Vereinigten Königreichs

Die Europäische Menschenrechtskonvention wurde am 4. November 1950 von
den Vertragsstaaten unterzeichnet und trat am 3. September 1953 in Kraft. Beim
Referendum über den Verbleib des Vereinigten Königreichs in der Europäischen
Union stimmten die Wähler am 23. Juni 2016 mehrheitlich für den Austritt (sog.
Brexit).[618] Um den Austrittsprozess des Vereinigten Königreichs in Gang zu
setzen, bedarf es zunächst eines formellen Antrags gem. Art. 50 EU-Vertrag, der
bisher nicht gestellt wurde. Selbst nach erfolgtem Austritt des Vereinigten Königreichs aus der Europäischen Union bedeutet dies nicht zwingend gleichzeitig den
Austritt aus der Europäischen Menschenrechtskonvention, der das Vereinigte
Königreich zunächst weiterhin angehören wird. Zu diesem Ergebnis kommt auch
ein Parlamentsbericht mit dem Titel „The human rights implications of

---

616 *Livingstone/Owen/Macdonald* 2015, S. 142.

617 *United Nations Office on Drugs and Crime* 2016, S. 3 ff., *Dünkel* 2017a, S. 1044 ff.

618 Stimmenanteile beim EU–Referendum am 23. Juni 2016: Vereinigtes Königreich insgesamt: 52% Austritt, 48% Verbleib; England: 53% Austritt, 47% Verbleib; Schottland:
38% Austritt, 62% Verbleib; Nordirland: 44% Austritt, 56% Verbleib; Wales: 53%
Austritt, 47% Verbleib. Die Wahlbeteiligung betrug 72,2%.

Brexit".[619] Dies wird durch den *Human Rights Act 1998* sichergestellt, der die Europäische Menschenrechtskonvention als nationales Recht inkorporierte und nationale Gerichte etwa verpflichtet zu überprüfen, ob Regierung, Behörden und sonstige staatlichen Stellen die in der Konvention gemachten Vorgaben einhalten. Gefangene im Vereinigten Königreich können sich an den Europäischen Gerichtshof für Menschenrechte wenden, wenn sie eine Rechtsverletzung vor einem nationalen Gericht (das die Europäische Menschenrechtskonvention in seine Prüfung mit einbeziehen muss) geltend gemacht haben, keine weiteren Rechtsmittel zur Verfügung stehen und somit der Rechtsweg erschöpft ist.

Bereits 2015 gab es im Wahlprogramm der *Conservative Party* die Idee, die Europäische Menschenrechtskonvention durch eine *British Bill of Rights* zu ersetzen.[620] Begründet wurde dies damit, dass ausschließlich der britische *Supreme Court* über Menschenrechtsfragen, die das Vereinigte Königreich betreffen, entscheiden solle. Als bisheriger Erfolg wurde von der *Conservative Party* angeführt, dass trotz eines zähen Rechtsstreits vor dem Europäischen Gerichtshof für Menschenrechte über die Frage des Wahlrechts von Gefangenen, im *Vereinigten Königreich* weiterhin entgegen der Auffassung des Gerichtshofs entschieden wird und Gefangenen das Wahlrecht verwehrt wird. Des Weiteren wird von der *Conservative Party* hervorgehoben, dass trotz erheblicher Bedenken mit Blick auf die Menschenrechtskonvention der Terrorverdächtige *Abu Qatada* 2013 durch ein Abkommen des Vereinigten Königreichs mit dem Königreich Jordanien nach Jordanien abgeschoben wurde. Diese beiden Ereignisse nutzte die *Conservative Party* in ihrem Wahrprogramm 2015, um für einen Austritt aus der Europäischen Menschenrechtskonvention zu werben und plädierte dafür, eine *British Bill of Rights* zu verfassen. Dies wurde auch von *Theresa May* unterstützt und zwar bereits im April 2016, also vor dem *Brexit*-Votum und ihrer Übernahme der Regierungsgeschäfte als Premierministerin.[621] Jedoch stellte *Theresa May* klar, dass in der aktuellen Legislaturperiode keine *British Bill of Rights* erlassen werden würde, wofür sich wohl auch keine Parlamentsmehrheit fände.[622] Die Frage der Notwendigkeit einer *Bill of Rights* wurde im Vereinigten Königreich schon lange vor der Verabschiedung des *Human Rights Act* diskutiert. Bis dato sah man die Verabschiedung schriftlich verbriefter Grundrechte eher kritisch und hat dies vor dem Hintergrund einer möglichen Gefahr für die Souveränität des Parlaments diskutiert.

---

619 *House of Commons* 2016, S. 8

620 *Conservative Party Manifesto* 2015, S. 60.

621 *Asthana/Mason* 2016.

622 *House of Commons* 2016, S. 8.

4.7.3 Die Berichte des Antifolterkomitees

Das Europäisches Komitee zur Verhütung von Folter und unmenschlicher oder erniedrigender Behandlung oder Strafe (CPT) wurde durch die „Europäische Konvention zur Verhütung von Folter und unmenschlicher oder erniedrigender Behandlung oder Strafe" des Europarates 1987 unterzeichnet und nahm 1989 seine Tätigkeit auf.[623] Das Vereinigte Königreich gehörte zu den ersten Staaten, die die Konvention unterzeichnet haben. Die Ursprünge der Tätigkeit des CPT beruhen auf Art. 3 EMRK, der besagt, dass niemand der Folter oder unmenschlicher oder erniedrigender Strafe oder Behandlung unterworfen werden darf.

Seit dem 01. März 2002 ist es außerdem möglich, dass das Ministerkomitee des Europarats auch Staaten, die nicht Mitglied im Europarat sind, dazu einlädt, die Konvention zu unterzeichnen. Diese Möglichkeit wurde etwa von der Republik Montenegro wahrgenommen, die die Konvention 2004 unterzeichnet und ratifiziert hat, so dass sie 2006 in Kraft treten konnte.

Die Tätigkeit des CPT dient dem Schutz von Gefangenen vor Misshandlung oder Folter. Das CPT ist kein Gericht und keine Ermittlungsbehörde und ergänzt lediglich die Tätigkeit des Europäischen Gerichtshofs für Menschenrechte. Das CPT besucht, vertreten durch unabhängige Experten, die vom Ministerkomitee des Europarats gewählt werden, Hafteinrichtungen in den Mitgliedsstaaten des Europarates und überprüft und dokumentiert die Behandlung der Insassen. Um die Unabhängigkeit der Experten zu gewährleisten entspricht es der Praxis des Komitees, dass die Mitglieder des CPT keine Besuche in den eigenen Herkunftsländern durchführen. Die Delegationen des CPT haben unbeschränkten Zugang zu allen Hafteinrichtungen der Mitgliedsstaaten und das Recht, die dortigen Insassen zu befragen. Die Delegationen kündigen ihren Besuch dem jeweiligen Mitgliedsstaat an. Hierbei gibt es zwei Arten von Besuchen: Die Ad-hoc Besuche, wenn es dem Komitee nach den Umständen als erforderlich erscheint und periodische Besuche (etwa alle vier Jahre), die in allen Vertragsstaaten der Konvention regelmäßig durchgeführt werden.[624]

Eine Individualbeschwerde beim CPT durch inhaftierte Personen ist nicht vorgesehen. Die Ergebnisse des Besuchs werden in einem Bericht zusammengefasst, der dem entsprechenden Staat zugeht und nach dessen Genehmigung und Stellungnahme in der Regel veröffentlicht wird. Die Arbeit des CPT beruht auf den Prinzipien der Kooperation und Vertraulichkeit, die die Beziehung zu den Vertragsstaaten maßgeblich prägen. Die *European Prison Rules* greifen in Em-

---

623 *CPT-Standards* 2010, S. 4.

624 *CPT-Standards* 2010, S. 4.

pfehlung 93.1 das Erfordernis eines unabhängigen Gremiums auf, das die Haftbedingungen und die Behandlung der Gefangenen überwachen soll. Die Ergebnisse dieser Besuche sind nach Satz 2 der Empfehlung zu veröffentlichen. Diesen Erfordernissen kommt das CPT nach. Auf nationaler Ebene gibt es zusätzlich das *Her Majesty's Inspectorate of Prisons for England and Wales* sowie den *HM Chief Inspector of Prisons for Scotland*, die als unabhängige Stelle Gefängnisse besuchen und Berichte über den Zustand der Anstalt und den Umgang mit den Gefangenen verfassen.

Bisher wurden insgesamt 19 Berichte des CPT über Besuche im Vereinigten Königreich veröffentlicht.[625] In keinem Fall hat die britische Regierung ihre Zustimmung zur Veröffentlichung verweigert. Eine solche Verweigerung gab es bisher nur von Albanien (2 x), Aserbaidschan, (7 x), Belgien (1 x), Bosnien-Herzegowina (1 x), Moldawien (3 x) und Russland (18 x).[626] Mit erheblicher Verspätung wurden Berichte aus Griechenland, Serbien, Spanien, Schweiz und Mazedonien veröffentlicht.

Die jüngsten Besuche des CPT im Vereinigten Königreich fanden im März und April 2016 statt. Der entsprechende Bericht wurde am 19. April 2017 veröffentlicht.[627] Dabei wurde eine Vielzahl von Polizeistationen, Abschiebehafteinrichtungen und geschlossene Psychiatrien sowie die Jugendhaftanstalt *Cookham Wood Young Offender Institution*, das Gefängnis *HMP & YOI Doncaster* und das *HMP Pentonville* besucht. Zu den kritisierten Zuständen zählten Beleidigungen von Polizeibeamten gegenüber Inhaftierten sowie ein sehr hohes Maß an Gewalttaten im Vollzug.[628] Dazu zählten Verletzungen durch kochendes Wasser, Stichwunden, Knochenbrüche und ausgeschlagene Zähne. Das Ausmaß der Gewalt wurde nach Ansicht des CPT durch die Überbelegung und den schlechten baulichen Zustand der Anstalten verschärft.[629] Viele Gefangene berichteten gegenüber den Mitgliedern des CPT-Komitees, dass sie sich unsicher fühlten – vor allem in der Zeit des Aufschlusses, während des Duschens oder in anderen Bereichen, die nicht durch Videotechnik überwacht werden. Insgesamt wurde während des Besuchs deutlich, dass sowohl die Anstalt Doncaster als auch

---

625 Stand August 2017.

626 *CPT* 2016, S. 58.

627 *CPT* 2017.

628 *CPT* 2017, S. 7, 32.

629 *CPT* 2017, S. 32.

das Gefängnis Pentonville keine sicheren Orte für Gefangene und Strafvollzugsbeamte waren.[630] Häufig wurden Gewalttaten entweder gar nicht oder nur unzureichend von der Strafvollzugsverwaltung dokumentiert, was vom CPT-Komitees
scharf kritisiert wurde.[631] Es wurden außerdem erhebliche Personalengpässe festgestellt. Teilweise war ein Strafvollzugsbeamter für bis zu 50 Gefangene zuständig.[632] Ein ähnliches Bild bot sich hinsichtlich der Gesundheitsfürsorge – auch
hier führten erhebliche Personalengpässe teilweise zu einer nicht hinnehmbaren
Verzögerung der Behandlung von Gefangenen.[633]
   Der Zustand der Haftäume in Polizeistationen wurde grundsätzlich als
zufriedenstellend gewertet. Das teilweise Fehlen von Tageslicht in den Haftäumen im Rahmen des Polizeigewahrsams sowie die eingeschränkten Möglichkeiten des Hofgangs wurden kritisiert.
   Das CPT befürwortete den Willen auf höchster politischer Ebene das Strafvollzugssystem zu reformieren und insbesondere bestehende Gewaltprobleme im
Vollzug zu bekämpfen.[634] Dennoch wurden die teilweise erhebliche Überbelegung, Gewaltprobleme[635] und der Personalmangel in den englischen und walisischen Gefängnissen bemängelt.[636] Im Gefängnis *HMP Pentonville* dokumentier-
te der CPT, dass Gefangene häufig zu zweit in Haftäumen untergebracht waren,
die für eine Person ausgelegt waren. Teilweise verbrachten Gefangene aufgrund
der Überbelegung der Anstalt bis zu 22 Stunden auf der Zelle.[637]

   Der CPT-Bericht über den Besuch von Hafteinrichtungen in Gibraltar vom
13.-17. November 2014 wurde am 19. November 2015 veröffentlich.[638] Hierbei
wurden verschiedene Einrichtungen, in denen Freiheitsvollzug stattfindet, im
britischen Überseegebiet untersucht. Im strafvollzugrechtlichen Kontext wurde
für das Windmill Hill Prison ein grundsätzlich zufriedenstellender Zustand

---

630 *CPT* 2017, S. 32.

631 *CPT* 2017, S. 34.

632 *CPT* 2017, S. 47.

633 *CPT* 2017, S. 40 ff.

634 *CPT* 2017, S. 8.

635 *House of Commons Justice Committee* 2016.

636 *CPT* 2017, S. 8, 27 ff.

637 *CPT* 2017, S. 9.

638 *CPT* 2015a.

festgestellt.[639] Kleinere Mängel betrafen verrostete Zellengitter, nicht funktionierende Ventilatoren, unzureichende Warmwasserversorgung, defekte Spülungen und verstopfte Abflüsse. Zudem wurde darauf hingewiesen, dass Zellen von weniger als 8 m² nicht von mehr als einem Häftling belegt werden sollten. Zum Zeitpunkt des Besuchs waren zudem zwei Jugendliche in der Haftanstalt inhaftiert, in der es keine besonderen Regelungen, Einrichtungen und geschulte Mitarbeiter für den Umgang mit Minderjährigen gab. Folglich wurde die Haftanstalt als nicht geeignet für die Inhaftierung von Jugendlichen beurteilt. Im Bereich der Gesundheitsfürsorge wurde auf strukturelle Defizite hingewiesen. Die Behörden wurden aufgefordert, das gesamte System der Gesundheitsfürsorge zu reformieren und dafür Sorge zu tragen, dass die Anstalt häufiger von Ärzten aufgesucht wird bzw. in diesem Bereich Vollzeitkräfte angestellt werden. Dies würde auch gewährleisten, dass im Rahmen der Aufnahme von neuen Häftlingen ein umfassender Gesundheitscheck durchgeführt werden könnte. Als besonders streng wurde das interne Disziplinarsystem gewertet, das eine Einzelinhaftierung von 23 Stunden pro Tag für bis zu sechs Wochen ermöglicht.[640] In der vom Vereinigten Königreich verfassten diesbezüglichen Stellungnahme wurden die Kritikpunkte aufgegriffen und Besserung gelobt.[641]

Zuvor wurden im Vereinigten Königreich zwischen dem 17. und 28. September 2012 Orte, an denen Freiheitsentzug stattfindet, durch das CPT besucht. Die Veröffentlichung des entsprechenden Berichts erfolgte am 27. März 2014.[642] In England und Wales wurden die Abschiebehafteinrichtungen Brook House und Colnbrook inspiziert, in Schottland Polizeistationen des Grenzschutzes und der Strathclyde Police, das Glasgow Sheriff Court sowie (Jugend)-Vollzugsanstalten und eine Psychiatrie. Die Kooperation zwischen dem CPT und lokalen Behörden wurde, mit einer Ausnahme, als exzellent beschrieben.[643] Die Ausnahme betraf das von einem privaten Anbieter geführte Gefängnis Kilmarnock. Dort stießen die Mitglieder des CPT auf gravierende Unkenntnis hinsichtlich des Mandats und der Tätigkeit des CPT. In der Stellungnahme zu den Vorwürfen versicherte das Vereinigte Königreich, dass der *Scottish Prison Service* den privaten Anbieter im HMP Kilmarnock über das Mandat des CPT hingewiesen hat und sich derartige Vorfälle nicht wiederholen dürften.[644]

---

639 *CPT* 2015a, S. 5.

640 *CPT* 2015a, S. 6.

641 *CPT* 2015b.

642 *CPT* 2014a.

643 *CPT* 2014a, S. 8.

644 *CPT* 2014b, S. 2.

Kritisiert wurde zudem die Praxis der Benachrichtigung von Angehörigen durch Polizeibehörden im Falle einer Inhaftierung. Zwar wurden Personen, denen die Freiheit entzogen wurde, entsprechend des *Criminal Procedure (Scotland) Act 1995* Section 15 (1) gefragt, ob sie Angehörige oder sonst nahestehende Personen benachrichtigen möchten, die tatsächliche Benachrichtigung wurde jedoch aus ermittlungstaktischen Gründen teilweise erheblich verzögert.[645] Das CPT empfahl, diesbezüglich klare Richtlinien und Zeitgrenzen einzuführen. Ebenso wurde eine Überprüfung des Ablaufs des Erstkontakts zu einem Rechtsbeistand angeregt.

Hinsichtlich der kurzzeitigen Inhaftierung im *Glasgow Sheriff Court* wurde angeregt, aufgrund der stark begrenzten Kapazitäten, die Belegungsdichte zu reduzieren um eine Überbelegung in den teilweise nur 4 m² großen Zellen zu verhindern.[646]

In den besuchten schottischen Strafvollzugsanstalten stellte das CPT ein grundsätzlich gutes Verhältnis zwischen Bediensteten und Häftlingen fest.[647] Im *Barlinnie Prison* wurde in Einzelfällen von einer übermäßigen Anwendung von unmittelbarem Zwang gegenüber Inhaftierten berichtet. Gewalttaten zwischen Gefangenen waren auf einem niedrigen Niveau.

Lediglich in der von einem privaten Anbieter geführten Anstalt *Kilmarnock*, berichteten Gefangene, dass sie sich nicht sicher fühlten. Diesbezüglich empfahl das CPT ein aktives Vorgehen gegen Schikanierungen von Gefangenen untereinander. Hinsichtlich der Haftbedingungen im HM Prison Barlinnie wurden Verbesserungen seit dem letzten Besuch 2003 festgestellt. Viele Bereiche der Haftanstalt waren renoviert und so etwa der Zugang zu Tageslicht oder die Situation der sanitären Anlagen weitgehend verbessert worden. Dennoch waren zum Zeitpunkt des CPT-Besuchs ca. 400 der 1.200 Gefangenen in Doppelbelegung auf 8,5 m² untergebracht. Dies war auf Kapazitätsengpässe zurückzuführen, da die Anstalt lediglich für 1.021 Häftlinge ausgelegt war.[648] Diese Praxis wurde, mit Ausnahme von Fällen, in denen eine Doppelbelegung zwingend geboten erschien, vom CPT kritisiert. Außerdem wurde bemängelt, dass Gefangenen nicht ausreichend sinnvolle Arbeits- und Freizeitangebote gemacht wurden, so dass sie zuviel Zeit auf der Zelle verbringen mussten.

---

645 *CPT* 2014a, S. 12.

646 *CPT* 2014a, S. 17.

647 *CPT* 2014a, S. 21.

648 *CPT* 2014a, S. 22.

Die Gesundheitsfürsorge in schottischen Strafvollzugsanstalten wurde teilweise aufgrund von Personalengpässen als kritisch bewertet und sollte durch die Schaffung weiterer Stellen verbessert werden.[649] Hinsichtlich der Praxis der Abschiebehaft in England und Wales kritisierte das CPT, dass Einwanderer, die abgeschoben werden sollen, für unbegrenzte Zeit inhaftiert werden können.[650] Das CPT empfahl zudem, dass die Anwendung von unmittelbaren Zwang gegenüber unruhigen und Widerstand leistenden Einwanderern auf ein Minimum begrenzt werden sollte.[651]

4.7.4 Die Beschwerde beim Europäischen Gerichtshof für Menschenrechte

Von den internationalen Abkommen ist für Gefangene im Vereinigten Königreich die Europäische Menschenrechtskonvention die bedeutendste.[652] Sie trat 1953 in Kraft, über ihre Einhaltung der Konvention wacht der Europäische Gerichtshof für Menschenrechte.

Die Europäische Menschrechtskonvention führt seit ihrer Inkorporierung im Vereinigten Königreich bei den nationalen Gerichten zu einem Umdenken hinsichtlich der Frage der Beachtung fundamentaler Grundrechte. Dies wird bereits bei Haftantritt deutlich: Häftlinge erhalten im Aufnahmeverfahren eine Zusammenstellung der ihnen zugestehenden Rechte. Dennoch beschreibt *Livingstone*, dass sich für den Haftalltag durch die Einführung der EMRK und den *Human Rights Act* wenig geändert hat, da die meisten Regelungen die Gefangene betreffen, in sog. *Secondary legislation* (wie die *Prison Rules 1999*) oder in sog. *Non-statutory administrative orders/instructions* nach den Vorgaben des *Prison Act 1952* geregelt sind.[653] Dennoch führte der *Human Rights Act* dazu, dass die Regelungen, die den Strafvollzug betreffen, nun am Maßstab der Europäischen Menschenrechtskonvention zu prüfen sind und die Entscheidungen des Europäischen Gerichtshofs für Menschenrechte auch auf nationaler Ebene Beachtung finden.

Eine Individualbeschwerde beim Europäischen Gerichtshof für Menschenrechte richtet sich zunächst nach Art. 34 EMRK. Die näheren Verfahrensregeln sind in den *Rules of Court* geregelt, die auf der Internetseite des Gerichtshofs

---

649 *CPT* 2014a, S. 29.

650 *CPT* 2014a, S. 52.

651 *CPT* 2014a, S. 52.

652 *van Zyl Smit/Snacken* 2009, S. 10.

653 *Livingstone u. a.* 2008, S. 109.

abrufbar sind.[654] Hiernach muss sich der Beschwerdeführer schriftlich an das Gericht wenden und zwar mit vollständigem Namen, Geburtsdatum, Nationalität, Geschlecht, Beruf und Anschrift (ggfs. auch die Anschrift des Rechtsbeistands), der Nennung des betreffenden Mitgliedsstaates, des Sachverhalts und der Artikel der Konvention, die der Beschwerdeführer als verletzt ansieht, ferner eine Stellungnahme, dass die Zulässigkeitsvoraussetzungen erfüllt sind, der Gegenstand des Antrags und ein Antrag auf Entschädigung.[655] Ein entsprechendes Antragsdokument steht den Antragstellern zur Verfügung, ist jedoch keine zwingende Zulässigkeitsvoraussetzung. Ist die Beschwerde erfolgreich, erhält der Antragsteller in der Regel eine Entschädigung vom betreffenden Mitgliedsstaat und in der Regel wird die gerügte Rechtsverletzung durch die Mitgliedsstaaten behoben. Teilweise werden auch entsprechende Reformen in die Wege geleitet, um zukünftige Rechtsverletzungen zu vermeiden, wenn die Rechtsverletzung bspw. durch eine Verwaltungspraxis bedingt ist. Für das Vereinigte Königreich bedeutete dies etwa, dass nach einer Beschwerde von *McComb*, der das unzulässige Mitlesen von Anwaltspost gerügt hatte, die Regierung durch eine Verwaltungsreform sicherstellte, dass Anwaltspost in Zweifelsfällen nur in Gegenwart des Häftlings geöffnet werden darf.[656] Die Pflicht der Umsetzung von Urteilen des Gerichtshof folgt aus Art. 46 EMRK, der in Absatz 3 Maßnahmen vorsieht, die getroffen werden können, wenn eine Vertragspartei ihren Verpflichtungen nicht nachkommt. Der Gerichtshof fordert bei Individualbeschwerden die Mitgliedschaftsstaaten nach zwei Monaten auf, über die getroffenen Maßnahmen zu berichten. Bei Staatenbeschwerden beträgt die Frist sechs Monate. Teilweise blieben streitige Fälle bis zu zehn Jahren auf der Agenda des Komitees bis eine endgültige Lösung gefunden wurde, die vom Vertragsstaat akzeptiert wurde.[657]

Zulässigkeitsvoraussetzung bei Individualbeschwerden ist außerdem, dass der nationale Rechtsweg erschöpft ist, was sich aus Art. 35 Abs. 1 EMRK ergibt. Hierbei müssen alle Rechtsschutzmöglichkeiten in Anspruch genommen werden, die effektiv und wirksam sind. Dies ist im britischen Kontext insofern nicht unproblematisch, als sich etwa bei gefängnisinternen Beschwerderechten oder Entscheidungen des *Prisons and Probation Ombudsman* die Frage stellt, ob diese effektiv und wirksam im Sinne der Konvention sind. Unstreitig ist, dass der Antragsteller keine Rechtsbehelfe in Anspruch nehmen muss, die nicht zu einer

---

654 Rules of Court, latest version 19 September 2016, http://www.echr.coe.int (Abruf am 22.11.2016).

655 *Livingstone u. a.* 2008, S. 139.

656 *McComb v. UK*, 50 D & R 81 (1988); *Livingstone u. a.* 2008, S. 141.

657 *Livingstone u. a.* 2008, S. 145.

verpflichtenden Entscheidung führen, sog. *Remedies that are discretionary in character*.[658] Als effektiv und wirksam werden nur verpflichtende Entscheidungen gewertet, sog. *Mandatory remedies*. Praktisch bedeutet dies, dass Gefangene etwa keine Gnadengesuche einreichen müssen, um die Zulässigkeitsvoraussetzungen des Art. 35 Abs. 1 EMRK zu erfüllen. Sofern es um Rechte der Gefangenen geht, wird unterschieden, ob es um die Anwendung der *Prison Rules* oder deren Inhalt geht. Sofern es um die Anwendung der *Prison Rules* geht, muss sich der Gefangene zunächst an die Gefängnisverwaltung wenden und dort sein Anliegen vortragen.[659] Fraglich ist, ob sich der Gefangene zusätzlich zunächst an den *Prisons and Probation Ombudsman* wenden muss, bevor er sich an den Gerichtshof wendet. Wie bereits beschrieben, haben Entscheidungen des *Prisons and Probation Ombudsman* lediglich empfehlenden Charakter, so dass hier nicht von einer verpflichtenden Entscheidung im Sinne der Konvention ausgegangen wird.

Der zweite Streitpunkt betrifft die bereits diskutierte Rechtsnatur der *Prison Rules*. Sofern nämlich – wie lange Zeit im Vereinigten Königreich üblich – davon ausgegangen wurde, dass sich Gefangene gegen Verstöße der *Prison Rules* nicht gerichtlich wehren können, bedeutete dies für Beschwerden vor dem Europäischen Gerichtshof für Menschenrechte, dass sich britische Gefangene auf nationaler Ebene in diesen Fällen nicht zunächst an nationale Gerichte wenden müssen. Vielmehr griff die Kommission bis dato auf den Test zurück, ob der Antrag hinreichende Erfolgsausrichten hatte, sog. *Reasonable likelihood of success*. Nachdem der *Human Rights Act* eingeführt war, wurden die Bestimmungen der Konvention auch in nationalen Gerichten beachtet, so dass es schwieriger wurde vor dem Europäischen Gerichtshof für Menschenrechte damit zu argumentieren, dass auf nationaler Ebene nicht ausreichende Rechtschutzmöglichen zur Verfügung stünden.[660] Folglich müssen Gefangene nun zunächst Rechtsschutz bei nationalen Gerichten suchen, bevor sie sich an den Gerichtshof wenden können. Zudem muss die in Art. 35 Abs. 1 EMRK genannte Frist von sechs Monaten nach der endgültigen innerstaatlichen Entscheidung für Individualbeschwerden vor dem Gerichtshof gewahrt werden.

---

658 *Livingstone u. a.* 2008, S. 147.

659 *Livingstone u. a.* 2008, S. 147.

660 *Livingstone u. a.* 2008, S. 148.

4.7.5 Aktuelle Entscheidungen des Europäischen Gerichtshofs für Menschenrechte

Im Folgenden werden aktuelle Entscheidungen des Europäischen Gerichtshofs für Menschenrechte aus dem Bereich des Strafvollzugs im Überblick dargestellt, die das Vereinigte Königreich betreffen.

4.7.5.1 McHugh and Others v. the UK

Im Fall *McHugh and Others v. the UK* vom 10.02.2015 hatten sich 1.015 Gefangene gegen den Entzug ihres Wahlrechts mit ihrer Inhaftierung aufgrund eines Verstoßes gegen Artikel 3 Zusatzprotokoll Nr. 1 EMRK (Recht auf freie Wahlen) gewendet. Es wurde eine Verletzung der Konvention bejaht, da ihr Fall identisch mit bereits zuvor entschiedenen Fällen zum Wahlrecht von Gefangenen war. Zugleich wurde jedoch ein Anspruch auf Schadensersatz und Ersatz der Prozesskosten der Antragsteller verneint.

4.7.5.2 Firth and Others v. the UK

Der Fall *Firth and Others v. the UK* vom 12.08.2014 betraf zehn Gefangene, denen im Zuge ihrer Verurteilung und Inhaftierung automatisch das Wahlrecht entzogen wurde. Folglich konnten sie nicht an der Wahl für das Europäische Parlament am 4. Juni 2009 teilnehmen. Dies wurde als Verstoß gegen Artikel 3 Zusatzprotokoll Nr. 1 EMRK (Recht auf freie Wahlen) gewertet, da ihr Fall identisch mit bereits zuvor entschiedenen Fällen war. Die diesbezüglichen Gesetze wurden bis dato nicht geändert. Auch hier wurde jedoch ein Anspruch auf Schadensersatz und Ersatz der Prozesskosten verneint.

4.7.5.3 S.S. v. the UK and F.A. and Others v. the UK

Im Fall *S.S. v. the UK and F.A. and Others v. the UK* vom 21.04.2015 haben sich fünf verurteile Gefangene gegen die Nichtgewährung von Sozialleistungen gewehrt. Die Antragsteller verbüßten Haftstrafen in psychiatrischen Krankenhäusern. Im Jahr 2006 wurden neue Richtlinien eingeführt um sicherzustellen, dass Gefangene, die ihre Strafe in psychiatrischen Krankenhäusern verbüßen, keine Sozialleistungen erhalten, die anderen Patienten ab dem Tag ihrer Entlassung aus dem Gefängnis entlassen gewährt würden. Die Antragsteller machten eine Verletzung des aus Art. 14 EMRK folgenden Diskriminierungsverbot geltend und zwar aufgrund des Umstandes, dass anderen Patienten in psychiatrischen Krankenhäusern Sozialleistungen gewährt würden und die Nichtgewährung eine unzulässige Diskriminierung darstellte. Diese Beschwerde wurde als unzulässig gewertet und abgewiesen.

4.7.5.4   *Aswat v. the UK*

Im Fall *Aswat v. the UK* vom 16.04.2013 wandte sich der unter Terrorverdacht stehende Mr. *Aswat* gegen die drohende Auslieferung an die Vereinigten Staaten. Er befürchtete eine Misshandlung im amerikanischen Vollzug was er primär mit den Haftbedingungen (lange Untersuchungshaft und Unterbringung in einem sog. *Supermax-prison)* begründete. Unter diesen Bedingungen würde sich seine paranoide Schizophrenie verschlechtern. Der Gerichtshof entschied, dass eine Auslieferung von Mr. *Aswat* an die USA gegen Art. 3 EMRK (Verbot der Folter) verstoßen würde. Begründet wurde dies ausschließlich mit seiner psychischen Erkrankung und nicht mit den drohenden Haftbedingungen.

4.7.5.5   *Omar Othman v. the UK*

Der Beschwerdeführer *Omar Othman* (auch bekannt unter dem Namen *Abu Qatada)* wandte sich gegen seine Abschiebung ins Königreich Jordanien, wo er in Abwesenheit aufgrund einer Vielzahl von Terrordelikten verurteilt worden war. Der Gerichtshof urteilte am 17.01.2012, dass die diplomatische Verpflichtung, die die Regierung des Vereinigten Königreichs von der jordanischen Regierung erhalten hatte, ausreichend war, um Mr. *Othman* vor Misshandlungen zu schützen. Folglich wurde eine Verletzung des Art. 3 EMRK (Verbot der Folter) verneint, wenn Mr. *Othman* nach Jordanien abgeschoben würde. Jedoch wurde eine Verlet-zung des Art. 6 EMRK (Recht auf ein faires Verfahren) bejaht und zwar im Falle der Wiederaufnahme seines Verfahrens. Dann bestünde das Risiko, dass die evtl. zugelassenen Beweise unter Folter zustande gekommen sind. Das ist der erste Fall, in dem der Gerichthof bei einer Ausweisung die Verletzung von Art. 6 EMRK bejahte, was die internationale Übereinkunft widerspiegelte, dass unter Folter zustande gekommene Beweise, das Recht auf ein faires Verfahren verletzten.

4.7.5.6   *Vinter and Others v. the UK*

Im Fall *Vinter and Others v. the UK* vom 9. Juli 2013 wandten sich drei Beschwerdeführer gegen ihre lebenslange Freiheitsstrafe[661], sog. *Whole life orders,* was

---

661   Zur Reform der lebenslangen Freiheitsstrafen in England und Wales vgl. *Appleton/van Zyl Smit* 2016, S. 217 ff.

bedeutet, dass keine vorzeitige Haftentlassung möglich ist, außer nach dem Ermessen des Justizministers bei Vorliegen von Härtegründen (etwa eine unheilbare
Krankheit oder eine sonstige schwerwiegende Beeinträchtigung). Die Beschwerdeführer begründeten ihre Beschwerde damit, dass die lebenslange Inhaftierung ohne Aussicht auf Entlassung eine unmenschliche oder erniedrigende
Strafe im Sinne des Art. 3 EMRK darstellt.[662] Die Große Kammer des Europäischen Gerichtshofs für Menschenrechte bejahte eine Verletzung von Art. 3
EMRK in Bezug auf alle drei Beschwerdeführer. Begründet wurde dies damit,
dass im Falle einer lebenslangen Freiheitsstrafe eine Aussicht auf Haftentlassung
bestehen muss, was der gängigen internationalen Praxis bei der Verhängung von
lebenslangen Freiheitsstrafen entspricht, sofern diese überhaupt verhängt werden.[663] Die im Vereinigten Königreich bestehende Möglichkeit, durch den Justizminister begnadigt zu werden, stellt keine hinreichende Aussicht auf Haftentlassung dar. Bis 2003 wurde die lebenslange Freiheitsstrafe nach 25 Jahren
automatisch durch den Justizminister überprüft. Diese Praxis wurde 2003 aufgegeben und kein entsprechendes Instrument eingeführt. Folglich war der Gerichtshof nicht davon überzeugt, dass die lebenslange Freiheitsstrafe mit der Konvention vereinbar ist. Trotz der Bejahung eines Verstoßes gegen die Konvention
machte der Gerichtshof den Beschwerdeführern keine Hoffnung auf baldige Haftentlassung. Diese ist abhängig von individuellen Gründen für die fortgesetzte Inhaftierung der Beschwerdeführer und ihrer fortbestehenden Gefährlichkeit. Diese
Gründe wurden im Verfahren nicht erörtert.

4.7.5.7 Hutchinson v. the UK

Im Fall *Hutchinson v. the UK* vom 3. Februar 2015 wurde der Beschwerdeführer
1984 aufgrund von schwerem Wohnungseinbruch, Vergewaltigung und dreifa-
chem Mordes zu lebenslanger Freiheitsstrafe mit einem sog. *Minimum tariff* von
18 Jahren verurteilt. 1994 informierte der Justizminister den Beschwerdeführer,
dass er entschieden hatte, einen sog. *Whole life term* zu verhängen, was im Mai
2008 vom *High Court* aufgrund der Schwere der begangenen Delikte bestätigt
wurde. Eine beim *Court of Appeal* eingereichte Beschwerde wurde im Oktober
2008 verworfen. Vor dem Europäischen Gerichtshof für Menschenrechte argumentierte der Beschwerdeführer, dass die lebenslange Freiheitsstrafe ohne Aussicht auf Entlassung eine unmenschliche oder erniedrigende Strafe im Sinne des
Art. 3 EMRK darstellt. Im Urteil der Kammer vom 3. Februar 2015 kamen die
Richter in ihrer Abstimmung mit 6 : 1 Stimmen zu dem Ergebnis, dass hier keine

---

662 Vgl. auch *Morgenstern* 2014, S. 184 ff zur EGMR-Rspr. zu Art. 3 EMRK und dem daraus
     abgeleiteten „Recht auf Hoffnung".
663 Siehe auch *van Zyl Smit/Weatherby/Creighton* 2014, S. 59 ff.

Verletzung von Art. 3 EMRK vorliegt. Sie stellte insbesondere fest, dass im Fall *Vinter and Others v. UK* vom 9. Juli 2013 entschieden wurde, dass das nationale Recht hinsichtlich der vorzeitigen Haftentlassung in Fällen lebenslanger Freiheitsstrafen durch den Justizminister unklar sei.

In diesem Fall war der Gerichtshof nicht davon überzeugt, dass die vom Beschwerdeführer zu verbüßende lebenslange Freiheitsstrafe mit Art. 3 EMRK kompatibel sei und folglich eine Verletzung von Art. 3 EMRK darstellen würde. Jedoch hat der *UK Court of Appeal* diese Bedenken ausdrücklich aufgegriffen und festgestellt, dass der Justizminister nach nationalem Recht verpflichtet ist, Häftlinge, die lebenslange Freiheitstrafen (sog. *Whole life orders*) verbüßen, zu entlassen, sofern Härtegründe dafür vorliegen. Diese Möglichkeit der Haftentlassung durch den Justizminister ist durch nationale Gerichte überprüfbar. In Anbetracht dieser Klarstellung kam die Kammer zu dem Ergebnis, dass sog. *Whole life orders* durch das nationale Recht überprüft und folglich mit der Konvention vereinbar sind. Am 1. Juni 2015 wurde der Fall auf Antrag des Beschwerdeführers an die Große Kammer verwiesen. Am 21. Oktober 2015 kam es dort zu einer Anhörung. Das Urteil wurde am 17.01.2017 vom Europäischen Gerichtshof für Menschenrechte gefällt und eine Verletzung von Art. 3 EMRK abgelehnt.[664]

Dabei stellte der Gerichtshof klar, dass die Europäische Menschenrechtskonvention der Verhängung einer lebenslangen Freiheitsstrafe grundsätzlich nicht entgegensteht, sofern für den Gefangenen die Möglichkeit der Entlassung besteht und die lebenslange Haftstrafe regelmäßig überprüft wird.

4.7.5.8 Harkins and Edwards v. the UK

Im Fall *Harkins and Edwards v. the UK* vom 17.01.2012 haben sich zwei Männer gegen die Auslieferung aus dem Vereinigten Königreich an die USA aufgrund von Mordanklagen gewandt. Sie haben argumentiert, dass ihnen dort die Todesstrafe oder eine lebenslange Freiheitsstrafe ohne die Möglichkeit der vorzeitigen Entlassung droht. Die US-Regierung hat daraufhin gegenüber. der britischen Regierung erklärt, dass in diesem Fall keine Todesstrafe verhängt werden würde. Hinsichtlich der Frage der lebenslangen Inhaftierung war der Gerichtshof nicht überzeugt, dass dies völlig unverhältnismäßig sei in Bezug auf die im Vereinigten Königreich drohenden lebenslange Strafe. Der Gerichtshof hat eine mögliche Verletzung von Art. 3 EMRK abgelehnt. Im Anschluss hat der Beschwerdeführer auf nationaler Ebene im November 2014 eine Entscheidung des *High Court* herbeigeführt, der jedoch eine Wiederaufnahme in Anbracht der Entscheidung des Gerichtshofs verneint hat. Mr. *Harkins* hat dann am 11. November 2014 erneut

---

664 Siehe auch *Pettigrew* 2017, S. 260-277.

eine Beschwerde beim Europäischen Gerichtshof für Menschenrechte eingelegt und eine Verletzung von Art. 3 und Art. 6 EMRK gerügt, sollte es zu einer Auslieferung an die *USA* kommen. Daraufhin hat sich der Gerichtshof am 31. März 2015 mit weiteren Fragen an die britische Regierung gewandt. Am 5. Juli 2016 hat die Kammer den Fall an die Große Kammer des Gerichtshofs verwiesen, die am 11. Januar 2017 eine Anhörung durchgeführt hat.

4.7.5.9   *James, Wells and Lee v. the UK*

Im Fall *James, Wells and Lee v. the UK* vom 18.09.2012 wandten sich drei Beschwerdeführer an den Gerichtshof, die sog. *IPP*-Strafen (Indeterminate sentences for the public protection) verbüßten. Sie beschwerten sich über das Versagen des Innenministers, der nicht sicherstellen konnte, dass sie Kurse belegen könnten, die darauf abzielten, die Ursachen für die Tatbegehung aufzuarbeiten. Der Gerichtshof entschied, dass dies eine Verletzung von Art. 5 § 1 EMRK (dem Recht auf Freiheit und Sicherheit) darstellt. Der sog. *Tariff* (Mindesthaftdauer) der Strafen der Beschwerdeführer war bereits abgelaufen und demnach waren Schritte notwendig, die die Beschwerdeführer auf ihre Haftentlassung vorbereiten sollten. Eine von Mr. *Wells* und Mr. *Lee* gerügte Verletzung von Art. 5 § 4 EMRK (Recht auf zügige Entscheidung über die Rechtmäßigkeit der Inhaftierung) wurde verneint.

4.7.5.10   *M.S. v. the UK*

Der Beschwerdeführer, ein psychisch kranker Mann, wandte sich an den Gerichtshof aufgrund seiner Inhaftierung in Polizeigewahrsam während eines akuten psychischen Leidens. Hierbei war allen Beteiligten klar, dass eine psychische Erkrankung vorlag und eine umgehend psychiatrische stationäre Behandlung angezeigt war. Im Urteil vom 3. Mai 2012 stellte das Gericht fest, dass eine Verletzung von Art. 3 EMRK (Verbot von Folter) vorlag. Obwohl kein vorsätzliches Handeln der Polizeibehörden festgestellt werden konnte, stellte die andauernde Inhaftierung ohne psychiatrische Behandlung eine Verletzung seiner Menschenwürde dar.

4.7.5.11   *Dickson v. the UK*

Im Fall *Dickson v. the United Kingdom* (application no. 44362/04) vom 4.12.2007 wandte sich der Beschwerdeführer, der zu einer lebenslangen Freiheitsstrafe von mindestens 15 Jahren verurteilt worden war, gegen die Versagung seines Antrags, den gemeinsamen Kinderwunsch mit seiner Ehefrau durch künstliche

Befruchtung zu verwirklichen. Im Vereinigten Königreich werden Ehegattenlangzeitbesuche grds. nicht gestattet. Der *Secretary of State* argumentierte, dass ein
solcher Antrag nur in besonderen Ausnahmefällen genehmigt werden kann, die
hier nicht erkennbar waren. Der Gerichtshof stellte eine Verletzung von
Art. 8 EMRK (Recht auf Achtung des Privat- und Familienlebens) fest und sprach
dem Beschwerdeführer Schadensersatz zu. Die Entscheidung ist insofern bemerkenswert, als dass entgegen expliziter englischer Präzendenzfälle entschieden
wurde, die Umsetzung der Entscheidung auf politischer Ebene jedoch nur sehr
zurückhaltend vorgenommen wurde.

4.7.6 Umsetzung der Entscheidungen des Europäischen Gerichtshofs für Menschenrechte im Vereinigten Königreich

Das Vereinigte Königreich ist durch die Unterzeichnung der Europäischen Menschenrechtskonvention an die Urteile des Europäischen Gerichtshofs für Menschenrechte gebunden. Dennoch wurden in jüngerer Zeit Urteile auf Bestrebung
der Regierung oder des UK Supreme Court nicht umgesetzt.[665]
    Dies betraf zunächst das Urteil im Fall *Stafford v. United Kingdom* aus dem
Jahr 2002. Der Beschwerdeführer wandte sich erfolgreich gegen seine fortgesetzte Inhaftierung nach Verbüßung einer sechsjährigen Haftstrafe und machte eine
Verletzung von Art. 5 §§ 1 und 4 EMRK geltend. Mr. *Stafford* wurde 1967 wegen Mordes verurteilt und 1979 vorzeitig auf Bewährung entlassen. 1989 wurde
er aufgrund von Verstößen gegen die Bewährungsauflagen erneut inhaftiert. Im
März 1991 wurde er auf Bewährung entlassen und dann 1994 wegen Scheckbetrugs zu einer sechsjährigen Haftstrafe verurteilt. Zugleich wurde seine frühere
lebenslange Haftstrafe wegen Mordes durch den *Secretary of State* widerrufen.
1996-97 sollte er auf Empfehlung des *Parole Boards* entlassen werden, was durch
Einspruch des *Secretary of State* verhindert wurde.
    Die Rechtmäßigkeit des Widerrufs der lebenslangen Haftstrafe wegen Mor-
des durch den *Secretary of State* wurde von nationalen Gerichten überprüft und
nicht beanstandet. Der Europäische Gerichtshof für Menschenrechte sah mangels
kausalem Zusammenhang zwischen dem Widerruf des ursprünglich begangenen
Mordes und der zweiten Tat keinen Grund für die fortgesetzte Inhaftierung von
Mr. *Stafford* nach Verbüßung der Haftstrafe wegen Scheckbetrugs und somit einen Verstoß gegen Art. 5 §§ 1 und 4 EMRK. Auch einer Inhaftierung unter prä-
ventiven Gesichtspunkten hat der Gerichtshof widersprochen.
    Zudem wurde gerügt, dass der *Secretary of State*, als Mitglied der Exekutive,
die Bewährungsstrafe von Mr. *Stafford* widerrufen hatte. Das Urteil wurde zwar

---

665 *Roberts/Ashworth* 2016, S. 351.

akzeptiert, das Sanktionssystem für *murder* durch Schedule 21 des *Criminal Justice Act 2003* jedoch vorschnell und ohne Weitsicht reformiert.[666]

Im Fall *Hirst v. United Kingdom* aus dem Jahr 2006 wandte sich der Beschwerdeführer erfolgreich gegen die automatische Entziehung seines Wahlrechts durch die Inhaftierung.[667] Der Gerichtshof sah hierin einen unverhältnismäßigen Eingriff in die Rechte des Beschwerdeführers. Die Vorgaben des Urteils wurden bis dato von der britischen Regierung nicht umgesetzt, so dass britischen Gefangenen auch derzeit das Wahlrecht verwehrt wird. Folglich wurde in weiterer Verfahren, wie etwa in dem bereits besprochenen Fall *Firth and Others v. the UK* vom 12.08.2014, die Praxis der Entziehung des Wahlrechts von Gefangenen vom Gerichtshof als Verstoß gegen die Menschenrechtskonvention gerügt.

Auch nach dem bereits besprochenen Urteil *James, Wells and Lee v. the UK* vom 18.09.2012, in dem der Gerichtshof es als einen Verstoß gegen Art. 5 § 1 EMRK (dem Recht auf Freiheit und Sicherheit) wertete, wenn Häftlingen, die *IPP*-Strafen verbüßen, keine Angebote gemacht werden, die sie auf die Haftentlassung vorbereiten, änderte die Regierung ihren Kurs nicht. Folglich verbüßen auch weiterhin Häftlinge *IPP*-Strafen, ohne dass ihnen der Resozialisierung dienende Angebote gemacht werden. *Roberts* und *Ashworth* sehen in der Praxis der britischen Regierung, die Entscheidungen des Europäischen Gerichtshofs für Menschenrechte teilweise oder ganz zu ignorieren, eine große Herausforderung für das europäische System des Schutzes von Menschenrechten.[668] Die Befolgung der Urteile des Europäischen Gerichtshofs für Menschenrechte ist von zentraler Bedeutung für das europäische Werte- und Rechtssystem. Das ändert sich auch nicht durch den geplanten Austritt des Vereinigten Königreichs aus der Europäischen Union.

4.7.7 Die European Prison Rules

Die *European Prison Rules* (Europäischen Strafvollzugsgrundsätze) wurden auf Empfehlungen des Europarates erlassen.[669] Sie sind nicht rechtsverbindlich, son-

---

666 *Roberts/Ashworth* 2016, S. 351.

667 Wie *The Guardian* am 02. November 2017 berichtete, plant der aktuelle Justizminister *David Lidington* die *Prison Rules* zu ändern, so dass bis zu 100 Gefangene, die eine kurze Haftstrafe verbüßen und denen ein sog. *Release on Temporary Licence* gewährt wird, ihr Wahlrecht wahrnehmen können, vgl. https://www.theguardian.com/society/2017/nov/02/up-to-100-prisoners-on-short-sentences-to-be-given-right-to-vote (Abruf am 09.11.2017).

668 *Roberts/Ashworth* 2016, S. 352.

669 Europäischen Strafvollzugsgrundsätze 2007, Empfehlung Rec (2006) 2.

dern als Richtlinien gemeinsamer europäischer Mindeststandards der unterzeichnenden Mitgliedsstaaten konzipiert und gelten für Personen, gegen die eine Justizvollzugsbehörde Untersuchungshaft angeordnet hat oder denen die Freiheit aufgrund eines Urteils entzogen worden ist (Empfehlung 10.1). Es handelt sich um einen Katalog gemeinsamer *Mindest*standards in europäischen Strafvollzugsanstalten, die noch keinen Idealzustand (im Sinne einer Zielvorstellung) darstellen. Die Europäischen Strafvollzugsgrundsätze sind Ausdruck eines gewachsenen Bewusstseins für Menschenrechtsfragen im Bereich des Strafvollzugs.[670] Sie eignen sich im britischen Kontext als Modell für Änderungen der *UK Prison Rules* oder gar für die Ausarbeitung einer einheitlichen Regelung für den Strafvollzug.[671] Den European Prison Rules lagen die *UN Standard Minimum Rules* aus dem Jahr 1955 und die daraus entwickelten *Mindestgrundsätze für die Behandlung der Gefangenen* aus dem Jahr 1977 zugrunde. Darin hieß es:

> *„Mit den folgenden Grundsätzen wird nicht beabsichtigt, im Einzelnen ein Mustersystem für Strafvollzugsanstalten zu beschreiben. Angestrebt wird lediglich, auf der Grundlage der heute allgemein anerkannten Auffassungen und der wesentlichen Elemente der am besten geeigneten Systeme der heutigen Zeit die allgemein als gut anerkannten Grundsätze und Praktiken für die Behandlung der Gefangenen und die Führung der Anstalten darzulegen."*[672]

Ende 2015 hat die Generalversammlung der Vereinten Nationen die sog. *United Nations Standard Minimum Rules for the Treatment of Prisoners (the Nelson Mandela Rules)* beschlossen, die Mindeststandards für die Behandlung von Gefangenen beinhalten.[673]

Zudem wurde bei der Entwicklung der Europäischen Strafvollzugsgrundsätze die Antifolterkonvention sowie die Berichte des Antifolterkomitees berücksichtigt. Außerdem wurde die Rechtsprechung des Europäischen Gerichtshofs für Menschenrechte bei der Ausarbeitung der *Prison Rules* berücksichtigt, dessen Entscheidungen häufig die Haftbedingungen von Gefangenen im Geltungsbereich der Europäischen Menschenrechtskonvention betrafen und somit konkretisierten, worin eine Verletzung des in Art. 3 EMRK normierten Folterverbots lag. Die European Prison Rules dienen heute vor allem als ein gemeinsamer Maßstab für Standards im Strafvollzug, auf den verschiedene Kontrollinstanzen des Strafvollzugs wie der Europäische Gerichtshof für Menschenrechte oder das *Anti-Folter-*

---

670 *Dünkel* 2017a, S. 1037 ff.; *Dünkel* 2012, S. 141; *Dünkel* 2006, S. 86.

671 *Livingstone/Owen/Macdonald* 2015, S. 177.

672 UN Mindestgrundsätze für die Behandlung der Gefangenen 1977, S. 1.

673 *United Nations Office on Drugs and Crime* 2016, S. 3 ff.; *Dünkel* 2017a, S. 1044 ff.

Komitee zurückgreifen. Dies bedeutet jedoch nicht zwangsläufig, dass jeder Verstoß gegen die in den *Prison Rules* enthaltenden Empfehlungen automatisch zu einem Verstoß gegen Art. 3 EMRK führt.[674] Die Neufassung der *European Prison Rules* aus dem Jahr 2006 führte vor allem zu Neuerungen hinsichtlich des Umgangs mit Untersuchungshäftlingen. Die Empfehlungen der *European Prison Rules* gelten nicht nur für staatliche, sondern auch für privat geführte Haftanstalten. Die *European Prison Rules* wurden von Gefangenen häufig bei Klagen vor dem Europäischen Gerichtshof für Menschenrechte zitiert.[675] Der Katalog der *Prison Rules* umfasst insgesamt 109 Empfehlungen und ist in neun Teile gegliedert, wovon der erste Teil (Nr. 1-13) Grundprinzipien festlegt wie bspw. die Achtung der Menschenwürde von Personen, denen die Freiheit entzogen ist (Nr. 1), der Verhältnismäßigkeitsgrundsatz (Nr. 3), die Resozialisierung der Gefangenen als Vollzugsziel (Nr. 6) oder der Angleichungsgrundsatz an das Leben in Freiheit (Nr. 5), der sich jedoch lediglich auf die sozialstaatlichen Aspekte des Lebens in Freiheit bezieht.[676] Daraus lässt sich ableiten, dass ein reiner Verwahrungsvollzug nicht mit den empfohlenen Mindeststandards vereinbar ist und den Gefangenen Angebote gemacht werden müssen, die sie darauf vorbereiten, künftig in sozialer Verantwortung ein Leben ohne Straftaten führen zu können.

Für die Praxis des britischen Strafvollzugs dürfte, aufgrund der deutlichen Überbelegung vor allem in englischen Haftanstalten und der insgesamt angespannten Finanzlage des Strafvollzugssystems, insbesondere Empfehlung 4 relevant sein, die festlegt, dass Mittelknappheit keine Rechtfertigung dafür sein kann, dass die Vollzugsbedingungen gegen die Menschenwürde verstoßen. Teil II (Nr. 14-38) beinhaltet Näheres zu den Haftbedingungen. Neben der Aufnahme von Gefangenen finden sich u. a. Empfehlungen zu Hygiene, Kleidung und Bettzeug, Ernährung, Rechtsberatung, Außenkontakten sowie zur Arbeit im Vollzug. Teil III (Nr. 39-48) enthält Empfehlungen zur Gesundheit der Gefangenen. Teil IV (Nr. 49-70) befasst sich mit der Ordnung in Justizvollzugsanstalten, Teil V (Nr. 71-79) mit der Leitung und Vollzugspersonal, Teil VI (Nr. 92 u. 93) mit der Kontrolle und Überwachung, Teil VII (Nr. 94-101) mit Untersuchungsgefangenen, Teil VIII (Nr. 102-107) mit den Zielen des Strafvollzuges und Teil IX (Nr. 108) beinhaltet das Gebot, die Europäischen Strafvollzugsgrundsätze regelmäßig zu aktualisieren.

---

674 *Livingstone/Owen/Macdonald* 2015, S. 177.

675 *Easton* 2011, S. 55.

676 *Dünkel* 2006, S. 86.

Die Europäischen Strafvollzugsgrundsätze wurden im Vereinigten König-reich nicht als nationales Recht umgesetzt, so dass die darin enthaltenen Empfeh-lungen keinen rechtsverbindlichen Charakter haben, sondern lediglich etwa bei Reformüberlegungen nationaler Regelungen herangezogen werden. In einigen Bereichen bleibt die Vollzugspraxis im Vereinigten Königreich hinter den An-forderungen der Europäischen Strafvollzugsgrundsätze deutlich zurück. Dies betrifft etwa die Gesundheitsfürsorge, bzgl. dieser in Nr. 41 empfohlen wird, dass in jeder Anstalt mindestens ein anerkannter Arzt für Allgemeinmedizin zur Verfügung stehen muss. Diese Empfehlung wird in der britischen Vollzugspraxis häufig nicht erfüllt. Es stehen zu wenig Ärzte zur Verfügung, so dass es in manchen Anstalten keinen Arzt gibt, der regelmäßig in die Anstalt kommt um Gefangene zu behandeln.[677] Häufig müssen auch wichtige medizinische Termine außerhalb des Vollzugs abgesagt werden, weil nicht genug Strafvollzugsbeamte zur Verfügung stehen um den Gefangenen zu begleiten. Auch dies dürfte mit der teilweise erheblichen Überbelegung der Anstalten und der aktuellen Sparpolitik zusammenhängen.

---

677 *Taylor* 2017.

5. Überblick über den Vollzugsablauf

5.1 Strafantritt, Aufnahmeverfahren und Vollzugsplanung

5.1.1 Einführung

Im folgenden Kapitel soll ein Überblick über den Vollzugsablauf[678] und die Haftbedingungen gegeben werden. Die Inhaftierungsbedingungen in England und Wales erreichten Anfang der 1990er Jahre einen Tiefpunkt.[679] Der erhebliche Anstieg der Vollzugspopulation und die daraus resultierende Überbelegung der Haftanstalten hatten weitreichende Auswirkungen auf den Vollzugsablauf. Häftlinge verbrachten häufig bis zu 23 Stunden pro Tag in ihren Zellen ohne Zugang zu Arbeits- und Freizeitangeboten bzw. zu sanitären Anlagen.[680] In der Folge wurde das sog. *Slopping-out* praktiziert, bei dem Gefangene anstelle von Toiletten einen Eimer nutzen mussten und ihre Ausscheidungen erst nach Aufschluss entsorgen konnten.[681] Die mangelhaften Zustände wurden auch wiederholt vom Antifolterkomitee nach Besuchen der britischen Haftanstalten gerügt.[682] Seit den 1990er Jahren kam es zu zahlreichen Modernisierungsmaßnahmen in bestehenden Anstalten oder Gefängnisneubauten, wodurch sich die Haftbedingungen etwas verbessert haben. Dennoch waren auch 2016 zahlreiche Anstalten in England und Wales von Überbelegung mit erheblichen Auswirkungen auf den Vollzugsalltag betroffen, während die schottischen Anstalten offiziell nicht überbelegt sind.[683]

---

678 Bzgl. des Vollzugsablaufs in Deutschland vgl. auch *Kett-Straub/Streng* 2016, S. 62 ff.; *Laubenthal* 2015, S. 209 ff.

679 *Livingstone/Owen/Macdonald* 2015, S. 225.

680 *Livingstone/Owen/Macdonald* 2015, S. 226.

681 *Croall* 2006, S. 596, *Thomson* 2013, S. 95.

682 Vgl. insoweit *Kapitel 4.7.3*.

683 Im Dezember 2016 waren die englischen und walisischen Haftanstalten mit 113% der sog. *Certified National Accomodation* belegt, vgl. *Ministry of Justice/National Offender Management Service/HM Prison Service* 2016b. Die schottischen Anstalten waren 2016 lediglich zu 94,2% belegt, vgl. *International Centre for Prison Studies* 2016.

5.1.2 Strafantritt und Aufnahmeverfahren

5.1.2.1 England und Wales

Ziel des englischen und walisischen Strafvollzugs ist es, gemäß Rule 3 der *Prison Rules 1999* Gefangene zu befähigen, künftig ein *„good and useful life"* zu führen.[684] Die Inhaftierung hat in den meisten Fällen Zäsurwirkung. Der damit verbundene Schock wird von den Gefangenen unterschiedlich verarbeitet, die folgenden Regeln sollen es Häftlingen erleichtern, sich in der neuen Umgebung zurecht zu finden.[685]

In England und Wales müssen Gefangenen im Rahmen des Aufnahmeverfahrens – spätestens 24 Stunden nach der Ankunft in der Haftanstalt – nach Rule 10 der *Prison Rules 1999* Informationen hinsichtlich der *Prison Rules, Earning and privileges* und die Möglichkeit Anträge und Beschwerde einzureichen, erhalten.[686]

Details zum Aufnahmeverfahren sind in der *Prison Service Instruction (PSI) 07/2015* geregelt. Darin wird die Anstaltsleitung angehalten sicherzustellen, dass den Gefangenen alle für den Vollzugsalltag relevanten Informationen zur Verfügung gestellt werden. Gefangene müssen mit Respekt und nach geltendem Recht behandelt werden. Zunächst werden die Identität und der rechtliche Status des Häftlings überprüft. Dazu gehört eine Überprüfung des Haftbefehls oder anderer Dokumente, die die Inhaftierung anordnen. Diese Überprüfung ist auch in den *European Prison Rules* vorgesehen.[687] Sollten diese Dokumente nicht vorliegen, die Strafvollzugsverwaltung aber von der Existenz der Dokumente überzeugt sein, wird der Häftling aufgenommen und die Dokumente beim zuständigen

---

684 Purpose of prison training and treatment: Rule 3 – The purpose of the training and treatment of convicted prisoners shall be to encourage and assist them to lead a good and useful life.

685 *Livingstone/Owen/Macdonald* 2015, S. 229.

686 Information to prisoners: Rule 10 (1) Every prisoner shall be provided, as soon as possible after his reception into prison, and in any case within 24 hours, with information in writing about those provisions of these Rules and other matters which it is necessary that he should know, including earnings and privileges, and the proper means of making requests and complaints. (2) In the case of a prisoner aged less than 18, or a prisoner aged 18 or over who cannot read or appears to have difficulty in understanding the information so provided, the governor, or an officer deputed by him, shall so explain it to him that he can understand his rights and obligations. (3) A copy of these Rules shall be made available to any prisoner who requests it.

687 Empfehlung 14 der European Prison Rules: „Niemand darf ohne einen nach innerstaatlichem Recht gültigen Haftbefehl bzw. ohne Aufnahmeersuchen als Gefangene/r in eine Anstalt aufgenommen oder dort festgehalten werden."

Gericht, der zuständigen Behörde oder bei der Anstalt, in der der Häftling zuvor inhaftiert war, angefordert.[688] Für jeden Gefangenen wird eine Personalakte angelegt, die bei Bedarf zu aktualisieren ist. Darin ist der Name des Gefangenen, Kontaktdaten des nächsten Angehörigen und die ethnische und religiöse Zugehörigkeit des Gefangenen enthalten. Zudem werden Lichtbilder angefertigt.

Im Anschluss folgt die sog. *First Night Security Information*. Diese beinhaltet ein Gespräch mit dem Gefangenen und eine Bewertung der vorliegenden Informationen hinsichtlich der Voraussetzungen für die Verlegung in die *First Night Unit, Segregation Unit* oder in die Krankenstation. Zudem erfolgt eine Bewertung des Selbst- und Fremdverletzungsrisikos. Bei ausländischen Gefangenen wird zudem die *Border and Immigration Authority* kontaktiert, um eventuell bestehende Einwanderungsfragen zu klären.

Gefangene werden bei Ankunft von einem Mitglied des *Healthcare team* oder eines geschulten *Health Care Assistant* medizinisch untersucht. Sofern Gefangene von einer anderen Haftanstalt verlegt wurden, wird die Krankenakte beigezogen und ausgewertet. Gefangenen wird der Zugang zu einem Telefon ermöglicht, um ihren Rechtsbeistand zu kontaktieren oder wichtige familiäre Angelegenheiten, wie etwa Fragen der Kinderbetreuung zu klären. Außerdem wird Gefangenen vor der ersten Nacht die Möglichkeit zum Duschen eingeräumt und grundlegende Hygieneartikel (u. a. Seife, Zahnpasta, Zahnbürste) zur Verfügung gestellt. Auf besondere Bedürfnisse von ethnischen Gruppierungen wird nach Möglichkeit Rücksicht genommen. Gefangene erhalten nach Bedarf saubere und passende Kleidung und eine warme Mahlzeit. Es wird ein sog. *First Night pack* zur Verfügung gestellt, das u. a. Milch, Zucker, Süßigkeiten, Bücher oder Zeitschriften und im Falle des Nichtvorhandenseins eines Fernsehgerätes, ein Radio enthält. Über 18-jährige Gefangene, die rauchen, erhalten zudem Tabak (sog. *Smoker's pack*). Die Kosten für diese Grundausstattung werden mit den zukünftigen Einnahmen der Gefangenen aufgerechnet. Häftlingen steht es frei, das *First Night pack* und das *Smoker's pack* in Anspruch zu nehmen.

Gefangene gelten in den ersten 24 Stunden und dem ersten Monat in Haft als besonderes gefährdet.[689] Sie sind besonderen Belastungen ausgesetzt: Die Konfrontation mit dem Haftalltag, die ungewisse Zukunft und die strikten Regeln des Vollzugs.[690] Zu dieser Zeit kommt es vermehrt zu Selbstverletzungen oder -tötungen, weshalb die *Prison Service Instruction (PSI) 07/2015* für diesen Zeitraum

---

688 *Prison Service Instruction (PSI) 07/2015.*

689 *Prison and Probation Ombudsman* 2016b, S. 1 ff.; *Prison Service Instruction (PSI) 07/2015.*

690 *Prison Service Instruction (PSI) 07/2015.*

besondere Vorkehrungen vorsieht.[691] Dazu gehört, dass eine Risikobewertung erfolgt, in der etwa festgelegt werden kann, dass Neuzugänge sich den Haftraum mit einem anderen Häftling teilen.[692] Gefangene erhalten zu Beginn der Inhaftierung besondere Unterstützung durch Vollzugsbeamte. Dies kann etwa persönliche Angelegenheiten von Gefangenen betreffen, die sich infolge der Inhaftierung ergeben.[693]

Schließlich erhalten Inhaftierte einen Überblick über ihre Rechte und Pflichten und den Haftalltag.[694] Dies umfasst u. a. die *Prison Rules*, Hinweise zum Zusammenleben mit anderen Gefangenen, die Zusammenarbeit mit dem Vollzugspersonal, das Stellen von Anträgen, das Einlegen von Beschwerden, die Aufgabe des *Independent Monitoring Board*, die Aufgabe des Geistlichen, die Gewährung von Lockerungen oder Besuchsregelungen. Es werden Informationen zum Bezahlverfahren im Vollzug, das sog. *Incentives and Earned Privileges scheme*,[695] dem sicheren Haftalltag und andere relevante Informationen zur Verfügung gestellt.

Rule 7 der Prison Rules regelt, welche Kriterien für die Einstufung von Gefangenen maßgeblich sind. Danach heißt es „Prisoners shall be classified, in accordance with any directions of the Secretary of State, having regard to their age, temperament and record and with a view to maintaining good order and facilitating training and, in the case of convicted prisoners, of furthering the purpose of their training and treatment as provided by rule 3." Rule 7 (2) sieht

---

691 In der Untersuchung „Prisons and Probation Ombudsman (2015): Learning from PPO Investigations: Self-inflicted deaths of prisoners – 2013/14" wurde festgestellt, dass von den im Zeitraum April 2012-März 2014 untersuchten 132 Todesfällen im Vollzug, 40 innerhalb der ersten 30 Tage geschahen; vgl. auch *The Guardian* v. 2.1.2015 zu den besonders erhöhten und seit 2007 angestiegenen Selbstmordraten im englischen Vollzug; zu früheren Daten vgl. *Liebling* 1992.

692 Das „Cell Sharing Risk Assessment" ist in der *Prison Service Instruction (PSI) 20/2015* geregelt. Ziel ist es, neben der Reduzierung von Selbstverletzungen und -tötungen, Gewalt im Vollzug zu reduzieren und Opfer zu unterstützen.

693 Außerdem nennt die *Prison Service Instruction (PSI) 07/2015*, ohne Anspruch auf Vollständigkeit: „Urgent issues related to accommodation (for example where dependents are locked out or where homes have been left unsecured); health related issues (for example where either prisoners or dependents need access to specialist medication that is not in their possession); issues relating to the safety or well being of children or family members; Issues relating to the prevention of harm to others."

694 *Prison Service Instruction (PSI) 07/2015*.

695 Details zum *Incentives and Earned Privileges scheme* sind in der *PSI 30/2013* enthalten.

zudem die grundsätzliche Einhaltung des Trennungsgrundsatzes von verurteilten und nicht verurteilten Gefangenen (sog. *Unconvicted prisoners*) vor.[696]

---

696 Rule 7 (2) lautet: „(2) Unconvicted prisoners: (a) shall be kept out of contact with convicted prisoners as far as the governor considers it can reasonably be done, unless and to the extent that they have consented to share residential accommodation or participate in any activity with convicted prisoners; and (b) shall under no circumstances be required to share a cell with a convicted prisoner."

Abbildung 24: Reception and First Night Checklist, England/Wales

Reception and First Night Checklist

This is an example of a checklist that governors may wish to use to aid the management of reception and the pre-first night lock-up period, focusing on suicide and self-harm prevention. See the main PSI text for mandatory actions.

1.   Reception Environment

☐   Prisoners spend the minimum amount of time necessary in Reception

☐   The Reception environment is clean, tidy and well-lit

☐   Staff establish what name each prisoner would like to be addressed by – thus setting a precedent for the way that prisoners will be treated throughout their time in custody

☐   There is an adequate number of comfortable seats for prisoners while they wait

☐   Refreshments are provided in Reception for all prisoners. Food should be hot where possible.

☐   The environment is relaxed and welcoming, with appropriate decoration and furnishings

☐   Posters and notices in the Reception area are appropriate for new arrivals – they take into account the needs of prisoners with disabilities or those with learning or language difficulties, do not raise fear and do not overload prisoners with information

☐   Interviews are conducted in private

☐   Searching is conducted out of sight of any other person; it is conducted at all times with dignity and decency; the process of searching is explained verbally to the prisoner beforehand; the prisoner is allowed (if possible) to bathe or shower immediately after undergoing a full search; illustrated posters explain what will happen during a full search

☐   Prisoners' property is treated with respect and staff explain to prisoners what will happen to their property and money

☐   Basic Custody Screening Tool – part one commenced by O/S

☐   There are designated cells for new receptions, which are clean and well-equipped with functioning heating and lighting

2.   Diversionary/ information material

☐   Diversionary material, such as newspapers, magazines and televisions/videos, is provided

☐   Prisoners are not overloaded with information, but essential information covering what happens in Reception and First Night is provided. This includes information about the Samaritans and local peer support schemes, as well as use of the cell call bell
☐   Information is given in the form of booklets, videos and audio tapes (where possible)

☐   All material (diversionary and information) is provided in languages appropriate to the needs of the individuals at the prison

3.   Peer support

☐   Prisoners are told about Samaritans and peer support schemes (e.g. Listeners) in operation at the prison, orally and in writing, and it is explained how they can access them (e.g. any dedicated telephone)

☐   Publicity material about the Samaritans is displayed by all telephones designated for prisoners' use

☐   If a prisoner wishes to telephone the Samaritans, he/she is given free and private access

☐   If the prison has an Insiders scheme in operation, prisoners are given access to Insiders and time to talk with them, privately if necessary

☐   ITC attendance list produced

4.   Outside contact

☐   Prisoners are given a phone call – if necessary at the prison's expense – before being locked up for the first night

☐   Details of the prisoner's family and next-of-kin are noted

☐   Support is provided to assist prisoners ensure suitable care arrangements have been made for their children and any other dependants

5.   Violence Reduction

☐   A cell sharing risk assessment is completed for all prisoners before being located in a shared cell (in accordance with PSI 09/2011 and PSI 64/2011)

☐   Staff look out for signs of intimidation or violence and know what to do if they see any

☐   The ethos of the establishment's Violence Reduction Strategy is displayed by all staff at all times

☐   Staff reassure and give support to prisoners who may be feeling worried and anxious – this is done sensitively so as not to raise fear

6.   Picking up the signs

☐   Where indicators of risk of suicide/self-harm are apparent (from Suicide/Self-Harm Warning Form, open ACCT, PER, OASys, any other document, telephone call, observation, something a prisoner says), these are discussed with the prisoner and appropriate action is taken to keep the prisoner safe

☐   Staff know how to use ACCT procedures

☐   All prisoners are assessed by a member of the healthcare team before lock-up on the first night

☐   Staff are aware that the following groups are at higher risk of suicide/self-harm:
- Those in prison for the first time
- Those with a change of status or transfer
- Those accused of violent offences, particularly against family members
- Those who are primary carers
- Those with a history of self-harm or attempted suicide

202

- o Potential Category A prisoners
- o Those sentenced to life imprisonment or equivalent (or expecting a life sentence)
- o Those with a mental disorder
- o Those who are dependent on drugs/alcohol
- o Potential deportees
- o Asylum seekers
- o Those who have been in care
- o Those subject to Child Protection Measures and/or Protection from Harassment Act 1997
- o Those on remand
- o Recalled prisoners

7. Personal needs

☐ All prisoners are given a Reception pack containing items such as tea, milk, sugar, sweets, tobacco (if requested, over 18s only), reading material, a radio/music player, writing materials
Note: Smoking is now banned within the Young Peoples Secure Estate. Local Smoking Cessation arrangements have been developed and agreed with PCTs, Area Managers and Governing Governors, as per the National Partnership Agreement, 2007.

☐ Prisoners are given any items required to meet essential personal needs for their first 24 hours, including toiletries, a towel, and clothing if required – these cater for the needs of prisoners from minority ethnic groups too

☐ Appropriate clothes are provided to those who do not have their own

☐ Prisoners are able to have a shower or bath before being locked up for the first night

☐ If a prisoner wishes to see a member of the Chaplaincy team, this is arranged for them.

☐ Prisoners who require a legal service are given advice on how to obtain it.

Quelle: *Prison Service Instruction 07/2015*, S. 23-25.

5.1.2.2 Schottland

In Schottland ist der Strafantritt und das Aufnahmeverfahren in Rule 8-16 der *Prisons and Young Offenders Institutions (Scotland) Rules 2011* geregelt. Für die Aufnahme im Vollzug ist zunächst das Vorliegen eines gültigen Haftbefehls oder anderen Dokuments, das die Inhaftierung anordnet, erforderlich. Dies ist in Rule 8 der *Prisons and Young Offenders Institutions (Scotland) Rules 2011* geregelt.[697] Sobald der Gefangene in der Anstalt eintrifft, wird er gemäß Rule 9 durchsucht und etwaige verbotene Gegenstände beschlagnahmt. Die eigentliche Durchsuchung richtet sich nach den Vorgaben von Rule 92. Die Beschlagnahme von verbotenen Gegenstände erfolgt nach Maßgabe von Rule 104. Medikamente werden an einen sog. *Healthcare professional* übergeben. Strafvollzugsbeamte können anordnen, dass Gefangene eine Dusche oder ein Bad nehmen oder nach Empfehlung des *Healthcare professional* darauf verzichten.

Im Anschluss kommt es zu einem Aufnahmegespräch zwischen dem Häftling und einem Strafvollzugsbeamten, um etwaige akute Probleme zu identifizieren und Lösungen zu finden.[698] Zum Aufnahmeverfahren gehört außerdem, dass der Anstaltsleiter dem Gefangenen erklärt, wie er einen Rechtsbeistand und bis zu zwei weitere Personen benachrichtigen kann.[699] Ausländische Gefangene dürfen zusätzlich einen diplomatischen Vertreter nach Wahl kontaktieren. Gefangene, die eine Ersatzfreiheitsstrafe verbüßen, werden vom Anstaltsleiter darüber informiert, welche Möglichkeit es gibt, die noch ausstehende Geldstrafe zu zahlen, um die Inhaftierung zu beenden, was sich nach Rule 79 der *Prisons and Young Offenders Institutions (Scotland) Rules 2011* richtet.[700]

Zu den Informationen, die neuen Gefangenen zur Verfügung gestellt werden müssen, zählen die *Rules and Directions*, die für den Vollzug gelten, ein Überblick über den Vollzugsablauf und die Routine im Vollzug, Praxis der Antragstellung, Beschwerdeeinreichung und Möglichkeiten der Kontaktaufnahme und -pflege

---

697 Rule 8: „Production of warrant, order, direction or certificate": A person may only be received into and detained in a prison where the Governor is satisfied that a valid warrant, order or direction exists which authorises that person to be detained in prison."

698 Rule 10 der *Prisons and Young Offenders Institutions (Scotland) Rules 2011*.

699 Rule 11 der *Prisons and Young Offenders Institutions (Scotland) Rules 2011*.

700 Rule 79 der *Prisons and Young Offenders Institutions (Scotland) Rules 2011* lautet: „(1) This rule applies to any prisoner who is committed to prison (a) in default of payment of any sum which requires to be paid by virtue of any order of a court; and (b) in circumstances where the prisoner may be released on payment of any sum. (2) A prisoner to whom this rule applies is entitled to communicate at any reasonable time with any person for the purpose of arranging payment of the sum which would secure his or her release."

zu Familie und Angehörigen.[701] Gefangene, die eine zeitige Freiheitsstrafe verbüßen, sollen alsbald über das Entlassungsdatum informiert werden.[702] Sofern es
sich eine um lange Freiheitsstrafe handelt, erhält der Gefangene Informationen
über das frühestmögliche Datum, an dem seine Strafe zur Bewährung ausgesetzt
werden kann sowie über das frühestmögliche Entlassungsdatum.[703] Handelt es
sich um eine lebenslange Freiheitsstrafe, wird in der Ladung zum Strafantritt der
Beginn des sog. *Commencement date of the sentence* und die sog. *Length of the
punishment part* festgelegt.[704]

Zu den Informationen über Gefangene, die zu Beginn des Vollzugs
gesammelt werden können, gehört die Erfassung der biometrischen Daten, eine
Beschreibung des Gefangenen samt besonderer Körpermerkmale, Größe, Ge-
wicht, Lichtbilder, Kontaktdaten zu nahen Angehörigen oder sonstige Notfallkon-
takte sowie sonstige besondere persönliche Merkmale.[705] Im Zweifel entscheidet
die Anstaltsleitung, welche Informationen sie für relevant erachtet. Informationen
zur religiösen Zugehörigkeit des Gefangenen werden ebenfalls in Einklang mit
den *Prisons and Young Offenders Institutions (Scotland) Rules 2011* erfasst, sofern der Gefangene diesbezügliche Angaben macht.

Im Anschluss erfolgt nach Rule 14 die Einteilung der Gefangenen anhand
folgender Kriterien: *Age; gender; offence or matter in respect of which the prisoner is committed to prison; period of sentence or committal; previous criminal
record; and any other matter, which the Governor considers appropriate.* Danach
wird der Gefangene durch den Anstaltsleiter einer bestimmten Abteilung der
Haftanstalt zugewiesen (Rule 15). Rule 16 fordert, dass sog. *Civil prisoners*[706]
und Untersuchungshäftlinge nach Möglichkeit getrennt von anderen Gefangenen

---

701 Damit wird zudem das Erfordernis, der in der Empfehlung 30.1 der *European Prison
Rules* enthaltenen Informationspflicht erfüllt („Bei der Aufnahme und in der Folge so oft
wie nötig sind die Gefangenen schriftlich und mündlich in einer ihnen verständlichen
Sprache über die Disziplinarvorschriften der Anstalt und über ihre Rechte und Pflichten
im Justizvollzug zu informieren.").

702 *Thomson* 2013, S. 86.

703 *Thomson* 2013, S. 86.

704 *Thomson* 2013, S. 86.

705 Rule 12 der *Prisons and Young Offenders Institutions (Scotland) Rules 2011.*

706 Rule 2 der *Prisons and Young Offenders Institututions (Scotland) Rules 2011* lautet:
„*Civil prisoner* means a person who is committed to prison (a) by virtue of non
compliance with an order under section 45 of the Court of Session Act 1988(h); (b) under
section 4 or 6 of the Civil Imprisonment (Scotland) Act 1882(i); (c) by virtue of a warrant
granted under section 1(1) of the Law Reform Miscellaneous Provisions) (Scotland) Act
1940(a); (d) for contempt of court or for non payment of a fine imposed for contempt of
court; or (e) for breach of interdict."

unterzubringen sind. Zudem werden Häftlinge in eine der drei Sicherheitska-tegorien eingeteilt, dem sog. *Supervision level (high, medium or low supervision)*.

5.1.3 Sicherheitskategorien von Gefangenen

5.1.3.1 England und Wales

Mit dem Anstieg der britischen Strafvollzugspopulation kam es vermehrt zu Gewaltproblemen innerhalb des Strafvollzugs.[707] Nach teils schweren Übergrif-fen auf das Vollzugspersonal und Mithäftlinge, Gefängnisrevolten sowie erfolg-reichen Fluchtversuchen, rückte die Sicherheit im Vollzug in den Mittelpunkt strafvollzugsrechtlicher Reformbestrebungen.[708] Hierzu wurde 1966 das *Mount-batten Committee* unter Vorsitz von *Lord Mountbatten* eingerichtet, das für eine Kategorisierung der Häftlinge plädierte.[709] Zu dieser Zeit wurden lediglich 120 Häftlinge als so gefährlich eingestuft, dass sie die Voraussetzungen für die höch-ste Sicherheitskategorie erfüllten.[710]

Die Vorschläge des *Mountbatten Committe* sahen vor, dass Häftlinge, mit der höchsten Sicherheitsstufe (sog. *Category A*), in besonders gesicherten Anstalten untergebracht werden. Die Reformvorschläge wurden angenommen, sodass seit-her männliche erwachsene Häftlinge in England und Wales entsprechend der *Prison Service Instruction*[711] in folgende Kategorien eingeteilt werden:

1. *Category A:* Gefangene, deren Flucht die Allgemeinheit, die Polizei oder die staatliche Sicherheit gefährden würde.
2. *Category B:* Gefangene, für die die höchste Sicherheitskategorie nicht erforderlich ist, bei denen jedoch besondere Fluchtgefahr besteht und somit eine Unterbringung unter hohen Sicherheitsbedingungen erforderlich ist.
3. *Category C:* Gefangene, die zwar nicht im offenen Vollzug unter-gebracht werden können, von denen aber keine Flucht zu erwarten ist.

---

707 *House of Commons Justice Committee* 2016; *Newburn* 2013, S. 709.

708 *King* 2007, S. 330.

709 *Home Office* 1966.

710 *Livingstone/Owen/Macdonald* 2015, S. 194.

711 *Ministry of Justice* 2011a, S. 1 ff.

4. *Category D*: Gefangene, die ohne Bedenken im offenen Vollzug untergebracht werden können.[712]

Die Einstufung in eine bestimmte Sicherheitskategorie hat erhebliche Auswirkungen auf den Haftalltag von Gefangenen.[713] In der Entscheidung *Payne v
Home Office* wurden die nachteiligen Auswirkungen für Häftlinge, die in die
höchste Kategorie einstuft wurden, zusammengefasst:

- Aufgrund der begrenzten Anzahl von Haftanstalten, die die Sicher-
  heitsvoraussetzungen der Kategorie A erfüllen, kann die Inhaftierung
  in Anstalten erfolgen, die vom ursprünglichen Wohnort des Gefangenen weit entfernt sind, was Familien- oder Angehörigenbesuche zusätzlich erschwert.
- Die Besuchsregelungen sind zudem stark reglementiert, so dass nur Besuch vom Rechtsbeistand, dem Bewährungshelfer oder einer Person,
  die vom *Home Office* als geeignet eingestuft wurde, zugelassen wird.
- Die Hafträume für Gefangene der höchsten Sicherheitskategorie sind
  besonders gesichert, werden häufiger kontrolliert und sind besser überwacht als andere Hafträume.
- Die Teilnahme an Angeboten für Häftlinge der höchsten Sicherheitskategorie, bei denen Kontakt zu anderen Gefangenen besteht, wie etwa
  beim Gottesdienst, ist Gefangenen der Kategorie A nicht gestattet, jedoch kann Kontakt zu Geistlichen im Haftraum aufgenommen werden.
- An Bildungsangeboten kann nur teilgenommen werden, wenn der Kurs
  von nicht mehr als zwei anderen Gefangenen besucht wird, was die
  Teilnahmemöglichkeit faktisch erheblich einschränkt.
- Lockerungen werden Gefangenen der höchsten Sicherheitskategorie
  nicht gewährt.[714]

Der *National Offender Management Service* hat in der Prison Service Order
9/2015 Richtlinien aufgestellt, in welchen Fällen eine Einstufung in die höchste
Sicherheitskategorie geboten erscheint.[715] Dies richtet sich zunächst nach der
Straftat und den Begleitumständen: Der Status Kategorie A wird etwa bei
(versuchtem) Mord, Totschlag, (versuchter) Vergewaltigung, sexueller Nötigung,
bewaffnetem Raubüberfall, Entführung, schweren Betäubungsmittel- und Terro-

---

712 *Grimwood* 2015, S. 4.
713 *Liebling* 2015, S. 91 ff.
714 *Livingstone/Owen/Macdonald* 2015, S. 198.
715 *National Offender Management Service* 2015a, S. 5.

rismusstraftaten bei einer entsprechend gewalttätigen oder gemeingefährlichen Tatbegehung empfohlen. Bei derartigen Delikten ist der Anstaltsleiter verpflichtet, das *Category A Team* zu konsultieren, das zunächst über die vorläufige Einstufung des Gefangenen in die Kategorie A entscheidet.[716] Zusätzlich soll bei Vorliegen dieser Delikte der ermittelnde Polizeibeamte konsultiert und um eine Einschätzung gebeten werden. Die Informationen werden vom Gefängnisdirektor gesammelt und in einem entsprechenden Formular zusammengefasst. Anschließend werden die Informationen an das *Category A Team* des *National Offender Management Services* übermittelt, das letztlich über die Kategorisierung entscheidet.

Eine Neubewertung der Kategorisierung erfolgt in England und Wales bei Häftlingen der Kategorie A frühestens nach zwei Jahren. Die Kategorisierung von Untersuchungshäftlingen, die vorläufig in die Kategorie A eingestuft wurden, wird in der Regel alle zwölf Monate überprüft, es sei denn, es bestehen neue Erkenntnisse, die eine vorgezogene Neubewertung erforderlich machen.[717] Mit Verurteilung eines Gefangenen, der zunächst vorläufig in die höchste Sicherheitskategorie eingestuft wurde, erfolgt eine Neubewertung durch den *Deputy Director of Custody High Security*. Außerdem werden in die Kategorie A eingestufte Gefangene in Fluchtrisikogruppen (*Standard Escape Risk, High Espace Risk* und *Exceptional Escape Risk*) eingeteilt.[718]

Bei Häftlingen der Kategorie B und C (Freiheitsstrafe üblicherweise zwischen zwölf Monaten und vier Jahren) erfolgt die Neubewertung alle sechs Monate. Sofern Häftlinge der Kategorie B und C Haftstrafen von mehr als vier Jahren verbüßen, erfolgt eine Neubewertung im Abstand von zwölf Monaten.

---

716 *Livingstone/Owen/Macdonald* 2015, S. 194.

717 *Livingstone/Owen/Macdonald* 2015, S. 194.

718 *Obi* 2013, S. 44.

Abbildung 25: **Antrag auf Unterbringung eines Gefangenen in der Sicherheitskategorie A**

ANNEX A

For any Advice in completing this form please telephone 0300 047 6358

OFFICIAL SENSITIVE – WHEN COMPLETED

Reporting in of a Potential Category A Prisoner Form	National Offender Management Service

Section 1 – Personal Details

Prison:	HM
Date:	/　/ 20
Surname:	
Forename:	
NOMIS/Prison No:	
Aliases:	
Date of Birth:	

Ethnic Code (Circle Relevant Section Below)

A1	A2	A3	A4	A9	B1	B2	B9	M1	M2	M3	M9	O1	O2	W1	W2	W3	W8	W9	NS

Date Received in to Custody:	/　/ 20

Section 2 – Convictions/Offences

Status:	Remand/Unconvicted/Convicted (Delete as required)
PNC Number:	
Offence:	

Section 3 – Required Attachments

Attached:	MG5 and Pre Convictions

Section 4- Details

Details of Offences - Current Charge(s) / Conviction(s):

Justification for not reporting in / reporting in as Potential Category A/Restricted Status

Associates/ Co- Defendants:	Court Remanded to and Date Next Required:

Section 5 – Police Information

Arresting Police Force:	
Name of Senior Officer Dealing with Case:	
Telephone No:	

Section 6 – Signature

Form Completed by Name:	
Contact Telephone Number :	
Category A Team Reference Number (if applicable)	

To be held in warrant file once complete

The prisoner must be reported in by telephone BEFORE this form is faxed to telephone number 0207 147 4032.

THIS FORM *MUST NOT* BE FAXED "OUT OF HOURS"

PSI 09/2015   ISSUED DATE 04/03/2015

Quelle: *National Offender Management Service* 2015a, S. 16.

Die Kategorisierung des Gefangenen ist Voraussetzung für deren Zuweisung in eine Anstalt mit entsprechender Sicherheitskategorie und hat einen erheblichen Einfluss auf den Vollzugsalltag sowie den möglichen Entlassungszeitpunkt.[719] Dennoch haben die Gerichte im Vereinigten Königreich immer wieder betont, dass Gefangene durch die Kategorisierung nicht in ihren Rechten aus Art. 5 EMRK (Recht auf Freiheit und Sicherheit) und Art. 6 EMRK (Recht auf ein faires Verfahren) betroffen sind.[720] Dies wurde damit begründet, dass Art. 5 IV EMRK nur den Freiheitsentzug an sich betrifft, nicht jedoch Entscheidungen, die Einfluss auf den Entlassungszeitpunkt haben.[721] Art. 6 EMRK wurde als nicht einschlägig angesehen, da die Kategorisierung von Gefangenen nicht als „Streitigkeit in Bezug auf ihre zivilrechtlichen Ansprüche und Verpflichtungen oder über eine gegen sie erhobene strafrechtliche Anklage" im Sinne der Norm eingestuft wurde.

Es gab verschiedene Versuche von Gefangenen, ihre Kategorisierung gerichtlich überprüfen zu lassen. Im Fall *R v. Home Secretary, ex parte Peries* wurde festgelegt, dass bei Entscheidungen der Strafvollzugsverwaltung hinsichtlich der Einstufung von Gefangenen in eine höhere Sicherheitskategorie, dem Gefangenen die Entscheidungsgründe mitgeteilt werden müssen.[722] Diese Mitteilung muss bereits vor der endgültigen Entscheidung über die Kategorisierung des Gefangenen erfolgen, sodass ein rechtlicher Beistand konsultiert werden kann. Im Fall *R (Vary and others) v. Secretary of State for the Home Department (2004)* wurde es für rechtswidrig erklärt, dass der *Secretary of State* 22 Gefangene, die noch mehr als fünf Jahre zu verbüßen hatten, von der Kategorie D in die Kategorie C einstufte und diese damit vom offenen, in den geschlossenen Vollzug verlegt wurden.[723]

Unter rechtsstaatlichen Gesichtspunkten ist die nur sehr eingeschränkte Überprüfbarkeit der Einteilung in eine bestimmte Sicherheitskategorie (sofern man die erstrittenen Informationsrechte der Gefangenen und das Recht einen Anwalt zu kontaktieren überhaupt als „Überprüfung" anerkennen will) äußerst fragwürdig. Die Sicherheitskategorie hat erhebliche Auswirkungen auf den Haftalltag der Gefangenen und führt teilweise zu einer erheblichen Einschränkung der Partizipationsmöglichkeiten von Gefangenen an der Resozialisierung dienenden Programmen.

---

719 *Creighton/Arnott* 2009, S. 68; *Livingstone/Owen/Macdonald* 2015, S. 191 ff.

720 *Livingstone/Owen/Macdonald* 2015, S. 191.

721 *Creighton/Arnott* 2009, S. 70.

722 *Easton* 2011, S. 112.

723 *Creighton/Arnott* 2009, S. 69.

Weibliche Gefangene werden anhand der Kriterien der *Prison Service Instruction 39/2011* kategorisiert.[724] Die Einteilung unterscheidet sich dahingehend, dass neben der *Category A*, ein *Restricted Status, Closed Conditions* sowie *Open Conditions* mögliche Kategorien darstellen. Weibliche Gefangene erfüllen in der strafvollzugsrechtlichen Praxis nur sehr selten die Voraussetzungen für eine Einteilung in die *Category A*, sodass im Allgemeinen der *Restricted Status* die höchste Sicherheitskategorie darstellt.[725] Für jugendliche Straftäter gelten dieselben Kategorien wie für weibliche Gefangene. Entsprechende Richtlinien sind in der *Prison Service Instruction 41/2011* festgelegt.[726]

5.1.3.2 Schottland

Auch in Schottland wurde erst nach Empfehlung des *Mountbatten Committee* damit begonnen, Gefangene in verschiedene Sicherheitskategorien einzustufen. Heute richtet sich die Kategorisierung von Häftlingen nach Rule 17-27 der *Scottish Prison and Young Offenders Institution Rules 2011*. Danach gibt es drei Kategorie, die als *Supervision Level* bezeichnet werden:

1.	*High Supervision:*	Häftlinge, bei denen jede Aktivität und Bewegung von einem Strafvollzugsbeamten autorisiert und überwacht werden muss.
2.	*Medium Supervision:*	Häftlinge, deren Aktivität und Bewegung in beschränktem Umfang überwacht und beschränkt werden muss.
3.	*Low Supervision:*	Häftlinge, deren Aktivitäten und Bewegungen nur minimal überwacht und beschränkt werden. Häftlinge dieser Kategorie können an Aktivitäten außerhalb der Anstalt teilnehmen (mit oder ohne Überwachung).

Bei Haftantritt werden alle Häftlinge in Schottland zunächst in die *high supervision*-Kategorie eingeordnet. Binnen 72 Stunden nach Haftantritt erfolgt dann eine Neubewertung und Einteilung in die entsprechende Kategorie durch den Gefängnisdirektor (Rule 19). Die Kriterien für das sog. *Supervision Level* sind in Rule 19 (2) festlegt. Danach spielt die Schwere der Straftat, Vorstrafen, laufende Verfahren, die bisherige Inhaftierungsdauer, das Verhalten des Gefangenen

---

724 *Ministry of Justice* 2011b, S. 1 ff.

725 *Grimwood* 2015, S. 9.

726 *Ministry of Justice* 2011c, S. 1 ff.

im Vollzug, die Vertrauenswürdigkeit und Belastbarkeit des Gefangenen und sonstige Kriterien, die der *Scottish Minister* hinsichtlich der Kategorisierung von Gefangenen erlässt, eine Rolle. Einzelne Kriterien sind kritisch zu sehen, so ist etwa nicht nachvollziehbar, dass die bisherige Inhaftierungsdauer maßgeblich für die Festlegung des *Supervision Level* ist.[727]

Für Gefangene, die in die Kategorie *high* oder *medium Supervision* eingestuft wurden, erfolgt eine Überprüfung und ggfs. eine Anpassung sechs Monate nach Antritt der Haftstrafe, danach erfolgt eine Überprüfung alle zwölf Monate. Außerdem kann der Anstaltsleiter jederzeit eine Überprüfung des *Supervision level* anordnen. Im Falle der Einstufung in ein niedrigeres *Supervision level* oder die Verwehrung der Einstufung in eine niedrige Kategorie teilt der Anstaltsleiter dem Gefangene die Gründe für die Entscheidung mit (Rule 20 (2)). Auf Antrag des Gefangenen sind ihm die für die Entscheidung maßgeblichen Dokumente vorzulegen.

Im Falle der Einstufung in eine höhere Sicherheitskategorie sind dem Gefangenen vorab das geplante *Supervision level*, die entsprechenden Dokumente, die für die Neubewertung der Sicherheitskategorie maßgeblich sind sowie die Prozedur mitzuteilen, wie sich der Betroffene gegen die geplante höhere Einstufung wehren kann (Rule 21 (2)*)*. Die Erwägungen des Gefangenen müssen von der Anstaltsleitung berücksichtigt werden.

Die Einstufung in eine höhere Sicherheitskategorie hat auch in Schottland weitreichende Konsequenzen für den Gefangenen und reicht von der Versagung von Lockerungen und der Verlegung in eine andere Anstalt bis zur Verlängerung der Inhaftierungsdauer, da eine vorzeitige Haftentlassung bei der Einstufung in eine hohe Sicherheitskategorie unwahrscheinlich erscheint.

Tabelle 30:   Anzahl der Gefangenen nach Kategorien in Schottland 30. Juni 2013

Kategorie	Männer		Frauen		Gesamt	
High Supervision	642	8,6%	32	7,3%	674	8,6%
Medium Supervision	4.354	58,5%	273	62,5%	4.627	58,7%
Low Supervision	2.450	32,9%	132	30,2%	2.582	32,8%
Gesamt	7.446	100%	437	100%	7.883	100%

Quelle: *Scottish Government* (2015b): Prison statistics and population projections Scotland: 2013/14, published 18 December 2015, Table A.4.

---

727 *Thomson* 2013, S. 89.

5.1.4 Vollzugsplanung

5.1.4.1 England und Wales

Die Vollzugsplanung für Gefangene in England und Wales richtet sich nach der *Prison Service Instruction 19/2014*. Im Vollzugsplan soll festgelegt werden, wie die vom Gericht verhängte Strafe verbüßt wird. Der Plan muss während der Haftzeit überprüft und gegebenenfalls aktualisiert werden. Häftlinge erhalten im Rahmen des Aufnahmeverfahrens ein sog. *Basic custody screening* das von Strafvollzugsbeamten durchgeführt wird und unmittelbare sowie langfristige Bedürfnisse von Gefangenen zur Wiedereingliederung berücksichtigt.[728] Gefangene sollen über Änderungen, die den Vollzugsplan betreffen, informiert werden. Ziel der *Prison Service Instruction 19/2014* ist es sicherzustellen, dass für alle Straftäter eine Vollzugsplanung erfolgt (mit Ausnahme von Gefangenen, die ohne Unterstützung der Bewährungshilfe aus dem Vollzug entlassen werden und Gefangenen, die mit einer elektronischen Fußfessel von einem privaten Anbieter überwacht werden).[729] Damit sollen Rückfalltaten und insbesondere schwere Straftaten reduziert werden.

Der Vollzugsplan ist ein wesentliches Element, um die individuellen Bedürfnisse der Gefangenen zu identifizieren und zu adressieren. Dabei werden die Faktoren, die mit der Begehung der Straftat in Verbindung standen berücksichtigt und die Teilnahme an entsprechenden Programmen oder Aktivitäten im Vollzug festgelegt.[730] Auf diese Art soll die erfolgreiche Wiedereingliederung von Gefangenen unterstützt und Risiken, die von besonders gefährlichen Straftätern (insbesondere von solchen, die lange Freiheitsstrafen oder Freiheitsstrafen von unbestimmter Dauer verbüßen) ausgehen, reduziert werden.

Die erfolgreiche Partizipation von Gefangenen an Programmen, die im Rahmen des Vollzugsplan festgelegt wurden, spielt im Rahmen der Überprüfung der weiteren Inhaftierung von Gefangenen durch den sog. *Parole Board*, der über die Entlassung entscheidet, eine wesentliche Rolle. Zentral für die Beurteilung von Gefangenen durch den *Parole Board* ist jedoch, ob es positive Anzeichen für Verhaltens-, Einstellungs- oder Gesinnungsänderungen gibt.[731] Die *Prison Service Instruction 19/2014* definiert wesentliche Elemente, die aus dem Vollzugsplan hervorgehen sollen:

---

728 *Prison Service Instruction (PSI) 19/2014*, S. 2.

729 *Prison Service Instruction (PSI) 19/2014*, S. 3.

730 *Prison Service Instruction (PSI) 19/2014*, S. 5.

731 *Prison Service Instruction (PSI) 19/2014*, S. 5.

- Die Ziele, die durch den Vollzugsplan erreicht werden sollen.
- Die dafür erforderlichen Handlungen sowie einen Zeitplan, der festlegt, bis wann die definierten Ziele erreicht werden sollen.
- Die konkrete Ausgestaltung der Handlungen, die erforderlich sind, um den Bedürfnissen des Gefangenen gerecht zu werden.
- Die Erwartungen an den Gefangenen hinsichtlich der definierten Ziele.
- Die Klärung der Verantwortlichkeit für die Überprüfung und Aktualisierung des Vollzugsplans.[732]

Bei Gefangenen, die eine Haftstrafe von unbestimmter Dauer (etwa *Imprisonment for Public Protection, life or extended sentence with discretionary release*) verbüßen, muss den *Parole Board* überzeugt sein, dass das Risiko vertretbar ist, die noch ausstehende Haftstrafe zur Bewährung auszusetzen, so dass der Strafrest in Freiheit verbüßt werden kann.[733] Davon geht der *Parole Board* in der Regel jedoch nur dann aus, wenn Gefangene die Vorgaben des Vollzugsplans erfüllen. Für den Fall des Nichteinhaltens der Vorgaben des Vollzugsplans müssen dem Häftling die eben genannten Konsequenzen verdeutlicht werden.

In Anbetracht dessen müssen die im Vollzugsplan festgehaltenen Vorgaben realistisch und durch den Gefangenen erfüllbar sein. Diese Vorgaben werden in der *Prison Service Instruction 19/2014* als „*SMART" (specific, measurable, achievable, realistic, and time-bound)* abgekürzt.[734] Folglich verbietet sich eine bloße Auflistung von Programmen oder Aktivitäten, die in der betreffenden Anstalt angeboten werden, jedoch nicht den spezifischen Bedürfnissen oder den im Vollzugsplan definierten Zielen für den Häftling gerecht werden.

Die im Vollzugsplan aufgestellten Ziele und Behandlungsprogramme sollen entsprechend ihrer Priorität, der Gefährlichkeit des Probanden und der Anlasstat geordnet werden. Dabei sollen persönliche Risikofaktoren (wie etwa Drogenabhängigkeit oder schlechte Problemlösungskompetenzen) und soziale Risikofaktoren (Beschäftigung, Wohnsituation, soziale Beziehungen etc.) ausgleichend beachtet werden.[735] Zunächst sollen besonders dringende Faktoren berücksichtigt werden (besteht etwa eine Drogenabhängigkeit, so haben diesbezügliche Behandlungsprogramme Priorität vor Programmen, die das strafbare Verhalten adressieren).[736]

---

732 *Prison Service Instruction (PSI) 19/2014*, S. 5.

733 *Prison Service Instruction (PSI) 19/2014*, S. 6.

734 *Prison Service Instruction (PSI) 19/2014*, S. 6.

735 *Prison Service Instruction (PSI) 19/2014*, S. 6.

736 *Prison Service Instruction (PSI) 19/2014*, S. 7.

Der Vollzugsplan darf keine unrealistischen Ziele enthalten, sei es, weil die entsprechenden Programme in der betreffenden Anstalt nicht angeboten werden oder der Proband die notwendigen Voraussetzungen für die Teilnahme an bestimmten Programmen nicht erfüllt oder die Dauer der zu verbüßenden Haftstrafe nicht ausreicht, um das angebotene Programm erfolgreich zu absolvieren.[737]

Zu den Programmen, die im Vollzugsplan angeboten werden können, zählt die *Prison Service Instruction 19/2014* zunächst grundlegende Bedürfnisse, die auf eine Vielzahl von Gefangenen zutreffen, wie Bildungs- und Arbeitsmaßnahmen. Entscheidend für die Auswahl eines geeigneten Programmes ist die Dauer der zu verbüßenden Haftstrafe sowie die Anlasstat. Nicht alle Häftlinge sind für Programme geeignet, deren primäre Intention die Behandlung der Anlasstat ist. Bei Probanden mit einem geringen Rückfallrisiko spielen etwa Maßnahmen zur erfolgreichen Wiedereingliederung[738] eine größere Rolle.[739] Zu den sog. *Offender Behaviour Programmes*, die vom *HM Prison & Probation Service* angeboten werden, zählen etwa:

- Das *Aggression Replacement Training*, das in Gruppenarbeit für Gewalttäter mit Problemen ihr Temperament zu kontrollieren, angeboten wird. Dabei sollen Straftäter lernen, Verantwortung für die begangenen Taten zu übernehmen und Rückfälle zu vermeiden.
- Das *Alcohol Related Violence Programme* richtet sich an Gewalttäter, die ihre Taten im alkoholisierten Zustand begangen haben.
- Das *Addressing Substance Related Offending*-Programm unterstützt Probanden bei der Überwindung ihrer Suchtproblematik und der Vermeidung künftiger Straftaten.
- *Belief in Change* richtet sich an Hochrisiko-Gefangene und unterstützt sie bei der Wiedereingliederung. Dies geschieht durch strukturierte Gruppenarbeit, sog. *Community living*, individuelles Coaching und Mentoring. Dabei wird der persönliche Glaube in den Mittelpunkt des angestrebten Wandlungsprozesses gestellt.
- *Building Skills for Recovery* ist ein psychosoziales Programm, das entweder zusammen mit anderen Gefangenen oder in Einzelgesprächen durchgeführt wird. Dabei werden die Ursachen für die Begehung von Straftaten und Suchtproblematiken exploriert.

---

737 *Prison Service Instruction (PSI) 19/2014*, S. 6.

738 Diese Maßnahmen sind in der *Prison Service Instruction 04/2014* („*Rehabilitation Service Specification – Custody*") enthalten.

739 *Prison Service Instruction (PSI) 19/2014*, S. 7.

- *Controlling Anger and Learning to Manage it (CALM)* ist ein Programm, das das Selbstmanagement der Probanden fördert. Es richtet sich an Gefangene, deren Straftat durch intensive Gefühle oder Emotionen wie etwa Wut oder Aggression motiviert war.
- *Choices, Actions, Relationships and Emotions* ist für weibliche Gefangene mit Emotionsregulationsproblemen vorgesehen.
- Das *Kainos 'challenge to change'*-Programm dauert 24 Wochen und ist sozialtherapeutisch ausgerichtet für gefährliche und besonders gefährliche Probanden.
- Das *Prison Partnership Twelve Step Programme* ist ein hochintensives Programm, das sich an Straftäter mit Drogen- und Alkoholproblemen richtet. Im Mittelpunkt steht der Umgang mit Situationen des drogenspezifischen Kontrollverlusts.
- *Resolve* ist ein moderates kognitives Interventionsprogramm für Gewalttäter und beinhaltet neben der Gruppentherapie auch Individualgespräche.
- Das *Short Duration Programme* ist ein vierwöchiges strukturiertes Interventionsprogramm das auf dem *CBT/Harm Minimisation model* basiert.
- Das *Sex Offender Treatment Programmes* richtet sich an Sexualstraftäter, das den individuellen Bedürfnissen des Probanden angepasst wird.
- Im Rahmen des *Internet Sex Offender Treatment Programme* werden die Gedanken, Gefühle und Überzeugungen von Probanden, die Sexualstraftaten im Internet begehen, behandelt.[740]

Der Vollzugsplan wird laufend aktualisiert. Dabei müssen wesentliche Änderungen berücksichtigt werden, die Auswirkungen auf das Rückfallrisiko oder die Gefährlichkeit von Gefangenen haben. Zu den Änderungen mit diesbezüglichen Auswirkung zählt etwa die Verlegung von Gefangenen in eine andere Anstalt, eine zeitnahe Entlassung oder eine anstehende Überprüfung der weiteren Inhaftierung durch den *Parole Board*, wobei zu klären ist, ob wesentliche Ziele des Vollzugsplans erreicht wurden oder nicht.[741] Änderungen des Vollzugsplans müssen genau dokumentiert werden.

---

740 Auszug aus der Übersicht zu den vom *HM Prison & Probation Service* angebotenen Programmen, vgl. https://www.justice.gov.uk/offenders/before-after-release/obp (Abruf am 09.08.2017).

741 *Prison Service Instruction (PSI) 19/2014*, S. 8.

Zum Ende des Vollzugsplans erfolgt eine Abschlussüberprüfung, in der Fortschritte des Probanden evaluiert und dokumentiert werden. Dabei sollen die Gesichtspunkte des Probanden, des zuständigen *Offender Manager, Offender Supervisor* und etwaiger weiterer Beteiligter berücksichtigt werden.[742]

5.1.4.2   Schottland

In Schottland erfolgt die Vollzugsplanung seit 2007 im Rahmen des sog. *Integrated Case Management*.[743] Das Konzept geht auf die Initiative des *Scottish Prison Service* zurück, der Defizite und Inkohärenzen bei der Behandlung von Gefangenen in Schottland identifiziert hatte. Das *Integrated Case Management* vereint die Anforderungen der *Circular 12/2002 (Statutory Throughcare Provision)* mit der strafvollzugsinternen Vollzugsplanung und geht auf den *Management of Offenders Etc. (Scotland) Act 2005* zurück.[744] Entgegen der früheren Praxis, richtet sich der Umfang der Behandlung des Gefangenen nicht mehr nach der Dauer der zu verbüßenden Freiheitsstrafe, sondern nach dem Risiko, das vom Häftling ausgeht.[745]

Das *Integrated Case Management* zeichnet sich durch eine Zusammenarbeit des *Scottish Prison Service* mit anderen Behörden oder Anbietern aus, die Gefangene dabei unterstützen, zukünftig ein Leben ohne Straftaten zu führen. Dies geschieht durch eine konsequente Unterstützung während der gesamten Dauer der Freiheitsstrafe. Gefangene sollen gemeinsam mit der Vollzugsverwaltung und anderen Behörden oder Anbietern ihre Problemfelder identifizieren und Lösungsstrategien entwickeln. Die Zusammenarbeit der verschiedenen Akteure soll zu einem effektiven, risikoorientierten System führen, das Rückfälle reduziert.[746]

Das *Integrated Case Management* ist ein zweigliedriges Verfahren das zwischen dem „*Standard ICM*" für Gefangene ohne Betreuung nach der Haftentlassung (Freiheitsstrafen bis vier Jahre) und dem „*Enhanced ICM*" für Gefangene mit Betreuung nach der Haftentlassung unterscheidet (Freiheitsstrafe von mindes-

---

742 *Prison Service Instruction (PSI) 19/2014*, S. 9.

743 „Integrated case Management is a multi agency approach that is focused on reducing re-offending by ensuring, where possible, risks are identified and a plan is in place for each prisoner to reduce those risks in a sequenced and co-ordinated manner", vgl. *Scottish Prison Service* 2007, S. 6.

744 *Scottish Prison Service* 2007, S. 6.

745 *Scottish Prison Service* 2007, S. 8.

746 *Scottish Prison Service* 2007, S. 7.

tens vier Jahren).[747] Im Standard-Verfahren wird ein individuelles Behandlungskonzept von spezialisierten Anbietern erstellt. Das „Enhanced-ICM"-Verfahren beinhaltet daneben eine umfassende Risiko- und Bedürfnisbewertung. Neben dem Gefangenen, gefängnisinternen und -externen Stellen ist in geeigneten Fällen die Familie des Gefangenen am Verfahren beteiligt.

Mit allen Gefangenen erfolgt binnen 72 Stunden nach Einlieferung ein Aufnahmegespräch mit einem Strafvollzugsbeamten, das als „Core Screen Interview" bezeichnet wird. Im Rahmen dieses Gesprächs sollen möglichst viele Informationen über den Gefangenen gesammelt werden, um individuell angepasste Programme anbieten zu können. Zu den möglichen Problemfeldern gehören: Alkohol- oder Drogenabhängigkeit, Lese- und Rechtschreibschwächen, Wohnungsangelegenheiten, Beziehungen, Gewalt, psychische Probleme, Qualifizierungsmaßnahmen, straffälliges Verhalten oder staatliche Unterstützung.[748] Die Ergebnisse des Aufnahmegespräch werden im sog. Community Integration Plan[749] festgehalten. Normativ ist das Aufnahmegespräch in Rule 10 der Prisons and Young Offenders Institutions (Scotland) Rules 2011 verankert, der lautet:

„Every prisoner must be interviewed by an officer at the time of reception in order to identify any problems which may require immediate attention."

5.2   Arbeit und Arbeitsentlohnung im Vollzug

5.2.1   England und Wales

Gefangene in England und Wales sind nach Rule 31 der Prison Rules 1999 verpflichtet zu arbeiten.[750] Die Arbeit darf zehn Stunden pro Tag nicht überschreiten und soll nach Möglichkeit gemeinsam mit anderen Gefangenen, außerhalb des Haftraums erfolgen. Sofern medizinisch geboten, können Gefangene nach Rule 31 (2) der Prison Rules 1999 von der Arbeitspflicht befreit werden. Die Art der Tätigkeit muss vom Secretary of State genehmigt sein. Gefangene dürfen

---

747   Scottish Prison Service 2007, S. 7.

748   Vgl. http://www.sps.gov.uk/Families/HowCanIbeInvolved/Integrated-Case-Management.aspx (Abruf am 09.08.2017).

749   „The Community Integration Plan is a document which includes an assessment of risk/need and interventions/actions which are necessary to address both of these. It will also identify who/which organisation is responsible for undertaking particular tasks. It contains historical and current information", vgl. Scottish Prison Service 2007, S. 8.

750   Zur Entwicklung der Arbeit im englischen und walisischen Strafvollzug vgl. Vagg/Smartt 1999, S. 37 ff.; zur Arbeit im Strafvollzug in Deutschland vgl. Kett-Straub/Streng 2016, S. 85 ff.

nicht für andere Gefangene oder Strafvollzugsbeamte tätig werden, sofern dies nicht ausdrücklich durch den *Secretary of State* gestattet ist (Rule 31). Die Arbeitspflicht gilt nicht für Häftlinge in Untersuchungshaft. Untersuchungshäftlinge können sich aber bereit erklären zu arbeiten und dieselbe Arbeit wie Strafgefangene verrichten.

Art. 4 Abs. 2 EMRK verbietet Zwangs- oder Pflichtarbeit. Jedoch gilt „eine Arbeit, die üblicherweise von einer Person verlangt wird, der unter den Voraussetzungen des Artikels 5 die Freiheit entzogen oder die bedingt entlassen worden ist" nicht als Zwangs- oder Pflichtarbeit im Sinne der Konvention (Art. 4 Abs. 3 EMRK). Nach Empfehlung 26.1 der *European Prison Rules* ist Gefangenenarbeit als positiver Bestandteil des Strafvollzugs zu betrachten und darf nie zur Bestrafung eingesetzt werden.

Das *HM Inspectorate of Prisons* kritisierte in einem 2016 veröffentlichten Bericht zu den Lebensbedingungen im Vollzug, dass aufgrund von Kapazitätsgrenzen nicht alle Gefangene einer bezahlten Arbeit oder Bildungsmaßnahme nachgehen konnten.[751]

Die Höhe der Vergütung wird durch den *Secretary of State* festgelegt. Grundsätzlich gilt im Vereinigten Königreich gemäß dem *National Minimum Wage Act 1998* ein Mindestlohn, der jedoch nach Section 45 nicht für Gefangene gilt. Details zur Vergütung der Arbeit von Gefangenen sind in der *Prison Service Order 4460 – Prisoners' Pay* geregelt.

Die *Prison Service Order 4460* gilt auch in Haftanstalten, die von privaten Anbietern betrieben werden. Danach ist jegliche sog. *Purposeful activity* von Gefangenen zu vergüten. Die Vergütung kann aus disziplinarrechtlichen Gründen gekürzt werden. Erklären sich Untersuchungshäftlinge freiwillig bereit zu arbeiten, erhalten sie denselben Lohn wie Strafgefangene. Arbeitswillige Gefangene, denen keine Arbeitsmöglichkeit angeboten werden kann oder arbeitsunfähige Gefangene, erhalten ein Arbeitslosengeld (sog. *Unemployment pay).* In sämtlichen Anstalten gilt ein Mindestlohn (sog. *Minimum Employed Rate*) für alle Gefangene, die an Arbeits-, Ausbildungs- oder Resozialisierungsprogrammen teilnehmen.[752] Die sog. *Minimum Employed Rate* schließt keine Abzüge wegen schlechter Leistung oder Abwesenheit aus. Für krankheitsbedingte Arbeitsunfähigkeit von bis zu vier Wochen gilt die sog. *Minimum rate of pay for short-term sickness*, ab vier Wochen gilt die sog. *Minimum rate of pay for long-term sickness*. Arbeitsunfähige Gefangene, die vom *Medial Officer* von der Arbeitspflicht befreit wurde, erhalten ebenfalls die sog. *Minimum rate of pay for long-term sickness*. Frauen erhalten während der Schwangerschaft und nach der Geburt in der Zeit, in der sie sich um das Kind kümmern, ein gesondertes Entgelt. Sofern während der

---

751 *HM Inspectorate of Prisons* 2016, S. 5.

752 *Prison Service Order 4460.*

Schwangerschaft einer regulären Beschäftigung nachgegangen wird, gilt die
Standard employed rate. Sofern eine kurzfristige Erkrankung eintritt, aber grundsätzlich eine Weiterbeschäftigung angestrebt wird, gilt das Entgelt bei kurzfris-
tiger Erkrankung. Gefangene, die über Nacht in ein Krankenhaus außerhalb des
Vollzugs verlegt werden, erhalten ein Krankenhaustagegeld zur Deckung persönlicher Ausgaben.

**Tabelle 31: Mandatory Pay Rates im englischen und walisischen
Vollzug**

Art der Tätigkeit/Entgeltfortzahlung	Höhe des Verdienstes
Arbeitslosengeld (*Unemployment pay*)	Mindestens £ 2,5 pro Woche (50 p. pro Tag) bei einer Fünftagewoche
Entgelt für Beschäftigte (*Employed rate)*	Mindestens £ 4,00 pro Woche
Entgelt bei kurzfristiger Erkrankung*	£ 2,5 pro Woche
Entgelt bei langfristiger Erkrankung** und Ruhestand	£ 3,25 pro Woche
Entgelt im Mutterschutz oder Kindererziehung	£ 3,25 pro Woche
Krankenhaustagegeld (*Prisoners attending Outside Hospital*)	£ 4,35 pro Woche (oder 60 p pro Tag). Kann nach Ermessen der Anstaltsleitung erhöht werden.

Quelle: *Prison Service Order 4460,* Annex B.

*   Gilt für krankheitsbedingte Arbeitsunfähigkeit bis zu vier Wochen.
**   Gilt für krankheitsbedingte Arbeitsunfähigkeit ab vier Wochen.

Seit ihrer Einführung im Jahr 2002 wurden die Vergütungssätze für Gefangene nicht mehr angepasst. 2008 plädierte der *HM Prison Service* für eine Erhöhung des wöchentlichen Mindestverdienstes für arbeitende Gefangene (sog. *Minimum employed rate*) von £ 4 auf £ 5,5.[753] Das wurde durch ein Veto des Premier-
ministers *Gordon Brown* jedoch verhindert.

Die Höhe des tatsächlichen Verdienstes von Gefangenen unterscheidet sich
je nach Anstalt in der Praxis erheblich, da die *Prison Service Order 4460* der

---

753 *HM Inspectorate of Prisons* 2016, S. 6; vgl. auch http://news.bbc.co.uk/2/hi/uk_news/
     7374276.stm (Abruf am 09.08.2017).

Anstaltsleitung ein Ermessen hinsichtlich der Höhe der Vergütung einräumt.[754] Folglich verdienen insbesondere Gefangene, die im offenen Vollzug untergebracht sind, mehr als Gefangene im geschlossenen Vollzug. Ein weiterer Grund ist die Möglichkeit der Anstaltsleitung, den Verdienst von Gefangenen im Rahmen des sog. *Prisoner's incentives and earned privileges scheme* als Anreiz für gute Mitarbeit im Vollzugsregime zu erhöhen, was in der *Prison Service Instruction 30/2013* näher beschrieben ist. Zuletzt ist auch die Art der Tätigkeit sowie die Aus- oder Fortbildungsmaßnahme, die der Gefangene ausübt, für die Höhe des Verdienstes maßgeblich.[755]

Der *Prisoners' Earning Act 1996* sollte unter der Regierung von *John Major* mit dem Ziel erlassen werden, einen Teil des Verdienstes von Gefangenen an Opferschutzorganisationen abzuführen.[756] Tatsächlich wurde der *Prisoners' Earning Act 1996* unter der *Major*-Regierung nie erlassen. Das Vorhaben wurde jedoch von der darauffolgenden Koalitionsregierung unter Vorsitz von *David Cameron* wieder aufgegriffen, die Straftäter stärker in die Pflicht nehmen wollte.[757] Durch diese Maßnahmen sollten zusätzliche Einnahmen von £ 1 Millionen erzielt werden, die Opferverbänden zur Verfügung gestellt werden sollten. Tatsächlich trat der *Prisoners' Earning Act 1996* im September 2011 in Kraft.

Zeitgleich wurde die *Prison Service Instruction 76/2011* erlassen, die zuletzt am 11. Februar 2016 vollständig überarbeitet wurde und die praktische Umsetzung des *Prisoners' Earning Act 1996* im Vollzug gewährleistet. Die *Prison Service Instruction 76/2011* gilt jedoch nur für Gefangene im offenen Vollzug, die ihre Arbeit außerhalb der Haftanstalt verrichten.[758] Dadurch kann Gefangenen, die einer vergüteten Tätigkeit außerhalb der Haftanstalten nachgehen und über £ 20 pro Woche verdienen, 40% des Lohns, der £ 20 überschreitet (was als „the excess" bezeichnet wird) einbehalten und an gemeinnützige Opferschutzorganisationen abgeführt werden. Die Abgabe gilt ab £ 20, so dass ein Gefangener, der pro Woche £ 25 verdient, £ 2 abführen muss.[759] Im Jahr 2012/13 wurden

---

754 *HM Inspectorate of Prisons* 2016, S. 6.

755 *HM Inspectorate of Prisons* 2016, S. 6.

756 *Skinns* 2016, S. 137.

757 *Ministry of Justice* 2010b, S. 9; *Ministry of Justice* 2011d, S. 5.

758 *Prison Service Instruction 76/2011*, S. 2.

759 *Prison Service Instruction 76/2011*, S. 2; *Skinns* 2016, S. 138. Der *Prisoners' Earning Act 1996* definiert den abgabepflichtigen Teil des Verdienstes von Gefangenen wie folgt: „Net Weekly Earnings" (are) weekly earnings after deduction of such of the following as are applicable, namely (a) income tax; (b) national insurance contributions; (c) payments

auf diesem Weg insgesamt £ 837.000 an gemeinnützige Opferschutzorganisa-tionen abgeführt.[760] 2014/15 beliefen sich die Abführungen an Opferschutzorga-nisationen bereits auf £ 1,1 Millionen.[761] Der *Prisoners' Earning Act 1996* gilt in England, Wales und Schottland.

5.2.2 Schottland

Die grundsätzliche Arbeitspflicht für Gefangene in schottischen Gefängnissen ist in Rule 82 (1) der *Prisons and Young Offenders Institutions (Scotland) Rules 2011* geregelt.[762] Rule 82 (2) sieht Ausnahmen von der Arbeitspflicht vor (aus gesundheitlichen Gründen, Freistellung durch die Anstaltsleitung, Teilnahme an Bildungsprogrammen oder nach Maßgabe von Rule 84). Ausgenommen von der Arbeitspflicht sind nach Rule 85 außerdem Untersuchungshäftlinge und sog. *Civil Prisoners*. Dennoch können Untersuchungshäftlinge und *Civil Prisoners* arbeiten, wenn sie sich freiwillig dazu bereiterklären und die Anstaltsleitung zustimmt (Rule 85 (2)).

In dem vom *Scottish Prison Service* jährlich durchgeführten *Prisoner Survey* berichteten 78% der befragten Gefangenen, dass sie der Arbeitspflicht nach-kämen.[763] Die Hälfte der Befragten (52%) berichteten zudem, dass sie die Arbeit im Vollzug als interessant empfänden und dadurch gelernt hätten gemeinsam mit anderen zu arbeiten und Verantwortung zu übernehmen. Zudem berichteten 51%

---

required to be made by an order of a court; and (d) payments required to be made by virtue of a maintenance assessment within the meaning of the Child Support Act 1991.

760 *Skinns* 2016, S. 138.

761 *Ministry of Justice* 2015f, S. 51.

762 Rule 82: (1) Subject to the following provisions of this Part, every prisoner is required to work in prison. (2) No prisoner may be required to work, or to do work which is of a particular class, during any period when they are (a) excused from working, or from doing any particular class of work by the Governor, acting on the advice of a healthcare professional, on health grounds; (b) excused from working, or from doing any particular class of work by the Governor on any other ground; (c) undertaking an educational class arranged in terms of rule 84; (d) undertaking counselling provided in terms of rule 84; (e) undertaking a rehabilitative programme arranged in terms of rule 84; or (f) undertaking vocational training arranged in terms of rule 84 (3) A prisoner may only work in the service of another prisoner or of an officer where the Governor has given his or her express authority for such work to be done.

763 *Scottish Prison Service* 2015b, S. 22. Im Rahmen des *Scottish Prisoner Survey* werden alle Gefangenen in den 15 schottischen Haftanstalten befragt. Das Durchschnittsalter der Befragten betrug 33 Jahre. 92% der Befragten waren männlich, 8% weiblich. 80% waren verurteilt, 20% befanden sich in Untersuchungshaft. Die Ansprechrate betrug im *Scottish Prisoner Survey 2015* 55%.

der Befragten, dass sie sich durch die Arbeit im Vollzug an feste Arbeitszeiten gewöhnt hätten.

Der Anstaltsleitung müssen nach Rule 81 (1) Informationen bezüglich der Bedürfnisse und Wünsche des Gefangenen hinsichtlich der Ausübung der Arbeits- und Bildungsmaßnahmen vorgelegt werden. Auf dieser Grundlage entscheidet die Anstaltsleitung gemeinsam mit dem Häftling, welche Tätigkeit dieser aufnimmt. Die Tätigkeit muss nach Rule 81 (2) der Wiedereingliederung des Gefangenen in die Gesellschaft, der Verbesserung seiner Moral, Einstellung und seines Selbstwertgefühls dienen.

Die Vergütung der Tätigkeit richtet sich nach Rule 86 der *Prisons and Young Offenders Institutions (Scotland) Rules 2011*. Danach wird der Verdienst von Gefangenen vom *Scottish Minister* in einer *direction* festgelegt. Der *Scottish Prison Service* richtet sich nach der sog. *National Earnings Policy*. Danach erhalten Gefangene pro Woche einen sog. *Basic cell wage* von £ 4,80 mit zusätzlichen Verdienstmöglichkeiten.[764] Das wöchentliche Arbeitsentgelt kann bis zu £ 12 plus etwaige Bonuszahlungen betragen. Die wöchentliche Arbeitszeit darf nach Rule 83 40 Stunden nicht überschreiten und jedem Gefangenen steht pro Woche mindestens ein freier Tag zu, an dem an keinen Arbeits- oder Bildungsmaßnahmen teilgenommen werden muss. Besonderheiten gelten für religiöse Gefangenen, die nach Rule 83 (3) ihren freien Tag nach Möglichkeit entsprechend ihrer Religion wählen dürfen. Grundsätzlich besteht für Gefangene die Pflicht ihre Arbeit gemeinsam mit anderen Häftlingen auszuüben, wenn nicht anders angeordnet.

5.3   Gesundheitsfürsorge

5.3.1   England und Wales

Die Gesundheitsfürsorge[765] im Strafvollzug hat einen besonderen Stellenwert. Der Haftalltag und die Inhaftierungsbedingungen haben häufig Auswirkungen auf die Gesundheit der Gefangenen. Der Anteil von Gefangenen mit einer psychischen Störung, ansteckenden Krankheiten, HIV, Hepatitis oder Tuberkulose ist signifikant höher als in der allgemeinen Bevölkerung.[766] Mit der Inhaftierung wird die Möglichkeit der physischen Betätigung und der Kontakt zur Familie und Freunden eingeschränkt. Zudem werden Gefangene häufig mit Gewalt, Drogen-

---

764   *Silvestri* 2013, S. 33.

765   Zur Gesundheitsfürsorge im Strafvollzug in Deutschland vgl. *Kett-Straub/Streng* 2016, S. 85 ff.; zur Entwicklung der Gesundheitsfürsorge in England vgl. *Sim* 1990.

766   *Mills/Kendall* 2016, S. 187; *World Health Organization* 2014, S. XI.

problemen und in den beengten Verhältnissen der Anstalt mit Krankheiten anderer Gefangener konfrontiert. Auch die Suizidrate unter Gefangenen ist deutlicher höher als in der Durchschnittsbevölkerung.[767]

Zuständig für die Gesundheitsfürsorge im englischen und walisischen Vollzug ist nach Einführung des *Health and Social Care Act 2012* seit 2013 der *National Health Service (NHS)*.[768] 2003 wurde die Gesundheitsfürsorge im Vollzug reformiert und die Zuständigkeit vom *Health Care Service for Prisoners (HCSP)* auf den *NHS Primary Care Trust* übertragen.[769] Zu den Problemen der Gesundheitsfürsorge im Vollzug gehörten Übermedikation, Schwierigkeiten bei der Personaleinstellung und bei der beruflichen Fortbildung des medizinischen Personals.[770] Bereits 1996 merkte *Sir David Ramsbotham* an, dass die Gesundheitsfürsorge im Vollzug nicht den Standards für die allgemeine Bevölkerung entspreche.[771] Das Ziel der im Jahr 2016 angestrebten Reform der Gesundheitsfürsorge im Vollzug wurde im Kooperationsvertrag zwischen dem *National Health Service England,* dem *National Offender Management Service* und dem *Public Health England* wie folgt formuliert:

„*Prisoners should receive an equivalent health and wellbeing service to that available to the general population with access to services based on need.*"[772]

Regelungen zur Gesundheitsfürsorge im Strafvollzug in England und Wales sind in Rule 20-22 der *Prison Rules 1999* getroffen. Gefangene haben nach Rule 20 (1) das Recht, einen Arzt, eine Krankenschwester oder sonstiges medizinisches Personal zu konsultieren.[773] Verstöße gegen dieses Recht können, je nach Schwere der Erkrankung oder Zustand des Gefangenen, eine Verletzung von

---

767 *Mills/Kendall* 2016, S. 187.

768 In England liegt die Zuständigkeit für die Gesundheitsfürsorge – auch in privatisierten Gefängnissen – beim *National Health Service England,* der mit dem *National Offender Management Service* und *Public Health England* kooperiert, vgl. *National Offender Management Service/Public Health England/NHS England* 2016, S. 3; In Wales ist der *National Health Service Wales* für die Gesundheitsfürsorge im Vollzug zuständig.

769 *Hayton/Boyington* 2006, S. 1730 ff.; *Livingstone/Owen/Macdonald* 2015, S. 280.

770 *Hayton/Boyington* 2006, S. 1730.

771 *Ramsbotham* 1996, Foreword; Hinsichtlich der Unterschieden der Gesundheitsfürsorge in englischen und walisischen Gefängnissen siehe auch *Forrester u. a* 2013, S. 326 ff.

772 *National Offender Management Service/Public Health England/NHS England* 2016, S. 15.

773 *Obi* 2013, S. 119.

Art. 3 EMRK darstellen.[774] Zunächst ist der sog. *Medical officer* für Fragen der Gesundheitsfürsorge von Gefangenen zuständig (Rule 20 (1)). Seit Erlass des *Offender Management Act 2007 (Section 25)* ist es nicht mehr zwingend erforderlich, dass in jeder Anstalt ein *Medical Officer* rund um die Uhr vor Ort ist.[775] Die Gesundheitsfürsorge wird seit Erlass der *Prison (Amendment) (No 2) Rules 2005* durch einen *Registered medical practitioner,* eine *Registered nurse* oder sonstiges *Healthcare staff* sichergestellt. Dies stellt den Übergang zu einer integralen Gesundheitsfürsorge im Vollzug im Rahmen des *National Health Service* dar.[776]

Die erste medizinische Untersuchung sollen Gefangene im Rahmen des Aufnahmeverfahrens und zwar binnen 24 Stunden nach Aufnahme erhalten um dringende Gesundheitsprobleme zu identifizieren. Ein ausführlicher Gesundheitscheck soll dann binnen einer Woche nach Aufnahme erfolgen.[777]

Sofern ein Gefangener einen Termin beim *Registered medical practitioner,* der *Registered nurse* oder eines sonstigen *Healthcare professional* verlangt, muss die Anfrage vom anwesenden Strafvollzugsbeamten aufgenommen, protokolliert und unverzüglich an den *Medical Officer* weitergeleitet werden (Rule 20 (2)) der *Prison Rules 1999*. Der *Medical Officer* entscheidet, ob ein approbierter Mediziner, eine Krankenschwester oder ein sonstiger sog. *Healthcare professional* konsultiert werden muss. In manchen Gefängnissen ist ein approbierter Arzt zu gewöhnlichen Arbeitszeiten vor Ort, ansonsten sind Mediziner über eine Rufbereitschaft erreichbar. Besonderheiten gelten für Untersuchungshäftlinge, die über die Auswahl des Mediziners grundsätzlich frei entscheiden können, sofern sie die Kosten für die Behandlung selbst tragen. In walisischen und einigen englischen Gefängnissen gibt es Pläne, ein generelles Rauchverbot einzuführen.[778] Der Anteil an Rauchern liegt in Gefängnissen in England und Wales bei etwa 80% und ist damit etwa viermal so hoch wie in der allgemeinen Bevölkerung.[779] Der besonders hohe Anteil von rauchenden Gefangenen führt zu gesundheitlichen

---

774   *Obi* 2013, S. 119.

775   Section 25 des *Management Offender Act 2007* lautet: „It is no longer a requirement for there to be a medical officer appointed under section 7(1) of the Prison Act 1952 for each prison (and, accordingly, in section 7(1) the words „and a medical officer" are omitted)."

776   *Livingstone/Owen/Macdonald* 2015, S. 285.

777   *Obi* 2013, S. 119.

778   *Ministry of Justice/National Offender Management Service/Selous* 2015; *Woodall/ Tattersfield* 2017, S. 1 ff.

779   *Public Health England* 2015, S. 4 f.

Ungleichheiten von Gefangenen (im Vergleich zur allgemeinen Bevölkerung).[780] Es entstehen zudem erhebliche Beeinträchtigung durch Passivrauchen für nicht rauchende Gefangene, Strafvollzugsbeamte und Besucher.

5.3.2 Schottland

In Schottland finden sich Regelungen zur Gesundheitsfürsorge im Vollzug in Rule 36-43 der *Prisons and Young Offenders Institutions (Scotland) Rules 2011*. Auch in Schottland war zunächst die Strafvollzugsbehörde *(Scottish Prison Service)* für Fragen der Gesundheitsfürsorge zuständig. Die Gesundheitsfürsorge im Vollzug wurde durch die Einführung der *Prisons and Young Offenders Institutions (Scotland) Rules 2011* tiefgreifend reformiert und die Zuständigkeit vom *Scottish Prison Service* am 01. November 2011 auf den *National Health Service (NHS) Scotland* verlagert.[781] Der Übergang der Zuständigkeit für die Gesundheitsfürsorge in schottischen Gefängnissen geht auf die Empfehlungen des 2007 eingerichteten *Prison Healthcare Advisory Board (PHAB)* zurück, das gegenüber der schottischen Regierung für die Zuständigkeit des *NHS Scotland* im Vollzug plädierte.[782] Zu den Gründen für die Empfehlung der Verlagerung der Zuständigkeit zählten die gesundheitliche Ungleichheit innerhalb der Gefängnispopulation, die Erfüllung internationaler Standards hinsichtlich der Gesundheitsfürsorge und Behandlung von Gefangenen, die Gewährleistung einer gewissen Kontinuität im Bereich der Gesundheitsfürsorge nach Haftentlassung und das Anbieten einer nachhaltigen Gesundheitsfürsorge in Zusammenarbeit mit gemeindebezogenen Anbietern.[783] Das Budget für die Gesundheitsfürsorge im Vollzug für 2016-17 betrug £ 28.090.172.[784] Im Parlamentsbericht zur Gesundheitsfürsorge im schottischen Vollzug wird davon ausgegangen, dass etwa 70% der schottischen Gefängnispopulation psychische Probleme hat und damit der Anteil von Personen mit psychischen Problemen weit über dem Anteil in der allgemeinen schottischen Bevölkerung liegt.[785]

Rule 36 der *Prisons and Young Offenders Institutions (Scotland) Rules 2011* enthält Bestimmungen zum Rauchen im Vollzug. Danach werden in den Anstalten gesonderte Bereiche ausgewiesen, in denen das Rauchen gestattet ist. Dazu

---

780 *Public Health England* 2015, S. 4.

781 *Thomson* 2013, S. 101; *Scottish Parliament* 2017, S. 3.

782 *Scottish Parliament* 2017, S. 3.

783 *Scottish Parliament* 2017, S. 3.

784 *Scottish Parliament* 2017, S. 4.

785 *Scottish Parliament* 2017, S. 14.

gehören Einzelzellen und Mehrbettzellen, sofern die Anstaltsleitung das Rauchen in der Mehrbettzelle gestattet hat sowie bestimmte Bereiche im Freien. Ein absolutes Rauchverbot gilt in Bereichen, die für Mütter und Kinder vorgesehen sind (Rule 36 (3)). In Schottland gibt es Pläne, dass in Haftanstalten zukünftig ein generelles Rauchverbot gelten soll.[786]

Nach Rule 37 treffen die *Scottish Ministers* die als notwendig erachteten Maßnahmen für die Unterbringung von medizinischem Personal im Vollzug. Sofern die Anstaltsleitung Kenntnis über einen Gesundheits- oder Geisteszustand eines Gefangenen erlangt, der die Konsultation des medizinischen Dienstes erforderlich erscheinen lässt, hat sie den medizinischen Dienst unverzüglich zu informieren (Rule 38).

Wenn die Anstaltsleitung eine Empfehlung des medizinischen Dienstes erhält, dass der Gesundheitszustand eines Gefangenen die Behandlung durch einen spezialisierten Arzt oder in einer medizinischen Einrichtung außerhalb des Vollzugs gebietet, muss die Anstaltsleitung die notwendigen Schritte einleiten, um die Empfehlung umzusetzen (Rule 39).

Der medizinische Dienst kann gegenüber der Anstaltsleitung erklären, dass ein Gefangener einer bestimmten Tätigkeit nicht oder nur unter Beachtung besonderer Vorkehrungen nachgehen darf (Rule 40). Sofern eine solche Erklärung der Anstaltsleitung vorliegt, darf gegenüber dem Gefangenen keine Einzelhaft (Rule 114 (1) (d)) angeordnet werden.[787] Die Anstaltsleitung muss der Empfehlung des medizinischen Dienstes ohne schuldhaftes Zögern umsetzen.

Außerdem kann durch den medizinischen Dienst die Unterbringung eines Gefangenen unter vorgegebenen Bedingungen empfohlen werden, um die Gesundheit oder Wohlbefinden dieses oder eines anderen Gefangenen zu schützen (Rule 41). Dieser Empfehlung soll die Anstaltsleitung nachkommen. Die Unterbringung in vorgegebenen Bedingungen kann etwa die Empfehlung enthalten, Gefangene in einem bestimmten Teil der Anstalt, getrennt von anderen oder in Einzelhaft unterzubringen. Die Anordnungsvoraussetzungen sind an bestimmte Bedingungen wie eine schriftliche Anordnung, eine detaillierte Auflistung der Gründe für die Anordnung, eine zeitliche Begrenzung von 72 Stunden, die Pflicht der Anstaltsleitung dem Gefangenen die Gründe für die Anordnung zu erklären sowie das Aushändigen einer Kopie der Anordnung an den Gefangenen geknüpft (Rule 41 (3)). Sofern der medizinische Dienst dies empfiehlt, kann die Anstaltsleitung es einem Gefangenen, der unter vorgegebenen Bedingungen, getrennt von anderen Gefangenen untergebracht wird, gestatten, Umgang mit anderen Gefan-

---

786 *Scottish Prison Service* 2016d.

787 Rule 114 (d) (1) lautet: „(1) A Governor may impose on a prisoner one or more of the following punishments where a prisoner is found guilty of a breach of discipline – (...) (d) cellular confinement for a period not exceeding 3 days."

genen entweder für bestimmte Tätigkeiten oder für einen bestimmten Zeitraum zu haben.

Sofern ein Gefangener an einer schweren Erkrankung leidet, schwer verletzt ist oder in ein Krankenhaus außerhalb des Vollzugs verlegt wird, ist die Anstaltsleitung nach Möglichkeit verpflichtet den Gefangenen zu fragen, ob ein Angehöriger, Freund oder eine ihm sonst nahestehende Person informiert werden soll (Rule 42 (1)). Allerdings ist die Anstaltsleitung nicht verpflichtet, mehr als zwei Personen zu benachrichtigen.

5.4   Bildungsangebote

5.4.1   England und Wales

Die Teilnahme von Gefangenen an Bildungsangeboten ist in Rule 32 der *Prison Rules 1999* geregelt. Danach soll jeder geeignete Gefangene zur Teilnahme an Bildungsangeboten ermutigt werden. Diesbezügliche Angebote sollen Gefangenen in jeder Haftanstalt zur Verfügung stehen.[788] Die Bedürfnisse von Häftlingen mit sonderpädagogischem Förderbedarf sollen besonders berücksichtigt werden. Falls nötig, können entsprechende Programme auch zu Zeiten angeboten werden, die eigentlich für die Arbeit im Vollzug vorgesehen sind.[789] Für Gefangene im schulpflichtigen Alter, das in Rule 8 (3) des *Education Act 1996*[790] definiert ist, sollen besondere Bildungsangebote von mindestens 15 Stunden pro Woche angeboten werden (Rule 32 (4) der *Prison Rules 1999*). Die Teilnahme an Bildungsangeboten ist, mit Ausnahme von schulpflichtigen Gefangenen, freiwillig. Die *Prison Service Instruction 06/2012 (Prisoner Employment, Training and Skills)* sieht vor, dass die Kenntnisse und Fähigkeiten von allen Gefangenen im Rahmen des Aufnahmeverfahrens untersucht und beurteilt werden müssen.

In der Empfehlung 28.1 der *European Prison Rules* heißt es bezüglich Bildungsangeboten, dass „jede Justizvollzugsanstalt (…) allen Gefangenen Zugang zu möglichst umfassenden Bildungsprogrammen gewähren (soll), die ihren individuellen Bedürfnissen entsprechen und gleichzeitig ihren Ambitionen Rechnung tragen." Dies wird in Empfehlung 28.2 bis 28.7 der *European Prison Rules* weiter konkretisiert.

---

788 *Czerniawski* 2016, S. 198 ff.

789 Rule 32 (3) der *Prison Rules 1999*.

790 *Education Act 1996*, Rule 8 (3) lautet: „A person ceases to be of compulsory school age at the end of the day which is the school leaving date for any calendar year (a) if he attains the age of 16 after that day but before the beginning of the school year next following, (b) if he attains that age on that day, or (c) (unless paragraph (a) applies) if that day is the school leaving date next following his attaining that age."

Entgegen der Regelung in anderen europäischen Strafvollzugssystemen, hat das Erreichen bestimmter Qualifikationen von Gefangenen im Vollzug in England und Wales keine Auswirkung auf eventuelle vorzeitige Haftentlassung.[791] Im November 2016 hat das *Ministry of Justice* dem Parlament ein Reformpaket für englische und walisische Gefängnisse (*Prison Safety and Reform*) vorgelegt, in dem u. a. vorgesehen ist, dass die Bildungsangebote deutlich ausgeweitet werden, so dass bis 2020 alle Gefangenen nach Haftentlassung über grundlegende, der Wiedereingliederung dienende Rechtschreib- und Rechenkenntnisse verfügen sollen.[792] Ein umfangreicher Bericht zu Bildungsangeboten im Vollzug wurde zudem vom *Ministry of Justice* im Mai 2016 herausgegeben.[793]

5.4.2 Schottland

Bildungsmaßnahmen sind im schottischen Vollzug im 9. Abschnitt (Rule 80-89) der *Prisons and Young Offenders Institutions (Scotland) Rules 2011* geregelt. Die in Rule 81 (1) enthaltenen Informationspflicht des Anstaltsleiters hinsichtlich der Bedürfnisse des Gefangenen wurde bereits dargestellt. Zur sog. *Purposeful activity* (Rule 84) von Gefangenen zählen auch Bildungsangebote.[794] Die Anstaltsleitung muss sicherstellen, dass sog. *Purposeful activities* in ausreichendem Umfang zur Verfügung gestellt werden. Diese Angebote müssen der Wiedereingliederung des Gefangenen dienen. Dabei werden verschiedene Kurse angeboten, die sich nach den Bedürfnissen und Interessen der Gefangenen richten.

Hinsichtlich des Bildungsstandes der Gefangenen in Schottland ergab der *Prisoner Survey* 2015, dass 14% der Häftlinge Schwierigkeiten beim Schreiben,

---

791 *Livingstone/Owen/Macdonald* 2015, S. 246: In Frankreich wird etwa gemäß Art. 721-1 Code de procédure pénale eine vorzeitige Haftentlassung bei Abschluss verschiedener Bildungsmaßnahmen in Aussicht gestellt. (Art. 721-1 lautet: „Une réduction supplémentaire de la peine peut être accordée aux condamnés qui manifestent des efforts sérieux de réadaptation sociale, notamment en passant avec succès un examen scolaire, universitaire ou professionnel traduisant l'acquisition de connaissances nouvelles, en justifiant de progrès réels dans le cadre d'un enseignement ou d'une formation, en s'investissant dans l'apprentissage de la lecture, de l'écriture et du calcul, ou en participant à des activités culturelles, et notamment de lecture, en suivant une thérapie destinée à limiter les risques de récidive ou en s'efforçant d'indemniser leurs victimes (...)".

792 *Ministry of Justice* 2016d, S. 6.

793 *Ministry of Justice* 2016g.

794 Rule 84 (2) der *Prisons and Young Offenders Institutions (Scotland) Rules 2011* lautet: „*Purposeful activities* include (a) work; (b) education of any kind, including physical education; (c) counselling and other rehabilitative programmes; (d) vocational training; (e) work placements outside the prison and any activity which is intended to assist the prisoner's reintegration into the community following release."

12% beim Lesen und 11% beim Rechnen hatten.[795] Von den Häftlingen, die diesbezügliche Probleme bejahten, gaben 92% an, dass sie Unterstützung beim Rechnen, beim Schreiben (89%) und beim Lesen (73%) benötigen. Insgesamt nahmen 46% der 2015 befragten Vollzugspopulation in Schottland an Bildungsangeboten teil.[796]

Der *Scottish Prison Service* hat im Mai 2016 ein Strategiepapier hinsichtlich der Bildungsangebote im Vollzug veröffentlicht.[797] Danach werden die Bildungsangebote in den 13, von der öffentlichen Hand betriebenen Haftanstalten in Schottland derzeit durch eine enge Kooperation zwischen dem *Scottish Prison Service* und den beiden sog. *Further Education Colleges* (*Fife College* und *New College Lanarkshire*) durchgeführt.[798] Die diesbezüglichen Verträge enden im Juli 2017, was Grund für die Veröffentlichung des Strategiepapiers war. Der Anschlussvertrag mit den genannten Bildungseinrichtungen beginnt im August 2017. Zu den fünf Leitprinzipien gehört demnach:

- Lernende ermutigen,
- Kooperationen stärken,
- Qualitativ hochwertige Bildungsangebote sicherstellen,
- Verbesserung der Fähigkeit, auf Bedürfnisse entsprechend zu reagieren,
- Erfolg beweisen.[799]

Das Erreichen dieser Ziele wird durch eine sog. *National Advisory Group* sichergestellt, die die Bildungsangebote im schottischen Vollzug überwacht. Für jede Anstalt wird ein jährlicher Lernplan erstellt, der für eine bessere Kooperation der beteiligten Stellen und eine Verbesserung der Bildungsangebote sorgen soll.[800] Zu den beteiligten Stellen gehört das sog. *Scottish Prison Service Headquarter's Learning and Skills Team*, beauftragte Dienstleister und die jeweilige Anstalt.

---

795 *Scottish Prison Service* 2015b, S. 19.

796 *Scottish Prison Service* 2015b, S. 20.

797 *Scottish Prison Service* 2016c.

798 *Scottish Prison Service* 2016c, S. 6.

799 *Scottish Prison Service* 2016c, S. 6.

800 *Scottish Prison Service* 2016c, S. 16.

5.5   Besuchsregelungen

5.5.1   England und Wales

Rule 4 der *Prison Rules 1999* regelt den Kontakt von Gefangenen zur Außenwelt.[801] Danach soll die Aufrechterhaltung der Beziehungen des Gefangenen zu seiner Familie im beidseitigem Interesse im Hinblick auf die soziale Wiedereingliederung gefördert werden. Dies wird auch in der Empfehlung 24.1 der *European Prison Rules* aufgegriffen. Darin heißt es: „Den Gefangenen ist zu gestatten, mit ihren Familien, anderen Personen und Vertretern von außen stehenden Organisationen so oft wie möglich brieflich, telefonisch oder in anderen Kommunikationsformen zu verkehren und Besuche von ihnen zu empfangen." Der Empfang von Besuch im Vollzug muss auch vor dem Hintergrund des Art. 8 EMRK (Recht auf Achtung des Privat- und Familienlebens) gesehen werden, wenngleich der Europäische Gerichtshof für Menschenrechte betont hat, dass Einschränkungen des Besuchsrechts im Hinblick auf die Einhaltung der Sicherheit und Ordnung im Vollzug keine Verletzung des Art. 8 EMRK darstellt.[802]

Näheres zur Besuchsregelung in England und Wales ist in der *Prison Service Instruction 16/2011* geregelt, die zuletzt im April 2016 aktualisiert wurde. Darin wird der Empfang von Besuch im Vollzug als wesentliches Element zur Aufrechterhaltung des Kontakts zu Familienmitgliedern und Freunden erachtet, was besonders zu fördern ist. Der vom *Ministry of Justice* durchgeführte *Resettlement Survey 2008* hat gezeigt, dass die Rückfallrate von Gefangenen 39% geringer war, wenn sie Besuch von Familienmitgliedern während ihrer Inhaftierung erhalten hatten.[803] Ein gutes Verhältnis zu Familienmitgliedern kann Anreiz für Gefangenen sein, nach der Haftentlassung keine weiteren Straftaten zu begehen. Guter Kontakt zu Familienmitgliedern wird als wesentlicher Faktor zur erfolgreichen Wiedereingliederung von Gefangenen gesehen.[804] Der Empfang von Besuchen

---

801   Rule 4 der *Prison Rules 1999* lautet: (1) Special attention shall be paid to the maintenance of such relationships between a prisoner and his family as are desirable in the best interests of both. (2) A prisoner shall be encouraged and assisted to establish and maintain such relations with persons and agencies outside prison as may, in the opinion of the governor, best promote the interests of his family and his own social rehabilitation.

802   Vgl. etwa EGMR-Urteil *Nowicka v. Poland*, Application no. 30218/96 (2003).

803   *Prison Service Instruction* 16/2011, S. 2; die Ursache für die deutlich geringeren Rückfallquoten von Gefangenen, die während ihrer Inhaftierung Besuch erhielten, liegt vermutlich an der besseren sozialen Integration der Gefangenen.

804   Bezüglich der Resozialisierungsfaktoren Ehe und Familie siehe *Thiele* 2016, S. 37.

trägt außerdem zu einem guten Anstaltsklima und dem Wohlbefinden der Gefangenen bei.

Die Anstaltsleitung legt nach Rule 34 der *Prison Rules 1999* die genauen Modalitäten des Besuchs fest und kann die Gewährung von Besuchen auch einschränken oder verweigern. Die Entscheidung, einen Besuch zu gewähren, muss mit der Aufrechterhaltung der Sicherheit und Ordnung im Vollzug abgewogen werden, was in der *Prison Service Instruction 15/2011* (Sicherheitsmodalitäten bei Besuchen) näher geregelt ist. Die Entscheidung der Anstaltsleitung, einen Antrag auf Besuch abzulehnen, ist gerichtlich überprüfbar, da dies die Rechte des Gefangenen oder des Besuchers verletzen kann.[805] Dabei kommt etwa eine Verletzung von Art. 8 und Art. 14 EMRK in Betracht.

Besondere Sicherheitsvorkehrungen gelten bei Besuchen zwischen Gefangenen, die als Hochrisikotäter eingestuft werden sowie bei Besuchen von Personen, die positiv bei einem Drogentest getestet wurden oder die bereits verbotene Gegenstände in die Anstalt eingebracht haben.[806] Das Einbringen verbotener Gegenstände in den Vollzug kann zu einer (zeitmäßig beschränkten) Versagung von weiteren Besuchen führen. Dabei muss jedoch eine Abwägung zwischen der Sicherheit und Ordnung im Vollzug und den Rechten der Betroffen aus Art. 8 EMRK erfolgen. Sofern es sich um nahe Angehörige handelt, spricht vieles gegen eine zeitlich unbeschränkte Versagung von weiteren Besuchen im Vollzug.[807] Das Einbringen von verbotenen Gegenständen führt grundsätzlich zu einer zeitlich begrenzten Besuchssperre von mindestens drei Monaten, sofern nicht besondere Umstände vorliegen, die eine andere Entscheidung der Anstaltsleitung erforderlich machen.[808]

In Rule 34 ff der *Prison Rules 1999* sind weitere Regelungen hinsichtlich des Empfangs von Besuchen in den englischen und walisischen Haftanstalten enthalten, die in der *Prison Service Instruction 16/2011* konkretisiert werden. Danach wird zwischen sog. *Social visits* und sog. *Official visits* unterschieden. Für die sog. *Social visits* gilt, dass Strafgefangene grundsätzlich zwei einstündige Besuche alle vier Wochen empfangen können. Binnen eines Jahres können Gefangene somit bis zu 24 Besuche ansammeln, die ihnen auch bei Verlegung in eine andere Anstalt zustehen. Gefangenen steht ein zusätzlicher Besuch binnen 72 Stunden

---

805 *Livingstone/Owen/Macdonald* 2015, S. 346; vgl. etwa *McCartney v Governor HM Prison, Maze.*

806 *Livingstone/Owen/Macdonald* 2015, S. 352; Näheres zu den Sicherheitsvorkehrungen bei Besuchen ist in der *Prison Service Instruction 15/2011* geregelt.

807 *Livingstone/Owen/Macdonald* 2015, S. 353.

808 *Livingstone/Owen/Macdonald* 2015, S. 354.

nach Aufnahme im Vollzug zu.[809] Die internationale empirische Studie zum Langstrafenvollzugs von *Drenkhahn, Dudeck* und *Dünkel* weist für England im Bereich der Besuchsregelungen relativ ungünstige Ergebnisse aus. In England gab es, im Vergleich zu anderen europäischen Strafvollzugssystemen, keine Möglichkeit für Ehegattenlangzeitbesuche.[810]

Untersuchungshäftlingen stehen wöchentlich drei einstündige Besuche zu, von denen ein Besuch am Wochenende stattfinden kann.[811] Besucher können während des Besuchs Snacks sowie kalte und warme Getränke erwerben. Für Kinder stehen besondere Bereiche zum Spielen zur Verfügung.

Zu den sog. *Official visits* zählen Besuche durch den Rechtsbeistand, Bewährungshelfer, Sozialarbeiter, Geistliche, autorisierte Wissenschaftler, Diplomaten oder sonstige Beamte. Für offizielle Besuche gelten keine Besucherkontingente.[812] Derartige Besuche werden nicht überwacht und finden in einem angemessenen Umfeld statt.

Die Praxis hinsichtlich der Handhabung von Besuchen von Eheleuten ist im englischen und walisischen Vollzug äußerst restriktiv. Eheleute werden nicht privilegiert behandelt, diesbezügliche Beschwerden bei der *Europäischen Kommission für Menschenrechte* aus dem Jahr 1975 blieben erfolglos.[813] Das *Home Office* ging sogar so weit, dass es einem Gefangenen die Heirat im Vollzug (oder im Rahmen der Gewährung von Lockerungen außerhalb des Vollzugs) mit dem Argument verwehrt hatte, dass der Gefangene nicht in der Lage sein würde, mit seiner Ehefrau zusammen zu wohnen.[814] Dies wurde jedoch in der Entscheidung *Hamer v. United Kingdom* von der *Europäischen Kommission für Menschenrechte* 1979 mit dem Argument abgelehnt, dass die Ehe primär ein rechtlicher Status sei, der kein Zusammenleben erfordere.[815] Folglich wurde eine Verletzung des Art. 12 EMRK bejaht, was zum Erlass des *Marriage Act 1983* führte, so dass seither auch die Heirat im englischen und walisischen Vollzug möglich ist.[816]

---

809 Vgl. auch *Drenkhahn* 2014, S. 363 ff.

810 *Drenkhahn* 2014, S. 371; in Deutschland sind Ehegattenlangzeitbesuche gängige Praxis in vielen Strafvollzugsanstalten, sie stärken die Beziehungen zur Außenwelt und beugen gleichzeitig Deprivationserfahrungen und Entfremdungsprozessen vor und dienen damit der erfolgreichen Wiedereingliederung der Gefangenen, vgl. *Thiele* 2016, S. 146 ff., 338 ff.

811 *Prison Service Instruction* 16/2011, S. 7.

812 *Prison Service Instruction* 16/2011, S. 10.

813 *X v. UK*, App. No. 6564/74 (1975) 2 D & R 105; siehe auch *Youngs* 2014, S. 248.

814 *Livingstone/Owen/Macdonald* 2015, S. 354.

815 *Hamer v. UK*, App. No. 7114/75 (1979).

816 *Livingstone/Owen/Macdonald* 2015, S. 355.

5.5.2 Schottland

Besuche im schottischen Vollzug richten sich nach Rule 63-79 der *Prisons and Young Offenders Institutions (Scotland) Rules 2011*. Danach steht Strafgefangenen mindestens 30 Minuten Besuch binnen sieben Tagen oder mindestens zwei Stunden innerhalb von 28 Tagen zu (Rule 63 (2)). Gefangene, die die ihnen zustehende Besuche nicht in Anspruch nehmen, können die Besuchszeiten grundsätzlich nicht ansammeln, so dass diese nach 28 Tagen verfallen. (Rule 63 (3)). Besonderheiten gelten für Gefangene, die lebenslange Freiheitsstrafen oder Haftstrafen von mindestens 14 Monaten verbüßen, von denen bereits mindestens sechs Monate verbüßt wurden (Rule 65 (1)). Diese Gruppe von Gefangenen kann Besuchszeiten ansammeln, sofern die Anstaltsleitung dem Ansammeln von Besuchszeiten ausdrücklich zustimmt. Einzelheiten dazu sind in Rule 65 der *Prisons and Young Offenders Institutions (Scotland) Rules 2011* geregelt.

Die Anzahl von Personen, die einen Gefangenen besuchen dürfen, liegt im Ermessen der Anstaltsleitung. Grundsätzlich werden Besuche optisch und akustisch durch einen Strafvollzugsbeamten überwacht, außer es wird von der Anstaltsleitung anders bestimmt (Rule 63 (5)). Die Anstaltsleitung kann die Gewährung von Besuchen nach Rule 77 verweigern, wenn dies die Sicherheit und Ordnung im Vollzug gebietet. In Ausnahmefällen kann ein Gefangener auch Besuch von einem Insassen einer anderen Anstalt oder eines Freigängers erhalten, sofern die Anstaltsleitungen beider Haftanstalten zustimmen (Rule 63 (8)). Wird die Zustimmung verweigert, sind dem Gefangenen die Gründe für die Entscheidung mitzuteilen.

Untersuchungshäftlinge und sog. *Civil prisoners* können werktags täglich einen 30-minütigen Besuch empfangen (Rule 64 (2)), wobei in Ausnahmefällen auch ein Besuch am Wochenende möglich ist. Die Besuche werden grundsätzlich überwacht.

Besuche durch den Rechtsbeistand des Gefangenen richten sich nach Rule 66. Besuche mit dem Ziel der Rechtsberatung sind grundsätzlich jederzeit zulässig. Diese Besuche können optisch, jedoch nicht akustisch überwacht werden (Rule 66 (2)). Dem Rechtsbeistand ist es gestattet, das Gespräch mit dem Gefangenen in Absprache mit der Anstaltsleitung aufzuzeichnen (Rule 66 (3)).

Ausländische Gefangene können Besuch der diplomatischen Vertretung empfangen (Rule 69). Besuche von Mitgliedern des schottischen Parlaments oder des Europäischen Parlaments richten sich nach Rule 71 und werden nur optisch und nicht akustisch überwacht.

Rule 72 enthält Regelungen für Besuche durch den sog. *Parliamentary Commissioner for Administration, the Scottish Public Services Ombudsman* oder Beamte, die in deren Auftrag tätig werden. Diese Besuche sind jederzeit – nach

Zustimmung des Gefangenen – möglich und werden nicht akustisch, sondern nur optisch überwacht.

Die Anstaltsleitung kann nach Rule 78 anordnen, dass die Besuche unter besonders gesicherten Umständen in einer sog. *Closed visiting facility* stattfinden. Dabei kann physischer Kontakt zwischen dem Gefangenen und dem Besucher durch eine Trennscheibe verhindert werden. Dies wird insbesondere dann angeordnet, wenn es Anzeichen oder Beweise dafür gibt, dass Gefangene bei Besuchen verbotene Gegenstände entgegengenommen haben, das Verhalten des Gefangenen aus Sicherheitsgründen in einer gesicherten Umgebung stattfinden muss, ein vorangegangener Besuch unter den Voraussetzungen der Rule 77 (1) vorzeitig beendet werden musste, dem Besucher zuvor der Zutritt zur Anstalt verwehrt wurde oder die Anstaltsleitung davon überzeugt ist, dass besondere Sicherheitsmaßnahmen im Sinne der Rule 70 erforderlich sind. Sofern die Anstaltsleitung anordnet, dass Besuche eines Gefangenen in einer sog. *Closed visiting facility* stattfinden, muss diese Anordnung spätestens alle drei Monate überprüft werden (Rule 78 (3)). Die Anordnung, dass Besuche unter besonders gesicherten Umständen stattfinden müssen, darf nicht als Sanktion für Verstöße gegen die Anstaltsordnung getroffen werden, sondern lediglich unter den Voraussetzungen von Rule 78 (1). Diese Regelung führt zu erheblichen Einschränkungen des Kontakts des Gefangenen zu Familie und Freunden und ist immer wieder Gegenstand von Beschwerden seitens der Gefangenen. Dabei nutzen Gefangene nicht nur das gefängnisinterne Beschwerdesystem, sondern auch die Möglichkeit, beim *Scottish Public Service Ombudsman* Beschwerde einzulegen.[817]

Im Rahmen des vom *Scottish Prison Service* durchgeführten *Prisoner Survey* gaben 38% der schottischen Gefangenen an, dass sie wöchentlich Besuch empfingen, 16% erhielten zumindest alle zwei Wochen Besuch und 11% erhielten monatlich Besuch von Familienmitgliedern oder Freunden.[818] 84% der Gefangenen äußerte sich positiv über die Möglichkeit Besuche zu organisieren und somit in Kontakt mit der Außenwelt zu treten.[819]

5.6 Kommunikation mit der Außenwelt (Briefverkehr und Telefonate)

5.6.1 England und Wales

Die Kommunikation von Häftlingen mit der Außenwelt ist Ausprägung von Art. 8 EMRK (Recht auf Achtung des Privat- und Familienlebens) und trägt zur

---

817 *Thomson* 2013, S. 118.

818 *Scottish Prison Service* 2015b, S. 14.

819 *Scottish Prison Service* 2015b, S. 15.

Aufrechterhaltung der Beziehungen zur Familie und zu Freunden bei, was als wichtiger Aspekt im Rahmen der Wiedereingliederung der Gefangenen gilt.[820] Für Gefangene in englischen und walisischen[821] Haftanstalten ist der Kontakt mit der Außenwelt in Rule 34-44 der *Prison Rules 1999* geregelt. Sofern die *Prison Rules 1999* keine Ausnahmen vorsehen, unterliegt die gesamte Kommunikation des Gefangenen mit der Außenwelt Beschränkungen und Überwachungsmaßnahmen (Rule 34 (4)). Zu den Überwachungsmaßnahmen gehört das Öffnen, Lesen, Auswerten und Kopieren des Schriftverkehrs.[822] Näheres zur Kommunikation mit der Außenwelt ist der *Prison Service Instruction 49/2011 (Prisoner Communication Services)* geregelt.

Bis Anfang der 1970er Jahre wurde die gesamte Kommunikation von Gefangenen kontrolliert und gelesen.[823] Diese Praxis änderte sich erst nach zahlreichen Beschwerden von Gefangenen, insbesondere von Herrn *Golder*, was letztlich zur Entscheidung *Golder v. United Kingdom* des Europäischen Gerichtshofs für Menschenrechte führte.[824] Der Gerichtshof wertete es als einen Verstoß gegen Art. 8 EMRK, dass der Kontakt eines Gefangenen zu seinem Rechtsanwalt durch die Strafvollzugsbehörden eingeschränkt wurde.[825] Der Gerichtshof betonte, dass Einschränkungen des Rechts auf Achtung des Privat- und Familienlebens nur innerhalb der Grenzen des Art. 8 (2) EMRK möglich seien. Außerdem wurde ein Verstoß gegen Art. 6 EMRK (Recht auf ein faires Verfahren) bejaht, da die Einschränkung bzw. Verhinderung des Kontakts zu einem Anwalt die Verteidigungsrechte des Gefangenen *Golder* beschränke.

Im Fall *Campbell v. United Kingdom (1992)*[826] stellte der Europäische Gerichtshof für Menschenrechte fest, dass die Überwachung des Briefverkehrs eines Gefangenen in einer schottischen Anstalt mit seinem Verteidiger nur in besonderen Ausnahmefällen zulässig ist. Dann nämlich, wenn die Strafvollzugsverwaltung einen begründeten Verdacht hat, dass der Inhalt eines Briefes oder

---

820   In der *Prison Service Instruction 49/2011* werden daneben positive Effekte im Hinblick auf die Gesundheit der Gefangenen sowie der Prävention von Selbstverletzungen oder -tötungen genannt.

821   Die Recht auf Schriftwechsel und Telefongespräche von Gefangenen in Deutschland wird von *Thiele* ausführlich beschrieben, vgl. *Thiele* 2016, S. 163 ff., 174 ff.

822   *Creighton/Arnott* 2009, S. 254.

823   *Livingstone/Owen/Macdonald* 2015, S. 323.

824   *Golder v. United Kingdom* (1975), Application no. 4451/70.

825   *Livingstone/Owen/Macdonald* 2015, S. 323, *Golder v. United Kingdom* (1975), Application no. 4451/70.

826   *Campbell v. United Kingdom* (1992) Application no. 13590/88.

seiner Anlagen die Sicherheit der Anstalt oder anderer gefährdet oder von sonstiger strafrechtlicher Relevanz ist.

Grundsätzlich können verurteilte Gefangen in England und Wales einen Brief pro Woche auf Kosten der Staatskasse versenden und empfangen (Rule 35 (2)). Das Versenden zusätzlicher Briefe auf Kosten der Staatskasse kann von der Anstaltsleitung genehmigt werden. Sofern Gefangene die Portokosten selbst tragen, ist die Anzahl der Briefe grundsätzlich nicht beschränkt. In der *Prison Service Instruction 49/2011* wird zwischen folgenden Briefen unterschieden:

- „Statutory Letters" (Für den Gefangenen kostenfrei, die Kosten trägt die Staatskasse). Untersuchungshäftlinge dürfen zwei sog. *Statutory Letters* pro Woche versenden. Strafgefangene dürfen einen *Statutory Letter* pro Woche versenden.
- „Privilege Letter" (Die Kosten trägt der Gefangene). Die Anzahl der sog. *Privilege Letters* ist für Untersuchungshäftlinge unbeschränkt. Für Strafgefangene gelten folgende Regelungen: Sofern kein sog. *Routine Reading* für die gesamte Kommunikation in einer Anstalt gilt, ist die Anzahl der *Privilege Letters* auch für Strafgefangene unbeschränkt. Sofern jedoch die gesamte Kommunikation einer Anstalt kontrolliert wird (sog. *Routine Reading*), kann die Anzahl der Briefe auf maximal einen Brief pro Woche beschränkt werden. Zudem kann die Anzahl der Briefe beschränkt werden, wenn nicht genügt Personal vorhanden ist um die Briefe der Gefangenen zu kontrollieren.
- „Special Letter" (In besonderen Umständen, je nach Anlass, werden die Kosten von der Staatskasse getragen). Zu den Anlässen gehört etwa die Verlegung in eine andere Anstalt; Anwaltspost, sofern Gefangene die Portokosten nicht selbst aufbringen können; Schreiben an den *Prisons & Probation Ombudsman*; Kontakt zum *Council Tax Officer* um die Inhaftierung mitzuteilen oder sonstige besondere Umstände.

Rule 39 stellt klar, dass Anwaltspost oder Schriftverkehr mit den Gerichten grundsätzlich nicht geöffnet werden darf, es sei denn, es bestehen Anhaltspunkte, dass die Sendung verbotene Gegenstände enthält (Rule 39 (2))[827], die Sicherheit der Anstalt oder einer Person gefährdet oder in Zusammenhang mit einer Straftat steht (Rule 39 (3)). Gefangenen soll die Gelegenheit gegeben werden, bei der

---

827 Welche Gegenstände als verboten gelten, wird in Rule 39 (6) näher definiert, darin heißt es: „(...) „illicit enclosure" includes any article possession of which has not been authorised in accordance with the other provisions of these Rules and any correspondence to or from a person other than the prisoner concerned, his legal adviser or a court."

Öffnung ihrer Korrespondenz anwesend zu sein und informiert zu werden, wenn der Inhalt der Sendung in Augenschein genommen oder beschlagnahmt wird (Rule 39 (4)). In Rule 39 (6) wird zudem klargestellt, dass auch Schreiben an den Europäischen Gerichtshof für Menschenrechte vom Schutzgehalt der Vorschrift umfasst sind.

Gefangene können ihre Briefe in beliebiger Sprache verfassen. Jedoch werden nicht auf Englisch verfasste Briefe, zunächst übersetzt und von der Strafvollzugs-verwaltung gelesen, was Verzögerungen mit sich bringt.[828]

Das *Email-a-Prisoner-Scheme* ermöglicht es, mit Gefangenen via E-Mail in Kontakt zu treten. Dazu ist zunächst eine Registrierung beim Anbieter *Emailaprisoner* notwendig.[829] Sodann kann gegen Entrichtung von £ 0,4 eine E-Mail an den Anbieter gesandt werden, der die E-Mail dann an die teilnehmende Anstalt weiterleitet. Dort wird die E-Mail ausgedruckt und dem Gefangenen übergeben. In einigen Anstalten besteht die Möglichkeit, dass Gefangene gegen Entrichtung von £ 0,25 auf die E-Mail antworten können. In diesem Fall verfassen Gefangene ihre Nachricht handschriftlich, die dann eingescannt und gegebenenfalls zensiert übermittelt wird. Der Service wird im gesamten Vereinigten Königreich angebo-ten und befindet sich im Aufbau.

Telefonate können von Gefangene durch Nutzung des sog. *Pinphone-System* geführt werden, was in der *Prison Service Instruction 49/2011* näher erläutert wird. Die Telefone sind frei zugänglich angebracht und können während des Aufschlusses genutzt werden. Grundsätzlich sollen die Telefone pro Tag mindes-tens zwei Stunden zur Verfügung stehen.[830] Die Rufnummern, die Gefangene anrufen können, müssen zunächst bei der Strafvollzugsverwaltung registriert wer-den. Es können bis zu 20 Rufnummern für soziale Kontakte und 15 Rufnummern für sog. *Legal contacts* registriert werden. Alle Rufnummern werden überprüft, bevor sie freigeschaltet werden. Gefangene können bis zu £ 50 Guthaben auf ihr *Pinphone*-Konto laden; für ausländische Gefangene oder Gefangene, deren Fami-lienmitglieder im Ausland leben, gilt kein Guthabenlimit.[831]

---

828 *Prison Service Instruction 49/2011*, S. 4.

829 Informationen zum *Email-a-Prisoner-Scheme* sind unter folgendem Link abrufbar: http://www.emailaprisoner.com (Abruf am 09.08.2017).

830 *Prison Service Instruction 49/2011*, S. 11.

831 *Prison Service Instruction 49/2011*, S. 23 (Annex A).

5.6.2   Schottland

Die Kommunikation mit der Außenwelt ist für Gefangene in schottischen Haftanstalten in *Part 8 – Communications* (Rule 53-79) der *Prisons and Young Offenders Institutions (Scotland) Rules 2011* geregelt. Zunächst stellt Rule 53 fest, dass sich Gefangene über das Tagesgeschehen mittels Büchern, Zeitungen, Zeitschriften, Radio und sonstigen Medien, die von der Anstaltsleitung zugelassen werden, informieren können. Der Gebrauch dieser Medien kann eingeschränkt werden, wenn die Gefahr einer Selbst- oder Fremdverletzung besteht (Rule 53 (2)).

Seit den 1950er Jahren kam es immer wieder zu Beschwerden Gefangener bezüglich der Kontrolle ihres Schriftverkehrs. Der gesamte Schriftverkehr von Gefangenen wurde kontrolliert und gegebenenfalls zensiert.[832] Die Vollzugsverwaltung legte fest, an welche Personen Briefe geschrieben werden konnten. In mehreren Fällen machten Gefangene eine Verletzung von Art. 8 EMRK vor dem Europäischen Gerichtshof für Menschenrechte geltend.[833] In den *Prisons and Young Offenders Institutions (Scotland) Rules 1994* wurde schottischen Gefangenen erstmals das Recht auf Korrespondenz mit der Außenwelt zugestanden und diesbezügliche normative Regelungen getroffen.

Dass Gefangene Briefe und Pakete senden und empfangen dürfen, ist in Rule 54 (1) der *Prisons and Young Offenders Institutions (Scotland) Rules 2011* geregelt. Rule 54 (2) stellt ausdrücklich klar, dass Häftlinge keinen Anspruch auf elektronische Kommunikation haben. Die Kontrolle der Briefe und Pakete von Gefangenen richtet sich nach Rule 55-60. Grundsätzlich wird die Kommunikation überwacht. Ausnahmen gelten etwa für Anwaltspost. Diese wird nur in Ausnahmefällen überwacht und zwar bei begründetem Verdacht, dass die Sendung verbotene Gegenstände enthält. Gefangene müssen Anwaltspost mit einem außen auf der Sendung angebrachten Hinweis *„Legal Correspondence"* versehen. Sofern diese Sendungen durchsucht werden sollen, darf die Sendung nur in Gegenwart des Gefangenen geöffnet werden. Die Gründe für die Öffnung der Korrespondenz müssen dem Gefangenen erläutert werden. Das Lesen der Schriftstücke ist der

---

832   *Thomson* 2013, S. 106.

833   *Thomson* 2013, S. 106; für die Kommunikation von Gefangenen in schottischen Anstalt war, ebenso wie für Gefangene in England und Wales zunächst die Entscheidung *Golder v. United Kingdom (1975) Application no. 4451/70* – des Europäische Gerichtshof für Menschenrechte zentral. Dabei stellte der Gerichtshof fest, dass die Einschränkung des Kontakts zum Rechtsanwalt eine Verletzung von Art. 8 EMRK darstellte; im Fall *Campbell v. United Kingdom (1992) Application no. 13590/88* wandte sich ein Gefangener in Schottland erfolgreich gegen die Beschränkung seiner Anwaltspost.

Anstaltsleitung nur dann gestattet, wenn sie davon ausgeht, dass der Inhalt der Schriftstücke die Sicherheit der Anstalt oder einer Person gefährdet oder in Zusammenhang mit einer Straftat steht (Rule 57 (5)). Sofern die Anstaltsleitung dies bejaht, kann sie auch anordnen, dass ein Vollzugsbeamter die Schriftstücke in Augenschein nimmt.

Neben gesonderten Regelungen zur Handhabung von Anwaltspost, wird in Rule 56 die Praxis von Korrespondenz mit Gerichten geregelt, die ebenfalls besonders geschützt ist und nur im Ausnahmefall geöffnet werden darf. Rule 56 (6) stellt ausdrücklich klar, dass auch Schreiben an den Europäischen Gerichtshof für Menschenrechte vom Schutz der Vorschrift umfasst sind. Gefangene müssen diese Sendungen mit „Court Correspondence" kennzeichnen. Rule 58 umfasst ähnliche Regelungen für die Korrespondenz mit sog. Medical practitioners, die besonders geschützt ist und auch nur in Ausnahmefällen geöffnet werden darf.

Grundsätzlich steht jedem Gefangenen das Recht zu, pro Woche einen Brief zu versenden (Rule 61). Das Porto wird übernommen und die Anstaltsleitung muss Gefangene mit dem in Rule 61 (2) näher spezifizierten, notwendigen Schreibmaterialien (Stift, Papier und Briefumschlag) ausstatten. In besonderen Fällen kann die Anstaltsleitung Gefangenen gestatten, mehr als einen Brief pro Woche zu versenden.

Gefangene können zudem telefonisch in Kontakt zur Außenwelt treten, was in Rule 62 näher geregelt ist. Einzelheiten zum Gebrauch von Telefonen werden vom Scottish Minister festgelegt. Die Strafvollzugsverwaltung kann es Gefangenen untersagen in telefonischen Kontakt zur Außenwelt zu treten, muss dem Gefangenen dann aber die Gründe für die Entscheidung mitteilen (Rule 62 (3), (4)). Grundsätzlich werden Telefonate überwacht und Gespräche aufgezeichnet. Um Missbrauch zu unterbinden und die Sicherheit der Anstalt zu gewährleisten, hat der Scottish Prison Service Vorkehrungen für Telefongespräche aus dem Vollzug getroffen:

- „Gefangene können lediglich Nummern anrufen, die zuvor registriert wurde, sog. Pre-approved numbers (PAN).
- Es können pro Gefangenen maximal 20 Nummern registriert werden.
- Die Rufnummern wurden bei der Anstaltsleitung eingereicht und von dieser überprüft.
- Die Verbindungsdaten der Gespräche (Rufnummer, Datum, Uhrzeit und Dauer des Gesprächs) werden aufgezeichnet.
- Die Gespräche können jederzeit von der Strafvollzugsverwaltung aufgezeichnet oder überwacht werden.
- Der Anrufempfänger erhält vor der Verbindung mit dem Gefangenen eine automatische Ansage, dass das Telefonat aus einem schottischen

Gefängnis geführt wird und möglicherweise aufgezeichnet oder überwacht wird und falls der Anrufempfänger damit nicht einverstanden ist,
das Gespräch durch Auflegen abgelehnt werden soll."[834]

5.7   Sicherheit und Ordnung

5.7.1   England und Wales

Verstöße gegen die *Prison Rules* durch das Anstaltspersonal werden anders gewertet werden als Verstöße durch Gefangene. Bei Verstößen gegen die *Prison
Rules* durch Strafvollzugsbeamte gibt es keine klaren Rechtsfolgen, die das Personal zu erwarten hat.[835] Der Vollzug der *Prison Rules* und der Anstaltsordnung
obliegt primär den Strafvollzugsbeamten. Fast alle Disziplinarmaßnahmen gegen
Gefangene werden von der Anstaltsleitung verhängt, die auf die Kooperation und
Mitteilung von Verstößen gegen die Anstaltsordnung durch das Strafvollzugsper-
sonal angewiesen ist.[836] Der Rechtsschutz im Strafvollzug war bis zum 20. Jahrhundert stark eingeschränkt, da sich Gerichte weigerten, die Rechtmäßigkeit von
Disziplinarmaßnahmen zu untersuchen, Parallelen zur Militärgerichtsbarkeit zo-
gen und argumentierten, dass eine schnelle Entscheidung im Vordergrund stehen
müsse und langwierige Disziplinarverfahren der Wiederherstellung von Sicherheit und Ordnung im Vollzug entgegenstünden.[837]

5.7.1.1   Das „Incentives and Earned Privileges Scheme"

1995 wurde das – vom Disziplinarsystem formal unabhängige – sog. *Incentives
and Earned Privileges Scheme* eingeführt, das in der *Prison Service Instruction
30/2013* näher erläutert wird. Das System wurde in der Erwartung geschaffen,
dass Gefangene zusätzliche Privilegien durch verantwortungsbewusstes Verhalten, der Beteiligung an Arbeitsmaßnahmen und sonstigen Tätigkeiten erhalten
können.[838] 2003 wurde das System reformiert, so dass Gefangene seither aktiv
an ihrer Resozialisierung arbeiten müssen, sich gut führen und andere Gefangene

---

834   *Thomson* 2013, S. 110.

835   *Livingstone/Owen/Macdonald* 2015, S. 394.

836   *Livingstone/Owen/Macdonald* 2015, S. 394.

837   *Livingstone/Owen/Macdonald* 2015, S. 394.

838   *Prison Service Instruction 30/2013*, S. 3; *Prison Reform Trust* 2014, S. 1.

unterstützen müssen, um im Rahmen des *Incentives and Earned Privileges Scheme* Fortschritte machen zu können.[839] Lediglich nicht negativ aufzufallen genügt nicht für die Gewährung von Privilegien. Das *Incentives and Earned Privileges Scheme* ist in vier Stufen eingeteilt: *Basic*[840], *Entry*[841], *Standard*[842] und *Enhanced*[843]. Zu den Privilegien, die im Rahmen des *Incentives and Earned Privileges Scheme* gewährt werden können zählen:

- Zusätzliche Besuche unter besseren Bedingungen;
- Die Berechtigung höheren Lohn zu erhalten;
- Zugriff auf ein TV-Gerät im Haftraum;
- Das Recht eigene Kleidung zu tragen;
- Zugriff auf sog. *Private Cash* (Einkünfte der Gefangenen sowie Geld, das bereits bei der Inhaftierung vorhanden war oder von außerhalb in die Anstalt überwiesen wurde) – pro Woche stehen Strafgefangenen folgende Mittel zur Verfügung: *Basic Level £ 4*; *Entry Level £ 10*; *Standard Level £ 15,50* und *Enhanced Level £ 25,50*;
- Zeit außerhalb der Zelle bis zu 12 Stunden pro Tag.[844]

Das *Incentives and Earned Privileges Scheme* wird teilweise kritisch gesehen, da es nicht nur ermöglicht, dass Privilegien durch einzelne Strafvollzugsbeamte entzogen werden, sondern auch stark vom jeweiligen Anstaltsregime abhängig

---

839 *Prison Service Instruction 30/2013*, S. 3.

840 *Prison Service Instruction 30/2013*, S. 7: „Basic level is for those prisoners who have demonstrated insufficient commitment to rehabilitation and purposeful activity, or behaved badly and/or who have not engaged sufficiently with the regime to earn privileges at a higher level."

841 *Prison Service Instruction 30/2013*, S. 7: „All new prisoners, including those on remand, newly convicted or recalled to prison following licence revocation, received into custody on or after 1 November 2013 will enter custody on the 'Entry' level of the new IEP scheme."

842 *Prison Service Instruction 30/2013*, S. 8: „'Standard' level of the IEP scheme is for all prisoners who have successfully completed the 'Entry' level requirements and those who are considered to be meeting rehabilitation expectations, participating in the regime and behaving well."

843 *Prison Service Instruction 30/2013*, S. 9: „The 'Enhanced' level of IEP scheme is reserved for those prisoners who have demonstrated, for a minimum period of 3 months, that they are fully committed to their rehabilitation, seeking to reduce their risk of reoffending, complying with the regime and meeting the Behavioural Expectations set out in Annex B."

844 *Prison Service Instruction 30/2013*, S. 15.

ist.[845] Damit Gefangene „beweisen" können, dass sie Fortschritte gemacht haben, sind sie auf entsprechende Arbeits-, Freizeit- oder Bildungsangebote angewiesen, die nicht in jeder Anstalt in ausreichendem Maß angeboten werden.[846]

Abbildung 26: **Anzahl von Tätlichkeiten von Gefangenen pro 1.000 männliche Gefangene**

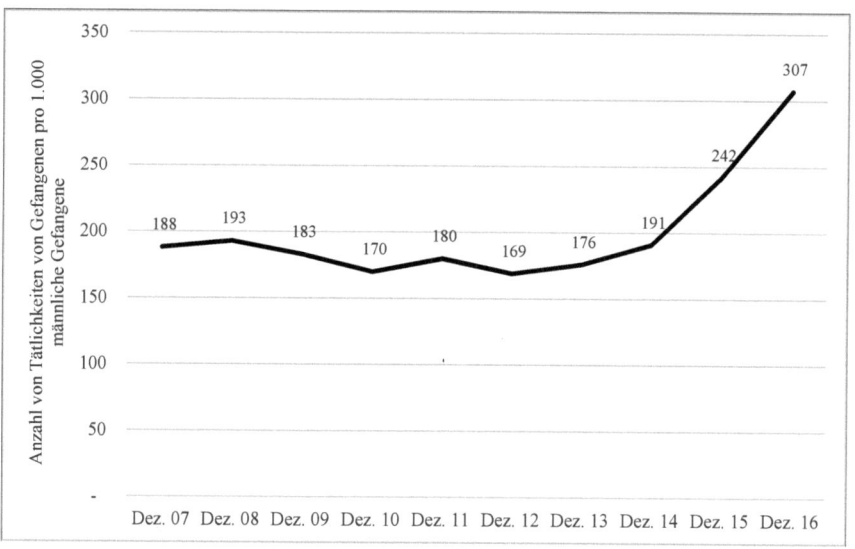

Quelle: *Ministry of Justice* (2017a): Safety in Custody Statistics – Summary tables, Self-harm and assaults to December 2016, Deaths in prison custody to March 2017, published 27 April 2017, Table 4.

Abbildung 26 zeigt, dass seit Dezember 2014 die Tätlichkeiten von männlichen Gefangenen von 191 pro 1.000 Gefangene auf 307 Delikte im Dezember 2016 angestiegen sind. Damit haben die Tätlichkeiten im Vollzug ein Allzeithoch erreicht, was sicherlich auch mit der teilweise erheblichen Überbelegung der Anstalten zusammenhängen dürfte. 2016 wurde in 21% der Fälle eine Waffe verwendet, während diese Quote 2006 noch bei 9% lag.[847] Der Anteil der Gefangenen, der in eine körperliche Auseinandersetzung verwickelt war und medizinische Hilfe benötigte lag 2006 bei 2,1% und stieg 2016 auf 2,9% an. Ein stationärer

---

845 *Prison Reform Trust* 2014, S. 1 ff.

846 *Livingstone/Owen/Macdonald* 2015, S. 434.

847 *Ministry of Justice* 2017a, S. 10.

Krankenhausaufenthalt war 2006 in 1,6% der Fälle nötig, 2016 stieg die Quote auf 2,1% an.

5.7.1.2   Rechtliche Regelungen zur Sicherheit und Ordnung

Gegenwärtig sind Regelungen zur Sicherheit und Ordnung in Rule 51-61 der *Prison Rules 1999* sowie in der *Prison Service Instruction 47/2011* enthalten. Rule 51 zählt mögliche Verstöße von Gefangenen gegen die Anstaltsordnung auf. Dazu zählt etwa das Begehen einer Körperverletzung; Freiheitsberaubung einer Person gegen deren Willen; einer Person (die kein Gefangener ist) den Zutritt zu einem Bereich der Anstalt verweigern, die im Gefängnis zu Arbeitszwecken ist; Kämpfen mit einer Person; Gefährden der Gesundheit oder der Sicherheit anderer, Flucht aus dem Gefängnis oder sonstiger Inhaftierung; Verstöße gegen die Bedingungen der bedingten Haftentlassung (Rule 9); das Verabreichen einer sog. *Controlled drug*[848] (Rule 52); Betrunkensein nach bewusstem Konsum alkoholischer Getränke; der Besitz verbotener Gegenstände oder einer größeren, als der erlaubten Anzahl von Gegenständen; der Handel mit verbotenen Gegenständen; der Handel mit einem Gegenstand, der einem Gefangenen nur zum persönlichen Gebrauch gestattet ist; die Wegnahme eines Gegenstandes, der sich im Eigentum einer anderen Person oder der Anstalt befindet; das in Brand setzen eines Teils des Gefängnisses oder fremden Eigentums; Sachbeschädigung eines Teils des Gefängnisses oder fremden Eigentums; abwesend von einem Ort sein, an dem sich der Gefangene aufhalten muss oder anwesend sein an einem Ort, an dem sich der Gefangene nicht aufhalten darf; respektloses Verhalten gegenüber einem Strafvollzugsbeamten oder einer anderen Person (die kein Gefangener ist) und die im Gefängnis zu Arbeitszwecken ist oder einer Person, die zu Besuchszwecken im Gefängnis ist; das Nutzen von bedrohenden, gewalttätigen oder beleidigenden Worten oder Verhalten; das vorsätzliche, nicht ordnungsgemäße Arbeiten oder das Verweigern der Arbeitspflicht; Weigerung, einer rechtmäßigen Anordnung nachzukommen; Verstöße gegen eine Anordnung oder für eine Person gültige Regelung; Erhalten einer sog. *Controlled drug* ohne die Zustimmung eines Strafvollzugsbeamten oder eines anderen Gegenstandes während eines Besuchs; der Versuch oder das Verleiten oder Hilfeleisten eines anderen Gefangener zu einer der oben aufgeführten verbotenen Handlung (Rule 51).

---

848   Die sog. *Controlled drugs* gehen auf die *Misuse of Drugs Regulations 2001* und den *Misuse of Drugs Act 1971* zurück. Eine Liste der *Controlle drugs* ist abrufbar unter https://www.gov.uk/government/publications/controlled-drugs-list--2/list-of-most-ommonly-encountered-drugs-currently-controlled-under-the-misuse-of-drugs-legislation (Abruf am 09.08.2017).

Disziplinarmaßnahmen sollen schnellstmöglich, spätestens 48 Stunden nach Bekanntwerden des Verstoßes gegen die Anstaltsordnung, verhängt werden (Rule 53 (1)). Die 48-Stunden-Frist ist streng einzuhalten und darf nur bei Vorliegen besonderer Umstände überschritten werden.[849] Die Untersuchung des Verstoßes gegen die Anstaltsordnung erfolgt durch die Anstaltsleitung. Während der Untersuchung kann gegen den betroffenen Gefangenen Einzelhaft angeordnet werden (Rule 53 (4)). Die Anwendung dieser Vorschrift wird häufig kritisiert, da der Anstaltsleitung zwar ein Ermessen eingeräumt wird, ob sie den Gefangenen absondert und die Vorschrift als Ausnahmevorschrift für besonders schwere Fälle vorgesehen ist, in der Praxis jedoch regelmäßig Anwendung findet und alle Gefangenen abgesondert werden, gegen die ein Disziplinarverfahren durchgeführt wird.[850] Die verhängten Disziplinarmaßnahmen müssen verhältnismäßig sein und den Vorgaben der *Prison Rules 1999* entsprechen.

Die Rechte des Gefangenen im Rahmen eines Disziplinarverfahrens sind in Rule 54 geregelt. Danach ist der Gefangene über das Disziplinarverfahren umgehend in Kenntnis zu setzen. Der Häftling muss angehört werden und ihm muss die Möglichkeit zur Stellungnahme zu den Vorwürfen eingeräumt werden. Die Anhörung ist Ausprägung des sog. *Principles of natural justice* (das heute auch als *Fairness* bezeichnet wird) und auch in Art. 6 Abs. 1 EMRK kodifiziert ist.[851] Der Gefangene erhält einen schriftlichen Bericht über den Vorfall, aufgrund dessen das Disziplinarverfahren durchgeführt wird. Sofern dies notwendig erscheint, wird dem Gefangenen der schriftliche Bericht zudem mündlich erläutert.[852]

Der Europäische Gerichtshof für Menschenrechte hat bereits 1984 im Verfahren *Campbell and Fell v. United Kingdom* festgestellt, dass auch Anhörungen im Rahmen eines Disziplinarverfahrens im Vollzug unter den Anwendungsbereich des Art. 6 EMRK fallen können.[853] Nach erneuten Versuchen der Strafvollzugsbehörden und nationalen Gerichten, die Disziplinarverfahren im Vollzug nicht unter den Anwendungsbereich des Art. 6. Abs. 1 EMRK zu fassen sowie weiteren Beschwerden von Gefangenen, stellte der Europäische Gerichtshof für Menschenrechte im Verfahren *Ezeh and Connors v. United Kingdom*[854]

---

849 *Prison Service Instruction 47/2011*, S. 5.

850 *Livingstone/Owen/Macdonald* 2015, S. 414.

851 *Livingstone/Owen/Macdonald* 2015, S. 405.

852 *Prison Service Instruction 47/2011*, S. 6.

853 *Campbell and Fell v. The United Kingdom* (Application no. 7819/77; 7878/77), 1984.

854 *Ezeh and Connors v. The United Kingdom* (Application no.s 39665/98 and 40086/98), 2003.

2003 fest, dass auch Disziplinarverfahren eine „strafrechtliche Anklage" im Sinne des Art. 6. Abs. 1 EMRK darstellen und somit Disziplinarverfahren im Vollzug insgesamt unter den Anwendungsbereich des Art. 6. Abs. 1 EMRK fallen.[855] Demnach können Gefangene im Rahmen des Disziplinarverfahrens einen Rechtsbeistand konsultieren, sofern zusätzliche Hafttage verhängt werden sollen, über die ein unabhängiger, sog. *District Judge* entscheidet. Dies wurde durch eine Reform der *Prison Rules 1999* nun auch normativ klargestellt.[856] Alternativ zu einem Rechtsbeistand kann sich der Gefangene auch durch einen Freund oder Berater unterstützen lassen, sofern dies vom *District Judge* zugelassen wird.[857] Dem Häftling müssen zudem mindestens zwei Stunden zur Vorbereitung seiner Anhörung eingeräumt werden sowie die Möglichkeit, einen Rechtsbeistand zu konsultieren. Sofern im Rahmen eines Disziplinarverfahrens zusätzliche Hafttage gegen einen Untersuchungshäftling verhängt werden sollen, steht dem grundsätzlich nicht entgegen, dass eine Verurteilung des Häftlings noch nicht erfolgt ist (Rule 59).

Die Verhängung zusätzlicher Hafttage ist äußerst kritisch zu bewerten, da damit Verstöße gegen die Anstaltsordnung letztlich zu Straftatbeständen mit der Folge eines verlängerten Freiheitsentzugs aufgewertet werden.

Zu den möglichen Disziplinarmaßnahmen, die gegen den Gefangenen verhängt werden können, zählt eine Verwarnung; die Entziehung von Privilegien für bis zu 42 Tage; Ausschluss von Arbeitsmaßnahmen von bis zu 21 Tagen; die Sperrung des Lohns für bis zu 84 Tage; Einzelhaft bis zu 21 Tage; die Einschränkung der Nutzung der in Rule 43 (1) (Prisoners' Property) genannten Gegenstände; Verlegung des Gefangenen aus seiner Abteilung für bis zu 28 Tage (Rule 55 (1)). Kommt die Anstaltsleitung zu dem Ergebnis, dass der Verstoß des Gefangenen gegen die Anstaltsordnung so schwer wiegt, dass der Verstoß mit zusätzlichen Hafttagen geahndet werden soll, muss ein unabhängiger, sog. *District Judge* mit der Untersuchung des Vorfalls betraut werden.[858] Sofern eine Verwarnung ausgesprochen wird, darf für dasselbe Vergehen keine weitere Disziplinarmaßnahme verhängt werden (Rule 55A (2)). Sofern die Untersuchung der Vorfälle durch die Anstaltsleitung zu dem Ergebnis kommt, dass der Häftling mehrere Verstöße gegen die Anstaltsordnung begangen hat, können einzelne

---

855   *Livingstone/Owen/Macdonald* 2015, S. 407.

856   Rule 59 (3) der *Prison Rules 1999* lautet: „At an inquiry into a charge which has been referred to the adjudicator, the prisoner who has been charged shall be given the opportunity to be legally represented.".

857   *Prison Service Instruction 47/2011*, S. 6.

858   *Prison Service Instruction 47/2011*, S. 6.

Disziplinarmaßnahmen auch nacheinander verhängt werden, sofern die Gesamtzahl der zusätzlichen Hafttage 42 nicht übersteigt und die Gesamtzahl der Tage in Einzelhaft 21 Tage nicht übersteigt (Rule 55A (3)). Bei der Verhängung von Disziplinarmaßnahmen soll sich die Anstaltsleitung an den Richtlinien orientieren, die vom *Secretary of State* bezüglich der Höhe des Strafmaßes bei Verstößen gegen die Anstaltsordnung herausgegeben werden. Sofern Einzelhaft als Disziplinarmaßnahme verhängt werden soll, ist der medizinische Dienst anzuhören, der gegenüber der Anstaltsleitung erklärt, ob medizinische Gründe gegen die Verhängung von Einzelhaft sprechen. Sofern derartige Gründe durch den medizinischen Dienst vorgetragen werden, sollen diese von der Anstaltsleitung berücksichtigt werden. Rule 55a sieht vor, dass im Rahmen des Disziplinarverfahrens, neben den eben genannten Sanktionen auch im Falle von Kurzzeit- oder Langzeitgefangenen bis zu 42 zusätzliche Hafttage verhängt werden können. Seit 2013 sehen die *Prison Rules 1999* in Rule 55AB eine Schadensersatzpflicht für Gefangene von bis zu £ 2.000 für beschädigtes Eigentum der Haftanstalt vor, die zusätzlich oder anstatt der in Rule 55 vorgesehenen Disziplinarmaßnahmen verhängt werden kann. Der Schadensersatz kann, abgesehen von einem Schonvermögen von £ 5, vom Guthabenkonto des Gefangenen abgezogen werden (Rule 61A).

Die durch die Anstaltsleitung verhängten Disziplinarmaßnahmen können (mit Ausnahme der Verwarnung) für eine bestimmte Zeit zur Bewährung ausgesetzt werden (Rule 60). Der *Secretary of State* kann Disziplinarmaßnahmen aufheben, reduzieren oder durch eine andere Maßnahme ersetzten, die in seinen Augen weniger schwer ist.

5.7.1.3   Beschwerden gegen Disziplinarmaßnahmen

Für Beschwerden von Gefangenen gegen Disziplinarmaßnahmen ist zunächst die Anstaltsleitung zuständig.[859] Sofern die Anstaltsleitung davon überzeugt ist, dass die Disziplinarmaßnahme fehlerhaft ist oder auf falschen Tatsachen beruht, kann sie zurückgezogen werden (Rule 61 (2)). Sofern ein sog. *District Judge* über die Disziplinarmaßnahme entschieden hat, hat der Gefangene die Möglichkeit die Entscheidung von einem sog. *Senior District Judge* überprüfen zu lassen. Der *Senior District Judge* befasst sich jedoch nicht mehr mit der Schuldfrage, sondern nur mit der Höhe der Strafe.[860] Dabei kann er die zusätzlich verhängten Hafttage reduzieren, durch eine andere Disziplinarmaßnahme ersetzen oder vollständig aufheben (Rule 55B. Die Beschwerde muss binnen 14 Tagen nach Erhalt der

---

859   *Prison Service Instruction 47/2011*, S. 50.

860   *Livingstone/Owen/Macdonald* 2015, S. 429.

Entscheidung eingereicht werden. Die Anstaltsleitung kann Disziplinarmaßnahmen, mit Ausnahme der zusätzlich verhängten Hafttage, jederzeit beenden oder mindern, sofern dies unter medizinischen Gesichtspunkten geboten erscheint oder der Zweck der Strafe erreicht ist und es unwahrscheinlich ist, dass der Gefangene den Verstoß gegen die Anstaltsordnung wiederholt. Für Beschwerden gegen Disziplinarmaßnahmen bei der Anstaltsleitung gilt eine sechswöchige Ausschlussfrist, die mit der Anhörung des Gefangen zu laufen beginnt.[861]

Sofern der Gefangene mit dem Ergebnis seiner Beschwerde nicht zufrieden ist, kann er sich zusätzlich an den *Prison and Probation Ombudsman* wenden, der nach Prüfung der Beschwerde gegenüber dem *National Offender Management Service* eine nicht bindende Empfehlung ausspricht, die aber in der Regel umgesetzt wird. Sollte auch das Ergebnis der Prüfung der Beschwerde durch den Ombudsmann nicht zufriedenstellend sein, kann der Gefangene eine gerichtliche Überprüfung der Disziplinarmaßnahme vornehmen lassen.[862]

5.7.1.4   Besondere Sicherungsmaßnahmen

In Rule 45-50 der *Prison Rules 1999* sind besondere Sicherungsmaßnahmen und Beschränkungen vorgesehen, die der Aufrechterhaltung der Sicherheit, Ordnung und Disziplin im Vollzug dienen, jedoch nicht als Disziplinarmaßnahmen ausgestaltet sind, nicht von der Begehung bestimmter Straftaten abhängen und folglich auch nicht als Strafe verhängt werden.[863] In England und Wales werden Gefangene, die die Sicherheit und Ordnung im Vollzug nachhaltig gefährden, in

---

861 *Prison Service Instruction 47/2011*, S. 50.

862 Vgl. auch *Kapitel 4.5.1* (Rechtsschutz im Strafvollzug) sowie *Livingstone/Owen/Macdonald* 2015, S. 60 ff.; *Prison Service Instruction 47/2011*, S. 52; die *Prison Service Instruction 47/2011* nennt Gründe für eine gerichtliche Überprüfung: „Ultra vires – the adjudicator acted outside the powers given to him or her by the Prison / YOI Rules; Breach of the rules of natural justice – the adjudication was unfair because the adjudicator was biased, or the accused prisoner did not have an opportunity to present a case ('audi alteram partem' – hear the other side); Legitimate expectation – the adjudication was not conducted in the way, or the prisoner was not treated, as the prisoner was entitled to expect; Inadequate reasons – the adjudicator did not give proper reasons for the decision(s); Fettering discretion – the adjudicator did not exercise discretion fairly, or did not have an open mind about the circumstances of the case; Unreasonableness – the adjudicator's decision was irrational – no authority properly directing itself on the law and acting reasonably could have reached such a decision (e.g., relevant issues were ignored or irrelevant ones given weight, the wrong test was applied in reaching a finding, or a punishment was indefensibly severe); Breach of a right under the European Convention on Human Rights – usually Article 6 (right to a fair trial) – mostly raised in IA cases."

863 *Livingstone/Owen/Macdonald* 2015, S. 437.

sog. *Segregation units* und sog. *Close supervision centres* verlegt. Sie dienen der Unterbringung von besonders gefährlichen und besonders gefährdeten Gefangenen. Häufig weisen Gefangene, die in *Segregation Units* oder *Close supervision centres* untergebracht werden, eine Kombination von verschiedenen Bedürfnissen und Problemen auf. Dazu zählt etwa das Risiko von Fremd- und Selbstverletzung, gesundheitliche Probleme oder Aggressivität. Rule 45-50 der *Prison Rules 1999* gehen auf den *Prison Act 1952* zurück, der den Erlass von Regelungen gestattet, die der Disziplin und Kontrolle von Gefangenen dienen. Die *Close supervision units* wurden 1998 eingeführt und ersetzten die sog. *Special Units*.[864]

In Rule 45 *(Removal from association)* sowie in der *Prison Service Order 1700* ist die Absonderung eines Gefangenen von anderen Gefangenen im Interesse der Aufrechterhaltung der Sicherheit und Ordnung oder im eigenen Interesse des Gefangenen vorgesehen. Danach kann die Anstaltsleitung eine Absonderung von bis zu 72 Stunden anordnen (Rule 45 (1)). Schriftlich kann die Anstaltsleitung eine Absonderung von bis zu 14 Tagen anordnen (Rule 45 (2)). Der Bereich, in denen abgesonderte Gefangene inhaftiert werden, wird als sog. *Segregation unit* bezeichnet.[865] Zu den Gründen, weshalb eine Absonderung nach Rule 45 angeordnet werden kann, zählen nationale Sicherheitsinteressen; die Verhinderung von Straftaten oder Störungen; Interessen von Dritten, die durch die Veröffentlichung von Informationen einem Risiko ausgesetzt würden; medizinische oder psychische Gründe, die es gebieten, dass Informationen zurückgehalten werden oder Interessen von Opfern von Straftaten.[866] Abgesonderte Gefangene werden besonders betreut und erhalten täglich Besuch von der Strafvollzugsverwaltung, dem medizinischen Dienst und anderen Personen, die im Gefängnis arbeiten. Die Besuche müssen dokumentiert werden. Manche Anstalten verfügen zudem über eine sog. *High Supervision Unit*, in der Gefangene durch besondere Betreuung unterstützt werden sollen ohne dabei punitiv ausgerichtet zu sein.

Nach 72 Stunden wird die Absonderung vom sog. *Segregation Review Board* zum ersten Mal überprüft, danach erfolgt eine Überprüfung spätestens alle 14 Tage. Dabei werden die Vor- und Nachteile der Absonderung objektiv gegeneinander abgewogen. Der *Segregation Review Board* besteht mindestens aus dem Vorsitzenden (leitender Strafvollzugsbeamter), einem Vertreter des medizinischen Dienstes und einem Strafvollzugsbeamten, der in engerem Kontakt zum betroffenen Gefangenen steht. Zudem können an der Überprüfung der Absonde-

---

864 *Livingstone/Owen/Macdonald* 2015, S. 456.

865 Eine umfassende und kritische Untersuchung zu *Segregation Units* und *Close Supervision Centres* in England und Wales wurde von *Sharon Shalev* und *Kimmett Edgar* im Auftrag des *Prison Reform Trust* durchgeführt, vgl. *Shalev/Edgar* 2015.

866 *Prison Service Order 1700*, S. 5.

rung folgende Personen teilnehmen: Die Mitglieder des sog. *Independent Monitoring Board*, der sog. *Segregation Officer*, ein Mitglied des sog. *Chaplaincy Team*, ein Psychologe und ein sog. *Offender Manager*. Außerdem wird dem betroffenen Gefangenen die Möglichkeit eingeräumt, an dem Treffen hinsichtlich der Überprüfung seiner Absonderung durch das *Segregation Review Board* teilzunehmen. Die Anordnung der Absonderung kann nach Ablauf von 14 Tagen durch die Anstaltsleitung erneuert werden. Sofern die Anzahl der Tage in Absonderung 42 übersteigt, muss das sog. *Segregation Review Board* der Absonderung zustimmen (Rule 45 (2B)). Eine direkte Beschwerde gegen die Entscheidung des *Segregation Review Board* ist nicht möglich, jedoch kann der Gefangene die allgemeinen Beschwerdemöglichkeiten nutzen, die in der *Prison Service Instruction 02/2012* näher erläutert werden.[867]

Isolierte Gefangene verbringen meist 23 Stunden pro Tag in der Zelle und sind in der Regel von Arbeits-, Bildungsmaßnahmen und Freizeitangebotene ausgeschlossen.[868] Die Anstaltsleitung kann anordnen, dass der Gefangene trotz der Absonderung einer Tätigkeit mit anderen Gefangenen gemeinsam nachgehen kann (Rule 45 (3A)). Aus gesundheitlichen Gründen kann solch eine Anordnung auch vom medizinischen Dienst empfohlen werden. Dieser Empfehlung kommt die Anstaltsleitung in der Regel nach.

Rule 46 der *Prison Rules 1999* regelt die Unterbringung in sog. *Close supervision centres* und lautet:

„(1) Where it appears desirable, for the maintenance of good order or discipline or to ensure the safety of officers, prisoners or any other person, that a prisoner should not associate with other prisoners, either generally or for particular purposes, the Secretary of State may direct the prisoner's removal from association accordingly and his placement in a close supervision centre of a prison.

(2) A direction given under paragraph (1) shall be for a period not exceeding one month, but maybe renewed from time to time for a like period.

(3) The Secretary of State may direct that such a prisoner as aforesaid shall resume association with other prisoners, either within a close supervision centre or elsewhere.

(4) In exercising any discretion under this rule, the Secretary of State shall take account of any relevant medical considerations which are known to him."

Die Anordnung der Unterbringung in einem sog. *Close supervision centre* erfolgt durch den *Secretary of State* und ist zunächst für einen Zeitraum von bis zu einem Monat möglich, kann jedoch danach jederzeit erneuert werden. Dabei

---

867 Vgl. insoweit *Kapitel 4.5.2.1* (Das Beschwerderecht in England und Wales).

868 *Livingstone/Owen/Macdonald* 2015, S. 440.

fällt auf, dass sowohl für die Anordnung als auch für die Erneuerung der Anordnung keine Zustimmung oder unabhängige Überprüfung etwa durch den medizinischen Dienst oder das sog. *Independent Monitoring Board* notwendig ist. Nähere Regelungen zu den *Close supervision centres* sind in der *Prison Service Instruction 42/2012 (Close supervision centres referral manual)* vorgesehen. In den *Close supervision centres* werden Hochrisikogefangene in besonders gesicherten Bereichen untergebracht. In der Regel verbringen Gefangene mehrere Jahre in den *Close supervision centres*.[869] Ziel dieser besonders gesicherten Einrichtungen ist es, besonders gefährliche Gefangene isoliert von der allgemeinen Vollzugspopulation unterzubringen. Dies ermöglicht es, auf die Bedürfnisse von Gefangenen, die in den *Close supervision centres* untergebracht werden, besonders einzugehen und das Risiko, das von dieser Gruppe von Gefangenen für die allgemeine Vollzugspopulation ausgeht, zu reduzieren.

Zur Aufrechterhaltung der Sicherheit und Ordnung im Vollzug ist zudem in Rule 48-49 die temporäre Unterbringung unter besonders gesicherten Umständen in einer sog. *Special Cell*[870] vorgesehen, die im Kontext von Rule 47[871] gesehen werden muss, der die Anwendung von unmittelbarem Zwang unter besonderen Umständen rechtfertigt. Die Unterbringung in einer *Special Cell* darf nicht als Strafe erfolgen, sondern ist für renitente und gewalttätige Gefangene vorgesehen (Rule 48 (1)). Die Unterbringung ist grundsätzlich auf 24 Stunden begrenzt, kann jedoch durch schriftliche Verfügung des *Independent Monitoring Board* oder des *Secretary of State* verlängert werden (Rule 48 (2)). In dieser Verfügung sollen die Gründe für die Inhaftierung in der *Special Cell* sowie die voraussichtliche Dauer der Unterbringung aufgeführt werden. In der Praxis sind *Special Cells* in der Regel mit einer zusätzlichen Tür ausgestattet, schalldicht, kleiner als normale Haftträume und verfügen über kein Tageslicht.[872] In der Regel wird Gefangenen, für die Dauer der Unterbringung in der *Special Cell* besondere Kleidung aus Papier aus Gründen des Selbstschutzes zur Verfügung gestellt.

---

869 *HM Chief Inspector of Prisons for England and Wales* 2015, S. 5.

870 Die „Special Cell" dürfte in Deutschland im Wesentlichen dem Besonders gesicherten Haftraum (BGH) entsprechen.

871 Rule 47 der *Prison Rules 1999* lautet: „(1) An officer in dealing with a prisoner shall not use force unnecessarily and, when the application of force to a prisoner is necessary, no more force than is necessary shall be used. (2) No officer shall act deliberately in a manner calculated to provoke a prisoner."

872 *Livingstone/Owen/Macdonald* 2015, S. 464.

Rule 49 sieht die Anwendung von mechanischen Sicherungsmitteln, den sog. *Body belt*, zur Aufrechterhaltung der Sicherheit und Ordnung vor.[873] Dieses Mittel wird nur in besonderen Ausnahmefällen und nicht als Strafe angewendet (Rule 49 (6)). Die Anstaltsleitung muss der Anwendung dieses Mittels zustimmen, bevor es angewendet wird. Sofern die Anwendung eines *Body belt* beschlossen wird, muss unverzüglich der medizinische Dienst und das *Independent monitoring board* informiert werden (Rule 49 (2)). Die Anwendung des *Body belt* ist grundsätzlich auf 24 Stunden begrenzt, kann jedoch durch schriftliche Verfügung des *Independent Monitoring Board* oder des *Secretary of State* verlängert werden (Rule 49 (4)). In dieser Verfügung sollen die Gründe für die Anwendung sowie die voraussichtliche Dauer der Anwendung aufgeführt werden. Es besteht eine Dokumentationspflicht hinsichtlich der Anwendung dieses Zwangsmittels (Rule 49 (5)).

5.7.2 Schottland

5.7.2.1 Rechtliche Regelungen zur Sicherheit und Ordnung

Regelungen zur Sicherheit und Kontrolle von Gefangenen im schottischen Vollzug sind in Rule 90-109 der *Prisons and Young Offenders Institutions (Scotland) Rules 2011* enthalten. Die Regelungen zur Disziplin im Vollzug sind in Rule 110-119 normiert. Nach Rule 90 (1) ist die Anstaltsleitung für die Überwachung der Anstalt und die Kontrolle der Gefangenen zuständig. Soweit dies praktikabel ist, soll die Anstaltsleitung täglich die Bereiche besichtigen und inspizieren, in denen Gefangene arbeiten oder untergebracht sind (Rule 90 (2)). Diese Pflicht kann von der Anstaltsleitung auf einen leitenden Strafvollzugsbeamten übertragen werden. Rule 91 (1) erlegt Strafvollzugsbeamten die Pflicht auf, sich darum zu bemühen, durch ihr Verhalten Gefangene positiv zu beeinflussen und deren Kooperationsbereitschaft zu stärken.

Die Anwendung von Gewalt durch schottische Strafvollzugsbeamte ist in Rule 92 (2) der *Prisons and Young Offenders Institutions (Scotland) Rules 2011* geregelt:

„(2) An officer may only use force against a prisoner when it is necessary to do so taking into account all of the circumstances of the situation and the force used must be (a) proportionate to the risk posed by the prisoner in that situation; and (b) no more than necessary for the purposes of that situation."

---

873 Rule 49 (1) der *Prison Rules 1999* lautet: „The governor may order a prisoner to be put under restraint where this is necessary to prevent the prisoner from injuring himself or others, damaging property or creating a disturbance."

Im Falle der Anwendung von Gewalt muss der handelnde Strafvollzugsbeamte einen schriftlichen Bericht zu dem Vorfall anfertigen (Rule 91 (3)). In Rule 91 (4) wird expliziert klargestellt, dass Strafvollzugsbeamte Gefangene nicht vorsätzlich provozieren dürfen.

Die Durchsuchung von Gefangenen oder deren Haftträumen ist in Rule 92 geregelt. Hinsichtlich der Durchsuchung des Gefangenen ist zunächst die Durchsuchung der Kleidung vorgesehen. In begründeten Verdachtsfällen kann auch eine vollständige Durchsuchung des Gefangenen angeordnet werden, die das Ablegen der Kleidung erfordert. Das setzt jedoch voraus, dass die Durchsuchung von einem Strafvollzugsbeamten desselben Geschlechts durchgeführt wird (Rule 92 (3)). Dabei soll die Durchsuchung möglichst zügig und angemessen durchgeführt werden. Sofern im Rahmen der Durchsuchung verbotene Gegenstände gefunden werden, können diese entsprechend den Vorgaben von Rule 104 konfisziert werden. Die Möglichkeit der Anordnung eines Drogentests für sog. *Controlled Drugs* ist in Rule 93 vorgesehen. Ein Alkoholtest kann nach Maßgabe von Rule 94 angeordnet werden.

Disziplinarmaßnahmen sind in Rule 110-119 der *Prisons and Young Offenders Institutions (Scotland) Rules 2011* enthalten. Die einzelnen Verstöße gegen die Disziplin sind in Rule 110 *Schedule 1 – Breaches of Discipline* aufgelistet. Danach stellen folgende Handlungen einen Verstoß gegen die Gefängnisdisziplin dar: Begehen einer Körperverletzung; Kämpfen mit einer Person; das Nutzen von bedrohenden, gewalttätigen oder beleidigenden Worten oder Verhalten; anstößiges oder obszönes Verhalten; das vorsätzliche oder fahrlässige Gefährden der Gesundheit oder der Sicherheit anderer; das Verweigern des Öffnens des Mundes zur visuellen Kontrolle im Rahmen einer Untersuchung nach Rule 92 (2) (e); abwesend von einem Ort sein, an dem sich der Gefangene aufhalten muss oder anwesend sein an einem Ort, an dem sich der Gefangene nicht aufhalten darf; respektloses Verhalten gegenüber einer Person im Gefängnis, die kein Gefangener ist; das vorsätzliche, nicht ordnungsgemäße Arbeiten oder das Verweigern der Arbeitspflicht; Verweigerung einer rechtmäßigen Anordnung nachzukommen; Verstöße gegen eine Anordnung oder für eine Person gültige Regelung; das vorsätzliche Behindern einer Person, die ihrer Arbeit im Gefängnis nachtgeht, die kein Gefangener ist; das Einsperren einer Person gegen deren Willen; einer Person, die kein Gefangener ist, den Zutritt zu einem Bereich des Gefängnisses verweigern; Sachbeschädigung eines Teils des Gefängnisses oder fremden Eigentums; das vorsätzliche oder fahrlässige in Brand setzen eines Teils des Gefängnisses oder Eigentums; die Wegnahme eines Gegenstandes, der sich im Eigentum einer anderen Person oder der Anstalt befindet; das Besitzen eines verbotenen Gegenstandes oder einer Substanz oder einer größeren, als der erlaubten Anzahl; der Besitz eines Gegenstandes in einem Bereich des Gefängnisses, in dem der

Besitz des Gegenstand oder der Substanz nicht gestattet ist; das Besitzen eines verbotenen Gegenstandes oder das Verbergen eines verbotenen Gegenstandes in einer Körperöffnung; das Verkaufen oder Ausliefern eines verbotenen Gegenstandes; das Verkaufen oder Ausliefern eines Gegenstandes, der einem Gefangenen nur zum persönlichen Gebrauch gestattet ist; das Konsumieren, die Injektion, das Einnehmen, das Verbergen in einer Körperöffnung oder das Inhalieren einer Substanz, die verboten, nicht autorisiert oder deren Inhalation nicht autorisiert ist; das Rauchen in einem Bereich in dem das Rauchen nicht gestattet ist; das Verabreichen einer sog. *Controlled drug*; Flucht aus dem Gefängnis oder sonstiger Inhaftierung; Verstöße gegen die Bedingungen der bedingten Haftentlassung oder der Versuch oder das Verleiten oder Hilfeleisten eines anderen Gefangenen zu einer der oben aufgeführten verbotenen Handlung.

Sofern ein Strafvollzugsbeamter Kenntnis von einem Verstoß gegen die Disziplin erlangt, muss er die Anstaltsleitung umgehend informieren und entscheiden, ob gegen den Gefangenen nach Rule 112 ein Disziplinarverfahren eingeleitet werden soll (Rule 111). Im Falle der Einleitung eines Disziplinarverfahrens, muss ein schriftlicher Bericht des Vorfalls angefertigt werden. Für die Einleitung eines Disziplinarverfahrens gilt eine zeitliche Grenze von 48 Stunden nach Bekanntwerden des Disziplinarverstoßes. Sofern besondere Umstände vorliegen, die dazu führen, dass eine Einleitung des Disziplinarverfahrens nicht innerhalb der 48-Stunden-Frist erfolgen kann, soll die Einleitung des Disziplinarverfahrens innerhalb von 48 Stunden nach Meldung des Verstoßes gegenüber der Anstaltsleitung erfolgen. Im Rahmen des Disziplinarverfahrens wird der Gefangene grundsätzlich spätestens am folgenden Tag nach Einleitung des Disziplinarverfahrens von der Anstaltsleitung angehört (sog. *Disciplinary hearing*) (Rule 113). Dem Gefangenen wird zur Vorbereitung seiner Anhörung ausreichend Zeit eingeräumt. Im Rahmen der Anhörung kann der Gefangene einen Zeugen benennen, der gehört wird, sofern die Anstaltsleitung davon überzeugt ist, dass der Zeuge sachdienliche Hinweise geben kann. Außerdem kann der Gefangene in besonderen Fällen zur Anhörung einen Rechtsbeistand hinzuziehen (Rule 113(9)). Die Anstaltsleitung entscheidet im Rahmen des Disziplinarverfahrens über die Schuld des Gefangenen und teilt diesem ihre Entscheidung mit. Zu den Beweismitteln, die im Rahmen des Disziplinarverfahrens zugelassen werden können, zählen mündliche Aussagen, schriftliche Aussagen, Dokumente, Foto-, Film-, und Tonaufnahmen und andere physische Beweise (Rule 113 (10)).

Zu den Sanktionen, die im Rahmen des Disziplinarverfahrens gegen den Gefangenen verhängt werden können, zählt eine Verwarnung, die Entziehung von Privilegien für bis zu 14 Tage; die Sperrung des Lohns für bis zu 56 Tage bis zu einer Höhe von der Hälfte des Wochenarbeitslohns; Einzelhaft bis zu 3 Tage; im Falle eines Untersuchungshäftlings, der für schuldig erklärt wurde einen Fluchtversuch unternommen zu haben oder geflohen zu sein; die Entziehung des Rechts eigene Kleidung zu tragen für eine bestimmte Zeit (Rule 32); im Falle eines Untersuchungshäftlings oder eines sog. *Civil Prisoner* eine Entziehung einzelner oder aller Berechtigungen, die im Rahmen von Rule 45 und Rule 52 gewährt werden können und schließlich die Sperrung der Möglichkeit, Geld vom persönlichen Konto zu nutzen (Rule 114 (1)). Je nach Schwere des Disziplinarverstoßes können die Maßnahmen auch hintereinander verhängt werden. Sofern Einzelhaft angeordnet wird, muss unverzüglich der medizinische Dienst konsultiert werden. Rule 115 sieht vor, dass die eben genannten Disziplinarmaßnahmen mit Ausnahme der Verwarnung, auch für bis zu sechs Monate zur Bewährung ausgesetzt werden können.

5.7.2.2 Beschwerden gegen Disziplinarmaßnahmen

Gefangene können nach Rule 118 binnen 14 Tagen nach Verhängung der Disziplinarmaßnahme schriftlich Beschwerde einlegen. Die Beschwerde kann sich sowohl gegen die Feststellung der Schuld im Rahmen des Beschwerdeverfahrens als auch gegen die Disziplinarmaßnahme, die im Rahmen der Rule 114 verhängt wurde, richten (Rule 188 (3)). Das Einlegen einer Beschwerde hat keine aufschiebende Wirkung. Für einen sog. *Disciplinary appeal* ist Rule 118 (4) maßgeblich.[874] Sofern die Anhörung im Rahmen des Beschwerdeverfahrens durch einen Strafvollzugsbeamten, der nicht Anstaltsleiter ist, durchgeführt wurde, ist das sog. *Internal Complaints Committee* für die Beschwerde zuständig. Sofern die Anstaltsleitung die Anhörung durchgeführt hat, sind die sog. *Scottish Ministers* zuständig. Bei Beschwerden im Rahmen eines Disziplinarverfahrens in einer Haftanstalt, die von einem privaten Anbieter geführt wird, sind ebenfalls die sog. *Scottish Ministers* zuständig. Im Rahmen des Beschwerdeverfahrens kann die Feststellung der Schuld aufgehoben, die Disziplinarmaßnahmen aufgehoben oder abgeschwächt, durch eine andere Maßnahme ersetzt oder die Beschwerde abgewiesen werden (Rule 118 (7)).[875]

---

874 Rule 188 (4) lautet: „A disciplinary appeal may only be made where the disciplinary hearing – (a) was chaired by any officer other than the Governor in Charge, to the internal complaints committee; (b) was chaired by the Governor in Charge, to the Scottish Ministers; (c) took place in a contracted out prison, to the Scottish Ministers."

875 Näheres zum Ablauf des Beschwerdeverfahrens ist außerdem in der *Scottish Prison Rules (Disciplinary Appeals) (No. 2) Direction 2013* enthalten.

5.7.2.3 Besondere Sicherungsmaßnahmen

Besondere Sicherungsmaßnahmen sind in Rule 95-101 der *Prisons and Young Offenders Institutions (Scotland) Rules 2011* geregelt. Rule 95 sieht die Absonderung eines Gefangenen von anderen Gefangenen (sog. *Removal from association*) entweder grundsätzlich oder um die Teilnahme an bestimmten Aktivitäten zu unterbinden, vor. Zu den Aktivitäten, von denen Gefangene ausgeschlossen werden können zählen Arbeits-, Bildungs-, Beratungs-, Freizeitmaßnahmen oder Zeit, die im Freien verbracht werden kann, Maßnahmen die der Erholung dienen oder Gottesdienste (Rule 95 (17)). Als Grund für eine Absonderung ist in Rule 95 (2) die Aufrechterhaltung der Ordnung und Disziplin im Vollzug, der Schutz der Interessen eines Gefangenen oder der Schutz der Sicherheit von anderen Personen genannt. Die Anstaltsleitung kann Gefangenen gezielt die Teilnahme an bestimmten Aktivitäten untersagen und diese in der Anordnung der Absonderung auflisten (Rule 95 (3)). Dem Gefangenen müssen die Gründe für die Absonderung mitgeteilt werden. Grundsätzlich ist die Anordnung der Absonderung eines Gefangenen durch die Anstaltsleitung auf maximal 72 Stunden befristet. Danach muss eine Verlängerung durch den *Scottish Minister* gewährt werden (Rule 95 (5)), der die Absonderung auf bis zu einem Monat verlängern kann. Die Anordnung der Absonderung kann jedoch jederzeit erneuert werden.

Die Anstaltsleitung kann die Absonderung eines Gefangenen jederzeit aufheben oder ändern (Rule 95 (6)). Sofern der medizinische Dienst die Aufhebung der Anordnung einer Absonderung aus medizinischen Gründen empfiehlt, muss die Anstaltsleitung dieser Empfehlung nachkommen. Gefangene können sich schriftlich an die Anstaltsleitung wenden und Einspruch gegen die Anordnung der Absonderung einlegen.

In Rule 96 ist die Anwendung von mechanischen Sicherungsmitteln vorgesehen, dem sog. *Body belt* und dem sog. *Back Board*. Die Anwendungsvoraussetzungen sind in Rule 96 (2) geregelt. Danach kann die Anstaltsleitung mechanische Sicherungsmittel anordnen, um einen Gefangenen zu fixieren, der droht oder bereits begonnen hat sich selbst oder andere Personen zu verletzten; droht oder bereits begonnen hat fremdes Eigentum zu beschädigen oder zu zerstören; droht oder bereits begonnen hat Unruhen im Vollzug anzuzetteln. Sofern ein mechanisches Sicherungsmittel angeordnet wird, muss die Anstaltsleitung den medizinischen Dienst nach Möglichkeit umgehend konsultieren und dessen Stellungnahme einholen (Rule 96 (3)). Sofern der medizinische Dienst empfiehlt, dass gegen den Gefangenen keine mechanischen Sicherungsmittel angewandt werden sollten, muss die Anstaltsleitung dieser Empfehlung unverzüglich nachkommen und anordnen, dass mechanische Sicherungsmittel abgelegt oder gar nicht erst angelegt werden. Sofern Sicherungsmittel angeordnet werden, dürfen diese nur von besonders geschulten Strafvollzugsbeamten angelegt werden. Der Vorgang muss schriftlich dokumentiert werden und die Verhängung von Sicherungsmitteln darf nicht als Sanktion genutzt werden, sondern ausschließlich in den oben genannten Fällen. Wenn gegen einen Gefangenen mechanische Sicherungsmittel verhängt werden, muss dieser kontinuierlich von einem Strafvollzugsbeamten überwacht werden. Sofern keine besondere Anordnung durch den *Scottish Minister* vorliegt, ist die Anwendung von mechanischen Sicherungsmitteln auf 12 Stunden beschränkt (Rule 96 (6) (f)). Die Sicherungsmittel müssen dem Gefangenen zum Toilettengang oder zur Nahrungsaufnahme abgenommen werden. Sofern es Anzeichen von medizinischen Komplikationen gibt während besondere Sicherungsmittel gegen den Gefangenen angewendet werden, muss die Anstaltsleitung umgehend den medizinischen Dienst konsultieren.

Rule 97 der *Prisons and Young Offenders Institutions (Scotland) Rules 2011* sieht die Unterbringung von Gefangenen, die sich gewalttätig, beleidigend oder bedrohend verhalten, in einer sog. *Special Cell*[876] vor. Die Anordnung einer solchen Unterbringung darf nicht als Sanktion erfolgen, nicht länger als 24 Stunden dauern, muss schriftlich dokumentiert werden und in einem Abstand von 15 Minuten von einem Strafvollzugsbeamten überwacht werden (Rule 97 (2)). Außerdem muss unverzüglich der medizinische Dienst konsultiert und dessen Empfehlungen berücksichtigt werden.

5.8   Soziale Integration und Entlassung

5.8.1.   Entlassungsvorbereitung und Lockerungen

5.8.1.1   England und Wales

Regelungen zur sozialen Integration von Gefangenen in England und Wales[877] waren ursprünglich in der *Prison Service Order 2300* enthalten, die mittlerweile durch die *Prison Service Instruction 04/2015 (Rehabilitation Services Specification – Custody)* ersetzt wurde. Das *Ministry of Justice* hat 2010 kriminalpolitische Reformvorhaben, die die soziale Integration von Häftlingen betreffen unter dem Titel „Breaking the Cycle: Effective Punishment, Rehabilitation and Sentencing of Offenders" veröffentlicht.[878] Darin wurde vorgesehen sog. *Working*

876　„Special Cell" means a cell or room which is adapted for the temporary accommodation of refractory or violent prisoners and whose features may include special sound-proofing, strengthened fixtures and fittings or the absence of any window.

877　Vgl. insoweit auch *Padfield* 2018.

878　*Ministry of Justice* 2010b.

Prisons einzuführen, in denen Gefangene verpflichtet werden sollten an Werktagen in Vollzeit zu arbeiten.[879] Es sollten außerdem verstärkt strikt geregelte Ausgänge zugelassen werden, die durch eine elektronische Fußfessel überwacht werden sollten sowie zunehmend gemeinnütze Arbeit, sog. *Community Payback* eingesetzt werden. Das Übergangsmanagement in Gefängnissen in England und
Wales war zudem Gegenstand des vom *Ministry of Justice* 2013 veröffentlichen
Reformpakets mit dem Titel „Transforming Rehabilitation – A revolution in the
way we manage offenders", das eine größere Flexibilität und effizientere
Zusammenarbeit verschiedener Anbieter im Umgang mit Gefangenen und deren
Vorbereitung auf die Haftentlassung vorsah.[880] Die Effizienzsteigerung sollte
auch durch den verstärkten Einsatz privater Anbieter erreicht werden, was gleich-
zeitig zu Kostensenkungen führen sollte.[881]

Der *HM Chief Inspector of Prisons for England and Wales* bewertete die
Gestaltung dieser Zusammenarbeit dieser Akteure in seinem 2016 veröffentlichten Bericht als nicht gut und kritisierte insbesondere die fehlende Zusammenarbeit
mit dem „Offender Management".[882] Häufig wurden die Bedürfnisse der Gefangenen, die eigentlich im 2001 eingeführten sog. *Offender Assessment System* festgehalten werden sollen, nicht ermittelt oder die Erhebung war veraltet.[883] Sofern
Gefangene als geeignet für den Einsatz einer elektronischen Fußfessel eingestuft
wurden, wurde diese Entscheidung häufig erst nach dem frühestmöglichen Termin der vorzeitigen Haftentlassung getroffen.[884]

Normativ verankert ist der Resozialisierungsgedanke in England und Wales
auch in Rule 3 der *Prison Rules 1999*:

*„ The purpose of the training and treatment of convicted prisoners shall be to
encourage and assist them to lead a good and useful life."*

Rule 9 der *Prison Rules 1999* sieht zu Zwecken der sozialen Integration von
Gefangenen im Rahmen von Lockerungen, die Möglichkeit des Ausgangs vor
(sog. *Temporary release*). Die Zuständigkeit für die Gewährung von Ausgang
liegt nach Rule 9 (1) beim *Secretary of State*. Praktisch wird diese Kompetenz

---

879 *Ministry of Justice* 2010b, S. 10.

880 *Ministry of Justice* 2013b, S. 8.

881 *Ministry of Justice* 2013b, S. 9.

882 *HM Chief Inspector of Prisons for England and Wales* 2016a, S. 44.

883 *HM Chief Inspector of Prisons for England and Wales* 2016a, S. 45.

884 *HM Chief Inspector of Prisons for England and Wales* 2016a, S. 46.

von der Anstaltsleitung ausgeübt.[885] Dabei muss die Anstaltsleitung die Belange des Gefangenen und den Schutz der öffentlichen Sicherheit gegeneinander abwägen. Zu den Kriterien, die für eine solche Abwägung maßgeblich sind, zählt die Art der begangenen Straftat, die vorgeschlagene Aktivität, der in Freiheit nachgegangen werden soll, die bereits absolvierte Haftzeit, die Anzahl der bereits gewährten Ausgänge, der Umstand, ob der Ausgang negative Auswirkungen auf die Belange von Opfern haben könnte, noch ausstehende Verfahren und das Rückfallrisiko des Gefangenen.[886]

Gefangenen kann nach Rule 9 (2) für einen bestimmten Zeitraum unter bestimmten Bedingungen ein Ausgang gewährt werden. Die Voraussetzungen, unter denen der Ausgang erfolgen kann, sind in Rule 9 (3) geregelt. Dazu zählen familiäre, medizinische oder humanitäre Gründe, um einer (ehrenamtlichen) Arbeit nachzugehen, um an Bildungsmaßnahmen teilzunehmen, die im Vollzug nicht in entsprechender Art und Weise angeboten werden können, um an einer Gerichtsverhandlung oder an einer Untersuchung mitzuwirken, um sich mit einem Rechtsbeistand zu beraten, sofern dies im Vollzug nicht in angemessener Art und Weise erfolgen kann, um einen Polizeibeamten bei der Untersuchung zu unterstützen, um in eine andere Anstalt verlegt zu werden, um die Beziehung zur Familie aufrecht zu erhalten oder zu Zwecken der sozialen Integration (Rule 9 (3)).

Ein Ausgang soll nach dieser Vorschrift nicht erfolgen, wenn die Anstaltsleitung davon überzeugt ist, dass während des Ausgangs ein nicht vertretbares Rückfallrisiko besteht oder Verstöße gegen die Bedingungen des Ausgangs zu erwarten sind (Rule 9 (4)). Ferner soll der Ausgang nicht genehmigt werden, wenn der Ausgang im Hinblick auf die Haftdauer dazu führen könnte, dass das öffentliche Vertrauen in die Strafvollzugsverwaltung gefährdet werden könnte (Rule 9 (5)). Sofern während des Ausgangs eine weitere Straftat begangen wurde und diese geeignet ist, das öffentliche Vertrauen in die Strafvollzugsverwaltung zu gefährden, soll ebenfalls kein weiterer Ausgang nach dieser Vorschrift erfolgen ((Rule 9 (6)). Des Weiteren kommen für Lockerungen keine Gefangenen in Betracht, die in die höchste Sicherheitskategorie A eingestuft sind, Häftlinge die sich auf der sog. *Escape List*[887] befinden, Gefangene gegen die ein Auslieferungsverfahren läuft oder Untersuchungshäftlinge, die zwar bereits verurteilt sind, gegen die jedoch noch keine Strafe festgesetzt wurde (*convicted but not yet sen-*

---

885 *Prison Service Instruction 13/2015 (Release on Temporary Licence)*, S. 8.

886 *Prison Service Instruction 13/2015 (Release on Temporary Licence)*, S. 9.

887 Näheres zur sog. *Escape list* ist in der *Prison Service Instruction 56/2011* (Management and Security of Escape List) geregelt.

tenced).[888] Einschränkungen gelten auch für Gefangene, die in die zweithöchste Sicherheitskategorie B eingestuft sind.

Zu den verschiedenen Formen des Ausgangs, die im Rahmen von Lockerungen gewährt werden können, zählt etwa der sog. *Resettlement day release*, der etwa in folgenden Fällen gewährt werden kann: Dem Nachgehen gemeinnütziger Arbeit, Teilnahme an Bildungsmaßnahmen, Pflege des Kontakts zur Familie, Suche einer Wohnung, Klärung von Bewährungsangelegenheiten, Bewerbungen um eine Arbeitsstelle oder dem Eröffnen eines Bankkontos.[889] Zudem ist ein sog. *Resettlement overnight release* möglich, der es Gefangenen ermöglichen soll, Zeit mit der Familie und Freunden an ihrem Wohnort oder einem sonst genehmigten Ort zu verbringen, um das Verhältnis zu diesen Personen im Hinblick auf eine erfolgreiche Wiedereingliederung zu stärken.[890]

Die Dauer dieser Langzeitausgänge wird von der Anstaltsleitung festgelegt und soll in der Regel vier Nächte nicht übersteigen.[891] Daneben gibt es besondere Formen von Ausgängen etwa für Gefangene mit Kindern unter 16 Jahren (sog. *Childcare resettlement licence*), die alle zwei Monate maximal drei Nächte außerhalb des Vollzugs verbringen dürfen.[892] Kurzfristig kann ein Ausgang im Falle von außergewöhnlichen persönlichen Umständen im Rahmen der sog. *Special purpose licence* gewährt werden. Dazu zählen medizinische Notfälle, der Besuch von Angehörigen, die im Sterben liegen, Beerdigungen, die Kinderbetreuung oder Pflege von nahen Angehörigen, sofern außergewöhnliche Umstände vorliegen.[893] Näheres zur Gewährung von Lockerungen ist in der *Prison Service Instruction 13/2015 (Release on Temporary Licence)* geregelt. Zu den aktuellen Reformvorhaben der Regierung gehört es, der Anstaltsleitung mehr Kompetenzen hinsichtlich der Frage der Gewährung von Lockerungen zuzubilligen.[894] 2016 wurde insgesamt 7.036 Gefangenen ein sog. *Release on Temporary Licence* gewährt.[895] Dabei erhielt jeder Gefangene durchschnittlich 47 Ausgänge.[896] 2016

888 *Strickland/Allen* 2016, S. 7.

889 *Livingstone/Owen/Macdonald* 2015, S. 361.

890 *Prison Service Instruction 13/2015 (Release on Temporary Licence)*, S. 19.

891 *Livingstone/Owen/Macdonald* 2015, S. 362.

892 *Prison Service Instruction 13/2015 (Release on Temporary Licence)*, S. 22.

893 *Prison Service Instruction 13/2015 (Release on Temporary Licence)*, S. 23 f.

894 *Strickland/Allen* 2016, S. 6; *Strickland* 2016, S. 3.

895 *Ministry of Justice* 2017d, S. 8.

896 *Ministry of Justice* 2017d, S. 8.

wurden insgesamt 251 Verstöße gegen die Auflagen registriert, was einer Rate von 75 Verstößen pro 100.000 Ausgängen entspricht.[897]

Neben der Verlegung von Gefangenen in den offenen Vollzug (sog. *Category D Prisons*), gibt es in England und Wales besondere Wohnprojekte für ehemalige Gefangene.[898]

5.8.1.2 Schottland

Zu Zwecken der sozialen Integration kann Gefangenen in Schottland[899] im Rahmen von Lockerungen ein Ausgang für einen bestimmten Zeitraum (sog. *Temporary Release*) genehmigt werden, was sich nach Rule 134-138 der *Prisons and Young Offenders Institutions (Scotland) Rules 2011* richtet und der Zuständigkeit der Anstaltsleitung unterliegt. Aktuelle Richtlinien zur Gewährung von Lockerungen in schottischen Gefängnissen sind zudem in den *Scottish Prison Rules (Temporary Release) Direction 2017* enthalten, die am 21. April 2017 in Kraft getreten sind.

Rule 134 (1) verweist hinsichtlich der verschiedenen Formen des Ausgangs auf Rule 136. Gefangene, die für einen Ausgang in Betracht kommen, müssen nach Rule 134 (2) in die niedrigste Sicherheitskategorie (sog. *Low Supervision level*[900]) eingestuft sein und es dürfen keine der in Rule 134 (3-4) genannten Umstände vorliegen. Zu diesen Umständen zählt, dass gegen den Gefangenen kein Verfahren nach dem *Extradition Act 2003* anhängig sein darf und der Gesundheitszustand des Gefangenen nicht gegen einen Ausgang sprechen darf (Rule 134 (3)). Sofern Häftlinge, die eine lebenslange Freiheitsstrafe verbüßen, einen Ausgang beantragen, müssen neben der Anstaltsleitung auch die *Scottish Ministers* zustimmen (Rule 134 (4-5)). Grundsätzlich stellen Gefangene nach Rule 135 einen Antrag auf Ausgang (sog. *Unescorted day*) bei der Anstaltsleitung. Die Anstaltsleitung muss dabei die Gefahr, dass der Gefangene entweicht und die Gefahr für die öffentliche Sicherheit abschätzen und bewerten (Rule 135 (4)). Sofern der Antrag des Gefangenen abgelehnt wird, muss die Anstaltsleitung den Gefangenen schriftlich, unter Angabe der Gründe, die zur Verwehrung des Ausgangs geführt haben, informieren (Rule 135 (5)).

Die verschiedenen Formen des Ausgangs sind in Rule 136 geregelt. Im Rahmen des sog. *Home leave* ist ein Langzeitausgang für bis zu sieben Nächte

---

897 *Ministry of Justice* 2017d, S. 8.

898 Vgl. insoweit den Bericht des *HM Inspectorate of Prisons* (2014): „Resettlement provision for adult offenders: Accommodation and education, training and employment."

899 Vgl. insoweit auch *McIvor/Graham/McNeill* 2018.

900 Siehe *Kapitel 5.1.3.2* (Sicherheitskategorien von Gefangenen in Schottland).

zulässig, der es dem Gefangenen ermöglichen soll, seinen ursprünglichen Wohnort oder eine sonstige genehmigte Adresse aufzusuchen.[901] Beim sog. *Unescorted day release* verlässt der Gefangene das Gefängnis für bis zu einen Tag zu Zwecken der sozialen Integration, um etwa das Verhältnis zur Familie und Freunden wieder aufzubauen oder aufrechtzuerhalten oder um sich um Bildungs- oder Arbeitsmaßnahmen zu bemühen. Im Rahmen des sog. *Unescorted day release for compassionate reasons* ist ein Ausgang in folgenden Fällen möglich: Besuch eines Angehörigen, der nach Ansicht der Anstaltsleitung schwerkrank ist, Besuch einer Beerdigung eines nahen Angehörigen, Besuch eines Elternteils, sofern der Elternteil entweder zu alt oder zu krank ist, um zum Gefängnis zu gelangen, Besuch der Ehegattin/des Ehegatten, der Lebensgefährtin/des Lebensgefährten, sofern diese/r aus bestimmten Gründen nicht zur Anstalt reisen kann, Besuch eines Kindes, sofern das Kind aus bestimmten Gründen nicht zur Anstalt reisen kann, und der Besuch eines Ortes für einen bestimmten Zweck, sofern dies die Anstaltsleitung für gerechtfertigt hält. Im Rahmen des sog. *Temporary Release for work* (Ausgang zu Arbeitszwecken, im deutschen Recht: Freigang) können Gefangene zu Arbeits- oder Bildungszwecken die Anstalt regelmäßig tagsüber verlassen. Näheres zu den Arbeitszwecken ist in Rule 84 geregelt. Sofern der Gefangene erkrankt ist, kann er für einen Tag im Rahmen des sog. *Unescorted day release for health reasons* außerhalb des Vollzugs behandelt werden.

Die Anstaltsleitung widerruft die Genehmigung eines Ausgangs oder Freigangs, wenn der Gefangene gegen die Auflagen verstößt, die ihm im Rahmen des Ausgangs gemacht wurden (Rule 137). In diesem Fall muss die Anstaltsleitung den Gefangenen schriftlich, unter Angabe von Gründen, über den Widerruf informieren. Die *Scottish Ministers* können nach Rule 138 sog. *Directions* hinsichtlich der Gewährung von Ausgängen erlassen.

Die strengste Form des Ausgangs von Gefangenen in Schottland stellt der sog. *Special escorted leave*[902] dar, der in Rule 100 der *Prisons and Young Offenders Institutions (Scotland) Rules 2011* geregelt ist.[903] Dieser wird auf Antrag des Gefangenen von der Anstaltsleitung nur in angemessenen Fällen genehmigt. Dabei muss die Anstaltsleitung die Gefahr des Entweichens des Gefangenen sowie das Risiko, das für die öffentliche Sicherheit besteht, abschätzen und bewerten. Zur Zielgruppe, die für derartige Freigänge in Betracht kommt zählen Gefangene,

---

901 *Thomson* 2013, S. 159.

902 Der sog. *Special escorted leave* wird in Rule 100 (1) wie folgt definiert: „In this rule, „special escorted leave" means a leave of absence from the prison of an eligible prisoner for the purpose of being escorted to his or her home or other approved place for a period not exceeding 2 hours, excluding travelling time."

903 *Thomson* 2013, S. 157.

die eine lange oder lebenslange Freiheitsstrafe verbüßen, die in einem Bereich eines Gefängnisses inhaftiert sind, für den diese Regelung Anwendung findet und die seit mindestens drei Monaten in eine niedrige Sicherheitskategorie (sog. *Low supervision level*) eingestuft sind (Rule 100 (4)).

Daneben besteht nach Rule 101 der *Prisons and Young Offenders Institutions (Scotland) Rules 2011* die Möglichkeit eines sog. *Escorted day absence* für einen Zeitraum von bis zu einem Tag. Diese Regelung ist für folgende Zwecke vorgesehen: Der Besuch eines Angehörigen, der nach Ansicht der Anstaltsleitung schwerkrank ist, Besuch der Beerdigung eines nahen Angehörigen oder in außergewöhnlichen Fällen der Besuch eines Ortes für einen bestimmten Zweck, sofern dies die Anstaltsleitung für gerechtfertigt hält (Rule 101 (1)). Dabei wird der Gefangene ständig von einem Strafvollzugsbeamten begleitet.

5.8.2. Formen der Entlassung aus dem Strafvollzug zur Bewährung

5.8.2.1 England und Wales

Das aktuelle System der vorzeitigen Haftentlassung in England und Wales[904] hängt davon ab, ob ein Gefangener eine zeitige Freiheitsstrafe, eine sog. *Extended Sentence*[905] oder eine lebenslange Freiheitstrafe verbüßt.[906] Sofern eine zeitige Freiheitstrafe von bis zu vier Jahren verbüßt wird, werden Gefangene in der Regel nach Verbüßung der Hälfte der Haftstrafe entlassen.[907] Dabei handelt es sich um ein System einer „mehr oder weniger automatische Entlassung" aus dem Vollzug.[908] Beträgt die Haftstrafe zwölf Monate oder mehr, kann eine Entlassung auf

---

904 Zur europäischen Dimension der Entlassung von Gefangenen vgl. NK-StGB-*Dünkel* 2017, § 57 Rn. 90 ff.; *van Zyl Smit/Spencer* 2010, S. 9 ff.

905 Sog. *Extended Sentences* werden gegen mindetsens 18-jährige Straftäter verhängt, wenn der Straftäter für schuldig befunden wurde, eine Gewalt- oder Sexualstraftat begangen zu haben, das Gericht ein signifikantes Rückfallrisiko feststellt, eine lebenslange Freiheitsstrafe nicht angemessen erscheint oder nicht verhängt werden kann und der Straftäter bereits einschlägig in Erscheinung getreten ist (vgl. https://www.sentencingcouncil.org.uk/about-sentencing/types-of-sentence/extended-sentences/ (Abruf am 09.08.2017)).

906 *Padfield* 2014, S. 59 ff.; *Padfield* 2010, S. 104 ff.

907 Vgl. https://www.gov.uk/leaving-prison (Abruf am 09.08.2017).

908 NK-StGB-*Dünkel* 2017, § 57 Rn. 95: Dieses System der „automatischen" Haftentlassung wird außerdem in Schottland, Finnland, Griechenland und Schweden angewendet. Alternativ wird bspw. in Deutschland, Estland den Niederlanden und Österreich für eine vorzeitige Haftentlassung eine positive Individualprognose vorausgesetzt.

Bewährung (sog. *Probation*) ohne Beteiligung des sog. *Parole Board* erfolgen.[909] Gefangene, die eine Haftstrafe von vier Jahren oder mehr oder eine sog. *Extended Sentence* verbüßen, können eine vorzeitige Haftentlassung beim *Parole Board* beantragen. Sofern eine lebenslange Freiheitstrafe verbüßt wird, stellt die Regierung den Antrag auf vorzeitige Haftentlassung beim *Parole Board.*

Das sog. *Parole System* trat 1968 in Kraft. Es wurde durch eine Vielzahl verschiedener Reformvorhaben beeinflusst und geht letztlich auf den *Criminal Justice Act 1967* zurück. Danach konnte jeder Gefangene, der mindestens ein Drittel einer zeitigen Freiheitstrafe (inklusive Untersuchungshaft) verbüßt hatte, vorzeitig aus der Haft entlassen werden.[910] Die Regierung gelangte zu der Ansicht, dass bei der Entscheidung, Gefangene zu entlassen, ein unabhängiges Expertengremium beratend tätig werden sollte. So wurde 1967 den *Parole Board* geschaffen und mit zunehmend mehr Befugnissen ausgestattet.[911] Die Rolle des *Parole Board* hat sich von einem beratenden hin zu einem entscheidenden Gremium gewandelt, in dem nicht mehr vorwiegend nach Aktenlage, sondern auch anhand von Anhörungen der Gefangenen, sog. *Hearings*, entschieden wird. Dem *Parole Board* gehören Psychologen, Psychiater, Richter, Bewährungshelfer und unabhängige Laien an. Es hat den Status eines sog. *Executive non-departmental public body (NDPB).* Die rechtlichen Regelungen der vorzeitigen Haftentlassung richtet sich jeweils danach, ob eine zeitige, lebenslange oder sog. *Extended sentence* verbüßt wird.

Das *Parole System* wurde fortlaufend reformiert und die Bedingungen der vorzeitigen Haftentlassung verschärft, so dass Gefangene gegenwärtig in der Regel erst nach der Hälfte der Verbüßung ihrer Haftstrafe von einer vorzeitiger Haftentlassung (die überwiegend als *Release on licence* bezeichnet wird) profitieren können.[912] Nachdem *Parole* beantragt wurde, entscheidet der *Parole Board,* ob eine Anhörung stattfindet. Sofern *Parole* gewährt wird, wird der Gefangene auf Bewährung[913] (die als *Probation* oder *On Licence* bezeichnet wird) entlassen oder in den offenen Vollzug verlegt.

---

909   Vgl. https://www.gov.uk/leaving-prison (Abruf am 09.08.2017).

910   *Livingstone/Owen/Macdonald* 2015, S. 517; *Padfield* 2010, S. 106; *Bell* 2013, S. 63.

911   *Padfield* 2010, S. 104.

912   *Bell* 2013, S. 63; zu den verschiedenen Systemen der vorzeitigen Haftentlassung siehe auch *Dünkel* 2014, S. 167 ff.; NK-*Dünkel* 2017, § 57 Rn 90 ff.

913   Zum Stand der Bewährungshilfe in England und Wales vgl. *Robinson* 2016.

Im Rahmen der vorzeitigen Haftentlassung kann als Bewährungsauflage dem Gefangenen das Tragen einer elektronischen Fußfessel auferlegt werden.[914] Dieser elektronisch überwachte Hausarrest wird als *Home Detention Curfew* bezeichnet und nutzt die Radiofrequenz-Technik.[915] Dadurch soll eine frühzeitige Entlassung von Gefangenen ermöglicht werden, was zwar potentiell einen Beitrag zur Verringerung der englischen und walisischen Gefängnispopulation leisten kann, von der Regierung jedoch nicht als primäres Ziel verfolgt wurde, da dies als politisch inopportun angesehen wurde.[916] Ebenso wird mit der Anwendung der elektronischen Überwachung (vor allem als ambulante Sanktion) das Ziel der Auferlegung eines zusätzlichen Bestrafungsübels verfolgt.[917] Das System elektronischer Überwachung samt Aufsicht und Kontrolle der Probanden wird in England und Wales von privaten Anbietern übernommen und – nur im Falle des Einsatzes im Rahmen der bedingten Entlassung – seit 2015 von der Bewährungshilfe begleitet.[918]

Gegen die Entscheidung des *Parole Board* kann zwar keine Beschwerde eingelegt werden, jedoch kann der Gefangene einen Antrag auf gerichtliche Überprüfung der Entscheidung des *Parole Board* stellen. Sofern der *Parole Board* die Gewährung von *Parole* ablehnt, erfolgt eine erneute Überprüfung nach zwei Jahren. Aktuelle Daten zur englischen und walisischen Gefängnispopulation und zu Entlassungen aus dem Vollzug finden sich in den vom *Ministry of Justice* veröffentlichten sog. *Offender Management*-Statistiken.[919] Einen Überblick über die Arbeit des *Parole Board* enthalten auch die jährlichen Berichte, die der *Parole Board for England and Wales* veröffentlicht.[920]

2016 kam es in insgesamt 21.559 Fällen zum Widerruf der Bewährung, was in etwa der Anzahl des Vorjahres entspricht.[921]

---

914 Die elektronische Aufenthaltsüberwachung wird in England und Wales darüber hinaus zur Vermeidung von Untersuchungshaft und als eigenständige Strafsanktion genutzt, vgl. *Hucklesby/Holdsworth* 2017, S. 177 ff.

915 *Livingstone/Owen/Macdonald* 2015, S. 365 ff.

916 *Nellis* 2017, S. 293; *Hucklesby/Holdsworth* 2017, S. 180.

917 *Dünkel/Thiele/Treig* 2017b, S. 487; *Nellis* 2017, S. 291, 293.

918 *Dünkel/Thiele/Treig* 2017b, S. 487; den Hauptanwendungsfall von elektronischer Überwachung stellt jedoch der Einsatz als alleinstehende Sanktion ohne zusätzliche Betreuung durch Sozialarbeiter dar.

919 Vgl. etwa *Ministry of Justice* 2017c.

920 *Parole Board for England and Wales* 2017.

921 *Ministry of Justice* 2017d, S. 11.

5.8.2.2   Schottland

Das System der vorzeitigen Haftentlassung in Schottland geht auf den *Criminal Justice Act 1967* zurück.[922] In Schottland wird hinsichtlich der Frage der vorzeitigen Haftentlassung zwischen Gefangenen, die eine Haftstrafe von bis zu vier Jahren verbüßen (sog. *Short term determinate sentence offenders*) und Gefangenen unterschieden, die eine Strafe von über vier Jahren, eine sog. *Extended sentence* oder eine lebenslange Freiheitsstrafe verbüßen.[923] Gefangene mit einer Haftstrafe von bis zu vier Jahren werden in der Regel nach Verbüßung der Hälfte der Haftzeit ohne Bewährungsauflagen entlassen.[924] Sexualstraftäter mit einer Strafe von bis zu vier Jahren werden zwar ebenfalls in der Regel nach Verbüßung der Hälfte der Haftzeit entlassen, erhalten jedoch Bewährungsauflagen. Seit dem *Scotland Act 1998* und der damit verbundenen Einberufung des schottischen Parlaments und Übertragung der Gesetzgebungskompetenz für die Strafjustiz unterscheidet sich das schottische System der vorzeitigen Haftentlassung erheblich vom englischen System.[925]

Der *Parole Board*, der 1967 ins Leben gerufen wurde und in Schottland als sog. *Tribunal Non-Departmental Public Body (NDPB)* organisiert ist, ist für Gefangene mit einer Haftdauer von über vier Jahren, für Häftlinge mit einer sog. *Extended Sentence* oder einer lebenslangen Freiheitsstrafen zuständig.[926] Zudem erstreckt sich die Zuständigkeit des *Parole Board* auf Fragen des Widerrufs der vorzeitigen Haftentlassung. Die Mitglieder des *Parole Board for Scotland* werden für 6-7 Jahre berufen und aus einem breiten Spektrum rekrutiert, zu dem Anwälte, ehemalige Polizeibeamte, Psychologen, Richter (sog. *Sheriffs* und *Justices of the Peace*), ehemalige Strafvollzugsbeamte und sonstige Personen gehören.[927]

Maßgebliche Regelungen für Entscheidungen zur vorzeitigen Haftentlassung auf Bewährung (sog. *Parole*) sind im *Criminal Proceedings (Scotland) Act 1993*, den *Parole Board (Scotland) Rules 2001* und dem *Custodial Sentences and Weapons (Scotland) Act 2007* enthalten. Sofern ein Gefangener vorzeitig auf Bewährung entlassen wird, ist ein Widerruf der Bewährung jederzeit möglich,

---

922   *Thomson* 2010, S. 316; zum Ganzen siehe auch *Thomson* 2013, S. 174 ff.; vgl. insoweit auch *McIvor/Graham/McNeill* 2018.

923   *Scottish Government* 2017b, S. 5; *Parole Board for Scotland* 2017: Legal Information, vgl. http://www.scottishparoleboard.gov.uk/page/legal_information (Abruf am 09.08.2017).

924   *Parole Board for Scotland* 2017, http://www.scottishparoleboard.gov.uk/faq.asp?q=3#3 (Abruf am 09.08.2017).

925   *Thomson* 2010, S. 316.

926   *Scottish Government* 2017b, S. 6.

927   *Thomson* 2013, S. 179.

wenn der Gefangene gegen Bewährungsauflagen verstößt. Der *Parole Board* stimmt einer Entlassung auf Bewährung nur zu, wenn er das Risiko einer vorzeitigen Entlassung für die öffentliche Sicherheit für vertretbar hält. Ab wann *Parole* möglich sein soll, wird vom Gericht im Rahmen der Strafzumessung im sog. *Custody Part* festgelegt.[928] Die Mindesthaftdauer des Gefangenen beträgt entweder die Hälfte der verhängten Haftzeit oder einen höheren Anteil (Section 6 (4) des *Custodial Sentences and Weapons (Scotland) Act 2007*), sofern das Gericht dies festlegt.

Die Entscheidung des *Parole Board* wird auf sog. *Home background reports*, sog. *Prison social work reports*, sog. *Trial judge reports* und ggfs. auf ein psychologisches oder psychiatrisches Gutachten sowie sog. *Sentence management reports* und sog. *Prisoner misconduct reports* gestützt.[929]

Im Juli 2017 hat die schottische Regierung mögliche Reformen des Systems der vorzeitigen Haftentlassung veröffentlicht.[930] Die Mitglieder des *Parole Board* werden von den *Scottish Ministers* bestimmt, in seiner Tätigkeit ist der *Parole Board* jedoch unabhängig von der Regierung. Im Rahmen der Entscheidung des *Parole Board* kann festgelegt werden, dass der auf Bewährung entlassene Gefangene als Bewährungsauflage eine elektronische Fußfessel tragen muss.[931] Sofern der *Parole Board* eine vorzeitige Haftentlassung ablehnt, erfolgt eine erneute Überprüfung alle zwölf Monate.

---

928 Näheres zum sog. *Custody Part* ist in Section 6 des *Custodial Sentences and Weapons (Scotland) Act 2007* geregelt. Der *Custody Part* legt die Mindestdauer fest, die der Gefangene im Vollzug verbringen muss.

929 *Parole Board for Scotland* 2017: Role of the Board, vgl. http://www.scottishparoleboard. gov.uk/page/role_of_the_board (Abruf am 28.09.2017).

930 *Scottish Government* 2017b.

931 Zur elektronischen Überwachung in Schottland vgl. *McIvor/Graham* 2017, S. 223 ff.

6. Anstaltspersonal

6.1 England und Wales

6.1.1 Rechtliche Grundlagen

Rechte und Pflichten von Strafvollzugsbeamten in England und Wales sind in Rule 62-69 der *Prison Rules 1999* geregelt. Rule 62 normiert die Pflicht von Strafvollzugsbeamten, die *Prison Rules* zu befolgen und den Anstaltsleiter bei der Aufrechterhaltung der Sicherheit und Ordnung im Vollzug zu unterstützen.[932] Verstöße gegen die Anstaltsordnung sollen dem Anstaltsleiter unverzüglich gemeldet werden. Das Verbot der Annahme von Vorteilen durch Strafvollzugsbeamte ist in Rule 63 geregelt.[933] Nach Anordnung durch den Anstaltsleiter müssen auch Strafvollzugsbeamte eine Durchsuchung dulden (Rule 64).[934] Rule 65 regelt das Verbot, ohne Zustimmung des *Secretary of State*, Handel mit Gefangenen zu betreiben, an illegalen Finanztransaktionen von Gefangenen mitzuwirken oder Gegenstände für Gefangene in die Anstalt oder aus der Anstalt zu bringen.[935] Der Kontakt zwischen Strafvollzugsbeamten und entlassenen Gefangenen, seinen Verwandten und Freunden ist reglementiert und nur mit Kenntnis des Anstaltsleiters zulässig.[936]

Auch der Kontakt zwischen Strafvollzugsbeamten und der Presse ist stark eingeschränkt. Strafvollzugsbeamten dürfen über Dienstangelegenheiten mit

---

932 Rule 62: (1) It shall be the duty of every officer to conform to these Rules and the rules and regulations of the prison, to assist and support the governor in their maintenance and to obey his lawful instructions. (2) An officer shall inform the governor promptly of any abuse or impropriety which comes to his knowledge.

933 Rule 63: No officer shall receive any unauthorised fee, gratuity or other consideration in connection with his office.

934 Rule 64: An officer shall submit himself to be searched in the prison if the governor so directs. Any such search shall be conducted in as seemly a manner as is consistent with discovering anything concealed.

935 Rule 65: (1) No officer shall take part in any business or pecuniary transaction with or on behalf of a prisoner without the leave of the Secretary of State. (2) No officer shall without authority bring in or take out, or attempt to bring in or take out, or knowingly allow to be brought in or taken out, to or for a prisoner, or deposit in any place with intent that it shall come into the possession of a prisoner, any article whatsoever.

936 Rule 66: No officer shall, without the knowledge of the governor, communicate with any person whom he knows to be a former prisoner or a relative or friend of a prisoner or former prisoner.

Pressevertretern nur nach ausdrücklicher Genehmigung sprechen (Rule 67).[937] Der *Secretary of State* kann nach Rule 68 einen „*Code of discipline*" erlassen, der Angelegenheiten, die Strafvollzugsbeamte betreffend, regelt.

6.1.2 Arbeitsalltag und Ausbildung

Die Tätigkeit von Strafvollzugsbeamten in England und Wales war bis zu den 1990er Jahren vor allem durch einen routinierten Arbeitsablauf und strenge Hierarchien gekennzeichnet.[938] Historisch betrachtet waren Strafvollzugsbeamte einfache „Schließer", die auch als „*Turnkey*" bezeichnet wurden.[939] Zu den obersten Organisationsprinzipien gehörte die Einhaltung der Disziplin im Vollzug. Dies betraf nicht nur das Verhältnis der Bediensteten und Gefangenen untereinander, sondern galt auch für das Verhältnis zwischen Strafvollzugsbeamten. Die Rolle des Gefängnisses hat sich fundamental von der Bestrafung des Gefangenen hin zur Resozialisierung gewandelt. 1935 wurde erstmals damit begonnen Strafvollzugsbeamte speziell zu schulen, wobei primär Sicherheitsaspekte eine Rolle spielten.[940] Heute beschreibt der *HM Prison Service* seine Aufgabe wie folgt:

> „*We keep those sentenced to prison in custody, helping them lead law-abiding and useful lives, both while they are in prison and after they are released.*"[941]

In den 1990er Jahren wurde der Strafvollzug weitreichend reformiert, neoliberale Vorstellungen wurden zunehmend populärer, was sich für Gewerkschaften als Problem erwies. Der einflussreichen Gewerkschaft der Strafvollzugsbeamten (*Prison Officers' Association*) drohte durch Reformbestrebungen der Regierung die Zerschlagung.[942] Dies ist nicht gelungen, 2017 verfügte die *Prison Officers' Association* über ca. 35.000 Mitglieder, der neben Strafvollzugsbeamten

---

937 Rule 67: (1) No officer shall make, directly or indirectly, any unauthorised communication to a representative of the press or any other person concerning matters which have become known to him in the course of his duty. (2) No officer shall, without authority, publish any matter or make any public pronouncement relating to the administration of any institution to which the Prison Act 1952 applies or to any of its inmates.

938 *Liebling/Price/Shefer* 2011, S. 3.

939 *House of Commons Justice Committee* 2009, S. 5.

940 *House of Commons Justice Committee* 2009, S. 5.

941 *HM Prison Service*: https://www.gov.uk/government/organisations/hm-prison-service/about (Abruf am 09.08.2017).

942 *Cavadino/Dignan/Mair* 2013, S. 176.

auch Personen angehören, die in psychiatrischen Einrichtungen tätig sind.[943] Dennoch hat die *Prison Officers' Association* an Einfluss verloren, seit private Anbieter Haftanstalten im Vereinigten Königreich betreiben.[944] Die Privatisierung hatte zudem erheblichen Einfluss auf den Vollzugsalltag. Neben zahlreichen Problemen wie einer hohen Mitarbeiterfluktuation und unerfahrenem Personal in privatisierten Anstalten, wurde auch über positive Ergebnisse berichtet, wie etwa einen respektvolleren Umgang der Strafvollzugsbeamten mit Gefangenen und einem besseren Anstaltsklima.[945] Für den Haftalltag ist ein professioneller Umgang von Strafvollzugsbeamten mit Gefangenen von zentraler Bedeutung.[946]

Der Arbeitsalltag von Strafvollzugsbeamten in der Spätmoderne hat sich erheblich verändert.[947] Die moderne Arbeitswelt ist u. a. gekennzeichnet durch befristete Verträge, Teilzeitbeschäftigung, die Tätigkeit als Subunternehmer, private Akteure und den technologischen Wandel, was sich unter dem Stichwort *„New capitalism"* zusammenfassen lässt.[948] Die derzeitige bereits beschriebene Krise des englischen und walisischen Strafvollzugssystems, das durch Überbelegung, Personalmangel, Gewalt-, Drogenprobleme und Sparzwänge gekennzeichnet ist, führt etwa dazu, dass Gefängnisbeamtenur sehr beschränkte oder keine Zeit bleibt, um eine produktive Beziehung zu Gefangenen aufzubauen.[949]

Bis in die 1950er Jahre wurden Gefängnisbeamte in England und Wales primär aus dem militärischen Bereich rekrutiert.[950] In den darauffolgenden Jahren wurden Strafvollzugsbeamte zunehmend auch aus anderen gesellschaftlichen Bereichen eingestellt, zudem sollte der Anteil weiblicher Strafvollzugsbeamter erhöht werden.[951]

---

943 *Prison Officers' Association,* http://www.poauk.org.uk/ (Abruf am 09.08.2017).

944 *Arnold/Liebling/Tait* 2007, S. 479.

945 *Liebling/Arnold* 2004, S. 117.

946 *Liebling* 2011, S. 496.

947 *Bennett* 2016, S. 10.

948 *Bennett* 2016, S. 10.

949 *House of Commons Justice Committee* 2009, S. 58.

950 *House of Commons Justice Committee* 2009, S. 17.

951 *House of Commons Justice Committee* 2009, S. 17.

Die Ausbildung zum Strafvollzugsbeamten in England und Wales[952] dauert acht Wochen. Es bestehen jedoch Pläne, die Ausbildung auf zehn Wochen auszudehnen.[953] Voraussetzung für den Beginn der Ausbildung ist, dass die Bewerber zwischen 18,5 und 57 Jahre alt sind, keine einschlägigen Vorstrafen vorweisen, über gutes Sehvermögen und über die britische Staatsangehörigkeit verfügen (oder eines Commonwealth-, EU-Staates, Island, Norwegen, Liechtenstein oder Schweiz).[954] Zudem müssen Bewerber eine gültige Arbeitserlaubnis besitzen, seit mindestens drei Jahren ihren Wohnsitz im Vereinigten Königreich haben, einen Gesundheits- und Fitnesstest bestehen und dürfen keiner Organisation angehören, die nicht den Werten des *HM Prison Service* entspricht (bspw. rassistische Gruppierungen). Es gibt keine Mindestanforderungen hinsichtlich eines Bildungsabschlusses.[955] Im Rahmen des Trainings müssen Bewerber zahlreiche Tests absolvieren und zeigen, dass sie über grundlegende Rechen- und Rechtschreibkenntnisse verfügen. Die erste und die letzte Ausbildungswoche findet in der Ausbildungsanstalt statt. Das sog. *„Prison Officer Entry Level Training (POELT)"* dauert insgesamt acht Wochen und findet entweder im *Prison Service staff training college* oder in einem der zahlreichen *Local training centres* statt. Das Training umfasst neben Gesundheits- und Sicherheitsaspekten auch soziale Kompetenzen, den Einsatz von unmittelbarem Zwang, die Durchsuchung von Gefangenen und Methoden zur Reduzierung des Rückfallrisikos. Am Ende des Kurses müssen Teilnehmer das *„Level 3 Diploma in the Management and Care of Individuals in the Custodial Environment"* absolvieren.[956] Gefängnisbeamte, die in Jugendstrafanstalten arbeiten, müssen ein zusätzliches, einwöchiges Training, das sog. *Juvenile Staff Awareness Programme (JASP)* absolvieren.

Die Laufbahn als Anstaltsleiter in einer Anstalt, die vom *HM Prison Service* geführt wird, erfordert entweder langjährige Berufserfahrung als Gefängnisbeamter oder den erfolgreichen Abschluss des *„National Offender Management Service (NOMS) Graduate Programme".* Private Anbieter haben abweichende Einstellungsvoraussetzungen.

---

952 In Deutschland dauert die Ausbildung von Strafvollzugsbediensteten zwei Jahre, vgl. *Blanck* 2015.

953 *House of Commons Justice Committee* 2016, S. 18.

954 *Arnold/Liebling/Tait* 2007, S. 473.

955 *Arnold/Liebling/Tait* 2007, S. 474.

956 Vgl. *Prison Service Order* 8260.

6.1.3 Aktuelle Zahlen

Das Einstiegsgehalt von Gefängnisbeamten beträgt derzeit zwischen £ 20.751 bei einer 37-Stunden-Woche und £ 32.486 für eine 41-Stunden-Woche in einer Strafvollzugsanstalt im Raum London.[957] Anstaltsleiter erhalten – je nach Berufserfahrung – zwischen £ 26.000 und £ 60.000 bei einer Wochenarbeitszeit von 38-42 Stunden, inklusive Spät- und Wochenenddiensten.[958]

Ende 2016 kam es zu einem Streik, an dem sich ca. 10.000 Strafvollzugsbeamte beteiligten, die gegen chronischen Personalmangel, ein ansteigendes Gewaltpotential im Vollzug und die allgemeinen Zustände im Strafvollzug protestierten.[959] 2016 gab es insgesamt 6.525 Fälle von Angriffen von männlichen Gefangenen auf Strafvollzugsbeamte, was einem Anstieg von 38% im Vergleich zum Vorjahr entspricht.[960] Wie in *Abbildung 27* erkennbar, haben zwischen 2014 und 2016 die Angriffe von Gefangenen auf Strafvollzugsbeamte um 90,5% zugenommen.[961] Zudem gab es 2016 insgesamt 18.459 Fälle von tätlichen Angriffen zwischen männlichen Gefangenen in den zwölf Monaten bis Dezember 2016.[962] Im Vergleich zum Vorjahr ist die Anzahl der Angriffe um 5.995 Delikte gestiegen.

---

957 *HM Prison & Probation Service:* https://www.prisonandprobationjobs.gov.uk/ (Abruf am 11.04.2017).

958 *National Careers Service:* https://nationalcareersservice.direct.gov.uk/job-profiles/prison-governor (Abruf am 09.08.2017).

959 *Munzinger* 2016.

960 *Ministry of Justice* 2017a, Table 4; vgl. auch *House of Commons Justice Committee* 2016.

961 Vgl. *Abbildung 27* bzw. *Ministry of Justice* 2017a, Table 4; *Abbildung 26* zeigt die Anzahl von Tätlichkeiten von Gefangenen pro 1.000 männliche Gefangene.

962 *Ministry of Justice* 2017a, Table 4.

Abbildung 27: **Tätlichkeiten von Inhaftierten gegen Strafvollzugsbeamte pro 1.000 Gefangene in England und Wales,
2007-2016**

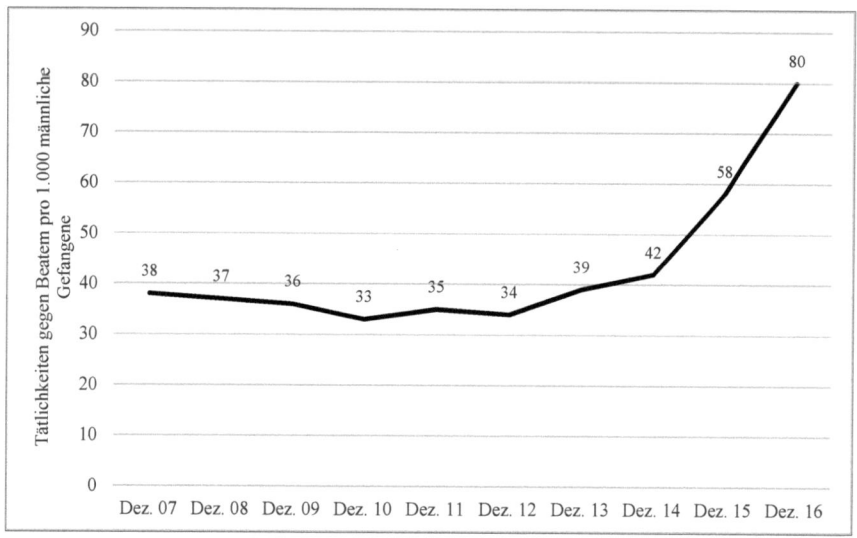

Quelle: *Ministry of Justice* (2017a): Safety in Custody Statistics – Summary tables, Self-harm
and assaults to December 2016, Deaths in prison custody to March 2017, published
27 April 2017, Table 4.

Zwischen 2010 und 2016 ist die Anzahl der Gefängnisbeamten um 26,3%
gesunken, während die Gefängnispopulation relativ konstant geblieben ist.[963] Am
31. März 2017 waren insgesamt 18.403 Strafvollzugsbedienstete (sog. *Band 3 to
5 officers*) in öffentlichen Gefängnissen beschäftigt und insgesamt für 84.703
Gefangen zuständig (Stand: September 2016). Damit war im Durchschnitt ein
Beamter für 4,6 Gefangene zuständig.[964] Beim *National Offender Management
Service (NOMS)*, dem auch die Strafvollzugsbeamten angehören, waren am. 30.
September 2016 insgesamt 43.060 Personen beschäftigt, davon 30.957 im
Gefängniswesen inkl. Verwaltung (71,9%), 8.692 in der Bewährungshilfe
(20,2%) und 3.411 im NOMS-Hauptquartier (7,9%).[965] Zwischen 2010 und 2016
hat die Anzahl der Beschäftigten insgesamt um 10.623 (23,7%) abgenommen,

---

963 *Ministry of Justice* 2016f, S. 9.

964 *Ministry of Justice* 2017b, S. 1.

965 *Ministry of Justice* 2016f, S. 5.

unberücksichtigt bleiben dabei strukturelle Veränderungen wie die Übernahme einzelner Anstalten durch einen privaten Anbieter oder die Eingliederung von Personal der Bewährungshilfe zum *National Offender Management Service*.[966]

Abbildung 28: **Beschäftigte beim National Offender Management Service (NOMS) im Bereich des Gefängniswesens und Entwicklung der Gefängnispopulation in England und Wales 2010-2016**

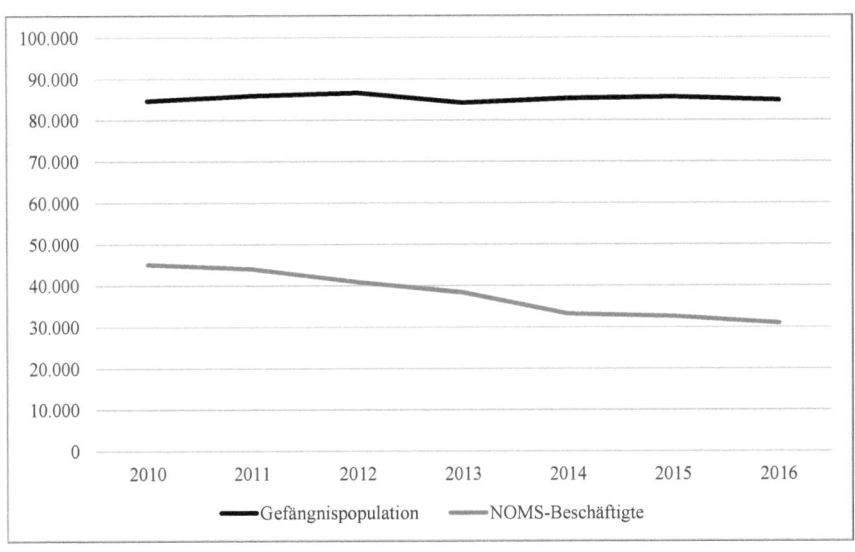

Quelle: *Ministry of Justice* (2016f): National Offender Management Service Workforce Statistics Bulletin, 30 September 2016, published 10 November 2016; *Ministry of Justice / National Offender Management Service / HM Prison Service* (2016): Prison population figures.

Das *Ministry of Justice* hat dem Parlament im November 2016 eine umfangreiche Reform des englischen und walisischen Strafvollzugssystems vorgelegt und dabei zusätzlich 2.500 Stellen für Strafvollzugsbeamte bis Ende 2018 angekündigt.[967] Außerdem soll die Ausbildung von Strafvollzugsbeamten reformiert

---

966 *Ministry of Justice* 2016f, S. 5.

967 *Ministry of Justice* 2016d, S. 54.

und intensiviert werden und verstärkt Fortbildungsmaßnahmen für bereits tätige Beamte angeboten werden.[968]

6.2 Schottland

6.2.1 Rechtliche Grundlagen

Die Rechte und Pflichten von Strafvollzugsbeamten in Schottland sind in Rule 139-144 der *Prisons and Young Offenders Institutions (Scotland) Rules 2011* geregelt. Darin ist etwa die Pflicht für Strafvollzugsbeamte normiert, in Übereinstimmung mit den *Prison Rules* zu handeln sowie die Anweisungen des Anstaltsleiters und des schottischen Ministers zu befolgen (Rule 139).[969] Rule 140 regelt das Verbot, Handel mit Gefangenen zu betreiben, an illegalen Finanztransaktionen von Gefangenen mitzuwirken oder Gegenstände in die Anstalt oder aus der Anstalt zu bringen.[970] Das Verbot unzulässige Vorteile jeglicher Art anzunehmen, ist in Rule 141 geregelt.[971] Der Anstaltsleiter kann jederzeit die Durchsuchung von Strafvollzugsbeamten anordnen (Rule 142).[972]

---

968 *Ministry of Justice* 2016d, S. 55.

969 Rule 139: „Every officer and employee must (a) act in conformity with these Rules; (b) obey any lawful instructions of the Governor and of the Scottish Ministers; and (c) inform the Governor promptly of any breach of these Rules and any abuse or impropriety."

970 Rule 140: „Transactions with prisoners or in connection with the prison 140. (1) Officers and employees must not take part in any business or pecuniary transaction with, or on behalf of, a prisoner, except with the authority of the Scottish Ministers. (2) Officers or employees must not (a) bring in or take out, or attempt to bring in or take out, or knowingly allow to be brought in or taken out, to or for any prisoner; or (b) deposit in any place with intent that it shall come into the possession of any prisoner, any item whatsoever, except with the authority of the Governor."

971 Rule 141: „Officers and employees must not (a) receive any unauthorised fee, gratuity or other consideration in connection with his or her duties; (b) directly or indirectly, have any interest in any contract in connection with the prison or any other prison; (c) receive any fee, gratuity or other consideration from or on behalf of any contractor at, or any person tendering for a contract in connection with, a prison."

972 Rule 142: „(1) Without prejudice to any power of search referred to in the Act, the Governor may order the search, at any time, of any officer or employee and this search may involve any number of the following processes (a) a search of the officer's or employee's person; (b) a search of the officer's or employee's clothing; (c) a visual examination of the officer's or employee's open mouth but no equipment or force may be used; (d) a search of any items of property in the officer's or employee's possession whilst in the prison, including any items of property which are kept by the officer or employee in his or her locker or any other place within the prison. (e) where the officer

6.2.2   Arbeitsalltag und Ausbildung

In Schottland werden 13 der 15 Strafvollzugsanstalten vom *Scottish Prison Service* geleitet. Die Ausbildung von Strafvollzugsbeamten in Schottland wurde weitgehend reformiert. Bis 1986 wurde bei Einstellung zwischen Gefängnisbeamten und Anstaltsleitern unterschieden.[973] Diese Unterscheidung wurde aufgehoben und die Aus- und Fortbildung von Strafvollzugsbeamten weitgehend reformiert. Der Bewerbungsprozess umfasst einen psychometrischen Test, einen Anwendungstest, kompetenzbasierte Interviews und einen Fitnesstest.[974]
Die Ausbildung von Strafvollzugsbeamten beginnt mit einer einwöchigen Einführungswoche in einer schottischen Strafvollzugsanstalt.[975] Anschließend folgt ein sechswöchiges Training im *Scottish Prison Service College* in Polmont. In den ersten zwei Berufsjahren müssen Bewerber das Level *S3 SVQ in Custodial Care* erlangen, was von der *Scottish Qualifications Authority*, gemeinsam mit dem *Scottish Prison Service* verliehen wird.[976]

Historisch betrachtet wurden Gefängnisbeamte überwiegend aus dem militärischen Umfeld rekrutiert, was eine der Ursachen für die bis ins 20. Jahrhundert gängige paramilitärische Vollzugspraxis darstellte.[977] Sicherheit und die Kontrolle der Gefangenen zählten zu den obersten Organisationsprinzipien im Vollzug. 1912 erforderte die Tätigkeit als Anstaltsleiter in Schottland keine besondere Qualifikation, so dass in der Praxis häufig aus Altersgründen ausgeschiedene Armeeangehörige diesen Posten übernahmen.[978]

6.2.3   Aktuelle Zahlen

Betrachtet man die Entwicklung der Personalstruktur des *Scottish Prison Service (SPS)* im Vergleich zur Entwicklung der englischen Personalstruktur, so zeigt sich ein positives Bild. Trotz sinkender Gefängnispopulation ist die Anzahl der

---

or employee is in charge of any vehicle which they intend to take into any restricted area of the prison, a search of that vehicle and any items of property found in that vehicle (…)."

973   *Thomson* 2013, S. 66.

974   Informationen auf der Internetseite des *Scottish Prison Service*: http://www.sps.gov.uk (Abruf am 09.08.2017).

975   *Thomson* 2013, S. 66.

976   *Thomson* 2013, S. 66.

977   *Cameron* 1983, S. 191.

978   *Cameron* 1983, S. 191.

Beschäftigten beim *Scottish Prison Service* von 4.086 (2010) auf 4.651 (2016) angestiegen. Der *Scottish Prison Service* macht keine konkreten Angaben zum Einstiegsgehalt, versichert jedoch, dass das Gehalt mindestens dem sog. *Living Wage*[979] entspricht, das deutlich über dem *Minimum Wage* liegt.[980]

Abbildung 29: Beschäftigte beim Scottish Prison Service (SPS) und Entwicklung der Gefängnispopulation in Schottland 2010-2016

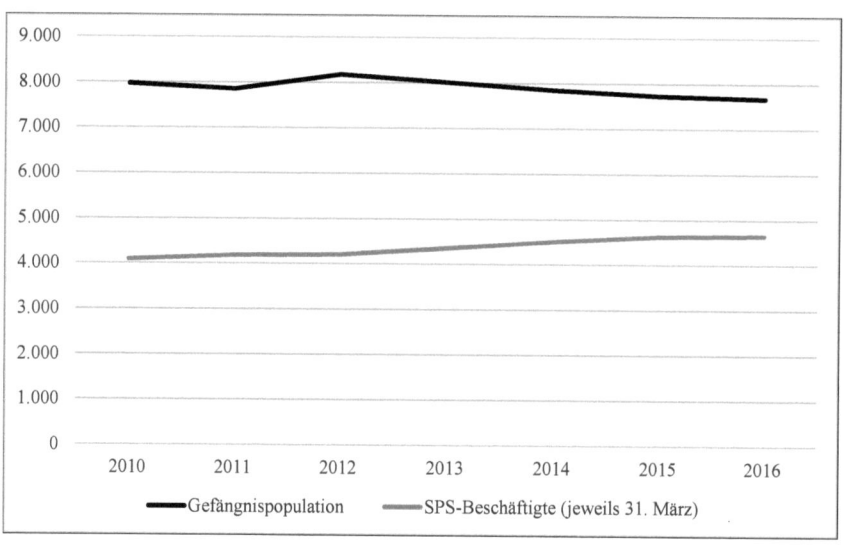

Quelle: *Scottish Prison Service*: Annual Report & Accounts 2010-2016.

---

979   Der *Living Wage* wird von einer unabhängigen Organisation festgelegt, die sich für faire Löhne einsetzt, vgl. http://www.livingwage.org.uk (Abruf am 09.08.2017).

980   *Scottish Prison Service*, http://www.sps.gov.uk/Careers/WorkingfortheSPS/Rewards BenefitsandRecognition.aspx (Abruf am 09.08.2017).

Tabelle 32: Altersstruktur der Beschäftigten beim Scottish Prison Service nach Altersgruppen, März 2016

Altersgruppe	16-24	25-34	35-44	45-54	55-64	Über 65	Gesamt
Weiblich	145 (10,9%)	444 (33,4%)	329 (24,8%)	291 (21,9%)	116 (8,7%)	<5 (0,2%)	1.328 (100%)
Männlich	151 (4,5%)	563 (16,9%)	497 (15,0%)	1.415 (42,6%)	659 (19,8%)	38 (1,1%)	3.323 (100%)

Quelle: *Scottish Prison Service* (2016a): Annual Report & Accounts 2015/16, June 2016, Appendix 6.

Tabelle 32 zeigt, dass bei den männlichen Beschäftigten beim Scottish Prison Service die Altersgruppe der 45 bis 54-Jährigen am stärksten vertreten ist (42,6%) Bei den weiblichen Beschäftigten ist die größte Gruppe zwischen 25 und 34 Jahre alt (33,4%). 69,1% der weiblichen Beschäftigten sind unter 45 Jahre alt, bei den Männern liegt dieser Anteil lediglich bei 36,4%.

Tabelle 33: Verstöße gegen die Anstaltsordnung und Disziplinarmaßnahmen in schottischen Haftanstalten 2015/16

Verstöße gegen die Anstaltsordnung	Männer	Frauen
Missachtung einer rechtmäßigen Anordnung	5.070 (29,1%)	351 (20,1%)
Besitz eines nicht autorisierten/verbotenen Gegenstandes/Anzahl eines Gegenstandes	3.091 (17,8%)	275 (15,8%)
Verwendung von bedrohenden/gewalttätigen/ beleidigenden Worten oder Verhalten	2.085 (12,0%)	300 (17,2%)
Schlägerei (*Fighting*)	1.489 (8,6%)	153 (8,8%)
Zerstörung oder Beschädigung von Eigentum	950 (5,5%)	104 (6,0%)
Konsumieren oder Verabreichen von verbotenen Drogen (*Administering, or allowing to be administered, a controlled drug to oneself*)	1.031 (5,9%)	102 (5,9%)
Körperverletzung	937 (5,4%)	107 (6,1%)
Missachtung einer Regel (*Disobeying a rule or regulation*)	519 (3,0%)	48 (2,8%)

Verstöße gegen die Anstaltsordnung	Männer	Frauen
Vorsätzliche Verweigerung der Arbeit oder unsachgemäßes Arbeiten (*Intentionally refusing to work or failing to work properly*)	349 (2,0%)	36 (2,1%)
Vorsätzliches oder fahrlässiges Gefährden der Gesundheit oder Sicherheit anderer	450 (2,6%)	48 (2,8%)
Einsperren einer Person gegen deren Willen	3 (0,0%)	0 (0,0%)
Rauchen in einem Bereich, in dem Rauchen nicht gestattet ist	266 (1,5%)	31 (1,8%)
Unbefugte Abwesenheit oder Anwesenheit in einem Bereich der Anstalt	253 (1,5%)	43 (2,5%)
Konsumieren/Einnehmen/Aufnehmen/Inhalieren oder Verbergen einer nicht autorisierten Substanz	140 (0,8%)	19 (1,1%)
Unzulässiges Ansichnehmen eines Gegenstandes (*Taking (improperly) any article*)	131 (0,8%)	23 (1,3%)
Vorsätzliches Behindern einer Person bei der Arbeit, die kein Gefangener ist	99 (0,6%)	16 (0,9%)
Respektloses Verhalten gegenüber einem Strafvollzugsbeamten, Angestellten oder Besucher	94 (0,5%)	15 (0,9%)
Verkauf oder Übergabe eines nicht genehmigten Gegenstandes	116 (0,7%)	13 (0,8%)
Brandstiftung	53 (0,3%)	28 (1,6%)
Anstößiges oder obszönes Verhalten (*Committing an indecent or obscene act*)	39 (0,2%)	6 (0,3%)
Einer Aufforderung den Mund für eine visuelle Untersuchung zu öffnen ohne angemessenen Grund nicht nachkommen (*Failing without reasonable excuse to open mouth for a visual examination*)	23 (0,1%)	0 (0,0%)
Einem Strafvollzugsbeamten den Zugang zu einem Bereich der Anstalt verwehren	6 (0,0%)	2 (0,1%)
Flucht oder Entweichen (*Escaping or absconding from custody*)	36 (0,2%)	3 (0,8%)
Versuch/Anstiftung/Hilfeleisten eine der oben genannten Handlungen zu begehen	167 (1,0%)	20 (1,5%)
Verstöße gegen die Anstaltsordnung gesamt	**17.397 (100%)**	**1.743 (100%)**

Verstöße gegen die Anstaltsordnung	Männer	Frauen
Verhängte Disziplinarmaßnahmen		
Entziehung von Privilegien	15.968 (49,7%)	1.091 (49,7%)
Sperrung/Abzug von Arbeitsentgelt oder sonstigem Geld (*Stoppage/deduction from earnings or other cash*)	12.666 (39,1%)	754 (39,4%)
Verwarnung (*Caution*)	1.989 (6,1%)	205 (9,3%)
Arrest (*Confinement to cell*)	1.689 (5,2%)	131 (6,0%)
Entziehung von sonstigen Rechten (*Forfeiture of other entitlements*)	101 (0,3%)	14 (0,6%)
Verhängte Disziplinarmaßnahmen gesamt	32.413 (100%)	2.195 (100%)

Quelle: *Scottish Prison Service* (2016a): Annual Report & Accounts 2015/16, June 2016, Appendix 5.

Tabelle 33 zeigt, dass es im Rahmen der Verstöße gegen die Anstaltsordnung bei männlichen Gefangenen am Häufigsten zur Verweigerung einer rechtmäßigen Anordnung kam (29,1%), bei weiblichen Gefangenen betrug dieser Anteil lediglich 20,1%. Interessanterweise lag der Anteil der Beteiligung an einer Schlägerei bei den Frauen bei 8,8% und bei den Männern lediglich bei 8,6%. Bei Männer und Frauen lag das „Konsumieren oder Verabreichen von verbotenen Drogen" jeweils bei 5,9%. Die Verstöße gegen die Anstaltsordnung wurden am Häufigsten mit der Entziehung von Privilegien geahndet (49,7% bei männlichen und 49,7% bei weiblichen Gefangenen). Die unterschiedlichen verhängten Disziplinarmaßnahmen waren unter den Geschlechtern relativ gleichmäßig verteilt.

7. Privatisierungsmaßnahmen im Strafvollzug

7.1 Einleitung

Ziel der Privatisierung[981] von Strafvollzugsanstalten im Vereinigten Königreich in den 1990er Jahren war es, für mehr Wettbewerb im Bereich des Strafvollzugs zu sorgen und der grassierenden Überbelegung der Gefängnisse, steigenden Kosten und sinkenden Standards entgegenzuwirken.[982] Zudem wurde der *HM Prison Service* für seine geringe Flexibilität, einen hohen Krankenstand und die teilweise schlechte Behandlung von Gefangenen durch Strafvollzugsbeamte kritisiert.[983] Privatisierungsmaßnahmen müssen vor dem Hintergrund liberaler Wirtschaftspolitik und dem „laissez-faire"-Gedanken gesehen werden, der vor allem in konservativen und liberalen Kreisen Unterstützung findet. Die aktuellen Privatisierungsmaßnahmen im Vollzug stellen neben „Three-strikes"-Gesetzen und „Zero-tolerance Policing" ein weiteres Beispiel für sog. *Policy transfer* aus den Vereinigten Staaten von Amerika dar.[984]

Die Privatisierung von Haftanstalten im Vereinigten Königreich wird primär mit der neoliberalen Wirtschaftspolitik und der Amtszeit von *Margaret Thatcher* (1979-1990) verbunden. Tatsächlich hat die britische Regierung bereits im 18. Jahrhundert auf private Anbieter zurückgegriffen, um Häftlinge nach Australien zu transportieren.[985] Ebenso war privates Gefängnispersonal, das kein staatliches Gehalt erhielt, sondern Gebühren von Gefangenen erhob, im 18. Jahrhundert in England und Wales nicht unbekannt.[986] Diese Praxis wurde 1877 beendet und ein national einheitliches, staatliches Strafvollzugsystem geschaffen, nachdem sich gezeigt hatte, dass das System mit privaten Anbietern im Vollzug zu erheblichen, nicht hinnehmbaren Unterschieden in der Vollzugspraxis führte.[987]

---

981 Im Folgenden wird zur besseren Lesbarkeit auch von „privatisierten Haftanstalten" gesprochen, was nicht bedeutet, dass diese völlig losgelöst agieren, sondern vielmehr weiterhin unter staatlicher Kontrolle stehen, jedoch der Staat einen Vertrag mit einem privaten Anbieter über den Bau, den Betrieb und die Verwaltung der Strafvollzugsanstalt geschlossen hat.

982 *Cavadino/Dignan/Mair* 2013, S. 180; *Harding* 2001, S. 265; *Liebling/Arnold* 2004, S. 82 ff., 479 ff.

983 *Arnold/Liebling/Tait* 2007, S. 480.

984 *Jones/Newburn* 2007, S. 40 ff.; *Mehigan/Rowe* 2007, S. 373.

985 *Rynne/Harding* 2016, S. 149.

986 *Mehigan/Rowe* 2007, S. 356; *Cavadino/Dignan/Mair* 2013, S. 175.

987 *Cavadino/Dignan/Mair* 2013, S. 175; *Jones/Newburn* 2007, S. 41.

Die grundsätzliche Entscheidung, ob Strafvollzugsanstalten privatisiert werden sollten, ist unter ethischen und moralischen Gesichtspunkten äußerst fragwürdig.[988] Gegenstand sollen hier jedoch primär die kriminalpolitischen Wiechenstellungen im Vereinigten Königreich sowie die daraus resultierenden Gegebenheiten sein, die in zahlreichen Studien evaluiert wurden.[989]

Wie von *Cavadino* und *Dignan* beschrieben waren Kernmerkmale der Politik von *Margaret Thatcher* eine ausgrenzende Sozialpolitik im Bereich des Wohnungswesens, der Beschäftigung, der Sozialleistungen und eine zunehmend punitive Kriminalpolitik.[990] Teilweise wird die Kriminalpolitik von *Thatcher* auch als weniger punitiv bewertet und die wirtschaftlichen Entwicklungen in den Vordergrund gestellt.[991] Jedoch war bereits der Wahlkampf der *Conservative Party* 1979 von Forderungen wie etwa einem „*Short sharp shock*" für kriminelle Jugendliche geprägt.[992] Der damalige Innenminister *William Whitelaw* forderte in seiner Parlamentsrede 1982 ein hartes Durchgreifen der Polizeibehörden und führte mit Blick auf den Strafvollzug aus:

„We are determined to ensure that there will be room in the prison system for every person whom the judges and magistrates decide should go there and we will continue to do whatever is necessary for that purpose."[993]

Dies war der Ursprung des größten Gefängnisbauprogramms in der Geschichte des Vereinigten Königreichs.[994] Es wurden 22 neue Haftanstalten und zusätzlich 8.000 Haftplätze in bestehenden Anstalten geschaffen.[995] Das Gefängnisbauprogramm kam nur langsam voran, dennoch nahm die Anzahl der Gefangenen rapide zu, so dass es zur Überbelegung in zahlreichen Anstalten kam. Dies führte zu katastrophalen Haftbedingungen. Der Haftalltag war von ständigem Einschluss mit mehreren Gefangenen in einem Haftraum geprägt. In den 1990er Jahren gab es in den wenigsten Anstalten sanitäre Anlagen, weshalb das bereits beschriebene

---

988 Kritisch hierzu etwa *Cavadino/Dignan/Mair* 2013, S. 177 ff.

989 Vgl. etwa *Le Vay* 2016; *Liebling/Ludlow* 2016; *Ludlow* 2015; *National Audit Office* 2003; *National Offender Management Service* 2015b; *Helyar-Cardwell* 2012; *Shefer/Liebling* 2008.

990 *Cavadino/Dignan* 2006, S. 24.

991 *Farrall* 2016, S. 15.

992 *Horsfield* 2015, S. 27; *Cavadino/Dignan/Mair* 2013, S. 307.

993 Zitiert nach *Cavadino/Dignan* 2006, S. 64.

994 *Dignan/Cavadino* 2010, S. 246.

995 *Le Vay* 2016, S. 1.

„Slopping-out" gängige Praxis war.[996] Die Exkremente verblieben häufig über Stunden in Eimern in den Hafträumen, was einen schrecklichen Gestank in den Anstalten zur Folge hatte.[997]

Die Bildungs-, Freizeit-, und Arbeitsangebote für Gefangene waren stark eingeschränkt. Für die bestehenden Probleme wurde die Privatisierung von Strafvollzugsanstalten als Lösungsansatz gesehen.[998] Dies wurde insbesondere vom konservativen Abgeordneten *Sir Edward Gardner* unterstützt, der Vorsitzender einer Kommission des House of Commons war, die sich 1986 mit der Reform des Strafvollzugs in England und Wales beschäftigte und im Rahmen ihres Mandats auch privatisierte Haftanstalten in den Vereinigten Staaten von Amerika besuchte.[999] Dem wurde im *Criminal Justice Act 1991* Rechnung getragen, der den Bereich des Strafvollzugs auch für private Anbieter öffnete. Die Möglichkeit Haftanstalten durch private Anbieter zu planen, errichten und schließlich zu betreiben, wurde durch Section 96 des *Criminal Justice and Public Order Act 1994* eröffnet, der die Regelungen des *Criminal Justice Act 1991* erweiterte.[1000] Diese Art von Haftanstalten, deren Verträge meist über 25 Jahre abgeschlossen werden, werden auch als *Private Finance Initiative (PFIs)* bezeichnet.

Neben Kostenerwägungen sah man in der Privatisierung von Gefängnissen eine Möglichkeit, die einflussreichen Gewerkschaften (wie etwa die *Prison Officers' Association*) zu zerschlagen, was insbesondere von den Konservativen begrüßt wurde.[1001] Die Arbeitsbedingungen und die Bezahlung für Strafvollzugsbeamte haben sich seit der Privatisierung von Haftanstalten verschlechtert.[1002]

Das HMP Wolds war die erste Strafvollzugsanstalt im Vereinigten Königreich, die 1992 nach längerer Debatte an einen privaten Anbieter übergeben wurde. Dem folgte 1993 das HMP Balkenhurst, 1994 das HMP Doncaster sowie das HMP Buckley Hall. *Michael Howard*, der zu dieser Zeit das Amt des *Home*

---

996 *Thomson* 2013, S. 95.

997 *Le Vay* 2016, S. 2.

998 Die Privatisierung von Gefängnissen wurde insbesondere vom amerikanischen *Adam Smith Institute* durch Studien, die die Vorzüge von Privatisierungsmaßnahmen im Vollzug hervorhoben, propagiert, vgl. *Young* 1987; kritisch zur Privatisierung in England und Wales als Lösungsansatz für bestehende Probleme im Vollzug siehe *Teague* 2012, S. 41 ff.

999 *Jones/Newburn* 2007, S. 41.

1000 *Livingstone*/Owen/Macdonald 2015, S. 34.

1001 *Cavadino/Dignan/Mair* 2013, S. 176.

1002 *Arnold/Liebling/Tait* 2007, S. 479.

Secretary innehatte, verkündete 1993, dass 10% des Gefängniswesens in England und Wales privatisiert werden sollten.[1003]

2016 wurden 14 der 117 Gefängnisse in England und Wales und 2 der 15 schottischen Gefängnisse von privaten Anbietern errichtet und geführt. Das zentrale Dokument, das alle wesentlichen Aspekte des Betriebs der privatisierten Anstalt regelt, ist der Vertrag, der zwischen dem privaten Anbieter und dem *Secretary of State* geschlossen wird.[1004] Zu den privaten Anbietern, die Haftanstalten im Vereinigten Königreich betreiben, gehört *G4S-Justice Services*, ein international agierendes, börsennotiertes Sicherheitsunternehmen sowie *Serco-Custodial-Services* und *Sodexo-Custodial-Services*. Bezeichnend ist, dass das erste privatisierte, von *G4S* geführte Gefängnis *HMP Wolds* 2013 aufgrund ungelöster Sicherheits- und Drogenprobleme im Vollzug in staatliche Hände zurückkehrte. Insgesamt wurden seit 2010 insgesamt £ 2,7 Millionen Strafzahlungen vom Justizministerium gegen den privaten Anbieter G4S aufgrund von 100 Vertragsverstößen in acht privaten Anstalten verhängt.[1005]

Die Verstöße betrafen fast alle Bereiche des Strafvollzugs wie etwa die Durchsuchung von Gefangenen, das Einbringen nicht gestatteter Gegenstände in die Anstalt, schwerwiegende Verstöße gegen die Disziplin, das Sicherheitsverfahren, Geiselnahmen, unzureichende Hygiene oder zu wenig Personal in den Anstalten. Ein strukturelles Problem liegt in den Verträgen mit den privaten Anbietern: Es bestehen Anreize für private Anbieter, Missstände in den Gefängnissen dem Justizministerium nicht zu melden, da dies Strafzahlungen zur Folge haben kann.[1006]

7.2   England und Wales

Am Stichtag 30. Dezember 2016 verbüßten 15.643 Gefangene in England und Wales ihre Haftstrafe in einer Strafvollzugsanstalt, die von einem privaten Anbieter geführt wurde.[1007] Das entspricht 18,6% der englischen und walisischen Gefängnispopulation. Zum Vergleich: In den Vereinigten Staaten von Amerika

---

1003 *Jones/Newburn* 2007, S. 42.

1004 *Livingstone/Owen/Macdonald* 2015, S. 38.

1005 *Mason* 2016.

1006 *Mason* 2016.

1007 *Ministry of Justice/National Offender Management Service/HM Prison Service* 2016b.

befanden sich 2013 8,7% der Gefängnispopulation in einer von einem privaten Anbieter betriebenen Anstalt.[1008]

Die Rechte und Pflichten des Anstaltspersonals in privatisierten Gefängnissen sind in Rule 85-87 des *Criminal Justice Act 1991* geregelt. Rule 85 bestimmt, dass der Anstaltsleiter in privatisierten Anstalten nicht als *Governor*, sondern als *Director* bezeichnet wird. Dieser wird von einem *Controller* kontrolliert, den der *Secretary of State* ernennt. Die Rechte und Pflichten des Anstaltspersonals in privatisierten Anstalten regelt Rule 86. Danach ist es dem Personal gestattet, Gefangene unter Berücksichtigung der *Prison Rules*[1009] zu durchsuchen. Außerdem sollen sie das Entweichen von Gefangenen aus dem Vollzug verhindern, Straftaten im Vollzug verhindern, die Einhaltung der Disziplin und Ordnung im Vollzug gewährleisten und für das Wohlbefinden der Gefangenen sorgen. Auch die Anwendung von unmittelbarem Zwang durch privates Gefängnispersonal ist in Rule 86 geregelt. Der *Secretary of State* kann in dem Fall, dass er davon überzeugt ist, dass ein effektiver Betrieb des Gefängnisses durch den privaten Anbieter nicht mehr gewährleistet wird, den *Director* für eine bestimmte Zeit durch einen Beamten seiner Wahl ersetzen (Rule 88). Diese Vorschrift dient dazu, im Falle von Unruhen oder sonstigen gravierenden Vorkommnissen in privatisierten Anstalten dafür zu sorgen, dass durch den Einsatz staatlicher Mittel die Ordnung im Vollzug wiederhergestellt wird.[1010]

Zu welchen Resultaten führte die Privatisierung von Strafvollzugsanstalten in England und Wales?[1011] Diesbezüglich lassen sich keine pauschalen Aussagen treffen. Bei der Privatisierung von Strafvollzugsanstalten im Vereinigten Königreich war es bisher Praxis, dass die von den privaten Anbietern geführten Anstalten auch von diesen errichtet wurden, so dass die Infrastruktur durchweg moderner war als in den teils veralteten, viktorianischen Gefängnissen. Das muss bei der Evaluation dieser Anstalten beachtet werden.

2011 wurde das Gefängnis HMP Birmingham als erste bereits bestehende Anstalt (1849) von einem privaten Anbieter übernommen.[1012] Ende 2016 kam es in der Anstalt mit einer Kapazität von 1.450 Haftplätzen zu einer Revolte der Gefangenen, die ihrer Unzufriedenheit über die Haftbedingungen Ausdruck

---

1008 *Rynne/Harding* 2016, S. 149.

1009 Rule 41 der Prison Rules 1999.

1010 *Livingstone/Owen/Macdonald* 2015, S. 38.

1011 *Liebling/Arnold* 2004, S. 479 ff.

1012 Hinsichtlich einer 3-jährigen Studie zur „Quality of life" im *HMP Birmingham* nach der Übernahme der Anstalt durch den privaten Anbieter G4S vgl. *National Offender Management Service* 2015b.

verliehen. Erhebliche Personalengpässe und fehlende Investitionen führten nach den Angaben des Vorsitzenden der *Prison Officer Association, Mike Rolfe* dazu, dass sich das Strafvollzugssystem in einer Krise befand.[1013] Der Personalschlüssel ist in privaten Strafvollzugsanstalten deutlich geringer als in Gefängnissen, die vom *HM Prison Service* geführt werden.[1014] Effizienzgesichtspunkte spielen für private Anbieter eine erhebliche Rolle, was ein Blick auf die Belegungsdichte in privatisierten Anstalten im Vergleich zu Anstalten des *HM Prison Service* bestätigt.

Der Vergleich der Belegungsdichte privatisierter Haftanstalten in England und Wales zeigt, dass 11 von 14 Gefängnisse teilweise erheblich überlegt sind. Im Durchschnitt sind Strafvollzugsanstalten in England und Wales zu 113% belegt.[1015] Berechnet man die durchschnittliche Belegung in staatlich betriebenen Strafvollzugsanstalten, so ergibt sich für England und Wales ein Durchschnittswert von 110%. Betrachtet man die Belegung in den von privaten Anbietern geführten Anstalten isoliert, zeigt sich, dass diese zu 118% belegt sind. Dabei reicht die Belegungsdichte in privatisierten Anstalten von 98% (im HMP Northumberland) bis zu 151% (im HMP Doncaster). Seit der Privatisierung von Gefängnissen in England und Wales wurde in den privatisierten Anstalten jedes Jahr ein höherer Anteil von Gefangenen in überbelegten Anstalten untergebracht als in staatlich betriebenen Gefängnissen.[1016]

1013 *Gierson* 2016.

1014 *Cavadino/Dignan/Mair* 2013, S. 180.

1015 *Ministry of Justice/National Offender Management Service/HM Prison Service* 2016b.

1016 *Prison Reform Trust* 2015a, S. 10.

Tabelle 34: **Belegungsdichte in privatisierten Haftanstalten in England und Wales, Stichtag 30. Dezember 2016**

Haftanstalt	Offiziell aktuell zur Verfügung stehende Haftplatzkapazität	Aktuelle Belegung	Belegung im Verhältnis zur offiziellen Kapazität
Altcourse (G4S Justice Services)	794	1.117	141%
Ashfield (Serco Custodial Services)	408	395	97%
Birmingham (G4S Justice Services)	694	929	134%
Bronzefield (Sodexo Justice Services)	527	547	104%
Doncaster (Serco Custodial Services)	738	1.115	151%
Dovegate (Serco Custodial Services)	1.060	1.104	104%
Forest Bank (Sodexo Justice Services)	1.064	1.445	136%
Lowdham Grange (Serco Custodial Services)	900	904	100%
Northumberland (Sodexo Justice Services)	1.348	1.327	98%
Oakwood (G4S Justice Services)	1.605	1.918	120%
Parc (G4S Justice Services)	1.559	1.692	109%
Peterborough (Sodexo Justice Services)	1.119	1.273	114%
Rye Hill (G4S Justice Services)	600	654	109%
Thameside (Serco Custodial Services)	932	1.223	131%

Quelle: *Ministry of Justice/National Offender Management Service/HM Prison Service* (2016b): Prison population figures, population bulletin: monthly, 30 December 2016.

Das HMP Doncaster ist neben dem Erwachsenenvollzug zugleich eine Jugendstrafvollzugsanstalt (ca. 200 Haftplätze) und wird seit 2011 aufgrund eines Vertrages für die nächsten 25 Jahre (bis 2026) von *Serco Custodial Services* geleitet. Die Anstalt steht aufgrund der letzten Inspektion durch den *HM Chief Inspector of Prisons* 2015 erheblich in der Kritik.[1017] Es wurde bemängelt, dass nicht ausreichend Personal in der Anstalt vorhanden war und dieses ineffektiv im Hinblick auf Gewalt- und Drogenprobleme arbeitete. Etwa die Hälfte der Gefangenen gab an, Opfer von Gewalttaten geworden zu sein und berichtete von einem permanenten Gefühl der Unsicherheit. Zudem wurde der bauliche Zustand der Haftanstalt kritisiert: Zahlreiche Haftraume waren in einem sehr schlechten Zustand und teilweise von Ungeziefer befallen.[1018] *Serco* plant die Probleme mit Hilfe eines neuen Managements in den Griff zu bekommen.

Die Privatisierung der Anstalt HMP Birmingham wurde mittels einer vom *National Offender Management Service* in Auftrag gegebenen Studie, wissenschaftlich durch das *Cambridge University Prison Research Centre* über drei Jahre begleitet.[1019] Dabei wurde jährlich bei Bediensteten und Gefangenen die Lebensqualität im Vollzug abgefragt. Der überwiegende Teil der Strafvollzugsbeamten des *HMP Prison Services* war bereits seit langem in dieser Anstalt tätig. Die Vollzugsbeamten agierten erfahren, trugen jedoch zu einem sehr strikten Regime bei. Das Verhältnis zwischen Bediensteten und Gefangenen war in den meisten Bereichen von Misstrauen und fehlendem Respekt geprägt. Mit der Privatisierung der Anstalt war die Hoffnung auf einen Wandel hin zu einem besseren Anstaltsklima verbunden. Positive Ergebnisse wurden bezüglich der Lebensqualität von Gefangenen festgestellt, die sich zwischen 2011 und 2013 kontinuierlich verbessert hatte.[1020] Dennoch blieb sie im Vergleich zu anderen Anstalten auf einem niedrigen Niveau. Das Personal berichtete seit 2011 jedes Jahr positiver über den Arbeitsalltag. 2011 ergaben die im HMP Birmingham durchgeführten Untersuchungen noch durchwegs schlechte Ergebnisse.[1021] Die im dritten Jahr (2013) durchgeführten Interviews zeigten sowohl bei Gefangenen wie auch bei den Bediensteten überwiegend positive Resultate. Das Verhältnis

---

1017 *HM Chief Inspector of Prisons for England and Wales* 2016b, S. 5 ff.

1018 *HM Chief Inspector of Prisons for England and Wales* 2016b, S. 5.

1019 *National Offender Management Service* 2015b.

1020 *National Offender Management Service* 2015b, S. 1.

1021 *National Offender Management Service* 2015b, S. 2.

zwischen Gefangenen und Bediensteten und somit das Anstaltsklima hatten sich deutlich verbessert.[1022]

Die Performance von Strafvollzugsanstalten in England und Wales wird jährlich durch den *National Offender Management Service* in den *Prison Annual Performance Ratings* veröffentlicht.[1023] Dabei werden verschiedene Faktoren berücksichtigt: Public Protection, Reducing Reoffending, Decency and Resource Management and Operational Effectiveness. Die Ergebnisse werden vierstufig bewertet: 4 – Exceptional performance, 3 – Meeting majority of targets, 2 – Overall performance is of concern, 1 – overall performance is of serious concern.[1024] Mit Blick auf private Anstalten, zeigen sich in England und Wales durchschnittliche bis gute Werte (vgl. *Tabelle 35*).

Die Performance Ratings zeigen, dass die meisten privat geführten Anstalten mit einer 3 (Meeting majority of targets) bewertet wurden. Besorgniserregend sind die Ergebnisse in der Anstalt Doncaster mit einer Bewertung von 1 (overall performance is of serious concern). Die von *Serco Custodial Services* betriebene Anstalt weist eine Belegung von 151% auf, befindet sich in einem desolaten Zustand und wird immer wieder von Skandalen erschüttert.

Ein wesentlicher Aspekt bei der Privatisierung zahlreicher Anstalten in England und Wales war die erwartete Kosteneinsparung. Die Haftplatzkosten in öffentlichen und privaten Anstalten werden jährlich vom *Ministry of Justice* veröffentlicht.[1025] Zu beachten ist, dass die Haftplatzkosten von privatisierten und öffentlich geführten Anstalten aufgrund verschiedener Berechnungsmethoden nicht direkt vergleichbar sind. *Tabelle 36* gibt einen Überblick über die Kosten in privatisierten Anstalten in England und Wales.

1022 *National Offender Management Service* 2015b, S. 3.

1023 *National Offender Management Service* 2016a, S. 2.

1024 *National Offender Management Service* 2016a, S. 2.

1025 *Ministry of Justice* 2016e.

Tabelle 35: **Bewertung der privatisierten Anstalten gem. „Annual Performance Rating 2015/16" des National Offender Management Service**

Haftanstalt	Performance Rating
Altcourse (G4S Justice Services)	3
Ashfield (Serco Custodial Services)	3
Birmingham (G4S Justice Services)	3
Bronzefield (Sodexo Justice Services)	3
Doncaster (Serco Custodial Services)	1
Dovegate (Serco Custodial Services)	2
Forest Bank (Sodexo Justice Services)	3
Lowdham Grange (Serco Custodial Services)	3
Northumberland (Sodexo Justice Services)	2
Oakwood (G4S Justice Services)	3
Parc (G4S Justice Services)	3
Peterborough (Sodexo Justice Services)	3
Rye Hill (G4S Justice Services)	3
Thameside (Serco Custodial Services)	3

Quelle: *National Offender Management Service* 2016a, Prison Annual Performance Ratings 2015/16.

Tabelle 36: **Haftplatzkosten und Kosten pro Häftling in privatisierten Anstalten in England und Wales 2015/16**

Haftanstalt	Haftplatzkosten*	Kosten pro Häftling**
Kategorie Male local prison		
Altcourse (G4S Justice Services)	£ 62.962	£ 48.027
Doncaster (Serco Custodial Services)	£ 31.082	£ 22.297

Haftanstalt	Haftplatzkosten*	Kosten pro Häftling**
Forest Bank (Sodexo Justice Services)	£ 41.868	£ 31.263
Birmingham (G4S Justice Services)	£ 34.567	£ 26.260
Peterborough (Sodexo Justice Services)	£ 40.250	£ 37.314
Thameside (Serco Custodial Services)	£ 45.702	£ 35.055
Durchschnitt local prison (inkl. öffentliche Anstalten)	£ 39.742	£ 30.822
Kategorie Male category C		
Ashfield (Serco Custodial Services)	£ 36.233	£ 37.417
Oakwood (G4S Justice Services)	£ 19.281	£ 19.505
Parc (G4S Justice Services)	£ 44.208	£ 40.170
Northumberland (Sodexo Justice Services)	£ 24.240	£ 24.692
Durchschnitt Male Category C (inkl. öffentliche Anstalten)	£ 29.919	£ 28.510
Kategorie Female local		
Bronzefield (Sodexo Justice Services)	£ 61.593	£ 64.833
Durchschnitt Female local (inkl. öffentliche Anstalten)	£ 43.285	£ 46.613
Kategorie Male Category B		
Dovegate (Serco Custodial Services)	£ 36.345	£ 35.127
Lowdham Grange (Serco Custodial Services)	£ 31.345	£ 30.814

Haftanstalt	Haftplatzkosten*	Kosten pro Häftling**
Rye Hill (G4S Justice Services)	£ 38.920	£ 37.558
Durchschnitt Male Category B (inkl. öffentliche Anstalten)	£ 32.832	£ 32.503

Quelle: *Ministry of Justice* (2016e): Costs per place and costs per prisoner, National Offender Management Service, Annual Report and Accounts 2015/16, Management Information Addendum, published 27 October 2016, Table 3.

* Die Haftplatzkosten oder Kosten pro Haftplatz umfassen die durchschnittlichen Kosten für einen Haftplatz pro Jahr. Dabei werden die Gesamtausgaben durch die sog. Baseline Certified Normal Accomodation (die zur Verfügung stehenden Haftplätze ohne Sonderzellen wie besonders gesicherte Hafträume) geteilt.

** Die Kosten pro Häftling umfassen die durchschnittlichen Kosten pro Jahr und Gefangenen. Dabei werden die Gesamtausgaben durch die durchschnittliche Gefängnispopulation geteilt.

Vergleicht man die Kosten in englischen und walisischen Haftanstalten, die von einem privaten Anbieter geführt sind, mit den Durchschnittskosten, in die auch die öffentlichen Anstalten einbezogen sind, zeigt sich, dass private Anbieter nicht unbedingt günstiger sind. Erheblich über dem Durchschnittswert in der Kategorie *male local prison* (£ 39.742) lag etwa die von *G4s Justice Services* geführte Anstalt Altcourse mit jährlichen Haftplatzkosten in Höhe von £ 62.962. Die durchschnittlichen Haftplatzkosten in allen Anstalten in England und Wales lagen 2015/16 bei £ 35.182, die durchschnittlichen Kosten pro Häftling lagen 2015/16 bei £ 32.510.[1026] Die durchschnittlichen Haftplatzkosten in staatlich betriebenen Anstalten in England und Wales lagen 2015/16 bei £ 34.748, während sich die Kosten in privatisierten Anstalten im gleichen Zeitraum durchschnittlich auf £ 43.307 beliefen.[1027] Die durchschnittlichen Kosten pro Häftling betrugen 2015/16 in staatlichen betriebenen Gefängnissen £ 32.394 und in privatisierten Anstalten £ 38.348.[1028]

1026 *Ministry of Justice* 2016e, Table 1.

1027 *Ministry of Justice* 2016e, Table 2b.

1028 *Ministry of Justice* 2016e, Table 2b.

Andere Untersuchungen zu den Auswirkungen von Privatisierungsmaßnahmen im englischen und walisischen Strafvollzug kommen zu sehr unterschiedlichen Ergebnissen, die sich nach *Liebling* und *Ludlow* wie folgt zusammenfassen lassen:

- Im Hinblick auf die Arbeitsbedingungen berichten Angestellte in privaten Anstalten positiver über ihren Arbeitsalltag und ihre Vorgesetzten als Strafvollzugsbeamte in öffentlichen Haftanstalten.
- Strafvollzugsbeamte in öffentlichen Haftanstalten tendierten eher zu einem traditionellen Berufsverständnis, was zu negativen Konsequenzen für Gefangene führt, wie bspw. das Gefühl unfair behandelt zu werden. Zugleich wurde von Gefangenen auch positiv über die Professionalität und die Erfahrung von Strafvollzugsbeamten in öffentlichen Anstalten berichtet.
- Die staatlichen Gefängnisse zeigten Vorzüge in Bereichen wie Menschlichkeit, Vertrauen, Anstand und Sicherheit.
- Die Bediensteten in privatisierten Gefängnissen zeigten Schwächen bei der Ausübung von Autorität im Vergleich zu staatlichen Gefängnissen. In privatisierten Anstalten wurde Autorität teilweise willkürlich und in nicht adäquater Art und Weise eingesetzt.
- Negativ fiel auch die unzureichende Ausbildung des Personals in privatisierten Anstalten auf.
- In privatisierten Anstalten berichteten Gefangene über Stress und Frustration, der durch das weniger strikte Gefängnisregime und den niedrigeren Grad an Organisation ausgelöst wurde. In Gefängnissen unter staatlicher Verwaltung berichteten Gefangene eher über das Gefühl, durch die Inhaftierung bestraft zu werden.[1029]

Zusammenfassend heißt es bei *Liebling* und *Ludlow*, dass staatliche Anstalten als strenger und privat geführte Anstalten als milder und unsicherer gelten.[1030] Betrachtet man etwa das Verhältnis von Strafvollzugsbeamten und Gefangenen in privatisierten Anstalten näher, so gibt es Anzeichen dafür, dass hier ein wesentliches Unterscheidungsmerkmal zu den öffentlichen Anstalten liegt.[1031] Studien belegen, dass Häftlinge nach eigenen Angaben in privatisierten Anstalten im Ver-

---

1029 *Liebling/Ludlow* 2016, S. 4.

1030 *Liebling/Ludlow* 2016, S. 5.

1031 *Shefer/Liebling* 2008, S. 262.

einigten Königreich mit mehr Respekt behandelt werden als in Strafvollzugsanstalten unter Leitung der öffentlichen Hand.[1032] Dies lag bspw. daran, dass
Gefangene in privatisierten Anstalten mit ihrem Vornamen angesprochen wurden.
Das Verhältnis zwischen Bediensteten und Gefangenen wurde als entspannt und
freundlich beschrieben. Dies muss jedoch vor dem Hintergrund gesehen werden,
dass die meisten privatisierten Anstalten Neubauten sind, sodass es nachvollziehbar erscheint, wenn Gefangene, die zuvor in alten viktorianischen Gebäuden
inhaftiert waren, positiver über den Haftalltag in den neuen Anstalten berichten.

Andererseits zeigt die Studie von *Shefer/Liebling*, dass sich bei flacheren
Hierarchien zwischen Bediensteten und Gefangenen in privatisierten Anstalten
das Risiko unzureichender Sicherheit und Ordnung im Vollzug erhöht.[1033] Folglich steigt in privatisierten Anstalten das Gewaltpotential sowie das Fluchtrisiko.
Die Ursache für die positiveren Berichte von Gefangenen über das Verhältnis von
Gefangenen und Bediensteten in privatisierten Anstalten war auch darauf zurückzuführen, dass die Bediensteten in privatisierten Anstalten zurückhaltender agierten und folglich nicht jeder Regelverstoß sanktioniert wurde. Bei den in Bezug
auf den Haftalltag positiv ausfallenden Berichten von Gefangenen darf jedoch
auch der Zeitfaktor nicht unberücksichtigt bleiben: Da es sich bei privatisierten
Haftanstalten überwiegend um Neubauten handelt, haben sich auch die Verhal-
tensmuster von Gefangenen und Bediensteten noch nicht so verfestigt wie in den
meist älteren Anstalten der öffentlichen Hand. Folglich verwundert es nicht, dass
spätere Evaluationsergebnisse über den Haftalltag in privatisierten Anstalten
weniger positiv ausfallen und negative Aspekte wie das von Gefangenen beschriebene Gefühl von Unsicherheit in den Vordergrund rücken.[1034]

Ein wesentlicher Kritikpunkt an privatisierten Anstalten ist zudem, dass das
Gehalt der Bediensteten deutlich geringer ausfällt als das der Strafvollzugsbeamten in Gefängnissen, die von der öffentlichen Hand betrieben werden. Die Ausbildung von Bediensteten in privatisierten Anstalten besteht, je nach Anbieter, aus
einem Training, das, ähnlich wie in staatlich geführten Anstalten, häufig nicht
länger als acht Wochen dauert. Dabei haben die Privaten Anbieter darauf geachtet,
nur Personal ohne Arbeitserfahrung im Vollzug zu rekrutieren, um ein eigenes,
respektvolleres Strafvollzugsregime etablieren zu können.[1035] Zudem kann das

---

1032 *National Audit Office* 2003, S. 9; *Shefer/Liebling* 2008, S. 264; *Liebling/Arnold* 2004,
      S. 117.

1033 *Shefer/Liebling* 2008, S. 267.

1034 *Shefer/Liebling* 2008, S. 268.

1035 *Arnold/Liebling/Tait* 2007, S. 481.

Anstaltspersonal in den neu eröffneten Anstalten auf wenig Erfahrungswerte zurückgreifen, was Auswirkungen auf den Vollzugsalltag hat.[1036] Die Anzahl der Bediensteten im Verhältnis zu den Gefangenen lag in privaten Anstalten deutlich unter dem Niveau in öffentlichen Gefängnissen.[1037] Zudem herrscht in privaten Anstalten eine hohe Mitarbeiterfluktuation, was das Entstehen von persönlichen Beziehungen zwischen Gefangenen und Bediensteten erschwerte.[1038] Die unterdurchschnittliche Bezahlung, das Fehlen von Arbeitserfahrung sowie der niedrigere Personalschlüssel in privatisierten Anstalten gilt als Ursache für eine hohe Mitarbeiterfluktuation.[1039]

Die Rechtsstellung von Gefangenen in privatisierten Gefängnissen unterscheidet sich jedoch nicht von Gefangenen, in öffentlichen Anstalten.[1040] Bei Verstößen gegen Grundsätze der Behandlung von Gefangenen, stehen ihnen dieselben Rechtsmittel zu wie Gefangenen, die in öffentlichen Anstalten untergebracht sind.

7.3 Schottland

2016 verbüßten insgesamt 1.191 Gefangene in Schottland ihre Haftstrafe in einer Strafvollzugsanstalt, die von einem privaten Anbieter geführt wurde. Das entspricht 16% der schottischen Gefängnispopulation. Prozentual verbüßten damit weniger Gefangene in Schottland ihre Strafe in einer privat geführten Haftanstalt als in England und Wales (18%). Die durchschnittlichen Haftplatzkosten beliefen sich in Schottland 2015/16 auf £ 34.399.[1041]

Was waren die Ursachen für die Privatisierung von Strafvollzugsanstalten in Schottland? Der schottische Strafvollzug stand Ende der 1990er Jahre vor ähnlichen Problemen wie der Strafvollzug in England und Wales. Dies betraf neben der stark ansteigenden Gefangenenrate von 93 Gefangene pro 100.000 der nationalen Bevölkerung in den 90er Jahren auf 150 pro 100.000 im Jahr 2000 auch die viktorianischen Strafvollzugsanstalten, die teilweise in sehr schlechtem baulichen Zustand waren. Der Anstieg der Gefängnispopulation führte zu einer erheblichen

---

1036 *Liebling/Arnold* 2004, S. 117.

1037 *Arnold/Liebling/Tait* 2007, S. 481.

1038 *Liebling/Arnold* 2004, S. 117.

1039 *Arnold/Liebling/Tait* 2007, S. 481.

1040 *Livingstone/Owen/Macdonald* 2015, S. 40.

1041 *HM Chief Inspectorate of Prisons for Scotland* 2016a, S. 8; *Scottish Prison Service* 2016a, S. 8.

Kostensteigerung. Der gesamte schottische Strafvollzug erwies sich als relativ ineffizient und nicht besonders reformfreudig.[1042] Der Weg für die Privatisierung von Strafvollzugsanstalten wurde in Schottland von der Regierung von *John Major* (1990-1997) durch den *Criminal Justice and Public Order Act 1994* geebnet, wenngleich in Schottland traditionell eine stärkere Opposition hinsichtlich der Privatisierung von öffentlichen Betrieben bestand.[1043]

Die erste schottische Koalitionsregierung, die von den *Liberal Democrats* und *Labour* gebildet wurde, hatte sich für die Privatisierung von drei Gefängnissen ausgesprochen. 2016 befanden sich zwei der fünfzehn Anstalten in Schottland unter der Leitung eines privaten Anbieters. Das HMP Kilmarnock wird seit 1999 von *Serco Custodial Services* betrieben. Dieses Unternehmen betreibt in England und Wales weitere fünf Haftanstalten im Auftrag des *HM Prison Services*.

In den von Privaten geführten Strafvollzugsanstalten gelten ebenfalls die *Prisons and Young Offenders Institutions (Scotland) Rules 2011*. Im Unterschied zu Strafvollzugsanstalten, die vom *Scottish Prison Service* betrieben werden, gibt es in den privatisierten Anstalten keinen *Governor*, sondern einen *Director*, der beim privaten Anbieter angestellt ist und einem *Controller* untersteht, der Beamter ist und vom schottischen Justizminister ernannt wird.[1044] Der *Director* der privaten Anstalten nimmt alle Aufgaben wahr, die auch ein *Governor* in einem öffentlichen Gefängnis übernimmt bis auf solche, die dem *Controller* übertragen wurden. Dadurch wird sichergestellt, dass wesentliche Entscheidungen mit dem *Scottish Prison Service* gemeinsam getroffen werden.

Das *HM Inspectorate of Prisons for Scotland* stellte bei seiner Inspektion der Haftanstalt HMP Kilmarnock vom 7.-18. November 2016 fest, dass der Vertrag über die Privatisierung der Anstalt zwischen dem *Scottish Prison Service* und *Serco* vom Management, den Bediensteten und Gefangenen als Ursache für fehlenden Fortschritt und Flexibilität im Vollzug gesehen wurde.[1045] Positiv wurden die Maßnahmen zur Aufrechterhaltung des Kontaktes mit der Außenwelt wie etwa das *Email-a-Prisoner-Scheme* hervorgehoben.[1046] Die Gesundheitsfürsorge im Vollzug wurde als lediglich „*generally acceptable*" bewertet, was vor allem

---

1042   *Le Vay* 2016, S. 27.

1043   *Le Vay* 2016, S. 27.

1044   *Thomson* 2013, S. 67.

1045   *HM Chief Inspectorate of Prisons for Scotland* 2017, S. 4.

1046   *HM Chief Inspectorate of Prisons for Scotland* 2017, S. 5; Das *Email-a-Prisoner-Scheme* ermöglicht es mit Gefangenen via E-Mail in Kontakt zu treten. Weitere Informationen dazu sind unter folgendem Link abrufbar: http://www.emailaprisoner.com (Abruf am 09.08.2017).

an den langen Wartezeiten für Gefangene lag, wenn sie die Gesundheitsfürsorgen in Anspruch nehmen wollten. Dennoch erzielte das von einem privaten Anbieter geführte HMP Kilmarnock in den meisten Bereichen gute Ergebnisse.

Die Anstalt wurde 2012 bereits durch Mitglieder des CPT besichtigt.[1047] Dabei stieß die Delegation auf gravierende Unkenntnis bezüglich der Tätigkeit und des Mandats des CPT.[1048] Dies führte u. a. dazu, dass den Mitgliedern des CPT-Komitees zunächst der Zutritt zur Anstalt verwehrt wurde. Das CPT attestierte der Anstalt ein angespanntes Vollzugsklima und gegenüber den Mitgliedern des Antifolterkomitees berichteten Gefangene, dass sie sich nicht sicher fühlten.[1049] Dies betraf vor allem die Zeit des Aufschlusses. Es wurde berichtet, dass in diesem Zeitraum immer wieder Gruppen von Gefangenen in Hafträume gelangten und einzelne Häftlinge einschüchterten und bedrohten, was von den Strafvollzugsbeamten nicht verhindert wurde. Zudem berichteten Gefangene, dass ihre diesbezügliche Beschwerden häufig lediglich dazu führten, dass sie in eine andere Anstalt verlegt wurden.[1050] Das CPT kritisierte, dass im *HMP Kilmarnock* in einzelnen Abteilungen zu wenig Personal vorhanden war, sodass bestimmte Programme für Gefangene nicht angeboten werden konnten.[1051] Zudem wurde der *Scottish Prison Service* dazu aufgerufen, für ein verbessertes Ausbildungsniveau der Strafvollzugsbeamten im *HMP Kilmarnock* zu sorgen. Zum Zeitpunkt des CPT-Besuchs erhielten Strafvollzugsbeamte des privaten Anbieters lediglich ein 6-wöchiges Training.

2008 nahm in Schottland das von *Sodexo Justice Services* geführte Hochsicherheitsgefängnis HMP Addiewell mit einer *Certified Normal Accommodation (CNA)* von 700 Haftplätzen seine Arbeit auf. Im September 2016 war die Anstalt mit 694 Gefangenen belegt.[1052] Die Baukosten, die durch den Vertrag mit *Sodexo* vereinbart wurden, beliefen sich auf £ 140 Millionen. Schlussendlich betrugen die tatsächlichen Baukosten für die Anstalt in Addiewell nach Angaben des ehemaligen schottischen Justizministers *Kenny MacAskill* £ 940 Millionen.[1053] Damit ist für die Steuerzahler ein erheblicher Schaden entstanden.

1047 *CPT* 2014a.

1048 *CPT* 2014a, S. 8.

1049 *CPT* 2014a, S. 21.

1050 *CPT* 2014a, S. 21.

1051 *CPT* 2014a, S. 40.

1052 *HM Chief Inspectorate of Prisons for Scotland* 2016b.

1053 Interview mit *Kenny MacAskill*, Centre for Crime and Justice Studies, https://www.crimeandjustice.org.uk/resources/how-stop-prison-privatisation (Abruf am 09.08.2017).

MacAskill stellt klar, dass die Privatisierung von Strafvollzugsanstalten nicht kostengünstiger ist und gleichzeitig Anreize zur Inhaftierung von Personen geschaffen werden.

Die erste vollständige Inspektion (sog. *Full inspection*) des HMP Addiewell durch das *HM Inspectorate of Prisons* erfolgte am 22.-30. November 2010.[1054] Gefangene berichteten positiv über ihr Sicherheitsgefühl im Vollzug. Das Verhältnis zwischen Bediensteten und Gefangenen galt als gut, auch ethnische Minderheiten berichteten von keiner Diskriminierung aufgrund ihrer Rasse, Geschlecht oder Religion.[1055] Der Kontakt zur Außenwelt wurde positiv evaluiert, ebenso die Freizeitgestaltung für Gefangene. Im Rahmen der Gesundheitsfürsorge lagen zahlreiche Beschwerden über lange Wartezeiten vor.

Auch die letzte *full inspection* des HMP Addiewell durch das *HM Inspectorate of Prisons*, die zwischen dem 29. Juni und dem 10 Juli 2015 stattfand, zeigte überwiegend positive Ergebnisse.[1056] Die Sicherheit der Gefangenen blieb weiterhin auf einem guten Niveau. Besonders gefährdete Gefangene wurden bereits bei der Aufnahme im Vollzug besonders intensiv betreut.[1057] Positiv hervorgehoben wurde etwa das *Electronic kiosk system*, das es Gefangenen ermöglicht, elektronisch Mahlzeiten oder Aktivitäten zu buchen oder ihre Finanzen zu überblicken ohne dabei das Personal kontaktieren zu müssen sowie die Möglichkeiten des Kontaktes zur Außenwelt. Kritisiert wurden die beschränkten Bildungs- und Freizeitangebote.[1058] Auf unzureichendem Niveau blieb die Gesundheitsfürsorge im Vollzug, bei der primär die Wartezeit bis medizinisches Fachpersonal konsultiert werden konnte, kritisiert wurde.

1054 HM Chief Inspectorate of Prisons for Scotland 2011.

1055 HM Chief Inspectorate of Prisons for Scotland 2011, S. 3.

1056 HM Chief Inspectorate of Prisons for Scotland 2015.

1057 HM Chief Inspectorate of Prisons for Scotland 2015, S. 4.

1058 HM Chief Inspectorate of Prisons for Scotland 2015, S. 5.

Tabelle 37: **Belegungsdichte in privatisierten Haftanstalten in Schottland 2015/16**

Haftanstalt	Offiziell aktuell zur Verfügung stehende Haftplatzkapazität	Aktuelle Belegung	Belegung im Verhältnis zur offiziellen Kapazität
Addiewell* *(Sodexo Justice Services)*	700	694	99%
Kilmarnock** *(Serco Custodial Services)*	692	497	72%

Quelle: *HM Chief Inspectorate of Prisons for Scotland* (2017): Report on HMP Kilmarnock, Full Inspection, 7-18 November 2016; *HM Chief Inspectorate of Prisons for Scotland* (2016b): Independent Prison Monitoring Bulletin HMP Addiewell, July to September 2016.

*   Daten bzgl. des HMP Addiewell vgl. *HM Chief Inspectorate of Prisons for Scotland* 2016b.

**   Daten bzgl. des HMP Kilmarnock vgl. *HM Chief Inspectorate of Prisons for Scotland* 2017.

Die aktuelle linksliberale sezessionistische schottische Regierung setzte sich erfolgreich gegen die Privatisierung weiterer Gefängnisse in Schottland ein. Folglich wird die neu errichtete, am 03. März 2014 eröffnete Anstalt HMP Grampian nicht wie ursprünglich geplant von einem privaten Anbieter betrieben, sondern vom *Scottish Prison Service*. Die Anstalt ersetzte die in die Jahre gekommenen viktorianischen Haftanstalten HMP Aberdeen und HMP Peterhead.

8. Zusammenfassung, Fazit und Ausblick

8.1 Historische Entwicklung

Der britische Strafvollzug hat eine fundamentale Wandlung von körperlichen Strafen, der Verbannung von Gefangenen nach Übersee und Schuldkompensation durch Zahlung eines Geldbetrages hin zu einem Strafvollzugssystem erlebt, das durch die höchsten Gefangenenraten in Westeuropa und einer teilweise dramatischen Überbelegung der Anstalten gekennzeichnet ist.

Im 18. Jahrhundert fehlten einheitliche normative Regelungen des Strafvollzugs, was zu gravierenden Unterschieden in der britischen Vollzugspraxis führte. Ab den 1830er Jahren galt die sog. *Rule of Total Silence* in den Anstalten, die Gefangene dazu verpflichtete, die ihnen aufgetragene Arbeit zwar gemeinsam, aber schweigend zu erledigen. Die Sicherheit und Ordnung im Vollzug zählte zu den zentralen Organisationsprinzipien. 1863 wurde das sog. *Separate System* eingeführt, das eine strikte Trennung von Gefangenen vorsah und darauf ausgerichtet war, ein auf Abschreckung ausgerichtetes Strafvollzugssystem zu etablieren. Gefängnisstrafen im eigentlichen Sinne wurden jedoch nur von einem geringen Anteil der Häftlinge verbüßt, da Gefangene primär inhaftiert wurden, um sie anschließend nach Übersee zu verbannen oder körperlich zu züchtigen. In Schottland wurde dieses System mit dem Schlagwort „clenzit or conviktt" (frei oder erhängt) beschrieben.

Ein großer Anteil von Gefangenen wurde wegen ausstehender Schulden inhaftiert. Schuldner mussten die Kosten ihrer Inhaftierung selbst tragen und behielten ihre Rechte als *Englishmen*, was ihnen beispielsweise erlaubte, ihre Familie im Vollzug zu empfangen oder Waren und Dienstleistungen zu erwerben. Viele dieser Anstalten wurden von privaten Anbietern mit Gewinnerzielungsabsicht betrieben.

Zu den einflussreichsten Gefängnisreformern dieser Zeit zählte *John Howard*, der im 18. Jahrhundert zahlreiche Gefängnisbesuche im In- und Ausland unternahm und 1777 sein bahnbrechendes Werk „The State of the Prisons in England and Wales" veröffentlichte. In Kontinentaleuropa hatte sich zu dieser Zeit bereits die Idee des humanen Strafvollzugs und Strafrechts durchgesetzt. Zu den Forderungen von *John Howard* zählte die Einführung einheitlicher Standards im Strafvollzug und beispielsweise ein staatlich gezahltes Gehalt für Gefängniswärter sowie die Einführung der Möglichkeit einer Rechtsbeschwerde von Gefangenen.

Die Deportation von Gefangenen nach Übersee ging auf den *Transportation Act 1718* zurück und begann mit der Gründung amerikanischer Kolonien. Ziel dieser Strafe war, sich der Häftlinge zu entledigen, für die der Tod durch den Galgen als unverhältnismäßig angesehen wurde. Zudem bestand in den Kolonien ein enormer Bedarf an Arbeitskräften, der auch durch Häftlinge abgedeckt wurde. Die Praxis der Deportation von Gefangenen in amerikanische Kolonien endete 1776 mit der Unabhängigkeitserklärung der Vereinigten Staaten von Amerika. Damit gewann das Konzept des Freiheitsentzugs als eigenständige Strafe zunehmend an Bedeutung.

Aufgrund der steigenden Zahl von Häftlingen kam es bereits 1770 zu einer Krise des Gefängniswesens und die Regierung begann, ausgediente Schiffsrümpfe als provisorische Haftanstalten zu nutzen. Gefangene wurden unter katastrophalen Haftbedingungen inhaftiert, es war stickig, feucht und kalt. Es herrschte eine strenge Arbeitspflicht, nachts wurden Häftlinge in Ketten gelegt. Die Sterblichkeitsrate von Gefangenen war hoch, was schließlich dazu führte, dass selbst in der Bevölkerung immer mehr Proteste gegen die Haftbedingungen laut wurden, da das Leid der Gefangenen nun sichtbar war und sich nicht mehr in fernen Kolonien stattfand. 1787 wurde die Praxis der Deportation von Gefangenen wieder aufgenommen und Häftlinge nun in die neuen Kolonien nach Tasmanien und Australien verschifft. Der Transport von Gefangenen nach Übersee endete erst, als die Deportation zunehmend als verschwendete Arbeitskraft angesehen wurde und man zu der Ansicht gelangte, dass diese Maßnahme mangels abschreckender Wirkung auch nicht zu einer Senkung der Kriminalität beitrug.

Dies wurde durch den *Penal Servitude Act 1857* manifestiert, der vorsah, dass anstelle der Deportation eine Haftstrafe treten sollte. Damit wurde auch die bis dato inflationär verhängte Todesstrafe eingedämmt. In der Folgezeit gelangte man zu der Erkenntnis, dass Häftlinge im Vollzug auf ein Leben in Freiheit vorbereitet werden mussten.

Bereits Ende des 18. Jahrhunderts wurde der *Penitentiary Act of 1779* erlassen, der die Reformbestrebungen von *John Howard, William Eden* und *Sir William Blackstone* aufgriff. Dazu zählte, dass jedem Häftling eine eigene Zelle zugewiesen werden sollte und Gefangenen etwa bei guter Führung eine vorzeitige Haftentlassung in Aussicht gestellt werden sollte. Der Strafvollzug sollte nach Geschlechtern getrennt stattfinden und zunehmend einheitlichen normativen Standards unterliegen.

Als Ursprung des modernen englischen, walisischen und schottischen Gefängniswesens gilt der *Prison Act 1877*, der Gefängnisse unter staatliche Kontrolle und Verantwortung stellte. Die Zuständigkeit für den Strafvollzug lag beim Innenministerium. Ziel des Vollzugs war die Besserung des Gefangenen. Dazu wurde das sog. *Penal Servitude*-System eingeführt, das die Gefangenen in vier Stufen einteilte und positives Verhalten mit der Einstufung in eine höhere Stufe belohnte, was mit Verbesserungen des Vollzugsalltags verbunden war.

Zentral war außerdem der *Gladstone Report* von 1895, der zu einer Abkehr vom Vollzugsziel der Abschreckung und Bestrafung hin zur Resozialisierung von Gefangenen führte.

Im 20. Jahrhundert gewannen Haftstrafen weiter an Bedeutung. Es kam zu einem Paradigmenwechsel von der Bestrafung des Gefangenen hin zur Resozialisierung. Der Fokus war nun stärker auf das Individuum und weniger auf die Straftat gerichtet. Aus dieser Zeit stammte auch der Slogan „Men come to prison *as a punishment, not for* punishment". Die zunehmende Bedeutung des Strafvollzugs manifestierte sich auch in den ansteigenden Gefangenenzahlen, die bis zum Ausbruch des Ersten Weltkrieges in England, Wales und Schottland stark angestiegen waren. Zu den Kernmerkmalen des Strafvollzugs zählten sehr kurze Freiheitsstrafen von durchschnittlich rund 14 Tagen. Nach Ende des Zweiten Weltkrieges erlebte Großbritannien einen Kriminalitätsanstieg und damit verbunden eine erhebliche Zunahme der Gefängnispopulation. Durch den *Criminal Justice Act 1948* wurden sog. *Hard Labour*-Strafen und die sog. *Penal Servitude* abgeschafft. Zudem wurde die Verhängung von sehr kurzen Freiheitsstrafen durch die Einführungen von alternativen Sanktionen wie Geld-, Bewährungsstrafen bzw. den absoluten oder bedingten Strafverzicht (sog. *Absolute* und *Conditional discharge*) ersetzt. Körperliche Züchtigung im Vollzug wurde durch den *Criminal Justice Act 1967* vollständig abgeschafft. Zentral war außerdem die Einführung des *Prison Act 1952*, der die Rechte von Gefangenen im Vollzug erheblich verbesserte.

8.2   Kriminalpolitik

Kriminalpolitische Reformbestrebungen und die Bekämpfung von Kriminalität rückten in Großbritannien spätestens seit den 1980er Jahren in den Fokus öffentlicher Debatten, nachdem es zu einem erheblichen Anstieg der polizeilich registrierten Kriminalität gekommen war. Die konservative *Thatcher*-Regierung kündigte 1979 einen kriminalpolitischen Paradigmenwechsel an. Die Debatte wurde beherrscht von Slogans wie „*Zero tolerance*", der „*Three strikes and you're out*"-Doktorin und „*Tough on Crime*". Dennoch wurde bereits 1962 die sozialtherapeutische Anstalt HMP Grendon (sog. *Therapeutic Community*) geschaffen, die sich nach wie vor durch ein außergewöhnliches sozialtherapeutisches Angebot für Gefangene auszeichnet.
  Die Ursprünge der punitiven britischen Kriminalpolitik gehen auf die amerikanischen Ansätze zur Bekämpfung von Kriminalität in den 1980er Jahren zurück. Befeuert wurde diese Debatte im Vereinigten Königreich durch die schlechte wirtschaftliche Lage und die Pfundkrise (sog. *Black Wednesday*) 1992, die das Europäische Währungssystem in eine tiefe Krise stürzte. Auch die Tötung

des zweijährigen *James Bulger* hatte zu einer breiten öffentlichen Diskussion und Berichterstattung geführt und die Forderung nach rigiderer Bestrafung laut werden lassen. Die anschließende Debatte führte zu einer Übereinkunft zwischen der *Conservative Party* und *New Labour* und markierte die Geburtsstunde des kriminalpolitischen *Law and Order*-Ansatzes, der auch unter dem Stichwort *New-Punitiveness* diskutiert wird und sich als punitiver Wendepunkt beschreiben lässt.

Die damit verbundenen kriminalpolitischen Ansätze waren allesamt repressiv ausgerichtet und markierten einen Umschwung von verhältnismäßigen Strafen hin zum Einsatz von Freiheitsstrafen als Risikokontrolle. Straftäter wurden häufiger und länger inhaftiert und der damit verbundene immense Anstieg der Gefangenenzahlen führte zu einer Systemkrise (sog. *Penal Crisis*), deren Auswirkungen aktuell bleiben. Auch die Modernisierung der alten viktorianischen Haftanstalten sowie zahlreiche Neubauprogramme konnten mit dem Anstieg der Gefangenenzahlen nicht mithalten. Maßgeblich waren zudem fortschreitende Privatisierungstendenzen, die mit der Amtszeit von *Margaret Thatcher* begannen und dazu führten, dass ganze Gefängnisse von privaten Anbietern errichtet und betrieben wurden und werden.

Gegenwärtig ist die britische Kriminalpolitik geprägt durch Effizienzgedanken, Sparmaßnahmen und einem Fokus auf Risikogesichtspunkte. Die bestehenden Probleme im Bereich des Strafvollzugs wurden auch auf höchster Regierungsebene erkannt, so dass sich nicht nur *David Cameron* diesem Thema ausführlich widmete, sondern auch die Justizministerium *Liz Truss* aus dem Kabinett von *Theresa May*, unmittelbar nach Übernahme der Amtsgeschäfte die bestehenden Probleme des Strafvollzugs ansprach und den Strafvollzug als den am dringendst reformbedürftigen öffentlichen Sektor bezeichnete. Folglich wurde im November 2016 das Reformpaket mit dem Titel „*Prison Safety and Reform*" verabschiedet, das nach der weitgehenden Zentralisierung des Strafvollzugssystem wieder eine Kompetenzstärkung der einzelnen Haftanstalten vorsieht und über 2.500 neue Stellen für Strafvollzugsbeamte, aber auch 10.000 neue Haftplätze in Aussicht stellt.

Seit Einberufung des schottischen Parlaments am 01. Juli 1999 obliegt diesem die Kompetenz für Recht und innere Angelegenheiten, die Strafverfolgung und Gerichte in Schottland. Die schottische Kriminalpolitik ist durch sog. *Welfare based penal values* gekennzeichnet, deren Ausprägung etwa die Etablierung des schottischen *Children's Hearing System* oder des *Social Work Criminal Justice Service* ist. Bereits 1968 wurde der *Social Work (Scotland) Act* eingeführt, der die Sozialarbeit ins Zentrum der Strafrechtspflege rückte. Im Bereich des Strafvollzugs führte Schottland in den 1980er Jahren die sog. *Therapeutic communities* ein, dazu zählte etwa die *Special Unit* in der Haftanstalt *Barlinnie* in Glasgow.

Dort wurde intensiv und erfolgreich mit Hochrisikotätern gearbeitet und die Resozialisierung des Gefangenen als Vollzugsziel in den Mittelpunkt gestellt. Dennoch ist auch Schottland seit den 1990er zunehmend von einer punitiven, jedoch evidenzbasierten Kriminalpolitik gekennzeichnet mit einem Fokus auf Effizienz, Kosteneinsparungen und einem ausgeprägten Risikomanagement. Auch in Schottland ist die Gefangenenrate stark angestiegen und stellt auch das schottische Strafvollzugssystem vor erhebliche Schwierigkeiten, wenngleich es offiziell nicht von Überbelegung betroffen ist.

8.3 Kriminalitätsbelastung

Bis zum Ende des 20. Jahrhunderts erlebte Großbritannien einen enormen Kriminalitätsanstieg mit weitreichenden Konsequenzen. Die steigende Kriminalitätsfurcht und der ungebrochene Trend zur Urbanisierung führten dazu, dass Kriminalität und Kriminalitätsbekämpfung im Alltag der großstädtischen Bevölkerung allgegenwärtig waren. Zwischen 1950 und 1992 haben sich die polizeilich registrierten Straftaten in England mit 5,6 Millionen registrierten Delikten mehr als verzehnfacht, verzeichnen jedoch seither einen Rückgang auf rund 4,6 Millionen im März 2016. Beim zeitlichen Datenabgleich ist zu berücksichtigen, dass sich Methode und System der Datenerhebung deutlich verbessert haben.

Ein ähnliches Bild zeigt sich für Schottland, das 1991 mit rund 570.000 polizeilich registrierten Straftaten den Höchststand der gemessenen Kriminalität erreichte. Die polizeilich registrierte Kriminalität in Schottland ist seit 1991 insgesamt stark rückläufig und hat sich bis 2015/16 mit rund 246.000 Taten mehr als halbiert. Ein leichter Anstieg ist im Bereich der Sexualdelikte zu verzeichnen, der jedoch vor dem Hintergrund der Einführung des *Sexual Offences (Scotland) Act 2009* gesehen werden muss, der die Definition der Vergewaltigung ausweitete, so dass nun auch Voyeurismus oder anstößige Beleidigungen unter den Begriff der Vergewaltigung subsumiert werden. Zudem geht *Police Scotland* davon aus, dass sich das Anzeigeverhalten der Bevölkerung hinsichtlich von Sexualstraftaten verändert hat und mehr Fälle angezeigt werden.

8.4 Sanktionspraxis und Entwicklung

Die Sanktionspraxis der Gerichte hat unmittelbare Auswirkung auf die Gefängnispopulation und stoßen auf ein breites Interesse der Öffentlichkeit, was dazu führen kann, dass gerichtliche Entscheidungen zu politischen Angelegenheiten werden. Der enorme Anstieg der englischen und walisischen Gefängnispopulation ist vor allem auf die Verhängung von langen Freiheitsstrafen zurückzuführen. Die Anzahl der Gefangenen, die lebenslange Freiheitsstrafen in Großbritannien verbüßen, ist doppelt so hoch wie in Deutschland, Italien und Frankreich zusammen. Die Dauer der durchschnittlich verhängten Freiheitsstrafe steigt in England und Wales seit 2006 kontinuierlich an und lag 2016 bei 16,3 Monaten. Dazu trug vor allen ein Anstieg der durchschnittlich verhängten Freiheitstrafen im Bereich der Sexualdelikte bei. Daneben werden zunehmend Freiheitsstrafen von unbestimmter Dauer verhängt. Jüngste kriminalpolitische Reformen in England und Wales führten zu einer weiteren Verschärfung von Gesetzen, so dass nicht zu erwarten ist, dass die Sanktionspraxis der Gerichte dazu beiträgt, den Strafvollzug zu entlasten.

Schottland proklamiert für sein Sanktionssystem weiterhin den *Welfare*-Gedanken, was sich durch einen stärkeren Fokus auf Sozialarbeit im gesamten Justizsystem auszeichnet. Die schottische Kriminalpolitik hat sich bisher als relativ immun gegen punitive Reformen wie *Three strikes and you're out*-Gesetze oder die Forderung nach *Truth in Sentencing* im Hinblick auf die Reduzierung der Möglichkeit einer vorzeitigen Haftentlassung von Gefangenen gezeigt. Dennoch verzeichnete auch die Entwicklung der Dauer der durchschnittlichen Freiheitsstrafe in Schottland seit 2006 einen Anstieg von 7,5 auf 9,5 Monate im Jahr 2015/16. Schottland hat einen hohen Anteil sehr kurzer Freiheitsstrafen, deren Verhängung jedoch durch neueste Reformvorhaben eingedämmt werden soll. Dazu hat die schottische Regierung erklärt, dass zukünftig nach Möglichkeit nur solche Straftäter inhaftiert werden sollen, die schwere Straftaten und solche, die die öffentliche Sicherheit gefährden, begangen haben. Im Rahmen dieses Reformprogramms sollen vor allem alternative Sanktionsformen verstärkt Anwendung finden.

8.5 Gefängnispopulation und Entwicklung der Gefangenenrate in England, Wales und Schottland

Bis zur ersten Hälfte des 20. Jahrhunderts belief sich die englische und walisische Gefängnispopulation auf bis zu 20.000 Gefangene, wuchs nach dem Ende des Zweiten Weltkriegs bis in die 1990er Jahre auf etwa 40.000 Gefangene an und verzeichnete dann einen erheblichen Anstieg auf rund 85.000 Gefangene, der zur sog. *Penal crisis* führte. Die Gefangenenrate belief sich 1950 noch auf 47 pro 100.000 der nationalen Bevölkerung und betrug zu Beginn der *Penal crisis* in den 1990er Jahren 90 pro 100.000. Bis Juli 2017 stieg sie dann auf 146 pro 100.000 der nationalen Bevölkerung an. 2017 verfügten 88% der englischen und walisischen Gefangenen die britische Staatsangehörigkeit. Betrachtet man die Deliktsstruktur der Gefängnispopulation in England und Wales, fällt auf, dass die

größte Gruppe eine Freiheitsstrafe aufgrund eines Gewaltverbrechens (25%) verbüßt, gefolgt von Sexual- (18%) und Drogendelikten (15%). Der Anteil von
Untersuchungshäftlingen lag am 31. März 2017 bei rund 13%.

Als Einflussfaktoren auf die Entwicklung der Gefangenenrate in England und
Wales seit den 1990er Jahren können einige sozioökonomische Faktoren wie der
demographische Wandel, die Arbeitslosigkeit oder die Armutsquote ausgeschlossen werden. Der erhebliche Rückgang der polizeilich registrierten Kriminalität in
England und Wales korrespondiert nicht mit der stark angestiegenen Gefangenenrate. Vielmehr dürfte die Ursache in der gerichtlichen Verurteilungspraxis liegen:
Zwischen März 2015 und März 2016 stieg die Dauer der durchschnittlich
verhängten Freiheitsstrafen von 15,9 auf 16,3 Monate an. 2006 wurden noch
durchschnittlich 12,6 Monate Freiheitsstrafe verhängt. Des Weiteren wirkt sich
die Zunahme der sog. *Custody rate*, d. h. der Anteil der Haftstrafen, die von
englischen und walisischen Gerichten verhängt werden, auf die Gefängnispopulation aus. Dies muss im Kontext der bereits beschriebenen, punitiv geprägten
kriminalpolitischen Reform gesehen werden.

In Schottland betrug die Gefängnispopulation in der ersten Hälfte des 20.
Jahrhunderts rund 2.000 Gefangene und stieg bis in die 1970er Jahre auf 5.000
Gefangene an. Ebenso wie in England und Wales, kam es in Schottland in den
1990er Jahre zu einem weiteren starken Anstieg der Gefängnispopulation, die am
28. April 2017 7.740 Gefangene betrug. Dies entspricht einer Gefangenenrate von
138 pro 100.000 der nationalen Bevölkerung. 1950 betrug diese noch 35 pro
100.000 und 1990 zu Beginn der sog. *Penal Crisis* 93 pro 100.000. Auch in
Schottland zeigt ein Blick auf die Deliktsstruktur der Gefängnispopulation –
ebenso wie in England und Wales –, dass die größte Gruppe aus Gewaltstraftätern
besteht. Die zweitgrößte Gruppe stellen Häftlinge, die aufgrund von Eigentums-
und Vermögensdelikten inhaftiert wurden. Der Anteil von Untersuchungshäftlingen in Schottland betrug am 28.07.2017 rund 19%

Für den starken Anstieg der schottischen Gefängnispopulation seit den 1990er
Jahren ist ein komplexes Zusammenspiel diverser Faktoren verantwortlich. Dazu
zählt die Schaffung neuer Straftatbestände, eine veränderte Deliktsstruktur, die
Verurteilungspraxis der Gerichte sowie ein punitives politisches und mediales
Klima. Unbestritten ist der Einfluss des viel zu hohen Anteils sehr kurzer Freiheitsstrafen auf die schottische Vollzugspopulation. Nach dem Willen der schottischen Regierung soll die Verhängung kurzer und sehr kurzer Freiheitsstrafen
reduziert werden. In Schottland wird auch der indirekte Einfluss externer Faktoren
wie der ökonomische, soziale und demographische Wandel auf die Gefängnispopulation für wahrscheinlich gehalten. Der erhebliche Rückgang der polizeilich

registrierten Kriminalität seit den 1990er Jahren korrespondiert nicht mit den steigenden Gefangenenzahlen.

8.6 Rechtliche Regelungen des Strafvollzugs

Strafvollzugsrechtliche Regelungen in England und Wales müssen aufgrund der als weitgehend eigenständig organisierten Rechtsordnungen im Vereinigten Königreich getrennt vom schottischen Strafvollzugssystem betrachtet werden. Seit Erlass des *Scotland Act of 1998* verfügt Schottland über ein eigenes Parlament und die Kompetenz eigene strafvollzugsrechtliche Regelungen zu erlassen. Beiden Rechtsordnungen ist gemein, dass sie über keine geschriebene Verfassung verfügen, aus der sich beispielsweise Rechte für Gefangene ableiten ließen. Das führte dazu, dass die Rechtsstellung des Gefangenen zunächst durch die Rechtsprechung und zunehmend auch durch den europäischen Kontext geprägt wurde – etwa durch die Inkorporierung der Europäischen Menschenrechtskonvention als nationales Recht und durch den *Human Rights Act 1998*.

Das heutige Strafvollzugsrecht geht auf den *Prison Act 1952* zurück, der vorsah, dass der Innenminister Regelungen zum Strafvollzug erlassen kann. Infolgedessen wurden die *Prison Rules* erlassen, die sich im weitesten Sinne mit den deutschen Strafvollzugsgesetzen der Länder vergleichen lassen. In England und Wales sind heute die *Prison Rules 1999* maßgeblich, in Schottland sind entsprechende Regelungen in den *Prisons and Young Offenders Institutions (Scotland) Rules 2011* enthalten. Beim Erlass der *Prison Rules* war nicht vorgesehen, dass diese rechtsverbindlichen Charakter haben sollten. Auch die Gerichte erachteten es für nicht zu lässig, dass es Gefangenen ermöglicht werden sollte, Verletzungen der *Prison Rules* gerichtlich zu rügen. Die genaue Rechtsnatur der *Prison Rules* muss im Kontext des Common Law gesehen werden und unterliegt der fortgesetzten Interpretation durch die Rechtsprechung. Einigkeit besteht, dass der Strafvollzugsverwaltung durch die *Prison Rules* Verpflichtungen auferlegt werden, die der Innenminister erlässt und überwacht. Über die Reichweite dieser Pflichten wird durch richterliche Auslegung entschieden. Als grundlegend für die Anerkennung von Gefangenenrechten kann die Entscheidung *Raymond v Honey* aus dem Jahr 1983 gewertet werden, in der festgestellt wurde, dass ein Gefangener grundsätzlich alle Rechte behalten soll mit Ausnahme solcher, die ihm mit der Inhaftierung entweder ausdrücklich oder implizit entzogen werden.

Die Möglichkeit für Gefangene, Rechtsschutz im Strafvollzug zu erhalten ist Ausprägung von Art. 6 Abs. 1 EMRK und wurde bereits in den 1970er Jahren im Fall *Golder v. United Kingdom* durch den Europäischen Gerichtshof für Menschenrechte bestätigt. Durch dieses Urteil wurde die Rechtsschutzmöglichkeit von Gefangenen im Vereinigten Königreich deutlich verbessert. Die Inkorporierung der Europäischen Menschenrechtskonvention als nationales Recht im Jahr 1998 führte zu einer deutlichen verbesserten Stellung des Gefangenen und einer erweiterten Möglichkeit Konventionsverstöße zu rügen. Zudem verfügt sowohl England und Wales als auch Schottland über ein historisch geprägtes, umfassendes Beschwerdesystem im Vollzug. Neben der Anstaltsleitung als interne Beschwerdestelle, bestehen mehrere unabhängige externe Beschwerdemöglichkeiten wie etwa das *Independent Monitoring Board* oder der *Prisons and Probation Ombudsman.*

8.7 Privatisierungsmaßnahmen im Strafvollzug

Privatisierungsmaßnahmen im Vereinigten Königreich werden vor allem mit der neoliberalen Wirtschaftspolitik von *Margaret Thatcher* von 1979 bis 1990 verbunden. Bereits im 18. Jahrhundert wurden Haftanstalten von privaten Anbietern betrieben oder Häftlinge nach Übersee im Rahmen des *Transportation Act 1718* transportiert. Diese Praxis wurde durch den *Prison Act of 1877* beendet, der das Gefängniswesen unter staatliche Kontrolle und Verantwortung stellte.

Ziel der Privatisierungsmaßnahmen der *Thatcher*-Ära war es, für Wettbewerb im Strafvollzug zu sorgen, somit die Kosten zu senken und durch die vermeintliche Effizienzsteigerung eine positive Entwicklung herbeizuführen. Durch Erlass des *Criminal Justice Act 1991* wurde der Sektor des Strafvollzugs auch für private Anbieter geöffnet, was es ermöglichte, dass Haftanstalten von privaten Anbietern geplant, errichtet und betrieben werden konnten. Als Nebeneffekt sollte so der Einfluss der Gewerkschaften (wie etwa der *Prison Officers' Association*) geschmälert werden.

In England und Wales wurden 2017 14 der 114 Gefängnisse von privaten Anbietern geführt, in Schottland waren es 2 von 15 Strafvollzugsanstalten. Damit verbüßen in England und Wales rund 19% der Vollzugspopulation ihre Haftstrafe in einer privat geführten Anstalt. In Schottland liegt dieser Anteil bei rund 16%. Die Privatisierung der Gefängnisse wurde vielfach evaluiert und durch Studien begleitet. Die Resultate lassen keinen pauschalen Schluss zu. Die Infrastruktur in privat betriebenen Anstalten gilt als moderner als in staatlichen Gefängnissen, die teilweise noch aus dem Viktorianischen Zeitalter stammen. Jedoch wird teilweise auch über erhebliche Personalengpässe und Sicherheitsprobleme in privatisierten Anstalten berichtet. Diese wiesen zudem eine deutlich höhere Belegungsdichte auf als die von der öffentlichen Hand betriebenen Anstalten. Die Überbelegung in privaten Anstalten betrug 2016 bis zu 151% im HMP Doncaster. Gefangene berichteten jedoch auch, dass das Anstaltsklima in privatisierten Gefängnissen besser sei, was sich positiv auf ihre Lebensqualität auswirke. Dies war nicht zuletzt auf das bessere Verhältnis zwischen Bediensteten und Gefangenen in privatisierten Anstalten zurückzuführen. Staatliche Anstalten gelten als strenger, während privat geführte Anstalten als unsicherer aber milder gelten. Fest steht zudem, dass das Gehalt des Gefängnispersonals in privatisierten Gefängnissen niedriger ausfällt als das der Strafvollzugsbeamten in öffentlichen Anstalten. Dies führte zu einer hohen Fluktuation, was sich negativ im Hinblick auf das Entstehen persönlicher Beziehungen zwischen Bediensteten und Gefangenen auswirkte.

8.8 Fazit und Ausblick

Die Strafvollzugssysteme in England, Wales und Schottland weisen deutliche Züge neoliberaler Wirtschaftspolitik auf. In Schottland, das sich traditionell stärker am *Welfare*-Gedanken orientiert, fallen die Ausprägungen etwas schwächer aus als in England und Wales. Dies zeigt sich durch unterschiedliche kriminalpolitische Ansätze und Reformvorhaben. Trotz rückläufiger Kriminalität bleibt die englische und walisische Gefängnispopulation stabil mit leicht steigender Tendenz bei rund 86.000 im Juli 2017, während die schottische Vollzugspopulation rund 7.500 Gefangene verzeichnet und seit 2012 leicht rückläufig ist. Dies entspricht in England und Wales einer Gefangenenrate von 146 pro 100.000 der nationalen Bevölkerung und in Schottland einer Gefangenenrate von 138. Damit gehören beide Gefangenenraten zu den höchsten in Westeuropa. Im Juli 2017 betrug die Gefangenenrate in Belgien 98, Dänemark 59, Deutschland 77, Finnland 57, Frankreich 103, Griechenland 91, Italien 94, Niederlande 61, Österreich 93, Portugal 135, Schweiz 82, und in Spanien 130 pro 100.000 der nationalen Bevölkerung.[1059]

Internationale und europäische Verträge und Abkommen haben die Strafvollzugssysteme des Vereinigten Königreichs stark beeinflusst. Der angestrebte Austritt des Vereinigten Königreichs aus der Europäischen Union hat de lege lata jedoch keinen Einfluss auf die weitere Gültigkeit der Europäischen Menschenrechtskonvention, die zu einer deutlichen Verbesserung der Rechte von Gefangenen geführt hat.

Die Strafvollzugssysteme in England, Wales und Schottland sind von der sog. *Penal crisis* gezeichnet. Zu den Auswirkungen dieser Krise zählen Überbelegung in zahlreichen Anstalten, Kostensteigerungen und Sparmaßnahmen, Personalengpässe, Gewaltprobleme im Vollzug und ein zunehmend ineffektiv arbeitendes

---

[1059] Vgl. International Centre for Prison Studies: http://www.prisonstudies.org/ (Abruf am 14.08.2017).

Strafvollzugssystem. Die Probleme wurden auf höchster politischer Ebene erkannt und waren Gegenstand zahlreicher Regierungserklärungen. Entsprechende Gesetzesänderungen wurde eingeleitet, jedoch teilweise von populistische und punitiven strafrechtlichen Reformen begleitet, die – zumindest in England und Wales – eher zu einer weiteren Zunahme der Gefängnispopulation führen dürften. Das Augenmerk kriminalpolitischer Reformen im Vereinigten Königreich sollte auf der Reduktion der Gefängnispopulation und der Bekämpfung bestehender Gewalt- und Sicherheitsprobleme im Strafvollzug liegen.

310

Literaturverzeichnis

Aebi, M. F., Delgrande, N. (2015): SPACE I – Council of Europe Annual Statistics: Prison population rates. Survey 2013. Strasbourg: Council of Europe.

Aebi, M. F., Tiago, M., Burkhardt, C. (2016): SPACE I – Council of Europe Annual Penal Statistics: Prison Populations. Survey 2015. Strasbourg: Council of Europe.

Adler, M., Longhurst, B. (1994): Discourse, Power and justice, towards a new sociology of imprisonment. London.

Allen, R. (2011): Justice reinvestment and the use of imprisonment, Policy reflections from England and Wales, Criminology & Public Policy 10, S. 617-627.

Allen, R. (2016): The Sentencing Council for England and Wales: brake or accelerator on the use of prison? Transform Justice, December 2016.

Allen, G., Dempsey, N. (2016): Prison Population Statistics, House of Commons Library Briefing Paper Number SN/SG/04334 v. 04.07.2016.

Allen G., Watson, C. (2017): UK Prison Population Statistics, House of Commons Library Briefing Paper Number SN/SG/04334 v. 20.04.2017.

Appleton, C., van Zyl Smit, D. (2016): The Paradox of Reform: Life Imprisonment in England and Wales. In: van Zyl Smit, D., Appleton, C. (Hrsg.): Life Imprisonment and Human Rights. Oregon, S. 217-240.

Arnold, H., Liebling, A., Tait, S. (2007): Prison officers and prison culture. In: Jewkes, Y. (Hrsg.): Handbook on prisons. London, S. 471-495.

Ashthana, A., Mason, R. (2016): UK must leave European convention on human rights, says Theresa May, The Guardian, 25 April 2016.

Ashworth, A. (2016): Sentencing in England and Wales over five decades – Ratatouille without a recipe? In: Bosworth, M., Hoyle, C., Zedner, L. (Hrsg.): Changing Contours of Criminal Justice. Oxford, S. 109-121.

Bailey, V. (1997): English Prisons, Penal Culture, and the Abatement of Imprisonment, 1895-1922, Journal of British Studies 36, S. 285-324.

Barry, M. (2011): Explaining Youth Custody in Scotland: The New Crisis of Containment and Convergence, The Howard Journal 50, S. 153-170.

Beken, T. (2016): The role of prison in Europe, Travelling in the footsteps of John Howard. Basingstoke.

Bell, E. (2013): Punishment as Politics: The Penal System in England and Wales. In: Ruggiero, V., Ryan, M. (Hrsg.): Punishment in Europe, A Critical Anatomy of Penal Systems. Hampshire, S. 55-85.

Bennett, J. (2016): The Working Lives of Prison Managers, Global change, local culture and individual agency in the late modern prison. Hampshire.

Bentham, J. (1791a): Panopticon: Postscript, Part I, containing further particulars and alterations relative to the Plan of Construction. London.

Bentham, J. (1791b): Panopticon: Postscript, Part II, containing a plan of management. London.

Blanck, T. (2015): Die Ausbildung von Strafvollzugsbediensteten in Deutschland. Mönchengladbach.

Bosworth, M., Hoyle, C., Zedner, L. (2016) (Hrsg.): Changing Contours of Criminal Justice. Oxford.

Bottoms, A. (1987): Limiting Prison Use: Experience in England and Wales. The Howard Journal of Criminal Justice 26, S.177-202.

Brewer, K. (2017): Why are privatised probation services using public libraries to see clients? The Guardian, 1 November 2017.

Brooks, L. (2016): Scotland to raise age of criminal responsibility to 12 years, The Guardian, 1 December 2016.

Brown, A. (1992): Economic Aspects of prison privatisation: The Queensland Experience, Queensland Corrective Service Commission publication, S. 103-117.

Brown, A. (2003): English society and the prison, Time, culture, and politics in the development of the modern prison, 1850-1920. Woodbridge.

Brown, D., Cunneen, C., Schwartz, M., Stubbs, J., Young, C. (2016): Justice Reinvestment, Winding Back Imprisonment. Basingstoke.

Burman, M., Johnstone, J., Fraser, A., McNeill, F. (2011): Scotland. In: Dünkel, F., Grzywa, J., Horsfield, P., Pruin, I. (Hrsg.): Juvenile justice systems in Europe, Current Situation and Reform Developments, 2. Aufl. Mönchengladbach, S. 1149-1196.

Cavadino, M., Dignan, J. (2006): Penal Systems – A Comparative Approach. London.

Cavadino, M., Dignan, J. (2011): Penal comparison: puzzling relations. In: Crawford, A. (Hrsg.): International and Comparative Criminal Justice and Urban Governance: Convergence and Divergence in Global, National and Local Settings. Cambridge, S. 193-213.

Cavadino, M., Dignan, J., Mair, G. (2013): The Penal System – An Introduction, 5. Aufl., London.

Cameron, J. (1983): Prisons and Punishment in Scotland – From the Middle Ages to the Present. Edinburgh.

Cameron, D. (2016): Prison reform speech in full, politics.co.uk, 8 February 2016, http://www.politics.co.uk/comment-analysis/2016/02/08/cameron-prison-reform-speech-in-full (Abruf am 09.08.2017).

Commission on Women Offenders (2012): Commission on Women Offenders Final Report, the Scottish Government. Edinburgh.

Conservative Party Manifesto (2015): Strong Leadership, a clear economic plan a brighter, more secure future.

Cooke, D., J. (1989): Containing Violent Prisoners, an Analysis of the Barlinnie Special Unit. British Journal of Criminology 29, S. 129-143.

Coyle, A. (1986): The Organisational Development of the Scottish Prison Service with Particular Reference to the Role and Influence of the Prison Officer, University of Edinburgh, Internet-Publikation: https://www.era.lib.ed.ac.uk/bitstream/handle/1842/7557/Coyle1986.pdf?sequence=2&isAllowed=y (Abruf am 15.08.2017).

Coyle, A. (2016): Prisons in context. In: Jewkes, Y., Bennett, J., Crewe, B. (Hrsg.): Handbook on Prisons. 2. Aufl. London, S. 7-23.

CPT (1996): Report to the United Kingdom Government on the visit to the United Kingdom carried out by the European Committee for the Prevention of Torture and Inhuman or Degrading Treatment or Punishment (CPT) from 15 to 31 May 1994, CPT/Inf (96) 11, Council of Europe.

CPT (2000): Report to the United Kingdom Government on the visit to the United Kingdom and the Isle of Man carried out by the European Committee for the Prevention of Torture and Inhuman or Degrading Treatment or Punishment (CPT) from 8 to 17 September 1997, CPT/Inf (2000) 1, Council of Europe.

CPT (2014a): Report to the Government of the United Kingdom on the visit to the United Kingdom carried out by the European Committee for the Prevention of Torture and Inhuman or Degrading Treatment or Punishment (CPT) from 17 to 28 September 2012, CPT/Inf (2014) 11, Council of Europe.

CPT (2014b): Response of the Government of the United Kingdom to the report of the European Committee for the Prevention of Torture and Inhuman or Degrading Treatment or Punishment (CPT) on its visit to the United Kingdom from 17 to 28 September 2012, CPT/Inf (2014) 12, Council of Europe.

CPT (2015a): Report to the Government of the United Kingdom on the visit to Gibraltar carried out by the European Committee for the Prevention of Torture and Inhuman or Degrading Treatment or Punishment (CPT) from 13 to 17 November 2014, CPT/Inf (2015) 40, Council of Europe.

CPT (2015b): Response from the Government of Gibraltar to the report of the European Committee for the Prevention of Torture and Inhuman or Degrading Treatment or Punishment (CPT) on its visit to Gibraltar from 13 to 17 November 2014, CPT/Inf (2015) 41, Council of Europe.

CPT (2016): 25th General Report of the CPT, European Committee for the Prevention of Torture and Inhuman or Degrading Treatment or Punishment, 1 January – 31 December 2015, Council of Europe.

CPT (2017): Report to the Government of the United Kingdom on the visit to the United Kingdom carried out by the European Committee for the Prevention of Torture and Inhuman or Degrading Treatment or Punishment (CPT) from 30 March to 12 April 2016, CPT/Inf (2017) 9, Council of Europe.

CPT-Standards (2010): Europäisches Komitee zur Verhütung von Folter und unmenschlicher oder erniedrigender Behandlung oder Strafe (CPT), Zusammenfassung der CPT Standards, http://www.cpt.coe.int/lang/deu/deustandards.pdf (Abruf am 21.11.2016), Council of Europe.

Creighton, S., King, V., Arnott, H. (2005): Prisoners and the law. 3. Aufl., Haywards Heath.

Croall, H. (2006): Criminal justice in post-devolutionary Scotland, Critical Social Policy 26, S. 587-607.

Croall, H., Mooney, G., Munro, M. (2010) (Hrsg.): Criminal Justice in Scotland. Oxon.

Croall, H., Mooney, G., Munro, M. (2010): Criminal Justice in Contemporary Scotland: themes, issues and questions. In: Croall, H., Mooney, G., Munro, M. (Hrsg.): Criminal Justice in Scotland. Oxon, S. 3-20.

Croall, H., Mooney, G., Munro, M. (2016a) (Hrsg.): Crime, Justice and Society in Scotland. Oxon.

Croall, H., Mooney, G., Munro, M. (2016b): Introduction: crime, justice and inequality: the Scottish context. In: Croall, H., Mooney, G., Munro, M. (Hrsg.): Crime, Justice and Society in Scotland. Oxon, S. 3-16.

Crawford, A. (2011): International and Comparative Criminal Justice and Urban Governance. In: Crawford, A. (Hrsg.): International and Comparative Criminal Justice and Urban Governance: Convergence and Divergence in Global, National and Local Settings. Cambridge, S. 1-38.

Czerniawski, G. (2016): A race to the bottom – prison education and the English and Welsh policy context. Journal of Education Policy 31, S. 198-212.

European Court of Human Rights (2016): Press country profile, The United Kingdom, last updated: January 2016.

Evans, R., Hughes, C. (2014): Changes in Crime and Punishment in Wales and England – C. 1530 to the present day. Aberystwyth.

Devereaux, S. (1999): The Making of the Penitentiary Act, 1775-1779. The Historical Journal 42, S. 405-433.

Dignan, J. (2011): England/Wales. In: Dünkel, F., Grzywa, J., Horsfield, P., Pruin, I. (Hrsg.): Juvenile justice systems in Europe, Current Situation and Reform Developments. 2. Aufl., Mönchengladbach, S. 357-398.

Dignan, J., Cavadino, M. (2010): England und Wales. In: Dünkel, F., Lappi-Seppälä, T., Morgenstern, C., van Zyl Smit, D. (Hrsg.): Kriminalität, Kriminalpolitik, strafrechtliche Sanktionspraxis und Gefangenenraten im europäischen Vergleich. Mönchengladbach, S. 235-262.

Dockley, A., Loader, I. (2013): The Penal Landscape. The Howard League Guide to Criminal Justice in England and Wales. Oxon.

Downes, D. (1988): Contrasts in tolerance, Post-war penal policy in the Netherlands and England and Wales. Oxford.

Drenkhahn, K., Dudeck, M., Dünkel, F. (2014) (Hrsg.): Long-Term Imprisonment and Human Rights. Oxon.

Drenkhahn, K. (2014): Personal contacts with the outside world and preparation for release. In: Drenkhahn, K., Dudeck, M., Dünkel, F. (Hrsg.): Long-Term Imprisonment and Human Rights. Oxon, S. 363-373.

Dünkel, F. (1983): Die Geschichte des Strafvollzugs als Geschichte von (vergeblichen?) Vollzugsreformen. In: Driebold, R. (Hrsg.): Strafvollzug. Erfahrungen, Modelle, Alternativen. Göttingen, S. 25-54.

Dünkel, F. (1996): Empirische Forschung im Strafvollzug – Bestandsaufnahme und Perspektiven. Mönchengladbach.

Dünkel, F. (2009): International vergleichende Strafvollzugsforschung. In: Schneider, H. J. (Hrsg.): Internationales Handbuch der Kriminologie, Band 2: Besondere Probleme der Kriminologie. Berlin, S. 145-226.

Dünkel, F. (2012): Die Europäischen Strafvollzugsgrundsätze von 2006 und die deutsche Strafvollzugsgesetzgebung. Forum Strafvollzug 61, S. 141-149.

Dünkel, F. (2014): Mandatory release versus discretionary release – a comparative approach. In: Herzog-Evans, M. (Hrsg.): Offender release and supervision: The role of Courts and the use of discretion. Oisterwijk, S. 167-190.

Dünkel, F. (2017a): Resozialisierung im Strafvollzug und internationale Menschenrechtsstandards. In: Spinellis, C. D., Theodorakis, N., Billis, E., Papadimitrakopoulos, G. (Hrsg.): Europe in Crisis: Crime, Criminal Justice, and the Way Forward, Essays in Honour of Nestor Courakis, Volume II: Essays in English, French, German and Italian. Athens, S. 1037-1049.

Dünkel, F. (2017b): European penology: The rise and fall of prison population rates in Europe in times of migrant crises and terrorism. European Journal of Criminology 14, S. 629-653.

Dünkel, F., Geng, B., Harrendorf, S. (2016): Gefangenenraten im internationalen und nationalen Vergleich, Bewährungshilfe 63, S. 178-200.

Dünkel, F., Grzywa, J., Horsfield, P., Pruin, I. (2011) (Hrsg.): Juvenile justice systems in Europe, Current Situation and Reform Developments. 2. Aufl., Mönchengladbach.

Dünkel, F., Lappi-Seppälä, T., Morgenstern, C., van Zyl Smit, D. (2010a) (Hrsg.): Kriminalität, Kriminalpolitik, strafrechtliche Sanktionspraxis und Gefangenenraten im europäischen Vergleich. Mönchengladbach.

Dünkel, F., Lappi-Seppälä, T., Morgenstern, C., van Zyl Smit, D. (2010b): Zusammenfassung und Schlussfolgerungen. In: Dünkel, F., Lappi-Seppälä, T., Morgenstern, C., van Zyl Smit, D. (Hrsg.): Kriminalität, Kriminalpolitik, strafrechtliche Sanktionspraxis und Gefangenenraten im europäischen Vergleich. Mönchengladbach, S. 997-1092.

Dünkel, F., Kestermann, C., Zolondek, J. (2005): Internationale Studie zum Frauenstrafvollzug – Bestandsaufnahme, Bedarfsanalyse und „best practice". Internetpublikation: https://rsf.uni-greifswald.de/fileadmin/uni-greifswald/fakultaet/rsf/lehrstuehle/ls-duenkel/Reader_frauenvollzug.pdf (Abruf am 16.08.2017).

Dünkel, F., Morgenstern, C., Zolondek, J. (2006): Europäische Strafvollzugsgrundsätze verabschiedet! Neue Kriminalpolitik 18, S. 86-88.

Dünkel, F., Stańdo-Kawecka, B. (2011): Juvenile imprisonment and placement in institutions for deprivation of liberty – Comparative aspects. In: Dünkel, F., Grzywa, J., Horsfield, P., Pruin, I. (Hrsg.): Juvenile justice systems in Europe, Current Situation and Reform Developments. 2. Aufl., Mönchengladbach, S. 1789-1838.

Dünkel, F., Thiele, C., Treig, J. (2017a) (Hrsg.): Elektronische Überwachung von Straffälligen im europäischen Vergleich – Bestandsaufnahme und Perspektiven, Mönchengladbach.

Dünkel, F., Thiele, C., Treig, J. (2017b): Elektronische Überwachung von Straffälligen und Beschuldigten in Europa – Zusammenfassender Vergleich und Perspektiven für die Kriminalpolitik. In: Dünkel, F., Thiele, C., Treig, J. (Hrsg.): Elektronische Überwachung von Straffälligen im europäischen Vergleich – Bestandsaufnahme und Perspektiven. Mönchengladbach, S. 475-540.

Dünkel, F., Thiele, C., Treig, J. (2017c): "You'll never stand-alone": Electronic monitoring in Germany. European Journal of Probation 9, S. 28-45.

Dünkel, F., Pruin, I., Storgaard, A. Weber, J. (2018) (Hrsg.): Resettlement of Offenders. Oxon (im Erscheinen).

Easton, S. (2011): Prisoners' rights, Principles and practice. Oxon.

316

Europäische Strafvollzugsgrundsätze (2007): Die Empfehlung des Europarates Rec (2006) 2, Neufassung der Mindestgrundsätze für die Behandlung von Gefangenen, herausgegeben in deutscher Übersetzung vom Bundesministerium der Justiz, Berlin, Bundesministerium für Justiz, Wien, Eidgenössischen Justiz- und Polizeidepartement, Bern. Berlin.

Emmerich, F., van Zyl Smit, D. (2014): England and Wales. In: Drenkhahn, K., Dudeck, M., Dünkel, F. (Hrsg.): Long-Term Imprisonment and Human Rights. Oxon, S. 119-135.

Faber, M. (2014): Länderspezifische Unterschiede bezüglich Disziplinarmaßnahmen und der Aufrechterhaltung von Sicherheit und Ordnung im Jugendstrafvollzug. Mönchengladbach.

Farral, S. (2016): What is the Legacy of Thatcherism for the Criminal Justice System in England and Wales? In: Bosworth, M., Hoyle, C., Zedner, L. (Hrsg.): Changing Contours of Criminal Justice. Oxford, S. 109-121.

Feeley, M. (2014): Entrepreneurs of Punishment: How Private Contractors Made and Are Remaking the Modern Criminal Justice System – An Account of Convict Transportation and Electronic Monitoring, Criminology, Criminal Justice, Law & Society 17, S. 1-30.

Forrester, A., Exworthy, T., Olumoroti, O., Sessay, M., Parrot, J., Spencer, S., Whyte, S. (2013): Variations in prison mental health services in England and Wales, International Journal of Law and Psychiatry 36, S. 326–332.

Foucault, M. (1977): Überwachen und Strafen, die Geburt des Gefängnisses. Frankfurt a.M.

Fox, L., W. (1952): The English prison and Borstal systems, An account of the prison and Borstal systems in England and Wales after the Criminal Justice Act 1948, with a historical introduction and an examination of the principles of imprisonment as a legal punishment. London.

Garland, D. (1996): The limits of the sovereign state: strategies of crime control in contemporary society. The British Journal of Criminology 36, S. 445-471.

Garland, D. (2001): The Culture of Control: Crime and Social Order in Contemporary Society. Oxford.

Gentleman, A. (2016): Inside Oakwood prison; the private jail struggling to prove bigger is better. The Guardian, 23 February 2016.

Gierson, J. (2016): HMP Birmingham prison riots will face 'full force of law', say Truss. The Guardian, 17 December 2016.

Grimwood, G. G. (2014): Prisons: The role of the private sector, House of Commons Library Standard Note: SN/HA/6811 v. 30.01.2014.

Grimwood, G. G. (2015): Categorisation of prisoners in the UK, House of Commons Library Briefing Paper Number. 07437 v. 29.12.2015.

Grimwood, G. G. (2016): Building prisons in England and Wales: the bigger, the better? House of Commons Library Briefing Paper Number 05646 v. 12.02.2016.

Harding, R. (2001): Private Prisons. Crime and Justice 28, S. 265-346.

Hayton, P., Boyington, J. (2006): Prisons and Health Reforms in England and Wales. American Journal of Public Health 96, S. 1730-1733.

Hedderman, C. (2013): Payment by Results: Hopes, Fears and Evidence. British Journal of Community Justice 11, S. 43-58.

Helyar-Cardwell, V. (2012): Delivering Justice, The role of the public, private and voluntary sectors in prisons and probation. Criminal Justice Alliance. London.

HM Chief Inspector of Prisons (2013): Report on an unannounced inspection of HMP Oakwood by HM Chief Inspector of Prisons, 10-21 June 2013. London.

HM Chief Inspector of Prisons for England and Wales (2015): Report on an announced thematic inspection of the Close Supervision Centre System by HM Chief Inspector of Prisons, 9-20 March 2015. London.

HM Chief Inspector of Prisons for England and Wales (2016a): Annual Report 2015-16, presented to Parliament pursuant to Section 5A of the Prison Act 1952 as amended by Section 57 of the Criminal Justice Act 1982, HC 471.

HM Chief Inspector of Prisons for England and Wales (2016b): Report on an unannounced inspection of HMP Doncaster by HM Chief Inspector of Prisons, 5-16 October 2015.

HM Chief Inspector of Prisons for England and Wales (2017): Inspection framework, February 2017. London.

HM Chief Inspectorate of Prisons for Scotland (2011): Report on HMP Addiewell, Full Inspection 22 - 30 November 2010. Edinburgh.

HM Chief Inspectorate of Prisons for Scotland (2015): Report on HMP Addiewell, Full Inspection, 29 June - 10 July 2015. Edinburgh.

HM Chief Inspectorate of Prisons for Scotland (2016a): HM Chief Inspector of Prisons for Scotland Annual Report 2015-2016, Laid before the Scottish Parliament by the Scottish Ministers, October 2016, SG/2016/162.

HM Chief Inspectorate of Prisons for Scotland (2016b): Independent Prison Monitoring Bulletin HMP Addiewell, July to September 2016. Edinburgh.

HM Chief Inspectorate of Prisons for Scotland (2017): Report on HMP Kilmarnock, Full Inspection, 7-18 November 2016. Edinburgh.

HM Chief Inspectorate of Prisons for Scotland Standards (2015): Standards for Inspecting and Monitoring Prisons in Scotland, published by HMIPS, March 2015. Edinburgh.

HM Inspectorate of Prisons (2014): Resettlement provision for adult offenders: Accommodation and education, training and employment, Criminal Justice Joint Inspection, September 2014. London.

HM Prison Service (2001): Prison Service Order 1900 – Certified Prisoner Accommodation. London.

HM Treasury (2013): Investing in Britain's future, presented to Parliament by the Chief Secretary to the Treasury by Command of Her Majesty. London.

HM Treasury (2015): Spending Review and Autumn Statement 2015, Cm 9162, presented to Parliament by the Chancellor of the Exchequer by Command of Her Majesty, November 2015. London.

Home Office (2000): Prison Statistics England and Wales 2000, presented to Parliament by the Secretary of State for the Home Department by Command of Her Majesty, August 2000, CM 5250. London.

Horsfield, P. (2015): Jugendkriminalpolitik in England und Wales, Entwicklungsgeschichte, aktuelle Rechtslage und jüngste Reformen. Mönchengladbach.

House of Commons (2013): Debate 6 November 2013, cc260-2w, http://www.publications.parliament.uk/pa/cm201314/cmhansrd/cm131106/text/131106w0003.htm (Abruf am 14. Juni 2016).

House of Commons (2016): The human rights implication of Brexit, Fifth Report of Session 2016-17, Joint Committe on Human Rights, published 19 December 2016, HL Paper 88, HC 695. London.

House of Commons Justice Committee (2009): Role of the Prison Officer, Twelfth Report of Session 2008-09, HC 361, published 3 November 2009. London.

House of Commons Justice Committee (2016): Prison Safety, Sixth Report of Session 2015-16, HC 625, published 16 May 2016. London.

Howard, J. (1784): The state of the prisons in England and Wales – With preliminary observations and an account of some foreign prisons and hospitals. Warrington.

Huber, B. (1983): Die Freiheitsstrafe in England und Wales, Gestalt und Krise einer Sanktion. Köln.

Hucklesby, A., Holdsworth, E. (2017): England und Wales. In: Dünkel, F., Thiele, C., Treig, J. (Hrsg.): Elektronische Überwachung von Straffälligen im europäischen Vergleich – Bestandsaufnahme und Perspektiven. Mönchengladbach, S. 177-204.

Hughes, G., Lewis, G. (1998): Unsettling welfare, the reconstruction of social policy. London.

Hutton, N., Tata, C. (2010): A sentencing exception? Changing sentencing policy in Scotland. Federal Sentencing Reporter 22, S. 272-278.

Ignatieff, M. (1978): A Just Measure of Pain: The Penitentiary in the Industrial Revolution 1750-1850. London.

Ignatieff, M. (1981): State, Civil Society, and Total Institutions: A Critique of Recent Social Histories of Punishment, Crime & Justice 3, S. 153-192.

Independent Monitoring Board Pentonville (2016): Annual Report to the Secretary of State, covering the period 1st April 2015 to 31st March 2016. The Independent Monitoring Board, HMP Pentonville. London.

International Centre for Prison Studies (2016): World Prison Brief http://www. prisonstudies.org/world-prison-brief (Abruf am 10. Juli 2016).

Jewkes, Y. (2007): Handbook on Prisons. London.

Jewkes, Y., Bennett, J., Crewe, B. (2016): Handbook on Prisons. 2. Aufl., London.

Johnstone, H. (2014): Gendered Prison Work: Female Prison Officers in the Local Prison System, 1877-1939. The Howard Journal 53, S. 193-212.

Jones, T., Newburn, T. (2007): Policy transfer and criminal justice, exploring US influence over British crime control policy. Maidenhead.

Kett-Straub, G., Streng, F. (2016): Strafvollzugsrecht. München.

Kindhäuser, U., Neumann, U., Paeffgen H.-U. (2017) (Hrsg.): Nomos Kommentar zum StGB, Band 1. 5. Aufl., Baden-Baden: Nomos Verlag (zit.: NK-StGB-*Autor*).

Koeppel, T. (1999): Kontrolle des Strafvollzuges, Individueller Rechtsschutz und generelle Aufsicht: Ein Rechtsvergleich. Mönchengladbach.

Labour Party Manifesto (1997): New Labour because Britain deserves better. London.

Lacey, N. (2008): The prisoners' dilemma, Political economy and punishment in contemporary democracies. Cambridge.

Laubenthal, K. (2015): Strafvollzug. 7. Aufl., Heidelberg.

Lappi-Seppälä, T. (2011): Explaining imprisonment in Europe. European Journal of Criminology 8, S. 303-328.

Lappi-Seppälä, T. (2015): Why some countries cope with lesser use imprisonment? Explaining differences and pondering the remedies, Online verfügbar unter http://www.prisonreformtrust.org.uk/Portals/0/Documents/Tapio%20 Lappi-Sepp%C3%A4l%C3%A4%20London%202015.pdf (Abruf am 21. Mai 2016).

Lawson, A. (2008): Disability and Equality Law in Britain. Portland.

Lazarus, L. (2004): Contrasting prisoners' rights, a comparative examination of England and Germany. Oxford.

Le Vay, J. (2016): Competition for Prisons – Public or Private? Bristol.

Liebling, A. (1992): Suicide in Prisons. London, New York.

Liebling, A. (2011): Distinctions and distinctiveness in the work of prison officers: Legitimacy and authority revisited. European Journal of Criminology 8, S. 484-499.

Liebling, A. (2015): A New 'Ecology of Cruelty'? The Changing Shape of Maximum-security Custody in England and Wales. In: Reiter, K., Koenig, A. (Hrsg.): Extreme Punishment, Comparative Studies in Detention, Incarceration and Solitary Confinement. London, S. 91–114.

Liebling, A., Arnold, H. (2004): Prisons and their Moral Performance. A Study of Values, Quality, and Prison Life. Oxford.

Liebling, A., Ludlow, A. (2016): Privatising public prisons: Penality, law and practice. Australian & New Zealand Journal of Criminology 0, S. 1-20.

Liebling, A., Price, D., Shefer, G. (2011): The Prison Officer. 2. Aufl., Oxon.

Livingstone, S., Owen, T., Macdonald, A., Ní Ghrálaigh, B., Law, H. (2008): Prison Law. 4. Aufl., Oxford.

Livingstone, S., Owen, T., Macdonald, A. (2015): Prison Law. 5. Aufl., Oxford.

Loader, I. (2016): Changing Climates of Control: The Rise and Fall of Police Authority in England & Wales. In: Bosworth, M., Hoyle, C., Zedner, L. (Hrsg.): Changing Contours of Criminal Justice. Oxford, S. 3-14.

Lord Carter's Review of Prisons (2007): Securing the future – Proposals for the efficient and sustainable use of custody in England and Wales, 5th December 2007, House of Lords. London.

Louks, N. (2000): Prison Rules: A Working Guide, The Millennium edition, fully revised and updated, Prison Reform Trust. London.

Ludlow, A. (2015): Privatising public prisons, Labour law and the public procurement process. Oxford.

Mason, R. (2016): 'G4S fined 100 times since 2010 for breaching prison contracts'. The Guardian, 15 April 2016.

McAra, L. (2005): Modelling penal transformation. Punishment & Society 7, S. 277-302.

McAra, L. (2008): Crime, Criminology and Criminal Justice in Scotland. European Journal of Criminology 5, S. 481-504.

McAra, L. (2016): Can Criminologists Change the World? Critical Reflections on the Politics, Performance and Effects of Criminal Justice. British Journal of Criminology 57, S. 1-22.

McAra, L., McVie, S. (2010): Youth crime and justice in Scotland. In: Croall, H., Mooney, G., Munro, M. (Hrsg.): Criminal Justice in Scotland. Oxon, S. 67-89.

McConville, S. (1995a): The Victorian Prison, England 1865-1965. In: Morris, N., Rothman, D. (Hrsg.): The Oxford History of the Prison – The Practice of Punishment in Western Society. Oxford, S. 131-168.

McConville, S. (1995b): English local prisons, 1860-1900: Next only to death. London.

McGown, R. (1995): The Well-Ordered Prison: England, 1780-1865. In: Morris, N., Rothman, D. (Hrsg.): The Oxford History of the Prison – The Practice of Punishment in Western Society. Oxford, S. 79-110.

McIvor, G., Graham, H. (2017): Schottland. In: Dünkel, F., Thiele, C., Treig, J. (Hrsg.): Elektronische Überwachung von Straffälligen im europäischen Vergleich – Bestandsaufnahme und Perspektiven. Mönchengladbach, S. 223-246.

McIvor, G., Graham, H., McNeill, F. (2018): Prisoner Resettlement in Scotland. In: Dünkel, F., Pruin, I., Storgard, A., Weber, J. (Hrsg.): Resettlement of Offenders. Oxon (im Erscheinen).

McVeigh, K. (2010): Former chief inspector says Labour left 'dysfunctional' prison service in crisis. The Guardian, 24 May 2010.

Mills, A., Kendall, K. (2016): Mental health in prisons. In: Jewkes, Y., Bennett, J., Crewe, B. (Hrsg.): Handbook on Prisons. 2. Aufl., London, S. 187-204.

Ministry of Justice (2010a): Sentencing Statistics: England and Wales 2009, Statistics Bulletin, October 2010. London.

Ministry of Justice (2010b): Breaking the Cycle: Effective Punishment, Rehabilitation and Sentencing of Offenders, presented to Parliament by the Lord Chancellor and Secretary of State for Justice by Command of Her Majesty, December 2010, Cm 7972. London.

Ministry of Justice (2011a): National Offender Management Service, Prison Service Instruction 40/2011, Categorisation and Recategorisation of Adult Male Prisoners. London.

Ministry of Justice (2011b): National Offender Management Service, Prison Service Instruction 39/2011, Categorisation and Recategorisation of Women Prisoners. London.

Ministry of Justice (2011c): National Offender Management Service, Prison Service Instruction 41/2011, Categorisation and Recategorisation of Young Adult Male Prisoners. London.

Ministry of Justice (2012): National Audit Office, Comparing International Criminal Justice Systems, Briefing for the House of Commons Justice Committee, February 2012. London.

Ministry of Justice (2013a): Story of the Prison Population: 1993-2012, England and Wales, January 2013. London.

Ministry of Justice (2013b): Transforming Rehabilitation – A revolution in the way we manage offenders, January 2013, CP1/2013, Cm 8517. London.

Ministry of Justice (2015a): Offender management statistics Bulleting, England and Wales, Quarterly April to June 2015, published 29 October 2015. London.

Ministry of Justice (2015b): Prison Population Projections 2015 – 2021 England and Wales, Ministry of Justice Statistics Bulletin, published 26 November 2015. London.

Ministry of Justice (2015c): Offender Management Statistics Quarterly, Prison Population: June 2002 to June 2015. London.

Ministry of Justice (2015d): A guide to criminal court statistics, Last updated 26 March 2015. London.

Ministry of Justice (2015e): Policy paper, 2010 to 2015 government policy: reoffending and rehabilitation, updated 8 May 2015. London.

Ministry of Justice (2015f): Offender Management Statistics Bulletin, England and Wales, Prison Population June 2002 to June 2015, published 30 July 2015. London.

Ministry of Justice (2016a): National Offender Management Service, Workforce Statistics Bulletin, 31 March 2016, S. 1-30. London.

Ministry of Justice (2016b): Criminal Justice Statistics England and Wales, Statistics bulletin Quarterly Update to March 2016, published 18 August 2016. London.

Ministry of Justice (2016c): Criminal Justice Statistics 2015, England and Wales, Ministry of Justice Statistics bulletin, published 19 May 2016. London.

Ministry of Justice (2016d): Prison Safety and Reform, presented to Parliament by the Lord Chancellor and Secretary of State for Justice by Command of Her Majesty, Cm 9350, November 2016. London.

Ministry of Justice (2016e): Costs per place and costs per prisoner, National Offender Management Service, Annual Report and Accounts 2015-16, Management Information Addendum, published 27 October 2016. London.

*Ministry of Justice (*2016f): National Offender Management Service Workforce Statistics Bulletin, 30th September 2016, published 10 November 2016. London.

Ministry of Justice (2016g): Unlocking Potential, A review of education in prison, published May 2016. London.

Ministry of Justice (2017a): Safety in Custody Statistics – Summary tables, Self-harm and assaults to December 2016, Deaths in prison custody to March 2017, published 27 April 2017. London.

Ministry of Justice (2017b): National Offender Management Service (NOMS) Annual Workforce Statistics Bulletin, 31 March 2017, published 18 May 2017. London.

Ministry of Justice (2017c): Offender management statistics quarterly, England and Wales, Quarter: January to March 2017, Prison population: 30 June 2017, published 27 July 2017. London.

Ministry of Justice (2017d): Offender Management Statistics Bulletin, England and Wales, Quarterly October to December 2016, Annual 2016, Prison population: 31 March 2017, published 27 April 2017. London.

Ministry of Justice, National Offender Management Service, HM Prison Service (2016a): Prison population figures 2016, Population bulletin: monthly June 2016. London.

Ministry of Justice, National Offender Management Service, HM Prison Service (2016b): Prison population figures, population bulletin: monthly, 30 December 2016. London.

Ministry of Justice, National Offender Management Service, HM Prison Service (2016c): Prison population figures, population bulletin: weekly 13 May 2016. London.

Ministry of Justice, National Offender Management Service, Selous, A. (2015): Smoking in prisons, Letter from Prisons Minister Andrew Selous to Robert Neill MP, Chairman of the Justice Select Committee regarding smoking in prisons, published 29 September 2015, https://www.gov.uk/government/speeches/smoking-in-prisons (Abruf am 06.07.2017). London.

Mooney, G., Croall, H., Munro, M., Scott, G. (2015): Scottish criminal justice: Devolution, divergence and distinctiveness, Criminology & Criminal Justice 15, S. 205-224.

Morgan, R. (2001): England and Wales. In: van Zyl Smit, D., Dünkel, F. (Hrsg.): Imprisonment today and tomorrow, International perspectives on prisoners' rights and prison conditions. 2. Aufl., The Hague, S. 211-237.

Morgenstern, C. (2014): Ein Recht auf Hoffnung aus Art. 3 EMRK: Lebenslange Freiheitsstrafen in Europa. Rechtswissenschaft – Zeitschrift für rechtswissenschaftliche Forschung 5, S. 153-188.

Morris, N., Rothman, D. (1995) (Hrsg.): The Oxford History of the Prison – The Practice of Punishment in Western Society. Oxford.

Morris, N., Rothman, D. (1995): Introduction. In: Morris, N., Rothman, D. (Hrsg.): The Oxford History of the Prison – The Practice of Punishment in Western Society. Oxford, S. VII-XIV.

National Offender Management Service (2015a): Category A Function, the Identification, Initial Categorisation and Management of Potential and Provisional Category A / Restricted Status Prisoners, PSI 09/2015, Issue Date 4 March 2015.

National Offender Management Service (2015b): Birmingham prison: the transition from public to private sector and its impact on staff and prisoner quality of life – a three-year study. Analytical Summary 2015, Study conducted by Liebling, A., Schmidt, B., Crewe, B., Auty, K., Armstrong, R., Akoensi, T., Kant, D., Ludlow, A. and Levins, A., July 2015.

National Offender Management Service (2016a): Prison Annual Performance Ratings 2015/16.

National Offender Management Service (2016b): Annual Report and Accounts 2015-2016, HC 286.

National Offender Management Service, Public Health England, NHS England (2016): National Partnership Agreement between: The National Offender Management Service, NHS England and Public Health England for the Co-Commissioning and Delivery of Healthcare Services in Prisons in England 2015-2016, NHS England Publications Gateway Reference 01908.

National Audit Office (2003): The Operational Performance of PFI Prisons, Report by the Comptroller and Auditor General, Hc 700 Session 2002-2003, 18 June 2003.

Nellis, M. (2010): Creative arts and the cultural politics of penal reform: the early years of the Barlinnie Special Unit, 1973-1981. The Scottish Journal of Criminal Justice Studies 16, S. 47-73.

Nellis, M. (2013): Surveillance-Based Compliance and Electronic Monitoring. In: Raynor, P., Ugwdike, P. (Hrsg.): What Works in Offender Compliance? London, S. 143-164.

Nellis, M. (2017): Die elektronische Überwachung von Straftätern: Standards, ethische Grundlagen und Kriminalpolitik im digitalen Zeitalter. In: Dünkel, F., Thiele, C., Treig, J. (Hrsg.): Elektronische Überwachung von Straffälligen im europäischen Vergleich – Bestandsaufnahme und Perspektiven. Mönchengladbach, S. 275-298.

Newburn, T. (2013): Criminology. 2. Aufl., London.

Newell, T., Healey, B. (2006): The Historical Development of the UK Democratic Therapeutic Community. In: Parker, M. (Hrsg.): Dynmaic Security, The Democratic Community in Prison. London, S. 61-68.

Obi, M. (2013): Blackstone's Prison Law Handbook 2014-15. Oxford.

Office for National Statistics (2015): Crime in England and Wales Year ending March 2015, release date: 16 July 2015. Newport, S. 1-84.

Office for National Statistics (2016a): Crime in England and Wales Year ending December 2015, release date: 21 April 2016. Newport, S. 1-57.

Office for National Statistics (2016b): Population Estimates for UK, England and Population Estimates for UK, England and Wales, Scotland and Northern Ireland: mid-2015, release date 23 June 2016. Newport.

Office for National Statistics (2016c): Crime in England and Wales Year ending March 2016, release date: 21 July 2016. Newport S. 1-49.

Office for National Statistics (2016d): Compendium: Focus on Violent Crime and Sexual Offences: Year ending March 2015, violent crime and sexual offences from the year ending March 2015 Crime Survey for England and Wales and crimes recorded by police, release date: 11 February 2016. Newport, S. 1-127.

Office for National Statistics (2017): Crime in England and Wales Year ending Sept 2016, release date: 19 January 2017. Newport, S. 1-50.

O'Neill, A. (2011): Human Rights and People and Society. In: Sutherland, E., Goodall, K., Little, G., Davidson, F. (Hrsg): Law Making and the Scottish Parliament, The Early Years. Edinburgh, S. 35-57.

Padfield, N (2010): England and Wales. In: Padfield, N., van Zyl Smit, D., Dünkel, F. (Hrsg.): Release from prison, European policy and practice. Cullompton, S. 104-134.

Padfield, N. (2013): The influence of sentencing and the courts on the prison population. In: Dockley, A., Loader, I., (Hrsg.): The Penal Landscape, the Howard League Guide to Criminal Justice in England and Wales. Oxon, S. 89-106.

Padfield, N. (2014): Dominant executive decision making: England and Wales: Does it matter who enforces English sentences? In: Herzog-Evans, M. (Hrsg.): Offender release and supervision: The role of Courts and the use of discretion. Oisterwijk, S. 53-78.

Padfield, N. (2018): Prisoner Resettlement in England and Wales. In: Dünkel, F., Pruin, I., Storgaard, A., Weber, J. (Hrsg.): Resettlement of Offenders. Oxon (im Erscheinen).

Parole Board for England and Wales (2017): Annual Report and Accounts 2016/17, Ordered by the House of Commons to be printed 11 July 2017, HC 265.

PCS (1884-85): Seventh Annual Report of the Prison Commissioners for Scotland being the Forty-Sixth Annual Report on Prisons in Scotland 1884-85, C.4487, S. 1-68.

PCS (1888): The Forty-Ninth Annual Report on Prisons in Scotland 1887-88, C.5501 in Continuation of the Reports of the Late General Board of Prisons and the Managers Appointed Under the Act of 1860, S. 1-74.

PCS (1894-95): Seventeenth annual report of the Prison Commissioners for Scotland, being the fifty-sixth annual report on prisons in Scotland 1894-95, C.7838, S. 1-70.

PCS (1903): Annual Report of the Prison Commissioners for Scotland for the Year 1902. To the right honourable Lord Balfour of Burleigh, K.T, CD. 1540, S. 1-106.

PCS (1908): Annual Report of the Prison Commissioners for Scotland for the Year 1907 to the right honourable John Sinclair M. P., Cd. 4044, S. 1-94.

Pettigrew, M. (2017): Retreating From Vinter in Europe: Sacrificing Whole Life Prisoners To Save The Strasbourg Court? European Journal of Crime, Criminal Law and Criminal Justice 25, S. 260-277.

Prison Ombudsman (2016): Annual Report 2015-16, presented to Parliament by the Secretary of State for Justice by Command of Her Majesty, September 2016, Cm 9329. London.

Prison Reform Trust (2005): Private Punishment: Who Profits? London.

Prison Reform Trust (2014): Punishment without purpose, the Incentives and Earned Privileges (IEP) scheme and its impact on fairness, decency and rehabilitation behind bars, April 2014, S. 1-10.

Prison Reform Trust (2015): Bromley Briefings Prison Factfile, autumn 2015, S. 1-76.

Prison Reform Trust (2017): Why focus on reducing women's imprisonment in Scotland. Prison Reform Trust briefing March 2017.

Public Health England (2015): Reducing Smoking in Prisons Management of tobacco use and nicotine withdrawal, PHE publications gateway number: 2014588, published March 2015.

Ramsbotham, Sir D. (1996): Foreword. In: Home Office (Hrsg.): Patient or Prisoner? London.

Rawlings, P. (1999): Crime and Power – A history of Criminal Justice 1688-1998. London.

RCP (1879): Second Report of the Commissioners of Prisons with appendix (Part I.), Parliamentary Papers (PP), C.2442.

RCP (1895): Eighteenth Report of the Commissioners of Prisons with appendices. For the Year ended 31st March 1895 (Part I.), Parliamentary Papers (PP), C.7880.

RCP and DCP (1900): Report of the Commissioners of Prisons and the Directors of Convict Prisons for the Year Ending 1900, Parliamentary Papers (PP), Cd. 380.

RCP and DCP (1904): Report of the Commissioners of Prisons and the Directors of Convict Prisons for the Year ended 31st March 1903, Parliamentary Papers (PP), Cd. 1800.

RCP and DCP (1914): Report of the Commissioners of Prisons and the Directors of Convict Prisons for the Year ended 31st March 1913, Parliamentary Papers (PP), Cd. 7092, 7093.

Roberts, J. (2011): Sentencing Guidelines and Judicial Discretion, Evolution of the Duty of Courts to Comply in England and Wales. British Journal of Criminology 51, S. 997-1013.

Roberts, J. (2015): Exploring sentencing practice in England and Wales. Basingstoke.

Roberts, J., Ashworth, A. (2016): The Evolution of Sentencing Policy and Practice in England and Wales, 2003-2015. Crime and Justice 45, S. 307-358.

Roberts, J., Hough M. (2015): Using Sentencing Research: Options and Opportunities. In: Roberts, J. (Hrsg.): Exploring sentencing practice in England and Wales. Basingstoke, S. 1-17.

Roberts, J., Irwin-Rogers, K. (2015): Sentencing Practices and Trends, 1993-2013. In: Roberts, J. (Hrsg.): Exploring sentencing practice in England and Wales. Basingstoke, S. 35-60.

Robinson, G. (2016): Patrolling the borders of risk: the new bifurcation of probation services in England & Wales. In: Bosworth, M., Hoyle, C., Zedner, L. (Hrsg.): Changing Contours of Criminal Justice. Oxford, S. 42-54.

Rynne, J., Harding, R. (2016): Private prisons. In: Jewkes, Y., Bennett, J., Crewe, B. (Hrsg.): Handbook on Prisons. 2. Aufl., London, S. 149-168.

Schlepper, C. (2014): Strafgesetzgebung in der Spätmoderne, eine empirische Analyse legislativer Punitivität. Wiesbaden.

Schmidt, E. (1965): Einführung in die Geschichte der deutschen Strafrechtspflege. 3. Aufl., Göttingen.

Scottish Government (2004): National Objectives for Social Work Services in the Criminal Justice System: Standards – Social Enquiry Reports and associated Court Services.

Scottish Government (2010): National Outcomes and Standards for Social Work Services in the Criminal Justice System.

Scottish Government (2015a): Recorded Crime in Scotland, 2014-15. An Official Statistics Publication for Scotland.

Scottish Government (2015b): Prison statistics and population projections Scotland: 2013-14, published 18 December 2015.

Scottish Government (2016a): Scottish Crime and Justice Survey 2014/15: Main Findings.

Scottish Government (2016b): Criminal Proceedings in Scotland, 2014-15, National Statistics publication for Scotland.

Scottish Government (2016c): Consultation on Proposals to Strengthen The Presumption Against Short Periods of Imprisonment: An Analysis of Responses, Scottish Government Social Research.

Scottish Government (2016d): Recorded Crime in Scotland, 2015-16, A National Statistics publication for Scotland.

Scottish Government (2016e): Electronic Monitoring in Scotland, Working Group, Final Report, published September 2016.

Scottish Government (2017a): Criminal Proceedings in Scotland, 2015-16, National Statistics publication for Scotland, 17 January 2017.

Scottish Government (2017b): Parole Reform in Scotland, a consultation on proposals for legislative change, July 2017.

Scottish Government (2017c): Justice in Scotland: Vision and Priorities, published July 2017.

Scottish Government (2017d): Justice in Scotland: Vision and Priorities, Delivery Plan 2017-18, published July 2017.

Scottish Government (2017e): Electronic monitoring in Scotland – A Consultation on Proposals for Legislation, published March 2017.

Scottish Parliament (2017): Health and Sport Committee, Healthcare in Prisons, 5th Report, SP Paper 135, published 10 May 2017.

Scottish Prison Commission (2008): Scotland's Choice, Report of the Scottish Prison Commission, July 2008. Edinburgh.

Scottish Prison Service (2017a): SPS Prison Population, Scottish prisoner population as at Friday 10 March 2017, http://www.sps.gov.uk/Corporate/Information/SPSPopulation.aspx (Abruf am 16. März 2017).

Scottish Prison Service (2015a): Annual Report & Accounts 2014-15, June 2015.

Scottish Prison Service (2015b): Prisoner Survey 2015, 15th Series, Research Strategy and Innovation, James Carnie and Róisín Broderick.

Scottish Prison Service (2016a): Annual Report & Accounts 2015-16, June 2016.

Scottish Prison Service (2016b): Framework document, March 2016.

Scottish Prison Service (2016c): Learning and Skills Strategy 2016-2021, Scottish Prison Service Learning and Skills – May 2016.

Scottish Prison Service (2016d): Continuing Scotland's journey towards smoke-free prisons.

Scottish Sentencing Council (2016): Annual Report 2015/16, September 2016, SG/2016/165.

Shalev, S., Edgar, K. (2015): Deep Custody: Segregation Units and Close Supervision Centres in England and Wales, Prison Reform Trust, published 17 December 2015.

Shefer, G., Liebling, A. (2008): Prison privatization: In search of a business-like atmosphere? Criminology & Criminal Justice 8, S. 261-278.

Shuker, R., Sullivan, E. (2010): Grendon and the Emergence of Forensic Therapeutic Communities, Developments in Research and Practice. Sussex.

Sim, J. (1990): Medical power in prisons, the prison medical service in England 1774-1989. Buckingham.

Sim, J. (2009): Punishment and prisons, Power and the carceral state. London.

Skinns, D. (2016): Coalition Government Penal Policy 2010-2015. Austerity, Outsourcing and Punishment. London.

Smith, D. J., (1999): Less crime without more punishment. The Edinburgh Law Review 3, S. 294-316.

Southerton, P., (1975): The Story of a Prison. Berkshire.

Strickland, P. (2016): Prison Reform Legislation 2016-17, House of Commons Library Briefing Paper Number 07601 v. 23.05.2016.

Strickland, P., Allen, G. (2016): Prisoners' Release on Temporary Licence: recent controversies and reform proposals, House of Commons Library Briefing Paper Number 06878 v. 03.06.2016.

Tata, C. (2010): Sentencing and penal decision-making: is Scotland losing its distinctive character? In: Croall, H., Mooney, G., Munro, M. (Hrsg.): Criminal Justice in Scotland. Oxon, S. 195–216.

Taylor, D. (2017): Prison healthcare so bad it would be shut down on outside, say doctors. The Guardian, 22 August 2017.

Teague, M. (2012): Privatising Criminal Justice: A Step Too Far? In: Helyar-Cardwell, V. (Hrsg.): Delivering Justice, The role of the public, private and voluntary sectors in prisons and probation. Criminal Justice Alliance. London, S. 41-45.

Thiele, C. (2016): Ehe- und Familienschutz im Strafvollzug – Strafvollzugsrechtliche und -praktische Maßnahmen und Rahmenbedingungen zur Aufrechterhaltung familiärer Beziehungen von Strafgefangenen. Mönchengladbach.

Thomson, D. (2010): Scotland. In: Padfield, N., van Zyl Smit, D., Dünkel, F. (Hrsg.): Release from prison. European policy and practice. Cullompton, S. 316-336.

Thomson, D. (2013): Prisons, Prisoners and Parole. Edinburgh.

Tibber, P. (1980): Edmund Du Cane and The Prison Act 1877. The Howard Journal Volume XIX, S. 9-16.

Tombs, J., Piacentini, L. (2010): Prisons and imprisonment in Scotland. In: Croall H., Mooney, G., Munro, M. (Hrsg.): Criminal Justice in Scotland. Oxon, S. 238-260.

Travis, A. (2015): People who carry knives to be jailed under 'two strikes' rule. The Guardian, 7 July 2015.

Travis, A. (2017a): Liz Truss rejects calls to cut sentences to reduce prison population. The Guardian, 13 February 2017.

Travis, A. (2017b): Private companies could pull out of probation contracts over costs. The Guardian, 21 March 2017.

Turner, J. (2016): The Prison Boundary, Between Society and Carceral Space. London.

United Nations Office on Drugs and Crime (2016): The United Nations Standard Minimum Rules for the Treatment of Prisoners (the Nelson Mandela Rules). Wien.

Vagg, J., Smartt, U. (1999): England and Wales. In: van Zyl Smit, D., Dünkel, F. (Hrsg.): Prison Labour: Salvation or Slavery? International Perspectives. Dartmouth, S. 37-75.

van Zyl Smit, D. (2007): Prisoners' rights. In: Jewkes, Y. (Hrsg.): Handbook on prisons. London, S. 566-584.

van Zyl Smit, D., Appleton, C. (2016): Life imprisonment and human rights. Oxford.

van Zyl Smit, D., Dünkel, F. (1999) (Hrsg.): Prison Labour: Salvation or Slavery? International Perspectives. Dartmouth.

van Zyl Smit, D., Dünkel, F. (2001): Imprisonment today and tomorrow. International perspectives on prisoners' rights and prison conditions. 2. Aufl., The Hague.

van Zyl Smit, D., Snacken, S. (2009): Principles of European Prison Law and Policy, Penology and human rights. Oxford.

van Zyl Smit, D., Spencer, R. (2010): The European Dimension to the release of sentenced prisoners. In: Padfield, N., van Zyl Smit, D., Dünkel, F. (Hrsg.): Release from prison. European policy and practice. Cullompton, S. 9-46.

van Zyl Smit, D., Weatherby, P., Creighton, S. (2014): Whole Life Sentences and the Tide of European Human Rights Jurisprudence: What Is to Be Done? Human Rights Law Review 14, S. 59-84.

von Hofer (2010): Anmerkungen zum Forschungsstand zur Erklärung von Gefangenenraten. In: Dünkel, F., Lappi-Seppälä, T., Morgenstern, C., van Zyl Smit, D. (Hrsg.): Kriminalität, Kriminalpolitik, strafrechtliche Sanktionspraxis und Gefangenenraten im europäischen Vergleich. Mönchengladbach, S. 25-50.

Whitty, N. (2011): Human rights as risk: UK prisons and the management of risk and rights, Punishment & Society 13, S. 123-148.

Wilkinson, R. (1878): The Law of Prisons in England and Wales being The Prison Act 1865 and The Prison Act 1877 with an Analysis of the Acts. London.

Wilson, D. (2014): Pain and Retribution – A Short History of British Prisons, 1066 to the Present. London.

Wilson, D., Spina, R., Canaan, J. (2011): In Praise of the Carceral Tour: Learning from the Grendon Experience, The Howard Journal 50, S. 343-355.

Woodall, J., Tattersfield, A. (2017): Perspectives on implementing smoke-free prison policies in England and Wales, Health Promotion International, published 10 June 2017, S. 1-8.

Woolf Report (1991): Prison Disturbances April 1990, Report of an Inquiry by the Rt Hon Lord Justice Woolf (Parts I and II) and his Honour Judge Stephen Tumin (Part II), presented to Parliament by the Secretary of State for the Home Department by Command of Her Majesty, February 1991, Cm 1456. London.

World Health Organization (2014): Enggist, S., Møller, L., Galea, G., Udesen, C. (Hrsg.): Prisons and Health. Copenhagen.

Young, P (1987): The Prison Cell: The Start of a Better Approach to Prison Management. The Adam Smith Institute. London.

Youngs, R. (2014): English, French & German comparative law. 3. Aufl., London.

Zellick, G. (1981): The Prison Rules and the Courts. Criminal Law Review, S. 602-616.

Parlamentsbeschlüsse[1060]

Großbritannien:	Act of Union 1707. London
Großbritannien:	Capital Punishment Amendment Act 1868. London.
Großbritannien:	Children's Act 1908. London.
Großbritannien:	Coroners and Justice Act 2009. London.
Großbritannien:	Crime and Disorder Act 1998. London.
Großbritannien:	Criminal Proceedings (Scotland) Act 1993. London.
Großbritannien:	Criminal Procedure (Scotland) Act 1995. London.
Großbritannien:	Criminal Justice Act 1948. London.
Großbritannien:	Criminal Justice Act 1967. London.
Großbritannien:	Criminal Justice Act 1991. London.
Großbritannien:	Criminal Justice Act 2003. London.
Großbritannien:	Criminal Justice and Court Act 2015. London.
Großbritannien:	Criminal Justice and Immigration Act 2008. London.
Großbritannien:	Criminal Justice and Licensing (Scotland) Act 2010. Edinburgh.
Großbritannien:	Criminal Justice and Public Order Act 1994. London.
Großbritannien:	Crime (Sentences) Act 1997. London.
Großbritannien:	Custodial Sentences and Weapons (Scotland) Act 2007. Edinburgh.
Großbritannien:	Data Protection Act 1998. London.
Großbritannien:	Education Act 1996. London.
Großbritannien:	Extradition Act 2003. London.
Großbritannien:	Fine or Imprisonment Act 1899. London.
Großbritannien:	Freedom of Information Act 2000. London.
Großbritannien:	Health and Social Care Act 2012. London.
Großbritannien:	Human Rights Act 1998. London.
Großbritannien:	Immigration Act 2008. London.
Großbritannien:	Legal Aid, Sentencing and Punishment of Offenders Act 2012. London.
Großbritannien:	Licensing Act 1902. London.

1060 Überwiegend über http://www.legislation.gov.uk abrufbar (Abruf am 17.08.2017).

Großbritannien: Management of Offenders Etc. (Scotland) Act 2005. Edinburgh.

Großbritannien: Marriage Act 1983. London.

Großbritannien: Murder Act 1965. London.

Großbritannien: National Minimum Wage Act 1998. London.

Großbritannien: Offender Management Act 2007. London.

Großbritannien: Offender Rehabilitation Act 2014. London.

Großbritannien: Penal Servitude Act 1857. London.

Großbritannien: Penitentiary Act of 1779. London.

Großbritannien: Prevention of Crime Act 1908. London.

Großbritannien: Prison Act 1877. London.

Großbritannien: Prison Act 1877 (Scotland). London.

Großbritannien: Prison Act 1898. London.

Großbritannien: Prison Act 1952. London.

Großbritannien: Prisoners' Earning Act 1996. London.

Großbritannien: Prisons (Scotland) Act 1952. London.

Großbritannien: Prisons (Scotland) Act 1989. London.

Großbritannien: Scotland Act 1998. London.

Großbritannien: Serious Crime Act 2015. London.

Großbritannien: Sexual Offences (Scotland) Act 2009. Edinburgh.

Großbritannien: Social Work (Scotland) Act 1968. London.

Großbritannien: Transportation Act 1718. London.

Anhang 1: Beschwerdeformular für englische und walisische Gefangene

Page 17

ANNEX D

FORM COMP 1　　　　　　　　　　　　　　Establishment
PRISONER'S FORMAL COMPLAINT　　　　　Serial　　　　　　　　no.

THIS FORM IS FOR COMPLAINTS. IF YOU ARE ASKING A QUESTION OR MAKING A REQUEST PLEASE USE THE APPLICATION SYSTEM.

Read these notes first
1. A written complaint should be made within 3 months of the incident or of the relevant facts coming to your notice.
2. When you have completed the form, sign it and post it in the box provided.
3. If you are unhappy with the response, you can appeal on a separate form (COMP 1A).
4. If you are unhappy with the response to your appeal, you can complain to the Prisons and Probation Ombudsman (PPO)
5. There is a separate pink form (COMP 2) for confidential access complaints.

Your Details (Use BLOCK CAPITALS)

Surname	First name(s)
Prison number	Location

Who did you speak to?

Your complaint

Is your complaint about violent or threatening behaviour　　Yes ☐　　No ☐

Is your complaint about discrimination, harassment or victimisation related to one of the legally protected characteristics (these are: age, disability, race, sex, religion, transgender, sexual orientation)   Yes ☐   No ☐

If Yes, please explain why within your complaint.
What would you like to see done about your complaint?

Signed _____   Date _____

Response to the complaint *(including any action taken)*

Name in block capitals _____

Position in block capitals _____

Signed _____   Date _____

FORM COMP 1A   Establishment
PRISONER'S APPEAL AGAINST   Serial no.
THE RESPONSE TO A FORMAL COMPLAINT

Read these notes first
1. This form is for you to appeal against the response to the written complaint which you have made.
2. Say why you are not satisfied with the response to your complaint. Be brief and to the point.
3. When you have completed the form, sign it and post it in the box provided.
4. If you are still not satisfied, you have the right to refer your complaint to the Prisons and Probation Ombudsman.

Your details (use BLOCK CAPITALS)

Surname	First name(s)
Prison number	Location
Original Complaint Log Number	

Your appeal: say why you are not satisfied with the response to your complaint

Signed _____   Date _____

PSI 02/2012   UPDATE ISSUED 08/01/2016

Page 20

Manager's response

Name in block capitals _____

UPDATE ISSUED 08/01/2016

338

Position _____

Signed _____   Date _____

339

FORM COMP 2
PRISONER'S FORMAL COMPLAINT
UNDER CONFIDENTIAL ACCESS

Establishment
Serial no.

Read these notes first
1. This form is for you to make a formal written complaint under confidential access to the Governor, the Deputy Director of Custody or the Chairman of the Independent Monitoring Board.
2. Confidential access is appropriate when your complaint is about a particularly serious or sensitive matter which you are reluctant to discuss with wing staff.
3. Keep your complaint brief and to the point.
4. Seal the form in an envelope, addressed to the person you wish to consider the complaint, and post it in the box provided.
5. You have the right to refer your complaint to the Prisons and Probation Ombudsman (PPO) if you are not satisfied with the response.

Your details (use BLOCK CAPITALS)

Surname	First name(s)
Prison number	Location

Who do you want to consider your complaint?
Tick one box

The Governor ☐   The Deputy Director of Custody ☐

The Chairman of the Independent Monitoring Board ☐

Is your complaint about violent or threatening behaviour?   Yes ☐   No ☐

Is your complaint about discrimination, harassment or victimisation related to one of the legally protected characteristics (these are: age, disability, race, sex, religion, transgender, sexual orientation)   Yes ☐   No ☐

If Yes, please explain why within your complaint

Why are you using the confidential access procedure?

PSI 02/2012   UPDATE ISSUED 08/01/2016

340

Page 23

Your complaint

What would you like to see done about your complaint?

Signed _____ Date _____

Response by the Governor, the Deputy Director of Custody or the Independent Monitoring Board

Name in block capitals _____ Position _____

PSI 02/2012   UPDATE ISSUED 08/01/2016

Page 24

Signed _____   Date _____

Quelle: *Prison Service Instruction 02/2012*, S. 17-24.

Anhang 2:   Beschwerdeformular für schottische Gefangene

SCHEDULE 1

PCF 1

PRISONER COMPLAINT FORM PCF1

PART 1: Complaint to Residential First Line Manager (RFLM)

For completion by the prisoner or, for oral complaints which require a written response, by the RFLM.

If you need assistance in completing this complaint form please speak to a member of staff.
If you think that any aspect of your complaint relates to issues of equality or diversity please attach a completed equality and diversity form (EDF).

Personal Details

Name: Prison Number: Date of Birth:

Establishment: Hall: Cell No:

Your Complaint

Please describe in your own words what your complaint is about.

(Continue on separate sheet if necessary)

What in your view would resolve the problem?

Prisoner's signature: _____ Date: _____

Please pass this form to a Residential First Line Manager.

A paper copy of this form must be retained in the Prisoner's File.

Complaint Reference No:
(to be completed by an officer)

SCHEDULE 2

PCF 2

PRISONER COMPLAINT FORM – PCF2

PART 1: Complaint about Confidential Matters:

For completion by the prisoner.
If you need assistance in completing this complaint form please speak to a member of staff.
If you think that any aspect of your complaint relates to issues of equality or diversity please attach a completed equality and diversity form (EDF1).

Personal Details

Name: Prison Number: Date of Birth:

Establishment: Hall: Cell No:

Your Complaint

Please describe in your own words what your complaint is about and why you consider it is of an exceptionally sensitive or serious nature.

(Continue on separate sheet if necessary)

What in your view would resolve the problem?

Prisoner's signature: _____ Date: _____

Please place this form in the sealed envelope provided and pass it to a Residential Officer who will forward it to the Governor without delay.

Complaint Reference No:
(to be completed by the Governor)

PCF 2

PART 2: Response from the Governor (within 7 days)

For completion by the Governor.

Is this complaint about a confidential matter which is either of an exceptionally sensitive or serious nature?   Yes ☐   No ☐

If no, please provide reasons for that decision

If yes, please provide your decision and reasons for that decision, including a summary of any investigation and evidence to support your decision

If the complaint is not considered confidential, the prisoner may follow the procedure under Rule 122 (PCF1).

Governor's signature: _____ Print name: _____ Date: _____

Please return this completed form to the prisoner in a sealed envelope and mark as "Confidential PCF2".

Notice under rule 124(6) of the Prisons and Young Offenders Institutions (Scotland) Rules 2011: If you are dissatisfied with the response to your complaint you may be able to refer the complaint to the Scottish Public Services Ombudsman (SPSO) to consider it. Contact details are:

SPSO ☎FREEPHONE 0800 377 7330 ✉ **Freepost, EH641, Edinburgh, EH3 0BR**

Complaint Reference No:
(to be completed by the Governor)

PART 3: Response by the Residential First Line Manager (RFLM) (Continued)

Decision and reasons

(Continue on separate sheet if necessary)

RFLM's signature: _____ Print name: _____ Date: _____

Notice under rule 122(6) of the Prisons and Young Offenders Institutions (Scotland) Rules 2011: If you are dissatisfied with the response to the complaint you can ask the Internal Complaints Committee (ICC) to consider it. You must do so in writing no later than 2 weeks from the date of the RFLM's decision by completing Part 4 of this Form.

A paper copy of this form must be retained in the Prisoner's File.

Complaint Reference No:
(to be completed by an officer)

PCF 1

PART 4: Complaint to the Internal Complaints Committee:
For completion by the prisoner.
If you need assistance in completing this complaint form please speak to a member of staff.

Why are you not satisfied with the RFLM's response? What could we do to put things right?

Do you wish to attend the hearing?   Yes ☐   No ☐

Do you wish to be assisted at the hearing?   Yes ☐   No ☐

If you wish to be assisted by someone at the hearing, please provide their name(s) and explain what assistance is required and why.

Do you wish to call witnesses?   Yes ☐   No ☐

If yes, please provide their name(s) and explain how they will support your complaint so that the Chair of the ICC can make a decision about their attendance.

Prisoner's signature_____   Date_____

Please pass this form to an officer who will pass it to the ICC.

A paper copy of this form must be retained in the Prisoner's File.

Complaint Reference No:
(to be completed by an officer)

PCF 1

Part 5: Response from the ICC:
For completion by the Chair of the ICC.

Summary of hearing including any evidence led and the ICC's decision in relation to assistance of the prisoner or the calling of witnesses and, where the prisoner's request for assistance or to call witnesses is refused, the reasons for that decision.

Decision and reasons, including any recommendations made by the ICC

ICC Chair's signature: _____ Print Name: _____ Date: _____

2nd Member's signature: _____ Print Name: _____

3rd Member's signature: _____ Print Name: _____

Part 6: Decision of the Governor (within 20 days)

Do you endorse the ICC's decision?   Yes ☐   No ☐

If no, provide reasons for rejection and any further action proposed.

Governor's signature:_____ Print name: _____ Date: _____

Notice under rule 123(10) of the Prisons and Young Offenders Institutions (Scotland) Rules 2011: If you are dissatisfied with the response to your complaint you may be able to refer the complaint to the Scottish Public Services Ombudsman (SPSO). Contact details are:

SPSO ☎FREEPHONE 0800 377 7330 ✉ **Freepost, EH641, Edinburgh, EH3 0BR**

A paper copy of this form must be retained in the Prisoner's File.
Complaint Reference No:
(to be completed by an officer)

PCF 1

PART 2: Confirmation of discussion between the prisoner and the Residential First Line Manager (RFLM)

For completion by the RFLM for all complaints:

Date on which the RFLM asked the prisoner if he or she would like to discuss the complaint under rule 122(3).	
Did the prisoner wish to discuss the complaint under rule 122(3)? (Delete as applicable.)	**YES/NO**
If yes, the date on which the RFLM discussed the complaint with the prisoner.	

Signed..

PART 3: Response by the Residential First Line Manager (RFLM)

For completion by the RFLM for all written complaints.

For oral complaints which are not resolved within 48 hours, the RFLM must:
- complete the personal details of the prisoner and provide a brief summary of the complaint in PART 1
- complete PART 2; and
- complete PART 3.

Date complaint received by RFLM: _____

Summary of investigation and evidence to support your decision.

Quelle: *Scottish Prison Rules (Complaints) Direction* 2013, S. 6-12.

Reihenübersicht

Schriften zum Strafvollzug, Jugendstrafrecht und zur Kriminologie

Hrsg. von Prof. Dr. Frieder Dünkel, Lehrstuhl für Kriminologie an der Ernst-Moritz-Arndt-Universität Greifswald

Bisher erschienen:

Band 1
Dünkel, Frieder: Empirische Forschung im Strafvollzug. Bestandsaufnahme und Perspektiven.
Bonn 1996. ISBN 978-3-927066-96-0.

Band 2
Dünkel, Frieder; van Kalmthout, Anton; Schüler-Springorum, Horst (Hrsg.): Entwicklungstendenzen und Reformstrategien im Jugendstrafrecht im europäischen Vergleich.
Mönchengladbach 1997. ISBN 978-3-930982-20-2.

Band 3
Gescher, Norbert: Boot Camp-Programme in den USA. Ein Fallbeispiel zum Formenwandel in der amerikanischen Kriminalpolitik.
Mönchengladbach 1998. ISBN 978-3-930982-30-1.

Band 4
Steffens, Rainer: Wiedergutmachung und Täter-Opfer-Ausgleich im Jugend- und Erwachsenenstrafrecht in den neuen Bundesländern.
Mönchengladbach 1999. ISBN 978-3-930982-34-9.

Band 5
Koeppel, Thordis: Kontrolle des Strafvollzuges. Individueller Rechtsschutz und generelle Aufsicht. Ein Rechtsvergleich.
Mönchengladbach 1999. ISBN 978-3-930982-35-6.

Band 6
Dünkel, Frieder; Geng, Bernd (Hrsg.): Rechtsextremismus und Fremdenfeindlichkeit. Bestandsaufnahme und Interventionsstrategien.
Mönchengladbach 1999. ISBN 978-3-930982-49-3.

Band 7
Tiffer-Sotomayor, Carlos: Jugendstrafrecht in Lateinamerika unter besonderer Berücksichtigung von Costa Rica.
Mönchengladbach 2000. ISBN 978-3-930982-36-3.

Band 8
Skepenat, Marcus: Jugendliche und Heranwachsende als Tatverdächtige und Opfer von Gewalt. Eine vergleichende Analyse jugendlicher Gewaltkriminalität in Mecklenburg-Vorpommern anhand der Polizeilichen Kriminalstatistik unter besonderer Berücksichtigung tatsituativer Aspekte.
Mönchengladbach 2000. ISBN 978-3-930982-56-1.

Band 9
Pergataia, Anna: Jugendstrafrecht in Russland und den baltischen Staaten.
Mönchengladbach 2001. ISBN 978-3-930982-50-1.

Band 10
Kröplin, Mathias: Die Sanktionspraxis im Jugendstrafrecht in Deutschland im Jahr 1997. Ein Bundesländervergleich.
Mönchengladbach 2002. ISBN 978-3-930982-74-5.

Band 11
Morgenstern, Christine: Internationale Mindeststandards für ambulante Strafen und Maßnahmen.
Mönchengladbach 2002. ISBN 978-3-930982-76-9.

Band 12
Kunkat, Angela: Junge Mehrfachauffällige und Mehrfachtäter in Mecklenburg-Vorpommern. Eine empirische Analyse.
Mönchengladbach 2002. ISBN 978-3-930982-79-0.

Band 13
Schwerin-Witkowski, Kathleen: Entwicklung der ambulanten Maßnahmen nach dem JGG in Mecklenburg-Vorpommern.
Mönchengladbach 2003. ISBN 978-3-930982-75-2.

Band 14
Dünkel, Frieder; Geng, Bernd (Hrsg.): Jugendgewalt und Kriminalprävention. Empirische Befunde zu Gewalterfahrungen von Jugendlichen in Greifswald und Usedom/Vorpommern und ihre Auswirkungen für die Kriminalprävention.
Mönchengladbach 2003. ISBN 978-3-930982-95-0.

Band 15
Dünkel, Frieder; Drenkhahn, Kirstin (Hrsg.): Youth violence: new patterns and local responses – Experiences in East and West. Conference of the International Association for Research into Juvenile Criminology. Violence juvénile: nouvelles formes et stratégies locales – Expériences à l'Est et à l'Ouest. Conférence de l'Association Internationale pour la Recherche en Criminologie Juvénile.
Mönchengladbach 2003. ISBN 978-3-930982-81-3.

Band 16
Kunz, Christoph: Auswirkungen von Freiheitsentzug in einer Zeit des Umbruchs. Zugleich eine Bestandsaufnahme des Männererwachsenenvollzugs in Mecklenburg-Vorpommern und in der JVA Brandenburg/Havel in den ersten Jahren nach der Wiedervereinigung.
Mönchengladbach 2003. ISBN 978-3-930982-89-9.

Band 17
Glitsch, Edzard: Alkoholkonsum und Straßenverkehrsdelinquenz. Eine Anwendung der Theorie des geplanten Verhaltens auf das Problem des Fahrens unter Alkohol unter besonderer Berücksichtigung des Einflusses von verminderter Selbstkontrolle.
Mönchengladbach 2003. ISBN 978-3-930982-97-4.

Band 18
Stump, Brigitte: „Adult time for adult crime" – Jugendliche zwischen Jugend- und Erwachsenenstrafrecht. Eine rechtshistorische und rechtsvergleichende Untersuchung zur Sanktionierung junger Straftäter.
Mönchengladbach 2003. ISBN 978-3-930982-98-1.

Band 19
Wenzel, Frank: Die Anrechnung vorläufiger Freiheitsentziehungen auf strafrechtliche Rechtsfolgen.
Mönchengladbach 2004. ISBN 978-3-930982-99-8.

Band 20
Fleck, Volker: Neue Verwaltungssteuerung und gesetzliche Regelung des Jugendstrafvollzuges.
Mönchengladbach 2004. ISBN 978-3-936999-00-6.

Band 21
Ludwig, Heike; Kräupl, Günther: Viktimisierung, Sanktionen und Strafverfolgung. Jenaer Kriminalitätsbefragung über ein Jahrzehnt gesellschaftlicher Transformation.
Mönchengladbach 2005. ISBN 978-3-936999-08-2.

Band 22
Fritsche, Mareike: Vollzugslockerungen und bedingte Entlassung im deutschen und französischen Strafvollzug.
Mönchengladbach 2005. ISBN 978-3-936999-11-2.

Band 23
Dünkel, Frieder; Scheel, Jens: Vermeidung von Ersatzfreiheitsstrafen durch gemeinnützige Arbeit: das Projekt „Ausweg" in Mecklenburg-Vorpommern.
Mönchengladbach 2006. ISBN 978-3-936999-10-5.

Band 24
Sakalauskas, Gintautas: Strafvollzug in Litauen. Kriminalpolitische Hintergründe, rechtliche Regelungen, Reformen, Praxis und Perspektiven.
Mönchengladbach 2006. ISBN 978-3-936999-19-8.

Band 25
Drenkhahn, Kirstin: Sozialtherapeutischer Strafvollzug in Deutschland.
Mönchengladbach 2007. ISBN 978-3-936999-18-1.

Band 26
Pruin, Ineke Regina: Die Heranwachsendenregelung im deutschen Jugendstrafrecht. Jugendkriminologische, entwicklungspsychologische, jugendsoziologische und rechtsvergleichende Aspekte.
Mönchengladbach 2007. ISBN 978-3-936999-31-0.

Band 27
Lang, Sabine: Die Entwicklung des Jugendstrafvollzugs in Mecklenburg-Vorpommern in den 90er Jahren. Eine Dokumentation der Aufbausituation des Jugendstrafvollzugs sowie eine Rückfallanalyse nach Entlassung aus dem Jugendstrafvollzug.
Mönchengladbach 2007. ISBN 978-3-936999-34-1.

Band 28
Zolondek, Juliane: Lebens- und Haftbedingungen im deutschen und europäischen Frauenstrafvollzug.
Mönchengladbach 2007. ISBN 978-3-936999-36-5.

Band 29
Dünkel, Frieder; Gebauer, Dirk; Geng, Bernd; Kestermann, Claudia: Mare-Balticum-Youth-Survey – Gewalterfahrungen von Jugendlichen im Ostseeraum.
Mönchengladbach 2007. ISBN 978-3-936999-38-9.

Band 30

Kowalzyck, Markus: Untersuchungshaft, Untersuchungshaftvermeidung und geschlossene Unterbringung bei Jugendlichen und Heranwachsenden in Mecklenburg-Vorpommern.
Mönchengladbach 2008. ISBN 978-3-936999-41-9.

Band 31

Dünkel, Frieder; Gebauer, Dirk; Geng, Bernd: Jugendgewalt und Möglichkeiten der Prävention. Gewalterfahrungen, Risikofaktoren und gesellschaftliche Orientierungen von Jugendlichen in der Hansestadt Greifswald und auf der Insel Usedom. Ergebnisse einer Langzeitstudie 1998 bis 2006.
Mönchengladbach 2008. ISBN 978-3-936999-48-8.

Band 32

Rieckhof, Susanne: Strafvollzug in Russland. Vom GULag zum rechtsstaatlichen Resozialisierungsvollzug?
Mönchengladbach 2008. ISBN 978-3-936999-55-6.

Band 33

Dünkel, Frieder; Drenkhahn, Kirstin; Morgenstern, Christine (Hrsg.): Humanisierung des Strafvollzugs – Konzepte und Praxismodelle.
Mönchengladbach 2008. ISBN 978-3-936999-59-4.

Band 34

Hillebrand, Johannes: Organisation und Ausgestaltung der Gefangenenarbeit in Deutschland.
Mönchengladbach 2009. ISBN 978-3-936999-58-7.

Band 35

Hannuschka, Elke: Kommunale Kriminalprävention in Mecklenburg-Vorpommern. Eine empirische Untersuchung der Präventionsgremien.
Mönchengladbach 2009. ISBN 978-3-936999-68-6.

Band 36/1 bis 4 (nur als Gesamtwerk erhältlich)
Dünkel, Frieder; Grzywa, Joanna; Horsfield, Philip; Pruin, Ineke (Eds.): Juvenile Justice Systems in Europe – Current Situation and Reform Developments. Vol. 1-4.
2nd revised edition.
Mönchengladbach 2011. ISBN 978-3-936999-96-9.

Band 37/1 bis 2 (Gesamtwerk)
Dünkel, Frieder; Lappi-Seppälä, Tapio; Morgenstern, Christine; van Zyl Smit, Dirk (Hrsg.):
Kriminalität, Kriminalpolitik, strafrechtliche Sanktionspraxis und Gefangenenraten im
europäischen Vergleich. Bd.1 bis 2.
Mönchengladbach 2010. ISBN 978-3-936999-73-0.

Band 37/1 (Einzelband)
Dünkel, Frieder; Lappi-Seppälä, Tapio; Morgenstern, Christine; van Zyl Smit, Dirk (Hrsg.):
Kriminalität, Kriminalpolitik, strafrechtliche Sanktionspraxis und Gefangenenraten im
europäischen Vergleich. Bd.1.
Mönchengladbach 2010. ISBN 978-3-936999-76-1.

Band 37/2 (Einzelband)
Dünkel, Frieder; Lappi-Seppälä, Tapio; Morgenstern, Christine; van Zyl Smit, Dirk (Hrsg.):
Kriminalität, Kriminalpolitik, strafrechtliche Sanktionspraxis und Gefangenenraten im
europäischen Vergleich. Bd.2.
Mönchengladbach 2010. ISBN 978-3-936999-77-8.

Band 38
Krüger, Maik: Frühprävention dissozialen Verhaltens. Entwicklungen in der Kinder- und
Jugendhilfe.
Mönchengladbach 2010. ISBN 978-3-936999-82-2.

Band 39
Hess, Ariane: Erscheinungsformen und Strafverfolgung von Tötungsdelikten in Meck-
lenburg-Vorpommern.
Mönchengladbach 2010. ISBN 978-3-936999-83-9.

Band 40
Gutbrodt, Tobias: Jugendstrafrecht in Kolumbien. Eine rechtshistorische und rechtsvergleichende Untersuchung zum Jugendstrafrecht in Kolumbien, Bolivien, Costa Rica und
der Bundesrepublik Deutschland unter Berücksichtigung internationaler Menschenrechtsstandards.
Mönchengladbach 2010. ISBN 978-3-936999-86-0.

Band 41
Stelly, Wolfgang; Thomas, Jürgen (Hrsg.): Erziehung und Strafe. Symposium zum 35-jährigen
Bestehen der JVA Adelsheim.
Mönchengladbach 2011. ISBN 978-3-936999-95-2.

Band 42
Yngborn, Annalena: Strafvollzug und Strafvollzugspolitik in Schweden: vom Resozialisierungs- zum Sicherungsvollzug? Eine Bestandsaufnahme der Entwicklung in den letzten 35 Jahren. Mönchengladbach 2011. ISBN 978-3-936999-84-6.

Band 43
Kühl, Johannes: Die gesetzliche Reform des Jugendstrafvollzugs in Deutschland im Licht der European Rules for Juvenile Offenders Subject to Sanctions or Measures (ERJOSSM). Mönchengladbach 2012. ISBN 978-3-942865-06-7.

Band 44
Zaikina, Maryna: Jugendkriminalrechtspflege in der Ukraine. Mönchengladbach 2012. ISBN 978-3-942865-08-1.

Band 45
Schollbach, Stefanie: Personalentwicklung, Arbeitsqualität und betriebliche Gesundheitsför- derung im Justizvollzug in Mecklenburg-Vorpommern. Mönchengladbach 2013. ISBN 978-3-942865-14-2.

Band 46
Harders, Immo: Die elektronische Überwachung von Straffälligen. Entwicklung, Anwendungs- bereiche und Erfahrungen in Deutschland und im europäischen Vergleich. Mönchengladbach 2014. ISBN 978-3-942865-24-1.

Band 47
Faber, Mirko: Länderspezifische Unterschiede bezüglich Disziplinarmaßnahmen und der Auf- rechterhaltung von Sicherheit und Ordnung im Jugendstrafvollzug. Mönchengladbach 2014. ISBN 978-3-942865-25-8.

Band 48
Gensing, Andrea: Jugendgerichtsbarkeit und Jugendstrafverfahren im europäischen Vergleich. Mönchengladbach 2014. ISBN 978-3-942865-34-0.

Band 49
Rohrbach, Moritz Philipp: Die Entwicklung der Führungsaufsicht unter besonderer Berück- sichtigung der Praxis in Mecklenburg-Vorpommern. Mönchengladbach 2014. ISBN 978-3-942865-35-7.

Band 50/1 bis 2 (nur als Gesamtwerk erhältlich)
Dünkel, Frieder; Grzywa-Holten, Joanna; Horsfield, Philip (Eds.): Restorative Justice and Medi- ation in Penal Matters. A stock-taking of legal issues, implementation strategies and outcomes in 36 European countries. Vol. 1 bis 2. Mönchengladbach 2015. ISBN 978-3-942865-31-9.

Band 51
Horsfield, Philip: Jugendkriminalpolitik in England und Wales – Entwicklungsgeschichte, aktuelle Rechtslage und jüngste Reformen. Mönchengladbach 2015. ISBN 978-3-942865-42-5.

Band 52
Grzywa-Holten, Joanna: Strafvollzug in Polen – Historische, rechtliche, rechtstatsächliche, menschenrechtliche und international vergleichende Aspekte. Mönchengladbach 2015. ISBN 978-3-942865-43-2.

Band 53
Khakzad, Dennis: Kriminologische Aspekte völkerrechtlicher Verbrechen. Eine vergleichende Untersuchung der Situationsländer des Internationalen Strafgerichtshofs. Mönchengladbach 2015. ISBN 978-3-942865-50-0.

Band 54
Blanck, Thes Johann: Die Ausbildung von Strafvollzugsbediensteten in Deutschland. Mönchengladbach 2015. ISBN 978-3-942865-51-7.

Band 55
Castro Morales, Álvaro: Jugendstrafvollzug und Jugendstrafrecht in Chile, Peru und Bolivien unter besonderer Berücksichtigung von nationalen und internationalen Kontrollmechanismen. Rechtliche Regelungen, Praxis, Reformen und Perspektiven. Mönchengladbach 2016. ISBN 978-3-942865-57-9.

Band 56
Dünkel, Frieder; Jesse, Jörg; Pruin, Ineke; von der Wense, Moritz (Eds.): European Treament, Transition Management, and Re-Integration of High-Risk Offenders. Results of the Final Conference at Rostock-Warnemünde, 3-5 September 2014, and Final Evaluation Report of the Justice-Cooperation-Network (JCN)-Project "European treatment and transition management of high-risk offenders". Mönchengladbach 2016. ISBN 978-3-942865-58-6.

Band 57
Kratochvil-Hörr, Regine: Der Beschlussarrest: Dogmatische Probleme und Anwendungspraxis im Land Berlin. Mönchengladbach 2016. ISBN 978-3-942865-60-9.

Band 58
Thiele, Christoph Wilhelm: Ehe- und Familienschutz im Strafvollzug. Strafvollzugsrechtliche und -praktische Maßnahmen und Rahmenbedingungen zur Aufrechterhaltung familiärer Beziehungen von Strafgefangenen. Mönchengladbach 2016. ISBN 978-3-942865-61-6.

Band 59
Păroşanu, Andrea: Jugendstrafrecht in Rumänien. Historische, kriminologische, rechtliche und rechtspolitische Aspekte. Mönchengladbach 2016. ISBN 978-3-942865-64-7.

Band 60
Schmidt, Katrin: Städtebau und Kriminalität: Untersuchung des Einflusses von kriminalpräventiven Erkenntnissen im Rahmen städtebaulicher Projekte in Mecklenburg-Vorpommern. Mönchengladbach 2016. ISBN 978-3-942865-67-8.

Band 61
Dünkel, Frieder; Jesse, Jörg; Pruin, Ineke; von der Wense, Moritz (Hrsg.): Die Wiedereingliederung von Hochrisikotätern in Europa – Behandlungskonzepte, Entlassungsvorbereitung und Übergangsmanagement. Ergebnisse der Abschlusskonferenz in Rostock-Warnemünde, 3.-5. September 2014, und Evaluation des Justice-Cooperation-Netzwerk-(JCN)-Projekts „Behandlung und Übergangsmanagement bei Hochrisikotätern in Europa". Mönchengladbach 2016. ISBN 978-3-942865-68-5.

Band 62
Kromrey, Hans: Haftbedingungen als Auslieferungshindernis. Ein Beitrag zur Verwirklichung der Menschenrechte. Mönchengladbach 2017. ISBN 978-3-942865-75-3.

Band 63
Dünkel, Frieder; Thiele, Christoph; Treig, Judith (Hrsg.): Elektronische Überwachung von Straffälligen im europäischen Vergleich – Bestandsaufnahme und Perspektiven. Mönchengladbach 2017. ISBN 978-3-942865-78-4.

Band 64
Dorenburg, Bastian: Untersuchungshaft und Untersuchungshaftvermeidung bei Jugendlichen und Heranwachsenden in Deutschland und Europa. Mönchengladbach 2017. ISBN 978-3-942865-79-1.

Band 65
Schulze, Jan Peter: Die Untersuchungshaftvollzugsgesetze der Länder im Vergleich. Mönchengladbach 2017. ISBN 978-3-942865-80-7.

Band 66
Janssen, Jan-Carl: Entwicklung, Praxis und kriminalpolitische Hintergründe des Strafvollzugs in England, Wales und Schottland im nationalen und internationalen Vergleich. Mönchengladbach 2018. ISBN 978-3-942865-89-0.